# VAM ARBITRATION CASES

深圳国际仲裁院　中国国际仲裁研究院　编著
刘晓春　主编　　　何音　刘哲玮　副主编

TYPICAL ARBITRATION CASES AND PRACTICAL ESSENTIALS
OF VALUATION ADJUSTMENT MECHANISM

## "对赌协议"典型仲裁案例与实务精要

北京大学出版社
PEKING UNIVERSITY PRESS

## 图书在版编目(CIP)数据

"对赌协议"典型仲裁案例与实务精要/深圳国际仲裁院,中国国际仲裁研究院编著. —北京:北京大学出版社,2021.12
ISBN 978-7-301-32732-6

Ⅰ.①对… Ⅱ.①深… ②中… Ⅲ.①期权交易—经济纠纷—仲裁—案例—中国 Ⅳ.①D922.280.5

中国版本图书馆CIP数据核字(2021)第251488号

| | |
|---|---|
| 书　　　名 | "对赌协议"典型仲裁案例与实务精要 |
| | "DUIDU XIEYI" DIANXING ZHONGCAI ANLI YU SHIWU JINGYAO |
| 著作责任者 | 深圳国际仲裁院　中国国际仲裁研究院　编著 |
| 责 任 编 辑 | 陈晓洁 |
| 标 准 书 号 | ISBN 978-7-301-32732-6 |
| 出 版 发 行 | 北京大学出版社 |
| 地　　　址 | 北京市海淀区成府路205号　100871 |
| 网　　　址 | http://www.pup.cn　http://www.yandayuanzhao.com |
| 电 子 邮 箱 | 编辑部 yandayuanzhao@pup.cn　总编室 zpup@pup.cn |
| 新 浪 微 博 | @北京大学出版社　@北大出版社燕大元照法律图书 |
| 电　　　话 | 邮购部 010-62752015　发行部 010-62750672　编辑部 010-62117788 |
| 印 刷 者 | 大厂回族自治县彩虹印刷有限公司 |
| 经 销 者 | 新华书店 |
| | 965毫米×1300毫米　16开本　30.25印张　527千字 |
| | 2021年12月第1版　2024年9月第3次印刷 |
| 定　　　价 | 88.00元 |

未经许可,不得以任何方式复制或抄袭本书之部分或全部内容。
**版权所有,侵权必究**
举报电话:010-62752024　电子邮箱:fd@pup.cn
图书如有印装质量问题,请与出版部联系,电话:010-62756370

# "对赌协议"典型仲裁案例与实务精要编辑委员会

**主　编**

刘晓春

**副主编**

何　音　刘哲玮

**学术委员会**

(以姓氏拼音为序)

傅郁林　郭　雳　郭小慧　郭晓文　胡建农　黄亚英　蒋溪林
梁爱诗　梁定邦　刘春华　刘晓春　潘剑锋　Peter Malanczuk
沈四宝　王桂壎　袁国强　张守文　张勇健　赵　宏

**编委会成员**

(以姓氏拼音为序)

安　欣　蔡书馨　陈巧梅　陈　昕　董连和　樊奇娟　范文静
黄郭勇　李秋良　李　治　林一飞　娄进波　王素丽　谢卫民
熊天宝　杨　涛　曾银燕　曾宇洁　赵　枫　赵彦莹　周春玲
周　毅　朱　宏　邹长林　邹处平

**编辑部成员**

(以姓氏拼音为序)

邓凯馨　何　音　孟　伟　庄淮清

**撰稿人**
(以姓氏拼音为序)

陈　冲　　陈　纯　　陈　洁　　陈思维　　陈宇明　　程钦林　　邓　峰
董　行　　冯　东　　付汶卉　　何文灏　　黄吴一秀　黄　瑜　　简　意
姜婧姝　　李建辉　　李宗怡　　刘　磊　　刘欣琦　　刘雪飞　　孟　伟
潘世豪　　彭岩冰　　苏　泉　　陶修明　　王　铖　　魏　青　　谢石松
谢学军　　辛正郁　　徐士雯　　伊　然　　张辰浩　　张　弛　　张嘉琦
赵佳慧　　郑建江　　郑于群　　钟　妙　　朱梓琪　　庄淮清　　庄敏玲

# 序

"对赌协议",又称"估值调整机制"(Valuation Adjustment Mechanism, VAM)或"估值调整协议",在私募股权投资(Private Equity, PE)、风险投资(Venture Capital, VC)、上市公司重大资产重组和海外并购交易中较为常见。对赌协议的结构性安排在一定程度上弥补了交易双方的信息不对称漏洞,使交易的可能性大增,成为中国投融资实践的重要发展基础。

自"海富案"①以来,理论界与实务界就对赌协议的相关法律问题作了大量富有成效的探讨,推动了裁判规则的持续变化,但这些讨论的盲点也是显而易见的:一是过多集中在PE、VC领域而忽略了其他应用场景和特殊交易结构;二是过多关注与股东或公司对赌的效力而忽略了对业绩或上市承诺本身的分析;三是过多关注股份回购而忽略了对股份补偿和现金补偿的认定;四是过多关注法院判决而忽略了对仲裁实践的研究。

深圳国际仲裁院(又名华南国际经济贸易仲裁委员会、粤港澳大湾区国际仲裁中心、深圳仲裁委员会,曾用名中国国际经济贸易仲裁委员会华南分会、中国国际经济贸易仲裁委员会深圳分会,以下简称"深国仲")成立于1983年,是中国改革开放之后各省市设立的第一家仲裁机构,也是粤港澳地区第一家仲裁机构。深国仲长期身处资本市场争议解决前沿,迄今为止已经处理了大量对赌协议纠纷案件。为帮助业界了解对赌协议纠纷在仲裁领域的裁判动向,弥补现有讨论的不足,我们系统梳理和筛选了近年来有代表性的案例,在脱密处理的前提下,组织学者和实务专家结合《民法典》《全国法院民商事审判工作会议纪要》等相关规定进行了有针对性的评析。希冀通过

---

① 参见最高人民法院(2012)民提字第11号民事判决书。

这本典型仲裁案例选编,勾画出对赌协议纠纷在仲裁领域的裁判全景,为业界提供有价值的参考。

编　者
2021 年 11 月 1 日

# 致 谢

以下仲裁员(以姓氏拼音为序)为本书所选编的仲裁案例的仲裁庭组成人员,特在此表示衷心感谢!

| | | | | | | |
|---|---|---|---|---|---|---|
| 蔡镇顺 | 曹海雷 | 曹欣光 | 陈 洁 | 陈 磊 | 陈妙财 | 陈威华 |
| 陈锡康 | 笪 恺 | 邓 峰 | 段 涛 | 冯 东 | 冯卫红 | 傅曦林 |
| 谷 凌 | 管晓峰 | 郭明忠 | 郭小明 | 韩 健 | 胡晋南 | 黄昌鸿 |
| 黄亚英 | 李 方 | 李建辉 | 李伟斌 | 李文君 | 李茁英 | 林一飞 |
| 刘晓红 | 刘 燕 | 刘胤宏 | 卢国聪 | 卢 林 | 卢全章 | 鲁 潮 |
| 鲁 楷 | 陆继强 | 罗德慧 | 罗 飞 | 罗 珂 | 秦世平 | 邱永红 |
| 任舒中 | 宋萍萍 | 苏 敏 | 台 冰 | 王成义 | 王立新 | 王千华 |
| 王 宇 | 温达人 | 翁国民 | 吴汉东 | 吴晓辉 | 肖黄鹤 | 谢石松 |
| 谢学军 | 辛正郁 | 杨少南 | 张 弛 | 张德明 | 张加文 | 张敬前 |
| 张 亮 | 张 志 | 赵显龙 | 赵 云 | 郑建江 | 周成新 | 周宋良 |
| 卓洁辉 | | | | | | |

编 者
2021 年 11 月 1 日

# 凡　例

1. 深圳国际仲裁院,又名华南国际经济贸易仲裁委员会、粤港澳大湾区国际仲裁中心、深圳仲裁委员会,曾用名中国国际经济贸易仲裁委员会华南分会、中国国际经济贸易仲裁委员会深圳分会。

2. 法律文件名称中的"中华人民共和国"省略,例如《中华人民共和国民法典》,简称《民法典》。

3. 除非另有注明,各案例所涉币种均为人民币。

4. 《深圳国际仲裁院仲裁规则》,简称《仲裁规则》,如无特别注明,均指该案受理时适用的《仲裁规则》。

5. 《全国法院民商事审判工作会议纪要》,简称《九民纪要》。

6. 最高人民法院《关于适用〈中华人民共和国民法典〉有关担保制度的解释》,简称《民法典担保制度解释》。

7. 最高人民法院《关于适用〈中华人民共和国公司法〉若干问题的规定(一)》,简称《公司法解释(一)》。

8. 最高人民法院《关于适用〈中华人民共和国公司法〉若干问题的规定(二)》,简称《公司法解释(二)》。

9. 最高人民法院《关于适用〈中华人民共和国公司法〉若干问题的规定(三)》,简称《公司法解释(三)》。

10. 最高人民法院《关于审理买卖合同纠纷案件适用法律问题的解释》(法释〔2012〕8号),简称《买卖合同司法解释》。

11. 最高人民法院《关于审理外商投资企业纠纷案件若干问题的规定(一)》(法释〔2010〕9号),简称《外商投资企业解释(一)》。

12. 最高人民法院《关于适用〈中华人民共和国合同法〉若干问题的解释

(二)》(已失效),简称《合同法解释(二)》。

13. 最高人民法院《关于审理联营合同纠纷案件若干问题的解答》(已失效),简称《联营合同纠纷解答》。

14. 《合同法》《担保法》《民法总则》已自2021年1月1日起失效。

15. 《中外合资经营企业法》《中外合资经营企业法实施条例》《外商投资企业投资者股权变更的若干规定》已自2020年1月1日起失效。

16. "海富案"指甘肃世恒有色资源再利用有限公司、香港迪亚有限公司与苏州工业园区海富投资有限公司、陆波增资纠纷案,详情参见最高人民法院(2012)民提字第11号民事判决书。

17. "张瑞芳案"指张瑞芳、深圳一电实业有限公司与旺达纸品集团有限公司、林秉师民间借贷纠纷案,详情参见广东省高级人民法院(2014)粤高法民四终字第12号民事判决书。

18. "华工案"指江苏华工创业投资有限公司与扬州锻压机床股份有限公司、潘云虎等请求公司收购股份纠纷案,详情参见江苏省高级人民法院(2019)苏民再62号民事判决书。

19. "国华案"指国华实业有限公司与西安向阳航天工业总公司股权转让纠纷案,详情参见江苏省高级人民法院(2013)苏商外终字第0034号民事判决书。

20. "通联案"指通联资本管理有限公司、成都新方向科技发展有限公司与公司有关的纠纷案,详情参见最高人民法院(2017)最高法民再258号民事判决书。

21. "瀚霖案"指强静延与曹务波、山东瀚霖生物技术有限公司股权转让纠纷案,详情参见最高人民法院(2016)最高法民再128号民事判决书。

# 目 录

## 专题一 对赌协议效力

- 案例 1 对赌纠纷的合同效力认定与投资者权益保护 …………… 003
- 案例 2 与目标公司对赌的效力认定 …………………………… 013
- 案例 3 与股东/实际控制人对赌的效力认定 ………………… 025
- 案例 4 有限合伙人与合伙企业对赌的效力认定 ……………… 039
- 案例 5 对赌协议效力与可履行性的区分 ……………………… 053
- 案例 6 公司法规定与对赌协议效力问题的协调 ……………… 069
- 案例 7 目标公司为股东对赌提供担保真实意思表示的认定 … 084
- 案例 8 投资人对目标公司提供担保的审查义务 ……………… 097
- 案例 9 《九民纪要》对目标公司承担回购连带责任的影响 …… 108
- 案例 10 目标公司承担担保责任的其他决议形式 ……………… 120
- 案例 11 目标公司减资程序对对赌协议履行的影响 …………… 131
- 案例 12 外资管理制度的变化对回购协议效力的影响 ………… 143

## 专题二 对赌协议承诺

- 案例 13 业绩未完成的责任与投资人的经营参与权 …………… 159
- 案例 14 对业绩承诺的理解发生争议时如何进行合同解释 …… 172
- 案例 15 上市公司并购业绩对赌中业绩事实的证明 …………… 182
- 案例 16 业绩承诺是否完成的认定和抗辩 ……………………… 195
- 案例 17 上市承诺未能完成的约定与法定免责抗辩 …………… 210

## 专题三 对赌协议回购与补偿

- 案例 18 上市或挂牌前出具不存在业绩对赌情形的承诺函能否免除对赌义务 ………………………………………………… 225

| | | |
|---|---|---|
| 案例 19 | 业绩补偿与股份回购能否同时主张 | 236 |
| 案例 20 | 现金补偿义务的认定和抗辩 | 254 |
| 案例 21 | 现金补偿义务是否因上市或被并购而消灭 | 263 |
| 案例 22 | 股份补偿是否应有极值限制 | 275 |
| 案例 23 | 原股东退出目标公司后是否继续承担回购责任 | 287 |

**专题四  对赌协议纠纷其他争议要点**

| | | |
|---|---|---|
| 案例 24 | 目标公司可否向投资人主张业绩奖励 | 301 |
| 案例 25 | 增资协议中的投资退出与合同解除 | 308 |
| 案例 26 | 本约/预约合同的认定对投资款支付义务的影响 | 319 |
| 案例 27 | 投资人未支付剩余投资款的正当性抗辩 | 333 |
| 案例 28 | 情势变更的区分与认定 | 347 |
| 案例 29 | IPO暂停审核对对赌协议上市目标的影响 | 359 |
| 案例 30 | 产业政策调整是否构成不可抗力 | 371 |
| 案例 31 | 不可抗力的通知和证明义务如何认定 | 383 |

**附　录**

全国法院民商事审判工作会议纪要(节选) ……………………… 395
甘肃世恒有色资源再利用有限公司、香港迪亚有限公司与苏州工业
　园区海富投资有限公司、陆波增资纠纷民事判决书 …………… 397
张瑞芳、深圳一电实业有限公司与旺达纸品集团有限公司、林秉师
　民间借贷纠纷二审民事判决书 ……………………………………… 405
江苏华工创业投资有限公司与扬州锻压机床股份有限公司、潘云虎
　等请求公司收购股份纠纷再审民事判决书 ……………………… 425
国华实业有限公司与西安向阳航天工业总公司股权转让纠纷
　二审民事判决书 ……………………………………………………… 440
通联资本管理有限公司、成都新方向科技发展有限公司与公司有关
　的纠纷再审民事判决书 ……………………………………………… 452
强静延、曹务波股权转让纠纷再审民事判决书 ……………………… 463

# 专题一
# 对赌协议效力

# 案例1　对赌纠纷的合同效力认定与投资者权益保护

**仲裁要点**：1. 法律、行政法规规定合同应当办理审批手续生效的，审批手续是合同的生效条件，未办理上述手续的合同因欠缺生效条件而未生效。

2. 根据本案适用的法律、行政法规的规定，中外合资经营企业对外转让股权需经合营他方同意并报外商投资主管部门批准，但未经合营他方同意或未办理报批手续并不影响股权回购协议的效力。

## 一、案情概要

2010年2月5日，申请人A公司与被申请人B公司签订《股权转让协议书》，约定被申请人将其持有的案外人目标公司C公司(C公司为中外合资经营企业)506.6667万股股权转让给申请人，该部分股权占C公司股权的6.67%。转让价格2000万元，申请人应在协议书生效后两个月内向被申请人支付股权转让款。《股权转让协议书》由被申请人提交C公司股东大会审议一致通过，并由外商投资主管部门批准。2010年2月3日，申请人、被申请人及C公司签订《补充协议》，约定C公司如果未能在2011年9月23日前在国内外证券交易所上市，申请人有权以书面通知的形式要求被申请人及C公司回购申请人所持有的C公司股权，该书面通知一经发出即告生效。

上述协议签订后，申请人于2011年1月6日向被申请人支付了2000万元股权转让价款，但C公司未能按照《补充协议》的约定完成上市。申请人先后于2012年11月6日、2013年7月24日向被申请人和C公司发出《股权回购通知函》，要求被申请人和C公司按照协议约定向申请人支付股权回购款，以回购申请人所持有的C公司506.6667万股股权，但被申请人未予回应，亦未支付股权回购款。申请人认为，被申请人已经以其行为表明了不履行《补充协议》

约定的股权回购义务,遂依据《股权转让协议书》及《补充协议》中的仲裁条款于 2013 年 8 月 19 日向深圳国际仲裁院申请仲裁,请求裁决:

1. 被申请人向申请人支付股权回购款(自 2011 年 1 月 6 日起暂计至 2013 年 8 月 19 日,股权回购款为 2524 万元。被申请人实际应向申请人支付的股权回购款金额,以被申请人付清款项的最终日期作为计算截止日,按涉案协议约定另行计算),以回购申请人在 C 公司所持的 506.6667 万股股权。

2. 被申请人承担申请人为本案支付的律师费、公证及相关事项费用、财产保全费、财产保全担保费、仲裁费。

## 二、当事人主张

(一) 申请人主张

1.《补充协议》是双方签订并履行的有效协议,《股权转让协议书》第 5 条"变更或解除协议书,经 D 公证处公证并报审批机关批准后生效"的约定不影响其效力。《补充协议》已由申请人履行完毕,被申请人也接受了履行,显然已经生效。以上实际履行行为,应视为各方对《股权转让协议书》中以公证作为补充协议生效条件的变更、豁免。《补充协议》涉及的被申请人向申请人回购股权一事,相对于被申请人向申请人进行股权转让一事,既不属于"变更",也不属于"解除",而是与之相离的嗣后发生事项,属于新的法律关系。因此,"股权回购"之约定虽然列于《补充协议》中,但因其独立性,其效力不应受《股权转让协议书》第 5 条"公证""审批"的限制。

2.《补充协议》及被申请人向申请人回购股权的约定是否有效,不以行政审批为前提。第一,法律、行政法规没有规定外商投资股份有限公司股东内部的股权转让合同需经审查批准后方可生效。第二,法律、行政法规规定的审批事项仅针对股权变更的效力,而非合同的效力。第三,审批程序并不影响案件的审裁与执行。根据最高人民法院《关于人民法院执行工作若干问题的规定(试行)》(2008 年修改)第 55 条的规定,在处置中外合资经营企业的股权时,应该尽量满足行政机关的审批要求,但是如果仍不能满足行政机关的审批要求的,法院可以直接强制变更权属,行政审批不是必要条件。

3.《补充协议》不因 C 公司其他股东没有同意或没有参与签署而无效。《中外合资经营企业法》(2001 年修正)第 4 条第 4 款规定"合营者的注册资本如果转让必须经合营各方同意",但 C 公司是股份有限公司,上述规定仅适用于有限责任公司。此外,即便其他股东要求保护优先购买权,也可以在本案的执行阶段提出并解决。

(二)被申请人主张

1.《补充协议》作为从合同,生效的前提与基础是《股权转让协议书》,《补充协议》具有依附性。本案《补充协议》签订在前,此时双方并未签订《股权转让协议书》,故《补充协议》缺乏主合同依据,不具有有效性。

2. 根据《股权转让协议书》的约定,"经协商变更或解除本协议书的,双方应另签订变更或解除协议书,经 D 公证处公证并报审批机关批准后生效"。《补充协议》对《股权转让协议书》中有关股权转让款的支付、股权风险承担以及股权回购等内容进行了变更和补充,需经公证处公证并报审批机关批准后生效。即使认为《补充协议》是独立协议,其同样是未生效的,根据《中外合资经营企业法实施条例》(2011 年修订)第 14 条的规定,合营企业的协议、合同,不管是签订,还是修改,都要经审批机构批准后生效。

3. 根据商务部《外商投资企业投资者股权变更的若干规定》的规定,外商投资企业未经审批机关批准的股权变更无效。此外,《中外合资经营企业法》(2001 年修正)第 4 条第 4 款也有相关规定,"合营者的注册资本如果转让必须经合营各方同意"。《补充协议》未经 C 公司其他股东同意,未经审批机关批准,回购约定无效。

4. 本案股权变更未经审批机关批准,被申请人无法向登记机关申请变更登记,自然也没有支付股权回购款的义务,否则将可能严重损害被申请人的权利,造成被申请人经济损失。

## 三、仲裁庭意见

(一)关于《补充协议》的法律效力

本案双方当事人的争议焦点是如何认定《补充协议》的法律效力。根据《股权转让协议书》及《补充协议》的约定,申请人与被申请人及 C 公司达成的合意可以简单概括为两部分内容:(1)申请人以 2000 万元的价款购买被申请人所持有的 C 公司 506.6667 万股股权,占 C 公司股权的 6.67%。(2)被申请人和 C 公司同意,如果 C 公司未能在 2011 年 9 月 23 日前在国内外证券交易所上市,经申请人书面提出请求,被申请人应当以每年 10%的投资收益率回购申请人所购买的 C 公司 6.67%的股权。

仲裁庭认为,该交易的两个部分,都属于当事人之间通过正常的商业谈判达成的交易条款。被申请人对《补充协议》及其约定的回购行为法律效力的主要异议在于:(1)没有经过审批机关批准;(2)没有经过公证;(3)没有征得其他股东同意。因此,仲裁庭对《补充协议》及其约定的股权回购进一步分析并作出以下认定:

《补充协议》约定,如果 C 公司未能在 2011 年 9 月 23 日前在国内外证券交易所上市,申请人有权以书面通知的形式要求被申请人及 C 公司回购申请人所持有的 C 公司股权,该书面通知一经发出即告生效。被申请人及 C 公司在收到申请人发出的股权回购书面通知当日起 12 个月内,应以现金支付股权回购的全部款项。上述约定实际是附条件生效的合同条款,是对未来可能发生的事项的约定。只有合同约定的不确定条件成就,该条款才会生效。具体而言,要产生该条款约定的股权回购义务,需要满足两个条件:一是 C 公司没有在规定期间上市;二是申请人发出书面通知。

根据《中外合资经营企业法实施条例》(2011 年修订)第 11 条的规定,合营企业合同应当具备特定的合同要素和内容,而《补充协议》第 3 条约定的股权回购条款并不具备这些合同要素和内容,不属于《中外合资经营企业法》(2001 年修正)第 3 条或者《中外合资经营企业法实施条例》(2011 年修订)第 14 条规定的需要经过审批才生效的合同。

仲裁庭认为,《补充协议》既不存在《合同法》第 52 条规定的合同无效的情形,也不属于需要经过审批才生效的合同,合同自签订之日起成立,在所附的条件成就时生效。

诚然,一旦发生股权回购事项,势必导致合营企业合同、章程的相关条款作出相应修改和变更。C 公司虽然是股份有限公司,不是《中外合资经营企业法》(2001 年修正)及相关法规规定的有限责任公司,但企业形式的不同,没有改变外商投资企业股权变更需要经过主管部门批准方能进行这一事实。概括而言,《补充协议》关于股权回购的约定具有法律效力,但双方的股权回购行为依然需要按照法律规定的程序才能完成,其中包括被申请人所提及的行政机关审批、经其他股东同意、回购款的支付、股权的工商变更登记等。因此,《补充协议》并没有约定被申请人在回购通知生效后应当立即支付全部回购款,而是约定被申请人和 C 公司应当在回购通知发出后 12 个月内支付全部回购款,给当事人办理相关手续留足了时间。

仲裁庭认为,根据《补充协议》的约定,如果 C 公司没有在规定期间上市,申请人有权发出回购通知,且"一经发出即告生效",而生效的合同内容正是被申请人的回购义务。在本案中,C 公司未如期上市及申请人发出股权回购通知的两个条件均已成就,被申请人的股权回购义务在申请人发出通知后即告生效,付款时间为回购通知发出后 12 个月内,在此期间,当事人应当各自采取必要的措施,以促使股权交易的完成。

仲裁庭还认为,《补充协议》签订于 2010 年 2 月 3 日,《股权转让协议书》签订于 2010 年 2 月 5 日,《补充协议》本身并没有约定其需要经过公证才产生法律效力,《股权转让协议书》中"经协商变更或解除本协议书的,双方应另签订变更或解除协议书,经 D 公证处公证并报审批机关批准后生效"的约定,对先前签订的《补充协议》没有追溯效力。因此,仲裁庭不认可《补充协议》没有经过公证即无效或没有生效的主张。

被申请人认为,《补充协议》是《股权转让协议书》的从合同,没有主合同的从合同是无效合同,但被申请人没有提出相应的法律依据支持其主张。仲裁庭认为,不应该简单地以合同的名称来判定合同的主从性质。首先,《补充协议》与《股权转让协议书》的合同主体不同。《股权转让协议书》是申请人与被申请人签订的合同,而《补充协议》是申请人、被申请人、C 公司三方签订的合同。其次,就股权回购而言,两个合同约定的事项及标的也不同,《补充协议》针对的是《股权转让协议书》履行完毕后的股权回购事项。因此,仲裁庭不支持被申请人根据合同主从关系认定《补充协议》无效的主张。

(二)关于被申请人是否应当支付股权回购款

按照《补充协议》的约定,回购通知在发出后立即生效,被申请人应当在 12 个月内支付回购款。申请人第一次发出回购通知的时间是 2012 年 11 月 6 日,至本案开庭审理时已经超过 12 个月。申请人在 2013 年 7 月 24 日再次发出《股权回购通知函》。但两次通知后被申请人均没有采取任何行动履行回购义务。被申请人以不作为的形式拒绝履行其回购义务,违反了合同,应当承担违约责任。《合同法》第 107 条规定的承担违约责任的形式包括继续履行、采取补救措施或者赔偿损失。本案中申请人要求被申请人支付股权回购款属于要求继续履行,具有法律依据,仲裁庭予以支持。

被申请人提出,回购协议是双务合同,申请人应当将股权转让给被申请人,被申请人应当将股权回购款支付给申请人。仲裁庭同意被申请人该项主张,支持被申请人收回股权作为支付股权回购款的对价履行的请求。但是,《补充协议》对支付价款和转让股权的履行顺序并没有明确约定。而且,被申请人在本案仲裁程序中没有依据《仲裁规则》的要求,提出要求申请人转让股权的反请求。因此,被申请人该项主张不是本次仲裁的审理范围。申请人和被申请人之间应当按照法律规定的程序办理股权转让所必需的批准、变更手续,如果申请人拒绝或不配合被申请人收回股权,被申请人有权通过正当法律程序主张权利。

## 四、裁决结果

1. 被申请人向申请人支付股权回购中的投资本金款2000万元。
2. 被申请人向申请人支付股权回购的投资收益,按照本金2000万元的每年10%的投资收益,自2011年1月6日起算直至被申请人全额支付股权回购款之日止。
3. 被申请人向申请人支付律师费、公证及相关事项费用、担保费、财产保全受理费。
4. 本案仲裁费用由被申请人承担。

## 五、评析

本案为投资方与目标公司及其股东对赌的股权回购型对赌案例。

在申请人提请仲裁时,"海富案"已经引起广泛关注,该案判决确立了较长一段时期内公司对赌协议效力的认定标准,即投资方与目标公司的股东对赌有效,与目标公司对赌无效。在此背景下,本案申请人的仲裁请求仅要求被申请人(股东)回购股权,没有将目标公司列为当事人要求其回购股权,主动回避了目标公司回购自身股权的问题。

本案的特殊性在于,目标公司是一家中外合资经营企业,根据当时《中外合资经营企业法》(2001年修正)及《中外合资经营企业法实施条例》(2011年修订)的规定,中外合资经营企业的股权转让不仅需要经过其他股东同意,还需要经过外商投资主管部门的批准。而在股权回购型对赌中,投资方与目标公司及其股东往往会涉及两个层面的法律关系:一是股权转让法律关系;二是股权回购法律关系。因此,对于中外合资经营企业作为目标公司参与的股权回购型对赌,裁判者需要对各方签订的股权转让协议和对赌协议的效力分别进行考察与评价,本案的争议焦点集中在对赌协议的效力认定上。

(一)股权转让协议的效力认定

本案《股权转让协议书》由被申请人提交 C 公司股东大会审议一致通过,并经外商投资主管部门批准,双方当事人也已依约履行完毕,其效力应当予以确认。值得探讨的是,如果《股权转让协议书》未经 C 公司股东同意和外商投资主管部门批准,其效力应当如何认定?

民法理论认为,合同效力有形式拘束力与实质效力之分,形式拘束力意指当事人不能任意撤销、变更甚至解除合同的效力,实质效力则是基于合同本身而在当事人间发生的权利义务关系。[①]《合同法》第 8 条第 1 款(《民法典》第 465 条[②])规定,依法成立的合同,对当事人具有法律约束力。当事人应当按照约定履行自己的义务,不得擅自变更或者解除合同。该条规定的"法律约束力"即指合同的形式拘束力。

在司法实践中,《外商投资企业解释(一)》第 1 条规定,当事人在外商投资企业设立、变更等过程中订立的合同,依法律、行政法规的规定应当经外商投资企业审批机关批准后才生效的,自批准之日起生效;未经批准的,人民法院应当认定该合同未生效。当事人请求确认该合同无效的,人民法院不予支持。

因此,中外合资经营企业未经股东同意和外商投资主管部门批准而签订的股权转让协议并非无效合同,其在依法成立的前提下,具有合同的形式拘束力,但不具有合同的实质效力,双方当事人可以通过办理相关手续促成合同生效。换言之,对于该类合同,批准等手续是合同的法定生效要件,未经批准的合同属于生效条件未成就的合同,属于未生效的合同。[③]

---

① 参见王泽鉴:《债法原理:基本理论、债之发生》(第一册),中国政法大学出版社 2001 年版,第 193 页。
② 《民法典》第 465 条规定:"依法成立的合同,受法律保护。依法成立的合同,仅对当事人具有法律约束力,但是法律另有规定的除外。"
③ 参见最高人民法院民事审判第二庭编著:《〈全国法院民商事审判工作会议纪要〉理解与适用》,人民法院出版社 2019 年版,第 275 页。

（二）对赌协议的效力认定

本案被申请人以目标公司其他股东没有同意、外商投资主管部门没有批准为由，认为对赌协议没有法律效力或无法执行。仲裁庭认为，被申请人作为目标公司的原股东，外商投资主管部门的批准需要被申请人和目标公司的积极作为。被申请人和申请人之间签订股权转让协议、目标公司召开董事会和股东会批准股权转让、目标公司向外商投资主管部门申请批准股权转让等事项，都需要被申请人和目标公司的积极配合。如果被申请人不积极作为，所有这些前置程序便不会启动。可见，被申请人系以其不作为导致的后果作为其不依约履行合同的抗辩理由，仲裁庭难以支持其主张。同时，尽管目标公司属于中外合资经营企业，但法律、行政法规并未规定中外合资经营企业签订的所有合同均需要经过股东同意或外商投资主管部门批准，不应对《中外合资经营企业法》（2001年修正）第3条及《中外合资经营企业法实施条例》（2011年修订）第14条中规定的合同类型作扩大解释，中外合资经营企业签订的股权回购型对赌协议不属于法律、行政法规规定的需要经过审批才生效的合同，故本案对赌协议已依法成立并生效。

广东省高级人民法院在"张瑞芳案"中与本案仲裁庭持相同观点。在该案中，张瑞芳分别在2009年10月8日、10月9日与旺达集团公司以及旺达实业公司、林秉师签订《股权转让协议书》和《股权转让补充协议书》，两份协议书均是关于张瑞芳以支付投资款形式受让旺达集团公司在旺达股份公司所占部分股权的问题。双方除约定了转让中外合资公司股权所应具备的权利、义务内容条款外，还约定当"回购条款"触发时，不论股权是否已变更至张瑞芳名下，旺达集团公司都应回购张瑞芳所持有旺达股份公司的股权。法院认为，《股权转让协议书》和《股权转让补充协议书》因未经外商投资主管部门批准，其中涉及股权转让部分的权利、义务内容应认定为未生效。但《股权转让协议书》和《股权转让补充协议书》中双方当事人为实现股权转让、张瑞芳合理规避投资股权风险自行约定的股权价值估值调整条款并不属于需要审批的合同内容，双方当事人约定设置该条款的目的是张瑞芳通过签订股权转让协议溢价收购旺达股份公司的股权，在股权转让履行过程中，以控制和锁定投资风险，并约束和激励融入资金的公司改善经营管理，该条款是双方为股权转让合同履行设定的前提条件。因此，该条款效力不应受股权转让合同是否审批的影响。该股权价值估值调整条款的约定没有违反法律、行政法规的强制性规定,依法应认定有效。

(三) 对赌协议投资方利益的保护

随着《民法典》和《外商投资法》的出台,本案所涉对赌协议与审批有关的法律效力问题已不再具有争议。2016年10月8日商务部发布《外商投资企业设立及变更备案管理暂行办法》后,除非法律另有要求,外商投资企业的股权发生变更的,只需要在变更事项发生后30日内办理变更备案手续即可。一般情况下,审批手续不再是外商投资企业股权转让的前置条件。2019年11月8日最高人民法院发布《九民纪要》,关于投资方与目标公司及其股东的对赌协议法律效力的纷争也尘埃落定。但是,《九民纪要》仍未彻底解决如何鼓励诚信履行对赌协议、妥善保护投资人合法权益的问题。

根据《九民纪要》第5条的规定,对于投资方与目标公司订立的对赌协议,在不存在法定无效事由的情况下,目标公司仅以存在股权回购或者金钱补偿约定为由,主张对赌协议无效的,人民法院不予支持,但投资方主张实际履行的,人民法院应当审查是否符合《公司法》第35条关于"股东不得抽逃出资"或第142条关于股份回购的强制性规定,判决是否支持其诉讼请求;目标公司未完成减资程序的,人民法院应当驳回其诉讼请求。

在实践中,《公司法》第177条规定的公司减资程序往往需要目标公司的积极作为才能顺利完成,而目标公司往往会主张股权回购协议没有经过减资程序,无法实际履行股权回购义务。作为回购义务一方,目标公司不召集主持股东会、不通知债权人、不发公告,减资程序便无从启动,最终投资方依然无法摆脱与目标公司订立对赌协议的效力瑕疵的困局。从某种程度上而言,《九民纪要》第5条甚至可能会进一步导致对赌协议中目标公司的不作为。

最高人民法院在《九民纪要》中提到,正确审理对赌案件,既要坚持鼓励投资人对实体企业特别是科技创新企业投资原则,缓解企业融资难,又要贯彻公司资本维持原则和保护债权人合法权益原则,依法平衡投资人、公司债权人和公司之间的利益。如果裁判者一律驳回投资方在上述没有履行减资程序的对赌协议纠纷中的股权回购请求,无疑达不到鼓励投资、支持创业的目的,也达不到保护投资人、保护公司利益的目的。对于债权人而言,如果通知债权人及公告程序都没有开始,也难言达到保护目的。

北京大学刘燕教授在《对赌协议与公司法资本管制:美国实践及其启示》一文中指出,"法官在这种裁判路径下不能仅基于原则说话或者止步于效力宣判,而应当将资本维持原则具体适用于相关案件的裁判过程具体展示出来,以便向商业实践传递清晰的法律信号"①。由此可见,在多数对赌争议解决中,裁判者关注的是对赌协议本身的法律效力、对赌协议的执行是否损害公司、债权人和其他方面的利益,对于对赌协议的执行是否损害公司或债权人利益,往往拘泥于原则或效力宣判,未对具体情形进行分析,就下结论认为投资者不承担投资风险,获得固定收益,损害公司股东和债权人利益。

笔者认为,裁判者应当尝试以《九民纪要》为新的起点,在确认公司没有履行减资程序后,对相关的程序和实体问题进行进一步审理。在公司减资程序方面,裁判者可以审查目标公司没有执行减资程序的原因。根据《合同法》第45条(《民法典》第159条)的规定,当事人为自己利益,不正当阻止条件成就的,应当视为条件已成就。如果目标公司消极不作为,不履行减资程序,可以考虑判定目标公司违约,要求其承担违约责任;在实体方面,损害债权人利益不应该是一个未审先判的预设,裁判者要求目标公司就回购股权损害债权人或其他主体利益作进一步举证是符合举证责任分配原则的做法。比如,许多创业企业没有可供抵押的资产或缺乏信用记录,无法进行借贷融资,对外并没有真正意义上的债权人,其主要债务一般是员工工资、供应商货款等。在"华工案"中,江苏省高级人民法院认为,扬锻公司持续正常经营,参考华工公司在扬锻公司所占股权比例及扬锻公司历年分红情况,案涉对赌协议约定的股权回购款项的支付并不会导致扬锻公司资产的减损,亦不会损害扬锻公司对其他债务人的清偿能力,不会因该义务的履行构成对其他债权人债权实现的障碍。

总而言之,对赌协议纠纷的审理既要平衡对赌当事人在有效合同下的正当权益,又要保护目标公司和债权人的利益。尽管在现行法律体系下,外商投资企业签订的对赌协议的效力认定问题已经不存在争议,但如何在此类纠纷中妥善保护投资方利益的问题并未随着《九民纪要》的出台而彻底解决。要破解以上难题,笔者建议不妨对目标公司未完成减资程序的违约责任承担、目标公司回购股权是否损害债权人利益的举证责任分配等问题作进一步探究。

(本案例由深圳国际仲裁院仲裁员谢学军和深圳国际仲裁院庄淮清编撰)

---

① 刘燕:《对赌协议与公司法资本管制:美国实践及其启示》,载《环球法律评论》2016年第3期。

# 案例2 与目标公司对赌的效力认定

**仲裁要点**：对赌协议的效力根据回购义务对象不同而有所不同，在《九民纪要》发布前，仲裁庭通常认定以目标公司为回购义务对象的对赌条款无效，以目标公司股东为回购义务对象的对赌条款有效。

## 一、案情概要

2014年1月22日，申请人（A公司）与第一被申请人（目标公司B公司）、第二被申请人（目标公司股东C）、第三被申请人（目标公司股东D，以上三名被申请人以下合称"被申请人"）及案外人E签订2014年《增资协议》：被申请人基于对第一被申请人前景的预测，提出第一被申请人初始估值为1亿元；申请人向第一被申请人增资1000万元，获得公司10%的股权；第一被申请人以2018年1月30日前实现首次公开发行股票并上市为目标。2015年4月15日，根据第一被申请人实际经营发展需要，申请人与被申请人及案外人E又签订了新一轮的增资协议，目标仍然为第一被申请人于2018年1月30日前实现首次公开发行股票并上市，此次投资，申请人向第一被申请人增资5106.3830万元，获得公司15.4%的股权。

2015年《增资协议》"赎回"部分约定："1.当出现以下情况时，A公司有权要求管理团队股东或公司回购A公司所持有的全部公司股权（或股份）：a.不论任何主观或客观原因，公司不能在2018年1月30日前实现首次公开发行股票并上市或出售……2.本协议项下的股权（股份）回购价格应按以下两者孰高者确定：a.按照本协议第三条规定的A公司的全部出资额及自从实际缴纳出资日起至管理团队股东或公司实际支付回购价款之日止，按照每年12%计算利息（单利）……或b.回购时A公司所持有股权（或股份）所对应公司经审计的净资产。"

前述两次《增资协议》签订后,申请人均依约按期向第一被申请人出资,履行了合同约定的义务;而第一被申请人没有达到第一次增资协议约定的业绩及利润目标,且至 2018 年 1 月未实现首次公开发行股票并上市的目标,并违反多项合同义务。经申请人与第二被申请人、第三被申请人多次磋商无果,第二被申请人明确表示公司无法达到上市的目标,也不愿意依据合同约定履行回购义务。

申请人于 2019 年 3 月 26 日向深圳国际仲裁院申请仲裁并提出如下仲裁请求:

1. 第二、第三被申请人共同支付申请人第一期股权回购款本金 1000 万元,并支付该款相应利息(利息按每年 12%的标准计算,自 2014 年 1 月 22 日起计至实际付清回购款项之日止,暂计至 2018 年 10 月 29 日,利息为 5803333.33 元),第一被申请人对第二被申请人、第三被申请人的付款义务承担连带责任。

2. 被申请人连带支付申请人第二期股权回购款本金 5106.3830 万元,并支付该款相应利息(利息按每年 12%的标准计算,自 2015 年 4 月 15 日起计至实际付清回购款项之日止,暂计至 2018 年 10 月 29 日,利息为 22008511.59 元)。

3. 被申请人连带支付申请人违约金 50 万元。

4. 被申请人共同承担本案仲裁费、保全费、律师费等费用。

## 二、当事人主张

(一) 关于回购义务主体的认定

申请人主张,根据《增资协议》的约定,当出现相应的情况时,申请人有权要求管理团队股东或公司回购申请人所持有的全部公司股权(或股份),故本案中回购义务的主体应当是三名被申请人,其中管理团队股东指的是第二、第三被申请人,目标公司即为第一被申请人。

被申请人主张,第一被申请人不是适格主体,而第二、第三被申请人不是约定的回购义务主体。

(二)关于回购条款的法律效力认定

申请人主张,2015年《增资协议》中的赎回条款体现了双方当事人的真实意思表示,且不违反相关法律法规,应当认定为有效。

被申请人主张,2015年《增资协议》约定的第一被申请人与申请人的回购条款,因违反有限责任制度、构成抽逃出资、损害债权人利益等,应当认定为无效条款。至于第二、第三被申请人与申请人的回购条款,因申请人提供的证据存在重大疑问,不能认定其具有合法效力。

(三)关于回购条款成就与否的认定

申请人主张,第一被申请人未能按期实现上市目标,回购条款的条件已经成就。

被申请人主张,申请人的行为对第一被申请人的业绩产生重大影响,不能仅以相关业绩目标未实现而要求被申请人承担责任。

(四)关于回购条款的责任承担方式

申请人主张,针对第一期股权回购款,第二、第三被申请人应当承担付款责任,而第一被申请人承担连带付款责任;针对第二期股权回购款,被申请人应当一并承担连带付款责任。

被申请人主张,其无须承担回购条款约定的相关付款责任。

(五)关于违约金的负担问题

申请人主张,被申请人的行为已经构成违约,应当按照合同约定承担违约金责任。

被申请人主张,未完成上市计划和未达到业绩要求不属于违约,而是属于合同约定的条件成就,因此被申请人不应当承担违约金责任。

## 三、仲裁庭认定的事实

1. 2014年1月22日,申请人与被申请人及案外人E签订2014年《增资协议》,其中"赎回"部分约定:"1.当出现以下情况时,投资方有权要求公司回购投资方所持有的全部公司股份:a.不论任何主观或客观原因,公司不能在2018

年1月30日前实现首次公开发行股票并上市或出售,该等原因包括但不限于公司经营业绩方面不具备上市条件,或由于公司历史沿革方面的不规范未能实现上市或出售目标,或由于参与公司经营的原股东存在过错、经营失误等原因造成公司无法上市或出售……5.公司及管理团队股东在此共同连带保证:如果投资方根据本条第1款要求公司或创建人回购其持有的公司全部或部分股份,公司及管理团队股东应促使公司的董事会、股东大会同意该股份的回购或转让,在相应的董事会和股东大会上投票同意,并签署一切必需签署的法律文件。"其中"违约责任和赔偿"部分约定:"……2.违约救济:(1)违约方应当负责赔偿其违约行为给守约方造成的损失,以使守约方恢复到该违约事件不发生的情形下守约方可以达到的状态。(2)除本协议另有约定外,公司或原股东发生本协议项下违约事件的,投资方可以选择:①单方面书面通知公司或原股东解除本协议,并由公司或原股东就因其违约行为造成的投资方全部经济损失(包括但不限于按照同期贷款利率计算的利息损失、诉讼费、调查费、合理律师费等)进行赔偿;或者②要求公司或原股东继续履行本协议,同时向投资方支付违约金50万元,造成投资方超出该违约金部分的损失,由公司或原股东另行赔偿。"

2. 2015年4月15日,申请人与被申请人及案外人E签订2015年《增资协议》,其中"投资金额和股权比例"部分约定:"A公司投资金额为5106.3830万元,增加6%的公司股权,即完成增资后A公司持有15.4%的公司股权……"

其中"赎回"部分约定:"1.当出现以下情况时,A公司有权要求管理团队股东或公司回购A公司所持有的全部公司股权(或股份):a.不论任何主观或客观原因,公司不能在2018年1月30日前实现首次公开发行股票并上市或出售,该等原因包括但不限于公司经营业绩方面不具备上市条件,或由于公司历史沿革方面的不规范未能实现上市或出售目标,或由于参与公司经营的原股东存在过错、经营失误等原因造成公司无法上市或出售……""赎回"部分还约定:"……2.本协议项下的股权(股份)回购价格应按以下两者孰高者确定:a.按照本协议第三条规定的A公司的全部出资额及自从实际缴纳出资日起至管理团队股东或公司实际支付回购价款之日止,按照每年12%计算利息(单利)[但应扣除A公司已取得的红利(如有)];或b.回购时A公司所持有股权(或股份)所对应公司经审计的净资产……"

其中"特别条款"部分约定:"……3.各方于2014年1月22日签署《增资协议》于本协议签署之日自动终止,且本协议将取代各方(或任何一方)之前就本协议项下的任何事宜而达成的所有协议或安排,该等协议或安排(若有)将在本协议签署日期失效。"

"违约责任和赔偿"部分约定:"违约方应当负责赔偿其违约行为给守约方造成的损失,以使守约方恢复到该违约事件不发生的情形下守约方可以达到的状态。"

3. 截至 2018 年 1 月 30 日,第一被申请人未能实现首次公开发行股票并上市或出售。

4. 2018 年 9 月 29 日,申请人向被申请人寄送《律师函》,要求被申请人按照合同约定履行股权回购义务,但该函件未能有效送达。

5. 2014 年 1 月 24 日,申请人向第一被申请人账户汇付 600 万元;2014 年 4 月 1 日,申请人向第一被申请人账户汇付 400 万元;2015 年 4 月 24 日,申请人向第一被申请人账户汇付 400 万元;2015 年 5 月 7 日,申请人向第一被申请人账户汇付 47063830 元。

6. 某会计师事务所对第一被申请人 2017 年的财务报表实施审计,并于 2018 年 6 月 19 日出具无法表示意见的审计报告。

## 四、仲裁庭意见

(一)关于回购义务主体的认定

仲裁庭认为,2014 年《增资协议》虽约定回购义务的主体是第一被申请人,但该协议已因为 2015 年《增资协议》中"特别条款"的约定而失效,本案中回购义务的主体认定应当以 2015 年《增资协议》为准,回购义务主体为第一、第二、第三被申请人。

(二)关于回购条款的法律效力认定

仲裁庭认为,本案中回购义务主体为三名被申请人,回购条款的效力需要根据回购义务主体不同而有所区别:

1. 以第一被申请人为义务主体的回购条款无效

申请人已通过增资行为成为第一被申请人的股东,申请人作为投资人要求第一被申请人履行回购义务,实质上是投资人与公司进行对赌,其法律效力不能予以认可:

(1)违反《公司法》相关基本原则。《公司法》第 3 条规定:"公司是企业法人,有独立的法人财产,享有法人财产权。公司以其全部财产对公司的债务承担责任。有限责任公司的股东以其认缴的出资额为限对公司承担责任;股份有限公司的股东以其认购的股份为限对公司承担责任。"第 20 条第 1 款规定:"公司股东应当遵守法律、行政法规和公司章程,依法行使股东权利,不得滥用股东权利损害公司或者其他股东的利益;不得滥用公司法人独立地位和股东有限责任损害公司债权人的利益。"第 35 条规定:"公司成立后,股东不得抽逃出资。"上述规范对于公司的独立法人地位、股东的有限责任、公司债权人保护以及公司资本维持原则作出明确要求。申请人主张第一被申请人履行回购义务,相关权利义务发生在公司与公司股东之间,对公司作为独立法人的权益产生直接影响。且第一被申请人履行合同义务的资金来源是公司资本,存在对资本维持原则的违反。同时,公司债权人的信赖基础是公司资本,第一被申请人履行回购义务的行为构成对公司债权人信赖利益的侵害。

(2)违反《公司法》关于股份回购的规定。《公司法》第 142 条对公司可以回购股份的情形进行了明确的列举性规定,且未设定兜底性条款,而 2015 年《增资协议》中约定的回购情形并不属于法定范围。第一被申请人若履行回购义务,则违反法律的强制性规定,根据《合同法》第 52 条第(五)项的规定,应当认定为无效。

**2. 以第二、第三被申请人为义务主体的回购条款有效**

申请人已通过增资行为成为第一被申请人的股东,申请人作为投资人要求第二、第三被申请人履行回购义务,实质上是投资人与公司股东进行对赌,其法律效力应予认可:

(1)回购条款具有真实性。被申请人认为 2015 年《增资协议》具有重大疑问,因此其中的回购条款不能作为申请人的主张依据。根据双方当事人提供证据的证明力综合判断,仲裁庭采信申请人提交的 2015 年《增资协议》为真实协议。

(2)回购条款具有合法性。申请人主张第二、第三被申请人履行回购义务,相关权利义务发生在公司内部各股东之间,对公司作为独立法人的权益并不产生直接影响。且第二、第三被申请人履行合同义务的资金来源不是公司资本,不存在对资本维持原则的违反。同时,公司债权人的信赖基础是公司资本,第二、第三被申请人履行回购义务的行为也不构成对公司债权人信赖利益的侵害。

综上,以第一被申请人为义务主体的回购条款无效,而以第二、第三被申请人为义务主体的回购条款有效。

### (三) 关于回购条款成就与否的认定

仲裁庭认为,根据合同双方在2015年《增资协议》中"赎回"部分的约定,若第一被申请人未能在约定时间前实现首发上市或出售,则触发回购义务条款。第一被申请人既未能按期实现合同约定的上市目标,且该目标未能实现并非由于申请人的不正当行为,则回购条件已经成就。申请人提起仲裁等行为即使对第一被申请人的业绩有所影响,也是申请人正当行使权利的体现,被申请人不能据此认定回购条件未成就。

### (四) 关于回购条款的责任承担方式

仲裁庭认为,按照2015年《增资协议》"赎回"部分和"特别条款"部分的约定,回购义务主体是第一、第二、第三被申请人。以第一被申请人为义务主体的回购条款既然已经被认定为无效,则第一被申请人不承担相关付款责任。申请人虽主张第一被申请人基于担保责任需承担付款义务,但第一被申请人在该协议"赎回"部分所进行的共同连带保证,只是设定第一被申请人配合回购的义务,而不是直接设定第一被申请人对回购义务的担保责任。因此,申请人这一主张缺乏合同依据。另外,以第二、第三被申请人为义务主体的回购条款有效,虽然申请人主张权利的《律师函》未能有效送达,但申请人提起仲裁视同于权利主张行为,第二、第三被申请人作为共同的有效回购义务主体,应当依约共同履行相关付款义务。综上,申请人关于请求第二、第三被申请人履行股权回购义务的仲裁请求部分应予支持。

### (五) 关于违约金的负担问题

仲裁庭认为,关于回购款项的具体计算问题双方在2015年《增资协议》中已有明确约定,相关金额以两项计算标准中高者为准。鉴于第一被申请人的经营现状,无法对其实施有效的审计程序,故经审计的净资产数额无法确定。在这一情况下,只能根据增资额与利息费用累加数确定相关回购款金额。

## 五、裁决结果

1. 第二、第三被申请人共同支付申请人第一期股权回购款本金1000万元,并支付相应利息[以600万元为基数,自2014年1月24日起计至实际付清回购款项之日止,按照年利率12%(单利)确定的利息;以及以400万元为基数,自2014年4月1日起计至实际付清回购款项之日止,按照年利率12%(单利)确定的利息]。

2. 第二、第三被申请人共同支付申请人第二期股权回购款本金5106.3830万元,并支付相应利息[以400万元为基数,自2015年4月24日起计至实际付清回购款项之日止,按照年利率12%(单利)确定的利息;以及以47063830元为基数,自2015年5月7日起计至实际付清回购款项之日止,按照年利率12%(单利)确定的利息]。

3. 第二、第三被申请人向申请人支付保全费、律师费、仲裁费。

4. 驳回申请人的其他仲裁请求。

## 六、评析

本案涉及多个法律争点,因篇幅有限,下文仅对回购条款的法律效力这一争点进行相关评析。

### (一)关于对赌协议效力认定的不同观点

《九民纪要》就对赌协议作出了如下定义:"实践中俗称的'对赌协议',又称估值调整协议,是指投资方与融资方在达成股权性融资协议时,为解决交易双方对目标公司未来发展的不确定性、信息不对称以及代理成本而设计的包含了股权回购、金钱补偿等对未来目标公司的估值进行调整的协议。"

本案中,双方当事人之间签订的《增资协议》约定,不论任何主观或客观原因,第一被申请人不能在2018年1月30日前实现首次公开发行股票并上市或出售,申请人有权要求被申请人回购申请人所持有的全部公司股权(或股份)。这属于典型的股权回购型对赌协议,即在对赌条件(本案中为上市)没有实现的情况下,投资方即申请人有权按合同约定请求第一被申请人即目标公司回购其持有的股权。

实务界与理论界对于与目标公司进行的对赌协议之效力存在不同的观点。一种观点认为,对赌协议使得投资方规避风险,无论何种情况均可以获得相对固定的收益,会导致公司债权人、公司本身的损失,故与目标公司对赌无效,与公司股东对赌有效。① 这也是本案中仲裁庭的观点,仲裁庭认为,与目标公司对赌的回购条款因违反《公司法》第 3 条、第 20 条、第 35 条、第 142 条的规定而无效。这一观点沿袭了最高人民法院经典案例"海富案"的裁判思路,该案判决书中认定与目标公司对赌因违反资本维持原则而无效。资本维持原则旨在调和股东和债权人之间的利益冲突,约束公司和股东将经营风险转嫁给债权人的行为②,此种观点较为保守地保护公司债权人的利益,而认定与目标公司的对赌协议无效。另一种观点则认为,投资方与目标公司的对赌协议如无其他法定无效事由,则应认定为有效,因为此种协议并未违反法律、行政法规的效力性强制性规定。③ 虽有"海富案"在前,但是学界对于效力的讨论仍未停止,进而引发了司法裁判理念的转变。《九民纪要》第 5 条规定,对于不存在法定无效事由而当事人主张对赌协议无效的,人民法院不予支持。将资本维持原则和禁止抽逃出资的规定与合同效力问题剥离开来处理,在投资方请求回购股权时,才启动审查减资程序是否完成来处理当事人的请求,这反映了人民法院对于合同效力的态度是尽量使合同有效,这与《民法典》的精神是一致的。

(二) 对本案对赌协议效力认定的评析

与目标公司股东的对赌协议应认定为有效,在学术界与司法实践中并无争议,此处不再赘述。关于与目标公司的对赌协议,本案仲裁庭认为是无效的,理由有二:一是违反了《公司法》第 3 条、第 20 条、第 35 条的基本原则;二是违反了《公司法》第 142 条关于股份回购的规定。本案仲裁庭认定对赌协议效力无效的理由是递进式的,其一,仲裁庭认为对赌协议违反了《公司法》第 3 条、第 20 条、第 35 条的基本原则,是指与目标公司的对赌协议构成

---

① 参见宋毅、王苗苗:《对赌协议的效力认定》,载《人民司法》2018 年第 16 期。
② 参见王军:《中国公司法》(第二版),高等教育出版社 2017 年版,第 158 页。
③ 参见最高人民法院民事审判第二庭编著:《〈全国法院民商事审判工作会议纪要〉理解与适用》,人民法院出版社 2019 年版,第 114 页。

了对公司法规定的不得抽逃出资、资本维持等基本原则的违反,其内在逻辑在于认为对赌协议因违反《合同法》第52条第(五)项规定的"违反法律、行政法规的强制性规定"而导致合同无效。其二,仲裁庭认为与目标公司的对赌协议违反了《公司法》第142条关于股份回购的规定,即目标公司未完成减资程序无法履行其股份回购义务,这是认为实际履行层面会违反《公司法》的规定。对于仲裁庭的两条理由逐一评析如下:

1. 对于"违反法律、行政法规的强制性规定"的认定

对于以违反法律、行政法规的强制性规定为由认定合同无效的问题,《九民纪要》中指出,前述"违反法律、行政法规的强制性规定"应明确限制在效力性强制性规定的范围内,而区分效力性规定或是管理性规定需要考察规范对象,需要进行法益衡量。① 第一,关于对赌协议的内容并非法律法规所禁止的,《公司法》并不禁止对赌行为本身。履行行为可能会导致违反《公司法》资本维持原则、股权回购规定的情形发生,然而这不应当是裁判者在认定合同效力时考虑的因素,不能仅因履行行为的或然性可能而认定合同无效。第二,认定对赌协议有效后,目标公司即应对投资人所持股权进行回购。如果目标公司按照《公司法》的规定完成了回购等相关法定程序,则不会产生违反《公司法》的情况。换言之,资本维持原则导致一时履行不能,并不影响债务的发生,更不应据此否定合同的效力。②

综上,笔者认为,从《合同法》第52条第(五)项之视角来看,与目标公司的对赌协议不宜直接被认定为无效。

2. 对赌协议的效力与资本维持原则

《公司法》第20条第1款规定:"公司股东应当遵守法律、行政法规和公司章程,依法行使股东权利,不得滥用股东权利损害公司或者其他股东的利益;不得滥用公司法人独立地位和股东有限责任损害公司债权人的利益。"第35条规定:"公司成立后,股东不得抽逃出资。"仲裁庭认为:第一,目标公司对投资者的股权回购会对公司作为独立法人的权益产生直接影响。第二,目标公司履行合同义务的资金来源是公司资本,会违反资本维持原则。第三,因案外人的债权人对公司资本具有信赖基础,目标公司履行回购义务的

---

① 参见最高人民法院民事审判第二庭编著:《〈全国法院民商事审判工作会议纪要〉理解与适用》,人民法院出版社2019年版,第245—246页。

② 参见贺剑:《对赌协议何以履行不能?——一个公司法与民法的交叉研究》,载《法学家》2021年第1期。

行为会侵害公司债权人的信赖利益。

公司资本维持原则指的是公司应当维持与公司资本总额相当的资产,在公司存续过程中,应当至少维持相当于资本额度之财产。① 仲裁庭同时提及《公司法》第 142 条对公司可以回购股份的情形进行了明确规定,严格限制公司回购股份也是资本维持原则的体现,实际上就是严格限制股东获取投资回报的权利。② 前述论证了《公司法》关于抽逃出资、股权回购的规定为何不宜作为阻却对赌协议生效的效力性规定,在认定对赌协议有效的情况下,裁判人员不可避免地需要处理在履行对赌协议中可能产生的抽逃出资问题,以及如何实际履行股权回购的问题。

首先,不宜一刀切地认为股权回购必然导致对资本维持原则的违反,公司与股东之间是可以进行正常经济来往的。投资人与目标公司签订对赌协议是当事人之间的意思自治行为,也是公平合理的符合市场交易的行为。若达成对赌目标,公司获得发展期间关键的高溢价的投资款;若未达成对赌目标,公司则回购股权。对于正常的市场交易行为,不能仅因为公司对赌对象具有股东身份,就认定该种行为会侵害公司的利益。③ 其次,在一个号称"逆转""海富案"的某对赌协议仲裁案件中,当期公司利润额大于对赌协议约定的支付给投资者的补偿款,则此时对赌协议的履行并不导致对资本维持原则的违反。④

在裁判实践中,认定合同效力应位于履行义务之前,不能本末倒置地在认定合同效力时考虑当事人的履行行为可能会违反公司法基本原则而认定合同无效,亦不宜用一个或然性的结果来否定合同效力。

3. 对赌协议的履行

《九民纪要》提出,投资方请求目标公司回购股权的,目标公司未完成减资程序的,人民法院应当驳回其诉讼请求。《九民纪要》已经考虑到了对赌"赌输"后目标公司实际履行可能产生的情形,这样处理当事人的请求体现了《公司法》第 35 条不得抽逃出资的立法精神,凸显了对公司债权人利益的

---

① 参见施天涛:《公司法论》(第四版),法律出版社 2018 年版,第 168 页。
② 参见朱慈蕴:《中国公司资本制度体系化再造之思考》,载《法律科学》2021 年第 3 期。
③ 参见陶修明:《投资对赌协议纠纷裁判处理的定性和定量问题分析》,载《北京仲裁》2020 年第 1 期。
④ 参见刘燕:《对赌协议与公司法资本管制:美国实践及其启示》,载《环球法律评论》2016 年第 3 期。

保护。① 对债权人利益的保护是资本维持原则的应有之意,因公司有限责任制度,使得如何协调债权人与股东、公司的利益冲突问题成为核心问题。② 因对赌协议效力问题涉及合同法和公司法交叉的难题,《九民纪要》的思路是将管制从合同效力方面抽离,放置到履行过程中,使得公司法的有关规定不干预合同的生效,但是阻碍义务的履行。③ 那么,将减资作为股权回购的必要前置程序,若目标公司不配合完成减资程序,可能导致投资方的合同目的落空。④ 此时,即使合同被认定有效,但是投资人权益仍无法得到保障。对此,笔者认为,既然《九民纪要》已经规定减资程序为必要的前置程序,双方当事人应当在协商对赌协议的过程中予以充分考虑,并设置更为合理可行的交易安排。

(三) 结语

双方当事人基于一致提交仲裁的意思表示而产生仲裁案件,仲裁协议作为双方当事人意思自治的体现,使得仲裁机构享有对案件的管辖权,也应更为尊重双方当事人对于签订合同的一致意思表示,不宜简单地认定合同无效。投资方和目标公司之间存在不对称的信息导致投资方对目标公司估值困难,而对赌协议创新性的交易安排可以解决目标公司融资困难的问题,其商业作用是值得肯定的。仲裁从其起源来看,亦是服务于商事领域,给商事纠纷提供一种更为高效、便捷的解决方式,故仲裁在价值取向上也应考虑到商人对利益的追求。⑤ 当事人选择仲裁这种纠纷解决方式,仲裁庭在裁决过程中考虑当事人的商事利益追求也是仲裁的应有之义。与目标公司的对赌协议只要不违背法律的强制性规定,其效力应当得到肯定。

(本案例由深圳国际仲裁院苏泉编撰)

---

① 参见最高人民法院民事审判第二庭编著:《〈全国法院民商事审判工作会议纪要〉理解与适用》,人民法院出版社 2019 年版,第 117 页。
② 参见刘燕:《"对赌协议"的裁判路径及政策选择——基于 PE/VC 与公司对赌场景的分析》,载《法学研究》2020 年第 2 期。
③ 参见吴飞飞:《论股权转让合同解除规则的体系不一致缺陷与治愈——指导案例 67 号组织法裁判规则反思》,载《政治与法律》2021 年第 7 期。
④ 参见廖炜晃:《对赌失败后的公司诉讼及其法律适用》,载《人民司法》2020 年第 16 期。
⑤ 参见刘晓红、冯硕:《论国际商事仲裁中机构管理权与意思自治的冲突与协调——以快速仲裁程序中强制条款的适用为视角》,载《上海政法学院学报》2018 年第 5 期。

# 案例3 与股东/实际控制人对赌的效力认定

**仲裁要点**：1. 对赌协议是否因违反法律或行政法规的强制性规定而无效主要涉及《公司法》第20条第1款的适用问题。若是以目标公司为对赌义务人，则触发该条的适用，需要进一步考虑给目标公司设定的对赌义务是否不公平、不合理，从而损害了公司、其他股东以及公司债权人的利益；若对赌协议是在股东之间或者股东与实际控制人之间签订的，仅股东或实际控制人承担对赌协议下的义务，并未直接给目标公司设定义务，则通常不发生该条的适用。

2. 回购溢价代表投资额被目标公司占用所产生的机会成本，通常可以用投资额若投入其他盈利项目或成功的投资标的所能够获得的一般收益水平来衡量。溢价率未超过民间借贷的司法保护水平的，应当被视为属于市场预期的合理范围。

## 一、案情概要

2015年9月18日，申请人（A合伙企业）向D公司增资1000万元，并约定了相关业绩对赌条件。根据申请人与D公司、第一被申请人（B自然人）等签订的《增资协议》及其《补充协议》，D公司未完成相关业绩承诺的，第一被申请人须以1000万元为基数，按照15%的年利率回购申请人持有的D公司股权。

2019年7月31日，因D公司未完成相关业绩承诺，申请人与第一及第二被申请人（C合伙企业，以下与第一被申请人合称"被申请人"）签订《股权回购协议》，约定：(1)被申请人按照10%的年利率回购申请人持有的D公司股权，并于2019年9月30日和2019年12月31日分批向申请人支付股权回购款；(2)申请人未于2019年9月30日支付当期回购款的，申请人有权要求被申请人一次性支付全部回购款并按照未支付回购金额14%的年利率支付逾期违约金。

因被申请人未于2019年9月30日支付当期回购款,也未根据申请人请求按照约定支付全部回购款和逾期违约金,申请人依据仲裁条款向深圳国际仲裁院申请仲裁,提出如下仲裁请求:

1. 被申请人按照约定回购申请人持有的D公司股权。

2. 被申请人支付申请人回购款11916436.57元(从2015年9月28日起计至2019年9月30日,共计1463天)。

3. 被申请人支付申请人违约金351942.98元(从2019年9月30日起暂计至2019年12月16日,共计77天,要求计算至被申请人实际支付全部回购款之日)。

4. 被申请人承担本案仲裁费、财产保全费、律师费。

## 二、当事人主张

(一)关于合同的法律效力

申请人认为:投资方与目标公司股东约定目标公司未能在指定期限内完成业绩指标、承诺目标等具体事项,则公司股东应当按照约定价格回购投资人的股权,是直接融资领域的普遍做法,其实质是对商业经营中资本价值风险判断的合意行为,并非民间借贷关系,未违反法律及行政法规的强制性规定,不会产生不公平或损害公司、其他股东以及公司债权人利益的情形,为合法有效的合同。

申请人与被申请人均为平等理性的商业行为主体。申请人入股后,目标公司实现了融资,获得了企业发展的机遇,被申请人作为股东亦能享有企业成长所带来的股份增值收益。双方约定的对赌回购条款,系双方真实意思表示。意思自治、诚实信用是我国民法规定的基本原则,双方当事人都应当按照诚实信用原则全面履行协议。被申请人已经在最终的回购协议中确认了未完成对赌目标的事实,且已经承诺按照回购协议的约定履行回购义务。

被申请人认为:申请人根据《增资协议》及其《补充协议》不承担经营风险并享有固定的回报,因此该等协议名为增资协议实为借贷协议,并且该等协议及后续签订的《股权回购协议》均属无效合同。

（二）关于合同约定的收益与违约金是否过高

申请人认为：申请人与被申请人之间并非借贷关系，回购价格及违约损失均不能以司法解释关于民间借贷利率的上限或者银行间同业拆借中心公布的贷款市场报价利率（LPR）为判断标准。申请人与被申请人约定的回购价格及违约金标准综合考虑了目标公司实际发展情况以及资本市场的投资行情，是公平合理的。

被申请人认为：申请人主张的收益和违约金过分高于其损失，其年利率明显高于银行同期贷款利率或者LPR，应当根据《合同法解释（二）》第29条的规定予以调整。《合同法解释（二）》第29条授权人民法院以实际损失为基础，兼顾合同的履行情况、当事人的过错程度以及预期利益等综合因素，根据公平原则和诚实信用原则来衡量当事人约定的违约金水平适当与否，并列举违约金超过损失的30%可视为"过分高于造成的损失"。

## 三、仲裁庭认定的事实

2015年9月18日，申请人与D公司、第一被申请人（时任D公司法定代表人及自然人股东）等签订了《增资协议》及其《补充协议》，申请人出资1000万元对D公司进行增资，并约定了业绩目标以及未达到业绩目标时由第一被申请人等对申请人进行补偿及股权回购等事宜。

由于D公司未能达到业绩目标，第二被申请人在2017年4月20日向申请人支付了业绩补偿款458163.91元。后申请人与被申请人认可该款用于冲减回购款。其中，396279.21元冲抵回购本金，61884.70元计入上述回购本金产生的利息。

由于D公司未能于2018年12月31日前完成被上市公司整体收购的目标，且2018年经审计后的调整净利润未达到约定的106600000元，申请人与被申请人于2019年7月31日签订了《股权回购协议》，被申请人同意按照10%年单利回购申请人持有的D公司股权（占D公司全部股权的1.65%），并于2019年5月31日、2019年9月30日以及2019年12月31日，分批向申请人支付股权回购款。《股权回购协议》就具体回购金额与回购时点进行了确认：

| 回购时间 | 回购金额(元) | 本金(元) | 利息(元) |
|---|---|---|---|
| 2017年4月20日 | 458163.91 | 396279.21 | 61884.70 |
| 2019年5月31日 | 1500000 | 1096974.55 | 403025.45 |
| 2019年9月30日 | 4000000 | 2855466.46 | 1144533.54 |
| 2019年12月31日 | 8058879.79 | 5651279.78 | 2407600.01 |
| 合计 | 14017043.70 | 10000000 | 4017043.70 |

《股权回购协议》同时约定，如被申请人未于2019年9月30日支付当期回购款，则申请人有权要求被申请人一次性支付全部回购款，并要求被申请人按照未支付回购金额14%的年利率向申请人支付逾期违约金。此前，2017年4月20日，第二被申请人向申请人支付了458163.91元；2019年5月31日，第二被申请人向申请人支付了1500000元。按照《股权回购协议》第3.1条的安排，双方将2017年4月20日支付的458163.91元冲抵回购款，其中396279.21元计入回购本金，另外61884.70元计入回购利息；双方将2019年5月31日支付的该笔款项冲抵回购款，其中1096974.55元计入回购本金，另外403025.45元计入回购利息。

2019年9月30日，被申请人未按照《股权回购协议》的约定支付当期股权回购价款。2019年12月18日，申请人提起仲裁，要求二被申请人支付剩余全部回购款及违约金。庭审中，被申请人提供证据表明，2020年8月D公司向股东分红，申请人认可其作为股东收到了330000元分红并同意冲抵回购款，其中294932元计入回购本金，35068元计入违约金。

## 四、仲裁庭意见

(一)关于合同的法律效力

本案《股权回购协议》以及《增资协议》《补充协议》中的业绩承诺与补偿回购等条款，是商业实践中所称"对赌协议"的一种形式，即投资方与目标公司股东及/或实际控制人约定，若目标公司未能在指定期限内完成业绩指标、承诺目标等具体事项，则公司股东及/或实际控制人应当按照约定价格回购投资人的股权或者提供一定的补偿。投资方与目标公司股东及/或实际控制人签订对赌协议是我国近年来直接融资与投资领域比较普遍的做法,目的是解决投融资双方对目标公司未来发展的不确定性、信息不对称以及代理成本等问题。当目标公司未能达到业绩目标时,投融资双方通过回购股权、转让股权、现金补偿等方式对双方之间的权利、义务或利益进行调整。这并非在双方之间形成民间借贷关系,而是投融资关系的延伸。投资方在从投资入股到回购退出期间属于公司登记在册且办理了工商登记的股东,其投资目的旨在取得公司经营活动的预期成果,因此也不应被视为"明股实债"。

对赌协议作为投融资双方之间在平等自愿基础上,经协商一致达成的合意,从合同法的角度看已经有效成立了合同关系。其是否因违反法律或行政法规的强制性规定而无效,主要涉及《公司法》第20条第1款是否适用的问题。该款规定:"公司股东应当遵守法律、行政法规和公司章程,依法行使股东权利,不得滥用股东权利损害公司或者其他股东的利益;不得滥用公司法人独立地位和股东有限责任损害公司债权人的利益。"实践中,对赌协议是否产生损害公司、其他股东以及公司债权人利益的后果,首先要区分对赌义务人是目标公司股东、实际控制人还是目标公司本身。如果是以目标公司为对赌义务人,则触发《公司法》第20条第1款的适用,需要进一步考虑给目标公司设定的对赌义务是否不公平、不合理,从而损害了公司、其他股东以及公司债权人的利益,比如导致股东违法抽回出资。相反,如果对赌协议是在股东之间或者股东与实际控制人之间签订的,仅股东或实际控制人承担对赌协议下的义务,并未直接给目标公司设定义务,则通常不触发《公司法》第20条第1款的适用。

本案《股权回购协议》设定的回购义务人——即第二被申请人和第一被申请人为目标公司D公司的股东、实际控制人。该协议约定的"股权回购"严格来说并非《公司法》第74条、第142条下的"收购",而是股东之间或股东与公司实际控制人之间的股份转让行为,因此并不适用《公司法》第20条的规定。《增资协议》及其《补充协议》中为第一被申请人设定的回购义务,也均是如此。

综上所述,《股权回购协议》及相关协议中的回购约定是申请人与第一、第二被申请人自愿协商签订的合同,体现了双方的真实意思表示,不违反我国法律和行政法规的强制性规定,应属合法有效,并对本案双方当事人具有约束力。

## （二）关于合同约定的收益与违约金是否过高

由于被申请人并未举证说明申请人的损失金额，相应的也未能证明申请人主张的收益与违约金是否至少高出损失30%，仲裁庭根据本案合同以及一般商业实践惯例来评判申请人关于收益与违约金的请求。

仲裁庭认为，将回购利息部分称为"收益"有一定的误导性。在直接融资实务中，对赌协议通常都约定在未达到业绩目标时，回购义务人不仅应回购投资方的股权，而且应就投资款给予一定程度的溢价，它代表了投资方的资金被目标公司占用期间所产生的机会成本，通常可以用该投资额若投入其他盈利项目或成功的投资标的所能够获得的一般收益水平来衡量，这也是实践中多参照民间融资的市场利率水平来确定回购溢价的原因。尽管本案中申请人对D公司的投入属于股权投资而不属于民间借贷，但在评价《股权回购协议》中约定的回购利率和违约金水平时，民间融资利率仍然是一个有益的参考标准。

目前，我国司法实践中以LPR的4倍为标准确定民间借贷利率的司法保护上限。① 根据中国人民银行授权全国银行间同业拆借中心每月20日发布的一年期贷款市场报价利率（LPR）数据，自2019年9月LPR正式作为基准利率被投入使用以来，我国LPR一直呈下降趋势，2020年9月的LPR为一年期3.85%，5年期4.65%，相应的，司法保护利率的范围为一年期最高15.4%，5年期最高18.6%。这一标准相较于2020年8月之前的司法解释设定的24%标准有大幅度的降低，目的在于促进民间借贷利率逐步与我国经济社会发展的实际水平相适应，服务于实体经济发展的需求。

本案《股权回购协议》约定的回购利率为单利10%/年，违约金率为14%/年，均未超过一年期民间借贷利率水平的司法保护上限。考虑到本案中申请人股权投资的期限自2015年9月至2020年9月已达5年之久，若与上述5年期司法保护利率相比，本案中当事人约定的股权回购利率与违约金率水平更应当被视为属于市场预期的合理范围，也未突破司法保护的上限。

---

① 2020年8月20日，最高人民法院发布修正后的《关于审理民间借贷案件适用法律若干问题的规定》，以LPR的4倍为标准确定民间借贷利率的司法保护上限，取代原规定中以24%和36%为基准的"两线三区"规则。

其中,14%/年的违约金率因计算基数为截止到2019年9月30日剩余回购本金以及回购利息之和,表面上看有"复利"之嫌。但是,14%/年的违约金率与之前的回购利率在法律性质上是不同的。回购利率是对赌协议下当事人权利义务的组成部分,支付回购利息属于当事人履行合同义务。而14%/年的违约金率从2019年9月30日起才开始适用,针对的是被申请人的违约金额(包括未按时支付的回购本金和利息),此时不再对剩余回购本金按照回购的年利率计算回购利息。因此,14%/年的违约金率的适用不构成复利。

退一步说,即使将违约金与回购利息捆绑起来,均视为申请人取得的收益,在综合评价申请人所主张的金额是否过高时,可以计算申请人自2015年9月28日至2020年9月30日止的5年期间内,实际收益情况如下:

回购本金×(1+10%×4.0082)×(1+14%×1)=回购本金×159.69%①

年均收益率=(159.69%-1)÷5=11.94%

因此,即使将回购利息与违约金合并计算,并考虑违约金率潜在的"复利"效果,目前申请人所主张的"收益"也没有超过一年期民间借贷的司法保护水平。仲裁庭认为,本案合同中约定的回购利率以及违约金率都属于当事人自愿协商达成的合意,且都在合理区间内,申请人主张的回购利息与违约金不构成"过分高于造成的损失"。

## 五、裁决结果

1. 第一及第二被申请人回购申请人持有的D公司1.65%的股权。
2. 第一及第二被申请人向申请人支付回购款11621488.27元。
3. 第一及第二被申请人以11621488.27元为基数,按照14%的年利率,从2019年9月30日起向申请人支付违约金,支付至第一及第二被申请人全部付清回购款之日止。
4. 第一及第二被申请人补偿申请人财产保全费、担保费以及律师费。
5. 本案仲裁费由第一及第二被申请人承担。

---

① 上列公式中,"10%×4.0082"中的"4.0082"代表2015年9月28日至2019年9月30日的实际年限;"14%×1"中的"1"代表2019年10月1日至2020年9月30日的实际年限。

## 六、评析

本案是以目标公司股东、实际控制人为义务人的回购型①对赌协议纠纷,其中对赌协议的法律效力属于该类纠纷中常见的争议问题。自"海富案"以降,司法实践逐渐确立了以目标公司股东、实际控制人为义务人的对赌协议原则上有效的裁判规则或观点;及至《九民纪要》发布,以目标公司股东、实际控制人为义务人的对赌协议的有效性和可履行性甚至已经是"实践中并无争议"的问题。但此种类型的对赌协议何以原则上有效并可实际履行,以及是否存在例外情形,仍有可探讨之处。

### (一)以目标公司股东、实际控制人为义务人的对赌协议原则上有效

以目标公司股东、实际控制人为义务人的对赌协议原则上有效的裁判规则或观点源自"海富案"。"海富案"中,投资人海富公司与目标公司世恒公司及其股东迪亚公司签订了对赌协议,并在其后以世恒公司净利润指标未达标为由主张世恒公司、迪亚公司向其支付业绩补偿款。

最高人民法院认为,以目标公司世恒公司为义务人的对赌条款无效,因为该条款"使得海富公司的投资可以取得相对固定的收益,该收益脱离了世恒公司的经营业绩,损害了公司利益和公司债权人利益";以目标公司股东迪亚公司为义务人的对赌条款有效,因为该条款"不损害公司及公司债权人的利益,不违反法律法规的禁止性规定,是当事人的真实意思表示"。

"海富案"中,最高人民法院的主要裁判依据是《公司法》第 20 条第 1 款关于不得损害公司、其他股东或者公司债权人利益的规定②以及《合同法》第 52 条第(五)项关于违反法律、行政法规的强制性规定的合同无效的规定③。基本思路是判断相关对赌协议是否构成《公司法》第 20 条第 1 款规定的损害

---

① 对赌协议通常可以划分为回购型对赌协议、补偿型对赌协议以及其他对赌协议。此处"回购"为习惯用法,不特指《公司法》第 74 条、第 142 条中的公司对股东持有股权(份)的"收购"。

② 《公司法》第 20 条第 1 款规定:"公司股东应当遵守法律、行政法规和公司章程,依法行使股东权利,不得滥用股东权利损害公司或者其他股东的利益;不得滥用公司法人独立地位和股东有限责任损害公司债权人的利益。"

③ 《合同法》第 52 条规定:"有下列情形之一的,合同无效:……(五)违反法律、行政法规的强制性规定。"

公司、其他股东或者公司债权人利益的情形,如果构成则依据《合同法》第52条第(五)项的规定,认定对赌协议无效。本案也沿袭了这一思路。

区别于以目标公司为义务人的对赌协议,以目标公司股东、实际控制人为义务人的对赌协议由于不涉及资本维持原则,通常也不涉及公司、其他股东或者公司债权人的利益,因此被认为是原则上有效并可实际履行的。但在涉及国有企业、外商投资企业、上市公司以及私募基金募集行为等特殊情形下,以目标公司股东、实际控制人为义务人的对赌协议的效力仍然可能产生争议。

(二)涉及国有企业的对赌协议

企业国有资产交易的审批、评估及进场交易等问题可能对对赌协议的效力产生影响和争议。① 涉及国有企业的对赌协议未经相关主管部门审批的,法院可能作出尚未生效的认定。在"盐业集团案"②中,投资人阳亨公司、诚行企业与目标公司盐业集团签订了以上市为业绩指标的对赌协议,并在盐业集团因亏损无法满足上市条件后主张盐业集团回购其持有的股权。江苏省高级人民法院认为,对合同效力的认定,不仅包括法律对合同是否违反国家强制性、禁止性规定的评判,还包括法律对合同所处阶段性状态的评判。国有资产交易应以相关主管部门的审批作为前置程序,阳亨公司、诚行企业作为投资人,对交易对象盐业集团的国有独资企业性质应系明知。涉案股权回购合同未经盐业集团董事会决议及国有资产监督管理机构同意,虽成立但未生效,其效力处于尚不确定状态。尽管本案中的对赌协议以目标公司为义务人,但法院关于其效力的评判是基于合同法关于合同所处阶段性状态的规定,而不涉及资本维持原则以及中小股东和债权人利益的保护,因此在以目标公司股东或实际控制人为义务人的对赌协议以及其他类型的合同效力的评判中,本案的评判思路仍然可能适用。例如其后的"深捷公司案"③,尽管不涉及与目标公司对赌的情形,但并未影响最高人民法院适用与本案相同的

---

① 参见王甲国:《PE 回购退出的国资监管问题———以一起参与国企混改的 PE 回购退出案件为切入点》,载《行政法学研究》2019 年第 2 期。
② 参见江苏省高级人民法院(2015)苏商终字第 00163 号民事判决书;江苏省高级人民法院(2015)苏商终字第 0010 号民事判决书;最高人民法院(2016)最高法民申 474 号民事裁定书;最高人民法院(2016)最高法民申 410 号民事裁定书。
③ 参见最高人民法院(2019)最高法民再 48 号民事判决书。

评判思路。

企业国有资产交易获批后、进场前,应履行国有资产评估程序;未履行的,可能影响国有资产交易合同的效力。"浦润公司案"①中,最高人民法院认为《国有资产评估管理办法》(1991年发布)及《企业国有产权转让管理暂行办法》规定签订转让国有资产合同应履行必备的法定前置程序,因此以未履行国有资产评估程序认定转让国有资产合同无效并无不当;但在同期的"土畜产公司案"②中,最高人民法院又认为《国有资产评估管理办法》(1991年发布)第3条规范的是国有资产占有单位处置国有资产的行为,属于管理性强制性规定,不能据此确认合同的效力。对赌协议案例"安徽高速案"③采取与"土畜产公司案"相同的评判思路。在该案中,投资人联大集团与目标公司股东安徽高速就股权回购签订的《股权转让协议书》未经评估程序。最高人民法院认为,未履行评估程序违反的《国有资产评估管理办法》(1991年发布)第3条④并非效力性强制性规定,违反的《国有资产评估管理办法施行细则》属于部门规章,因此不能依据《合同法》第52条规定否认案涉《股权转让协议书》的效力;《股权转让协议书》内容明确,是双方当事人的真实意思表示,合法有效,当事人应受该协议书的约束。

企业国有资产交易经批准和评估程序后,原则上还应当通过产权市场公开进行⑤;未经进场交易签订的回购协议可能存在无效的风险。在"防港集团案"⑥中,最高人民法院认为,防港集团在转让所持有的防港晶源75.273%股权之前,已经私下与秉泰公司签订《备忘录》和《意向协议》,没有通过产权交易机构对外披露产权转让信息,公开征集受让方,并在与秉泰公司签订《备忘录》和《意向协议》后,按照双方协议约定启动评估、审批、进场挂牌公开交

---

① 参见最高人民法院(2013)民申字第1301号民事裁定书。
② 参见最高人民法院(2014)民申字第304号民事裁定书。
③ 参见最高人民法院(2013)民二终字第33号民事判决书。
④ 《国有资产评估管理办法》(1991年发布)第3条规定:"国有资产占有单位(以下简称占有单位)有下列情形之一的,应当进行资产评估:(一)资产拍卖、转让;(二)企业兼并、出售、联营、股份经营;(三)与外国公司、企业和其他经济组织或者个人开办中外合资经营企业或者中外合作经营企业;(四)企业清算;(五)依照国家有关规定需要进行资产评估的其他情形。"
⑤ 参见《企业国有资产交易监督管理办法》(国资委、财政部令第32号)第13、32、63条的规定,财政部《关于进一步明确国有金融企业直接股权投资有关资产管理问题的通知》第9条的规定。
⑥ 参见最高人民法院(2021)最高法民申89号民事裁定书。

易等国有资产转让程序,实际上是以公开挂牌交易的形式掩盖了私下直接交易的目的,侵害了不特定主体同等条件下参与竞买的权利,损害了社会公共利益。因此,防港集团与秉泰公司签订的《备忘录》《意向协议》符合《合同法》第52条第(四)项、第(五)项规定的情形,一、二审判决认定《备忘录》和《意向协议》无效,并无不当。

### (三) 涉及外商投资企业的对赌协议

涉及外商投资企业(原中外合资经营企业、中外合作经营企业、外商独资企业)的附对赌条款的股权转让协议未经相关主管部门审批的,法院可能作出对赌条款有效的认定。在"张瑞芳案"中,广东省高级人民法院认为,旺达股份公司登记性质为中外合资经营股份有限公司,依据法律规定,中外合资经营企业合营一方转让股权应报审批机关批准。未经批准,根据最高人民法院《关于审理外商投资企业纠纷案件若干问题的规定(一)》(2010年发布)第1条①的规定,双方签订的合同应认定为未生效。因此,旺达集团公司为转让旺达股份公司股权与张瑞芳所签订的《股权转让协议书》和《股权转让补充协议书》中涉及股权转让部分的权利、义务内容因未经审批而应认定合同未生效。但《股权转让协议书》和《股权转让补充协议书》中双方当事人为实现股权转让、张瑞芳合理规避投资股权风险自行约定股权价值估值调整条款,约定设置该条款的目的是张瑞芳通过签订股权转让协议溢价收购旺达股份公司的股权,在股权转让履行过程中,以控制和锁定投资风险,并约束和激励融入资金的公司、改善经营管理,该条款是双方为股权转让合同履行设定的前提条件。因此,该条款效力不应受股权转让合同是否审批的影响。该股权价值估值调整条款的约定没有违反法律、行政法规的强制性规定,依法应认定有效。

但在相关主管部门审批附对赌条款的股权转让协议而未明确同意对赌条款的案例中,法院却可能作出对赌条款未生效的认定。在"国华案"中,投

---

① 最高人民法院《关于审理外商投资企业纠纷案件若干问题的规定(一)》(2010年发布)第1条规定:"当事人在外商投资企业设立、变更等过程中订立的合同,依法律、行政法规的规定应当经外商投资企业审批机关批准后才生效的,自批准之日起生效;未经批准的,人民法院应当认定该合同未生效。当事人请求确认该合同无效的,人民法院不予支持。前款所述合同因未经批准而被认定未生效的,不影响合同中当事人履行报批义务条款及因该报批义务而设定的相关条款的效力。"

资人国华公司与目标公司山由帝杉公司及其股东向阳公司等签订附回购型对赌条款的《股权转让协议》,并在山由帝杉公司未能达成业绩指标后主张向阳公司回购国华公司持有的股权。江苏省高级人民法院认为,涉案股权转让协议包含两个股权转让协议:一个是林根永将其持有的山由帝杉公司的股权转让给国华公司;另一个是国华公司将其受让的股权附条件地转让给林根永和向阳公司。由于山由帝杉公司属于中外合资经营企业,涉案的两个股权转让协议均应履行相应的报批手续。①江苏省对外贸易经济合作厅作出的《关于同意常州山由帝杉防护材料制造有限公司股权转让的批复》仅同意林根永将股权转让给国华公司,未涉及向阳公司回购国华公司股权的部分。故应认定向阳公司回购国华公司股权的部分未履行相应的报批手续。因此,涉案股权转让协议中的股权回购条款未生效。

(四)涉及上市公司的对赌协议

根据 A 股 IPO 的监管政策,发行人在首次公开发行并上市前需要完成对对赌协议的清理,涉及上市公司的对赌协议主要表现在上市公司的定向增发。在定增过程中,定增参与者往往要求与上市公司大股东或实际控制人签订协议,约定投资者在约定的期间内退出,未能取得约定的收益的,上市公司大股东或实际控制人需要承担差额补足义务。② 笔者尚未检索到以上市公司大股东或实际控制人为义务人的对赌协议纠纷的裁判案例。但鉴于上市公司的公众性,该类型对赌协议可能对公众投资者、资本市场的正常定价机制产生较大影响,从而触发《公司法》第 20 条第 1 款、《民法典》第 153 条第 1 款以及《证券法》相关条款③的适用。而伴随着 IPO 审核意见的改变、四会富仕(300852)携对赌协议成功上市,涉及上市公司的回购型对赌协议的案例也或将出现。

---

① 《中外合资经营企业法实施条例》第 20 条规定:"合营一方向第三者转让其全部或者部分股权的,须经合营他方同意,并报审批机构批准,向登记管理机构办理变更登记手续……违反上述规定的,其转让无效。"

② 参见邢会强:《我国资本市场改革的逻辑转换与法律因应》,载《河北法学》2019 年第 5 期。

③ 《证券法》第 2 条第 4 款规定:"在中华人民共和国境外的证券发行和交易活动,扰乱中华人民共和国境内市场秩序,损害境内投资者合法权益的,依照本法有关规定处理并追究法律责任。"第 5 条规定:"证券的发行、交易活动,必须遵守法律、行政法规;禁止欺诈、内幕交易和操纵证券市场的行为。"

## (五) 私募基金募集行为中的对赌协议

对赌协议通常运用于私募股权投资,即私募股权基金投资目标公司,并与目标公司及其股东、实际控制人签订对赌协议。但与此同时,对赌协议也运用在私募基金的募集行为中,即适格投资者认购私募基金份额,并与私募基金管理人或者其他对赌合伙人约定业绩指标,私募基金未达成约定业绩指标的,私募基金管理人或者其他对赌合伙人回购适格投资者认购的基金份额或者予以业绩补偿。

私募基金募集行为中的对赌与私募股权投资中的对赌涉及的各方主体及其关系具有相似性,但特殊之处在于私募基金募集行为中的对赌协议的义务人受到不得刚性兑付的限制。① 但鉴于刚性兑付相关规定均为部门规章或者其他规范性文件,若遵循"安徽高速案"的裁判思路,私募基金募集行为中的对赌协议的效力不会因刚性兑付的违法性而当然无效。在"励琛案"②中,励琛公司以其系私募基金管理人身份为由,辩称不能违反《关于规范金融机构资产管理业务的指导意见》中禁止刚性兑付的规定,并提供了之前中国证监会上海监管局对其作出的责令改正的《行政监管措施决定书》。上海金融法院认为,证监会对其进行处罚是行政监督管理的措施,即使进行行政处罚也并不必然导致合同无效,更与其自愿以合伙人身份对其他合伙人进行补偿的承诺无关,故励琛公司要求确认《股权回购协议书》无效的上诉理由不能成立。在"田瑞英案"③中,北京市怀柔区人民法院也支持了合伙人要求其他对赌合伙人以"投资款+固定收益"方式回购的请求。

---

① 《私募投资基金监督管理暂行办法》(证监会令第 105 号)第 15 条规定:"私募基金管理人、私募基金销售机构不得向投资者承诺投资本金不受损失或者承诺最低收益。"《证券期货经营机构私募资产管理业务运作管理暂行规定》(证监会公告〔2016〕13 号)第 3 条规定:"证券期货经营机构及相关销售机构不得违规销售资产管理计划,不得存在不适当宣传、误导欺诈投资者以及以任何方式向投资者承诺本金不受损失或者承诺最低收益等行为,包括但不限于以下情形:……(三)与投资者私下签订回购协议或承诺函等文件,直接或间接承诺保本保收益……"《关于规范金融机构资产管理业务的指导意见》(银发〔2018〕106 号)第 2 条第 2 款规定:"资产管理业务是金融机构的表外业务,金融机构开展资产管理业务时不得承诺保本保收益。出现兑付困难时,金融机构不得以任何形式垫资兑付。金融机构不得在表内开展资产管理业务。"《关于进一步规范金融营销宣传行为的通知》(银发〔2019〕316 号)规定:"不得对资产管理产品未来效果、收益或相关情况作出保证性承诺,明示或暗示保本、无风险或保收益……"

② 参见上海金融法院(2018)沪 74 民终 112 号民事判决书。

③ 参见北京市怀柔区人民法院(2016)京 0116 民初 2808 号民事判决书。

(六) 结语

合同效力始终是商事交易制度关注的核心,对赌协议以其特有的动态估值调整机能,通过合同手段打破了传统的公司利益与风险分配格局,从而产生了合同自由原则与公司规制精神的冲突。[①] 以目标公司股东、实际控制人为义务人的对赌协议尽管处于冲突的缓和地带,但伴随着该等类型的对赌协议适用的拓展,在诸多情形下司法支持仍然存在不足。只有透彻理解制度背后的基本原理,合理划定规范适用边界,才能真正妥当地平衡各方之间的利益冲突,定分止争。

(本案例由深圳国际仲裁院陈冲编撰)

---

[①] 参见李安安、范鑫:《公司实质参与对赌协议的合法性解构:合同自由与公司规制》,载《中国矿业大学学报(社会科学版)》2020年第1期。

## 案例4  有限合伙人与合伙企业对赌的效力认定

**仲裁要点**：1. 案涉有限合伙人与合伙企业约定按照固定价格回购其持有的合伙份额实质属于合伙人退伙，该约定既未经全体合伙人的一致同意，也不符合《合伙企业法》规定的退伙法定结算程序，违反了《合伙企业法》第45条、第46条、第51条的强制性规定，应属无效。

2. 有限合伙人与第三人约定按照固定价格回购其持有的合伙企业的合伙份额实质属于第三人作出具有担保性质的单方允诺，属于当事人的真实意思表示，在不违反法律、行政法规强制性规定而无效的情形下，对双方具有约束力。

## 一、案情概要

2015年9月25日，申请人向第一被申请人汇入投资款2871万元；2015年9月28日，申请人再次向第一被申请人汇入投资款29万元。

2015年9月至10月，申请人与某合伙企业（作为普通合伙人）及其他合伙人签订了《合伙协议》，约定申请人认缴出资2900万元，成为第一被申请人的有限合伙人。

鉴于第一被申请人持有甲公司17.0545%的股权，甲公司持有乙公司（目标公司）64%的股权，以及丙公司（上市公司）拟通过收购重组的方式购买甲公司持有的乙公司股权，2015年10月，申请人与第一被申请人和第二被申请人（C自然人，以下与第一被申请人合称"被申请人"）签订了《投资合作协议》。《投资合作协议》第1条第1款约定，如在2016年12月31日前，乙公司被丙公司收购重组（以下简称"上市公司重组"）方案未获得中国证监会通过，则申请人有权要求第二被申请人及（或）第一被申请人指定第三方受让申请人持有的对第一被申请人的出资,转让价款=2900万元+2900万元×8%×(第二或第一被申请人按照申请人要求向申请人支付转让价款之日-申请人向第一被申请人支付2900万元出资额之日)/365。被申请人自愿接受申请人提出的转让要求,并应当在申请人要求转让后的15日内,向申请人或申请人指定的第三方支付完毕转让价款。《投资合作协议》第1条第2款还约定,若被申请人逾期履行付款义务,则应对转让价款中逾期付款的部分按照每日万分之三的标准向申请人支付逾期违约金。

2016年8月29日,中国证监会作出了《关于不予核准丙公司发行股份购买资产并募集配套资金申请的决定》,对上市公司重组作出不予核准的决定。

2018年3月14日,申请人向深圳国际仲裁院申请仲裁,提出如下仲裁请求:

1. 被申请人向申请人支付出资转让价款共34707835.62元[自申请人每笔实缴出资缴付之日起暂计算至2018年3月14日为34707835.62元,实际计算至转让价款支付之日,计算公式为:2900万元+2900万元×8%×(被申请人按申请人要求向申请人支付转让价款之日-申请人支付2900万元出资额之日)/365]。

2. 被申请人按照应付未付款金额每日万分之三的标准向申请人支付逾期付款违约金(自2017年1月16日起暂计算至2018年3月14日为4394011.99元,实际计算至回购价款支付之日)。

3. 申请人在足额收到转让价款后,将持有的第一被申请人的2900万元实缴出资所对应的合伙企业份额过户至被申请人或被申请人指定的第三方名下。

4. 被申请人承担本案申请人已支付的律师费。

5. 被申请人承担本案仲裁费、保全费、保全担保费及仲裁员差旅费等全部仲裁费用。

在提起仲裁之前,申请人未书面向被申请人提出过回购或收购要求。2018年3月27日,被申请人收到申请人发出的《回购通知函》,要求被申请人接到通知之后3日内支付转让价款和违约金。第二被申请人在签收时,用英文标注"Remark: Value on the letter might not be accurate(信函上金额未必准确)"字样。

## 二、当事人主张

(一) 申请人主张

1.《投资合作协议》有效。首先,《合伙企业法》第 70 条规定,有限合伙人可以与合伙企业进行交易。其次,《投资合作协议》不损害第三人利益,第二被申请人是《投资合作协议》签署方,不属于《合同法》第 52 条第(二)项所述第三人,且其他各方当事人也没有提出证据证明转让的价格低于市场价,即便低于,也是协商的价格,因此不存在损害第三人利益的情形。申请人进一步认为,本案与"海富案"存在较大区别,即本案的第一被申请人是一个募资平台而不是被投资主体,第一被申请人具备募资和召集合伙人会议通过份额转让的能力;同时,本案不存在业绩保底的对赌,仅是约定重组不成功时的份额转让,实质上是附条件的转让;另外,"海富案"中承诺回购的被投资标的是一家有限责任公司,各股东以出资承担有限责任,而本案第一被申请人是合伙企业,其普通合伙人对合伙企业的债务承担无限连带责任。

2. 依据《投资合作协议》的约定,按照原投资 2900 万元和按日计算的 8% 年孳息率作价,一直计至实际支付之日。最终投资标的未在约定的最后期限 2016 年 12 月 31 日之前完成被上市公司并购,因此应当自 2017 年 1 月 16 日起计算违约金。

3.《投资合作协议》约定的被申请人附条件收购申请人所持合伙份额,实际上分成两方面:一方面是申请人请求对方支付价款的权利,对应的,被申请人承担支付价款的义务,付款义务不以合伙份额过户为条件,申请人同时请求将份额过户至被申请人或其指定第三方名下,是为了节约司法资源;另一方面是份额过户,包括被申请人本人或由其指定第三方来受让、召集合伙企业合伙人会议等程序,这不是付款的前提。

(二) 第一被申请人主张

1.《投资合作协议》因违反《合同法》和《合伙企业法》而无效。本案实质是附条件对赌协议,要求第一被申请人向申请人支付转让价款,损害了合伙企业的利益,违反《合伙企业法》第 33 条和《合同法》第 52 条的强制性规定,按照"海富案"中秉持的司法裁判原则,申请人要求第一被申请人承担责任的约定应属无效。申请人作为第一被申请人的有限合伙人,在 2015 年 9 月 28 日完成出资成为合伙人,对《合伙协议》内容完全清楚。本案中,《投资合作协议》未经合伙企业合伙人大会一致同意,申请人不属于善意第三人。申请人请求将合伙份额转让给第一被申请人违反《合伙企业法》和《合伙协议》的约定。

2. 如果由第一被申请人回购其份额,实质属于申请人退伙,依据《合伙企业法》和《合伙协议》,应当对第一被申请人进行财产结算和评估,按照申请人所持份额办理。至于违约金,申请人一直未提出回购请求,所以不存在违约金问题。

(三)第二被申请人主张

1.《投资合作协议》是第二被申请人受欺骗签署,相关附条件行为所附条件不明确,且《投资合作协议》未经各方有效签署,应当认定为无效。

2.《投资合作协议》约定的安排,实际上是申请人将投资风险转嫁给被申请人,违反了《联营合同纠纷解答》第 4 条第(二)项的规定,从而违反了《合同法》第 52 条第(五)项的规定,应认定无效。从 2017 年 1 月 16 日计算违约金缺乏依据,申请人在仲裁前从未提出支付价款要求,其提交的《回购通知函》通知回购时间为 2018 年 3 月 27 日。

3. 申请人请求的并非单纯的金钱给付,其基础法律关系是合伙企业财产份额的转让,由于份额转让未经合伙企业合伙人会议同意,也未征得其他合伙人放弃优先购买权,致使财产份额转让在法律上不能履行。同时,申请人未明确请求两个被申请人各自受让份额,致使其仲裁请求事实上也不能履行。

## 三、仲裁庭意见

(一)关于本案的法律适用

第二被申请人为新加坡籍人士,本案为涉外商事纠纷。各方所签署的《投资合作协议》并未约定选择适用的法律,鉴于各方所争议的标的为设立在中国境内的第一被申请人的财产份额,中华人民共和国法律为与其关系最为密切的法律,依据《涉外民事关系法律适用法》第 41 条的规定,仲裁庭决定本案适用中华人民共和国法律。

(二) 关于《投资合作协议》的效力

仲裁庭认为,申请人投资的目的是在最终投资标的乙公司被上市公司并购后获取收益,《投资合作协议》约定在一定期限内若乙公司未能完成被上市公司收购,则申请人的财产份额由相关的关联方第一被申请人和第二被申请人以约定价格收购。申请人是第一被申请人的有限合伙人,第二被申请人是最终投资标的乙公司的实际控制人。因此,《投资合作协议》约定的是一种附条件的回购或收购行为。仲裁庭对于第一被申请人和第二被申请人承担回购或收购义务约定的法律效力分述如下。

1.《投资合作协议》约定有限合伙企业回购有限合伙人所持有的有限合伙企业财产份额,不属于《合伙企业法》第70条规定的有限合伙人和本有限合伙企业之间的交易,其实质构成该有限合伙人从有限合伙企业的退伙。《合伙企业法》第45条、第46条规定,合伙协议未约定合伙期限的,合伙人在经全体合伙人同意或不给合伙企业事务造成不利影响的情况下可以退伙。《合伙企业法》第47条规定,违反《合伙企业法》第45条、第46条规定退伙的,应当赔偿由此给合伙企业造成的损失。在未经合伙企业合伙人会议同意的情况下,《投资合作协议》约定,在最终投资标的未实现被上市公司收购的投资目的时,合伙企业以原投资金额加固定收益的价格回购申请人所持有的财产份额,必定会不合理地降低合伙企业整体资产及偿债能力,进而损害合伙企业其他合伙人及合伙企业债权人的利益。鉴于申请人在签署《投资合作协议》之前就已经成为合伙企业的合伙人,而《投资合作协议》又未经合伙企业合伙人会议通过,仲裁庭据此认定《投资合作协议》中要求第一被申请人以原投资金额加固定收益的价格承担回购义务的约定,损害了合伙企业其他合伙人和合伙企业债权人的利益,违反了《合同法》第52条的规定,因此《投资合作协议》中有关第一被申请人回购申请人财产份额的约定无效。

2. 第二被申请人有关其受欺骗、收购所附条件不明确、合同未经有效签署而无效的抗辩理由,均不能成立。首先,第二被申请人如果认为其受欺骗而签《投资合作协议》,应当根据《合同法》第54条的规定,在知晓撤销事由一年内向法院或仲裁机构申请撤销或变更合同,未有证据证明第二被申请人提出过此项请求。其次,第二被申请人所提收购所附条件不明确,不是合同效力抗辩的法定理由。另外,《投资合作协议》是否得到有效签署,涉及的是合同是否成立而不是合同是否有效,在本案中,第二被申请人认为《投资合作协议》没有得到有效签署的理由是,《投资合作协议》第3条第2款约定"本协议自各方签字之日起生效",签署页则列明"甲方(盖章签字)""丙方(签字按印)",但甲方执行事务合伙人(或委派代表)并未签字,丙方也未按手印。仲裁庭认为,"甲方(盖章签字)"栏中,甲方委派代表徐某以私人印章代替签字,丙方签名而未按手印,符合一般商业习惯,不会对合同成立产生影响。鉴于第二被申请人关于合同效力的抗辩理由均不能成立,仲裁庭依法不予支持。

3. 对于第二被申请人承担购买申请人所持份额义务约定的效力,仲裁庭认为,第二被申请人作为乙公司的实际控制人,为了实现乙公司被上市公司收购获取巨大收益的目的,对直接或间接参与乙公司投资的人士或机构提供收益保障或担保,具有商业合理性,不违反法律法规的禁止性规定,依法应当认定有效。

据此,仲裁庭认定《投资合作协议》除要求第一被申请人承担回购义务及相关约定外,其余部分有效。

(三)关于收购结算价格和违约金计算的认定

仲裁庭认为,根据前面认定,《投资合作协议》除约定第一被申请人承担回购义务部分无效外,其余部分有效。第二被申请人有义务按照约定收购申请人在合伙企业的份额。事先约定回购价格,是私募投资行业通行的做法,由第二被申请人以约定的价格回购申请人的出资份额,未损害国家、集体或第三人的利益,其约定的8%年投资孳息率,并未过分高于市场水平,因此,仲裁庭决定予以支持。仲裁庭酌情决定以最后一笔出资款缴付的次日,即2015年9月29日作为孳息起算日。同时,仲裁庭认为,依据《投资合作协议》第1条第1款中有关回购或收购价款内容为"转让价款=2900万元+2900万元×8%×(第二或第一被申请人按照申请人要求向申请人支付转让价款之日-申请人向第一被申请人支付2900万元出资额之日)/365"的约定,孳息计算的截止日应当认定为申请人提出的回购日或收购日。从前述内容可知,在提起仲裁之前,申请人未书面提出回购或收购要求,尽管提起仲裁本身也包含了回购或收购通知的意思表示,但在第二被申请人于3月27日收取的《回购通知函》中,申请人要求被申请人收函后将回购价款及其违约金汇至指定账户。仲裁庭认为,结合《投资合作协议》中关于通知后15日内回购的约定,即孳息计算的截止日应认定为 2018 年 4 月 11 日。至于违约金的计算,则应当以第二被申请人收取《回购通知函》的第 16 天即 2018 年 4 月 12 日作为计算违约金的起算日。

(四)关于合伙份额转让的可执行性

仲裁庭认为,申请人签署《投资合作协议》的目的,在于确保其投资的安全,要求被申请人回购或收购合伙企业份额的目的,是收回原来投资及其孳息,配合被申请人或其指定第三人将合伙企业财产份额转让是申请人的附随义务,因此申请人有权利要求承担收购义务的第二被申请人按照约定的价格支付份额转让价款。至于第二被申请人是由其本人还是指定第三人代为支付份额转让价款,并不影响申请人收取转让价款的权利。即便在此过程中,出现了合伙企业中的其他合伙人行使优先购买权,愿意以该约定价格承接申请人在合伙企业的财产份额,尽管在此情形下可免除第二被申请人的收购义务,也不会影响申请人收回投资及其孳息的目的。因此,仲裁庭裁决,第二被申请人有义务按照《投资合作协议》的约定价格向申请人支付合伙企业财产份额的转让价款。

鉴于第二被申请人是由其本人承接还是指定第三人承接该合伙企业财产份额尚不确定,因此申请人第 3 项请求权利义务主体不明确,不符合《仲裁法》第 21 条第(二)项的规定,仲裁庭决定不予支持。申请人在合伙企业名下财产份额的过户手续,待申请人收到对价款后,由相关方直接协商处理或另循法律途径解决。

(五)关于申请人其他请求的认定和处理

仲裁庭认为,尽管申请人的仲裁请求并未完全得到仲裁庭的支持,但未得到支持部分,系由于约定不明确等原因导致,整体而言,申请人对自身权利的行使是谨慎和适当的。因此,仲裁庭决定,律师费、保全费、保全担保费及仲裁费用由第二被申请人承担。

## 四、裁决结果

1. 第二被申请人向申请人支付出资转让价款,该价款为 2900 万元及孳息,孳息按照年孳息率 8% 计算,从 2015 年 9 月 29 日计至 2018 年 4 月 11 日。

2. 第二被申请人向申请人支付逾期违约金，违约金应以上述第1项裁决计算的价款为基数，按照每日万分之三的标准，从2018年4月12日计至实际支付之日。

3. 第二被申请人向申请人支付律师费、保全费和保全担保费。

4. 本案仲裁费由第二被申请人承担。

5. 驳回申请人的其他仲裁请求。

## 五、评析

回购对赌协议的法律效力问题是近年来备受实务界和理论界关注的热点之一，但实务中出现的对赌案例及理论界讨论的对赌问题多为公司回购对赌，相对而言，关于有限合伙企业回购对赌的案例及讨论却少得多。随着我国资本市场的快速发展，有限合伙企业组织形式的灵活性使得其越来越受到青睐，特别是私募基金投资等领域，合伙企业的组织形式已被广泛应用，有限合伙企业的回购对赌纠纷也不断出现。本案即是有限合伙企业回购对赌的典型案例，虽然本案涉及多个争议问题，但主要争议问题为有限合伙人与合伙企业合伙份额回购对赌的效力认定以及有限合伙人与第三人合伙份额回购对赌的效力认定问题。

在公司回购对赌领域，最有代表性的案例莫过于"海富案""通联案""瀚霖案""宋文军案"[1]以及"华工案"等，裁判逻辑由股东与公司回购对赌无效、股东与第三人对赌有效逐渐向股东与第三人对赌有效、公司为第三人对赌提供担保如履行了公司内部决策程序的应认定为有效、股东与公司对赌如不存在违反国家法律、行政法规的禁止性规定等无效情形的应认定为有效转变，并由最高人民法院于2019年11月8日发布的《九民纪要》进行了明确。《九民纪要》中，最高人民法院认为，投资方与公司对赌在不存在法定无效事由的情况下，公司仅以存在股权回购或者金钱补偿约定为由，主张对赌协议无效的，人民法院不予支持，但投资方主张实际履行的，应当审查是否符合公司法关于股东不得抽逃出资及股份回购的强制性规定，判决是否支持其诉讼请求。[2] 据此，有意见认为，对赌协议的司法裁判要点由此从合同效力转入

---

[1] 参见陕西省高级人民法院（2014）陕民二申字第00215号民事裁定书。
[2] 参见《九民纪要》第5条"与目标公司'对赌'"。

合同可履行性问题。①

笔者注意到,《九民纪要》仅针对公司回购对赌的处理进行阐述,并未提及合伙企业回购对赌的问题。有人认为,合伙企业回购对赌与公司回购对赌具有相同属性,《九民纪要》的观点同样适用于合伙企业回购对赌。也有人认为,合伙企业与公司在组织属性和适用法律上有本质区别,应当根据合伙企业的特殊性进行认定。诚然,《九民纪要》发布后对司法实践具有重要意义,并已成为指引全国法院裁判工作的指导性文件,但《九民纪要》并非司法解释,更不是法律规定,也不能在司法裁判中直接援引,由此也决定了《九民纪要》仅系司法实践中的一种观点,实务中的案件仍需要根据实际情况进行分析判断。

(一) 有限合伙人与合伙企业合伙份额回购对赌的效力认定

1. 有限合伙人要求合伙企业回购其持有的合伙份额的实质

纵观《合伙企业法》,并无关于合伙企业回购合伙人合伙份额的规定,此与《公司法》明确规定公司可以回购本公司股权/股份存在根本差异,那么有限合伙人要求合伙企业回购其持有的合伙份额的实质是什么,则需要根据《合伙企业法》的相关规定进行分析。

根据《合伙企业法》的相关规定,有限合伙人要求合伙企业给付金钱的基础无外乎基于合伙份额请求权和基于经营性交易的债权请求权两种,前者包括利润分配、退伙结算财产份额分配、解散清算剩余财产分配,而后者为在正常经营性交易中的对价结算支付,且仅限于有限合伙人而不适用于普通合伙人。本案中,有限合伙人要求合伙企业回购其合伙份额实质为有限合伙人以退出合伙企业为基础要求合伙企业给付金钱,有限合伙人身份消灭,此系基于其持有的合伙份额而并非基于正常经营性交易,也并非利润分配或解散合伙企业,完全符合有限合伙人退伙的特征。由于合伙契约具有很强的人身信赖属性,其权利义务不同于一般合同的权利义务,合伙人以合同当事人的身份移转权利义务时,应该适用关于退伙与入伙的规则,并且要对该退伙合伙人的财产与债务进行清算。② 因此,有限合伙人要求合伙企业回购其合伙

---

① 参见刘燕:《"对赌协议"的裁判路径及政策选择——基于 PE/VC 与公司对赌场景的分析》,载《法学研究》2020 年第 2 期。

② 参见李永军:《民事合伙的组织性质疑——兼评〈民法总则〉及〈民法典各分编(草案)〉相关规定》,载《法商研究》2019 年第 2 期。

份额必然导致其退伙,其实质是有限合伙人退伙。

2. 有限合伙人退伙需要符合法定条件及履行法定程序

根据《合伙企业法》的相关规定,合伙人退伙分为主动退伙及被动退伙。主动退伙是指合伙人主动向合伙企业申请退出合伙;被动退伙是指因丧失法律规定或协议约定的合伙人资格,或因违反法律规定或协议约定而被除名,包括当然退伙和除名两种。有限合伙人要求合伙企业回购其合伙份额,属于主动退伙,而非因丧失合伙人资格或违反规定而被除名。根据《合伙企业法》第45条、第46条的规定,合伙人主动退伙需要符合以下条件:如合伙协议约定合伙期限的,需要出现合伙协议约定的退伙事由、经全体合伙人一致同意、发生合伙人难以继续参加合伙的事由或其他合伙人严重违反合伙协议约定的义务的情形之一;如合伙协议未约定合伙期限的,则合伙人需提前30日通知其他合伙人且不给合伙企业事务执行造成不利影响。因此,在不存在《合伙企业法》第45条规定的退伙事由及不属于第46条规定的未约定合伙期限的情况下,合伙人退伙需要经全体合伙人一致同意。

本案中,有限合伙人与合伙企业签订的《投资合作协议》约定的合伙企业回购其合伙份额并未经全体合伙人一致同意,有限合伙人主张回购时也未取得全体合伙人一致同意,由此可知,有限合伙人要求合伙企业以回购合伙份额的方式退伙不符合《合伙企业法》规定的法定退伙条件和程序。

3. 有限合伙人退伙需要按照法定程序进行结算

根据《合伙企业法》第51条的规定,合伙人退伙应当按照退伙时的合伙企业财产状况进行结算。如果合伙人可以不按照退伙时合伙企业的财产状况进行结算而擅自取回合伙企业财产,则势必严重损害合伙企业、其他合伙人与第三人的合法权益,因此,合伙人无论以什么理由退伙,退伙结算程序都必须以全体合伙人的意思自治为基础并确保全体合伙人的参与决策。① 本案中,有限合伙人要求合伙企业按照约定的投资本金加固定收益支付回购款不符合《合伙企业法》第51条退伙结算的规定。

4. 合伙人退伙及退伙结算程序属于效力性强制性规定

在回购对赌案件中,几乎全部当事人都会主张回购约定因违反《合同

---

① 参见刘俊海:《论合伙型私募基金有限合伙人的退伙财产请求权——合伙企业法和投资基金法的不同维度》,载《政治与法律》2021年第6期。

法》第 52 条第(五)项①的法律、行政法规强制性规定而无效。自从最高人民法院发布《合同法解释(二)》②及《关于当前形势下审理民商事合同纠纷案件若干问题的指导意见》③后,理论界和实务界在评价民事法律行为效力时基本达成共识,即将强制性规定分为效力性规定与管理性规定,只有违反效力性规定的合同才认定为无效。但此并未解决司法实践中关于强制性规定的认定难题,因此,最高人民法院在《九民纪要》中再次就"强制性规定的识别"进行阐释④,认为要在考量强制性规定所保护的法益类型、违法行为的法律后果以及交易安全保护等因素的基础上认定其性质。

合伙企业具有高度人合性与封闭性,合伙企业的成立与存续基于合伙人的身份信赖,由此也决定了合伙人具有高度意思自治权与合伙事务参与决策权。⑤ 在不存在法定或约定退伙事由时,如合伙人主动申请退伙而无须经其他合伙人同意,则无疑侵犯了其他合伙人的知情权和决策权,有违合伙人之间的信赖基础,严重损害合伙企业、其他合伙人及第三方债权人的权益,由此必将引起其他合伙人对交易安全的担忧,甚至出现争相私自退伙的道德风险,此显然不是《合伙企业法》的立法本意,因此,《合伙企业法》第 45 条、第 46 条关于合伙人主动申请退伙的规定属于效力性的强制规定。同理,《合伙企业法》第 51 条规定,合伙人退伙应当按照退伙时的合伙企业财产状况进行结算,条文中使用了"应当"的表述,如果合伙人可以不按照退伙时合伙企业

---

① 《民法典》实施后,《合同法》已废止。《民法典》第 153 条规定:"违反法律、行政法规的强制性规定的民事法律行为无效。但是,该强制性规定不导致该民事法律行为无效的除外。违背公序良俗的民事法律行为无效。"

② 《合同法解释(二)》第 14 条规定:"合同法第五十二条第(五)项规定的'强制性规定',是指效力性强制性规定。"

③ 《关于当前形势下审理民商事合同纠纷案件若干问题的指导意见》第 15 条规定:"正确理解、识别和适用合同法第五十二条第(五)项中的'违反法律、行政法规的强制性规定',关系到民商事合同的效力维护以及市场交易的安全和稳定。人民法院应当注意根据《合同法解释(二)》第十四条之规定,注意区分效力性强制规定和管理性强制规定。违反效力性强制规定的,人民法院应当认定合同无效;违反管理性强制规定的,人民法院应当根据具体情形认定其效力。"

④ 《九民纪要》第 30 条规定:"……人民法院在审理合同纠纷案件时,要依据《民法总则》第 153 条第 1 款和合同法司法解释(二)第 14 条的规定慎重判断'强制性规定'的性质,特别是要在考量强制性规定所保护的法益类型、违法行为的法律后果以及交易安全保护等因素的基础上认定其性质,并在裁判文书中充分说明理由……"

⑤ 参见王利明:《论民法典对合伙协议与合伙组织体的规范》,载《甘肃社会科学》2019 年第 3 期。

的财产状况进行结算而擅自取回合伙企业财产,势必严重损害合伙企业、其他合伙人与第三人的合法权益,法定结算程序具有维护合伙企业内部法律关系、保护交易安全和防范风险外溢的内外双重功能,该功能难以借助倡导性规定实现,因此,《合伙企业法》第51条关于退伙结算程序的规定应属于效力性强制性规定。① 假如《合伙企业法》第45条、第46条及第51条关于合伙人退伙及结算的规定并非效力性的强制规定,则该条款的设置也就无实质意义,完全可以发挥合伙企业的自治性由合伙人自由约定,此显然并非立法之本意。

5.《九民纪要》发布后,合伙企业的回购对赌是否也应当由效力性认定转向可履行性认定

笔者认为,中国并非判例法国家,且仲裁机构与法院系相互独立的司法体系,所依据的裁判规则也有所差异,仲裁裁决应当基于查清的案件事实并依据法律规定及仲裁规则进行裁判。对于合伙企业合伙份额回购对赌的问题,首先需要理解回购对赌约定的内涵,那就是要求合伙企业按照约定的固定对价支付回购价款以退伙,固定对价和退伙两个内涵不可分割,互为前提,相辅相成,任何割裂固定对价和退伙两个内涵而言回购对赌都是不全面的。任何签订对赌协议的合伙人都是希望能够按照协议约定直接履行回购,而非系通过单纯申请退伙、利润分配获取金钱支付,申请退伙、利润分配本是合伙人的法定权利,又何须签订对赌协议多此一举,如此签订对赌协议又有何意义?因此,谈论合伙份额回购对赌的效力需要建立在固定对价、退伙及按此约定履行的基础上,离开以上三者谈对赌效力就是离开案件事实的大前提,其结论也是失之偏颇的。如果将对赌协议的效力和履行问题分开处理,也会陷入以下逻辑混乱的困境,即如对赌协议有效,则合伙企业就应当按照对赌协议约定履行,但根据法律规定,未经全体合伙人同意又无法履行,那么此时合伙企业是否构成了根本违约?因对赌协议是有效的,而违约责任也不是退伙问题,那么合伙企业是否应承担违约责任,如承担违约责任,又是否违反法律规定而损害合伙企业及其他合伙人的权益?

因此,谈论对赌协议效力需要基于案件事实。在本案中,有限合伙人要求合伙企业回购其持有的合伙份额所依据的《投资合作协议》既未经全体合

---

① 参见刘俊海:《论合伙型私募基金有限合伙人的退伙财产请求权——合伙企业法和投资基金法的不同维度》,载《政治与法律》2021年第6期。

伙人一致同意,其申请回购退伙时也未取得全体合伙人的一致同意,其主张按照投资本金加固定收益支付回购款也不符合法定结算程序,因此,《投资合作协议》关于合伙企业按照投资本金加固定收益回购有限合伙人持有的合伙份额的约定违反了《合伙企业法》第 45 条、第 46 条、第 51 条的强制性规定,应属无效。

(二)有限合伙人与第三人合伙份额收购对赌的效力认定

1. 有限合伙人要求第三人收购合伙份额的性质

本案中,第三人(第二被申请人)在《投资合作协议》中承诺,如在 2016 年 12 月 31 日之前,上市公司重组方案未能获得证监会通过,则有限合伙人有权要求第三人指定第三方按照固定价格受让有限合伙人持有的合伙企业的合伙份额,第三人应当在有限合伙人提出转让要求后的 15 日内支付完毕转让价款。虽然,从表面上看,第三人收购有限合伙人的合伙份额符合合伙份额转让的特征,但经仔细研究《投资合作协议》的表述可知双方签署的真实意思。在《投资合作协议》中,第三人受让合伙份额使用了"承诺"等强制义务词语,而办理工商变更义务使用了"协助"等附随性义务词语,《投资合作协议》既没有约定有限合伙人不履行协助办理工商变更登记的后果,也没有约定有限合伙人未协助办理工商变更手续时第三人有权拒绝支付款项,第三人的付款义务是先履行的无条件付款义务,由此可知,实际上,《投资合作协议》签署的主要目的及双方真实意思系为了保障有限合伙人收回投资款以降低投资风险,而非真正意义上的合伙份额转让。因此,《投资合作协议》关于第三方收购有限合伙人的合伙份额的约定属于第三方向有限合伙人作出收购合伙份额的单方允诺,而非双务合同,该单方允诺主要为担保属性,而合伙份额工商变更只是附随协助义务。

2. 有限合伙人与第三人合伙份额收购对赌的约束力

首先,本案中,虽然《合伙协议》约定,有限合伙人向合伙人以外的人或企业转让其在合伙企业中的财产份额应经全体合伙人大会同意,但此系当事人之间的约定,而非法律、行政法规的规定,《合伙企业法》并无强制规定有限合伙人向合伙人以外的人转让其在有限合伙企业中的财产份额应经全体合伙人同意。因此,《投资合作协议》关于第三方收购有限合伙人份额的约定不存在违反法律、行政法规强制性规定的情形。

其次,如前文所述,《投资合作协议》系第三方向有限合伙人作出属于担保性质的单方允诺,而非真正意义上合伙份额转让的双务合同,单方允诺是债产生的原因之一,是区别于合同之债、侵权之债等其他债的独立之债。① 一方作出单方允诺之后,也应当严格遵守允诺,不得随意违背允诺损害对方的信赖利益。②

最后,根据《投资合作协议》的约定,第三方向有限合伙人支付收购款属于无条件的先履行合同义务,无论有限合伙人是否协助办理工商变更手续,第三人均有支付收购款的义务。在此情形下,合伙份额转让款的支付与实际转让的履行是分开的,两者并非互为前提的,此与上文论述的有限合伙人与合伙企业回购对赌存在本质区别。至于合伙份额转让是否能够实际履行,此既非合同效力问题,也并无法律规定和协议约定在合伙份额转让无法实际履行时可限制有限合伙人要求第三人支付转让款权利的行使,第三人也不具有据此拒绝付款的权利。

因此,《投资合作协议》关于第三人收购有限合伙人的合伙份额且在未发现《投资合作协议》系在欺诈、胁迫下签订的,应当认定系当事人的真实意思表示,对双方具有约束力。

综上所述,有限合伙人与合伙企业约定按照固定价格回购其持有的合伙份额实质属于合伙人退伙,该约定既未经全体合伙人的一致同意,也不符合《合伙企业法》规定的退伙法定结算程序,违反了《合伙企业法》第 45 条、第 46 条、第 51 条的强制性规定,应属无效。至于有限合伙人与第三人约定按照固定价格回购其持有合伙企业的合伙份额实质属于第三人作出具有担保性质的单方允诺,并非真正意义上的合伙份额转让的双务合同,属于当事人的真实意思表示,不存在因违反法律、行政法规强制性规定而无效的情形,对双方具有约束力,各方均应严格履行。

(本案例由深圳国际仲裁院仲裁员郑建江和<br>深圳国际仲裁院钟妙编撰)

---

① 参见梁慧星:《〈民法总则(草案)〉权威解读》,载《岳麓法学评论》2017 年第 1 期。
② 参见王利明:《违约中的信赖利益赔偿》,载《法律科学》2019 年第 6 期。

# 案例5 对赌协议效力与可履行性的区分

**仲裁要点**：1. 投资人与目标公司签订的股权回购型对赌协议并不当然无效，在不违反法律、行政法规强制性规定的情况下应当认定有效。

2. 股权回购型对赌协议的有效并不代表该协议可履行，应从债权人利益保护、股东及公司利益保护等因素多方面综合考虑。

## 一、案情概要

2009年，申请人（A合伙企业）与第一被申请人（第二被申请人的控股股东及法定代表人）及第二被申请人（目标公司B公司，以下与第一被申请人合称"被申请人"）签订《增资扩股协议》及《补充协议》，约定申请人向第二被申请人支付投资款1150万元，并约定如第二被申请人未于2011年12月31日前完成首次公开发行股票及其上市申请未获中国证监会核准等，被申请人负有向申请人支付股权回购款的义务。以上合同签订后，申请人于2009年12月16日支付投资款本金1150万元，并于2009年12月31日办理完成工商变更登记手续。

因第二被申请人未能按照约定如期上市等，触发了被申请人向申请人支付股权回购款的义务。经协商，申请人与被申请人于2019年6月12日就股权回购款的支付事宜签订《补充协议二》，被申请人同意自《补充协议二》签署之日起3个工作日内按照如下标准共同向申请人支付全部股权回购款：投资款本金1150万元×$(1+12\%)^n$，其中12%为年复合收益率，$n=$自申请人实际支付增资款之日起至被申请人支付完毕全部股权回购款期间的总天数÷365，n精确到小数点后两位数。因被申请人未按约向申请人支付股权回购款等款项，申请人于2019年6月19日向深圳国际仲裁院申请仲裁，提出如

下仲裁请求:

1. 被申请人共同按照如下标准向申请人支付股权回购款,即投资款本金1150万元×$(1+12\%)^n$,其中12%为年复合收益率,n=自2009年12月16日起至被申请人支付完毕全部股权回购款期间的总天数÷365,n精确到小数点后两位数(股权回购款暂计算至2019年6月17日为33786329.20元,此后按照前述标准连续计算至全部款项还清之日)。

2. 被申请人共同向申请人支付申请人为实现本案债权而产生的律师费、财产保全费、财产保全担保费和仲裁费用。

在仲裁过程中,申请人与被申请人达成《和解协议》,一致同意由仲裁庭依据《和解协议》出具裁决书。

## 二、《和解协议》

鉴于:

1. 2009年,申请人与第一被申请人及第二被申请人签订了《增资扩股协议》及《补充协议》等文件,约定申请人向第二被申请人支付投资款1150万元,并约定如第二被申请人未于2011年12月31日前完成首次公开发行股票及其上市申请未获中国证监会核准等,第一被申请人及第二被申请人负有向申请人支付股权回购款的义务。以上合同签订后,申请人于2009年12月16日支付投资款本金1150万元,并于2009年12月31日办理完成工商变更登记手续。

2. 因第二被申请人未能按照约定如期上市等,触发了第一被申请人及第二被申请人向申请人支付股权回购款的义务。经过申请人多次主张,被申请人均未能根据合同约定履行回购义务,但均承诺会共同向申请人支付股权回购款。经过申请人多次催告后,申请人与被申请人于2019年6月12日就股权回购款的支付事宜签订《补充协议二》,被申请人同意自协议签署之日起3个工作日内按照如下标准共同向申请人支付全部股权回购款:投资款本金1150万元×$(1+12\%)^n$,其中12%为年复合收益率,n=自申请人实际支付增资款之日起至被申请人支付完毕全部股权回购款期间的总天数÷365,n精确到小数点后两位数。

3. 因被申请人仍未能在《补充协议二》约定的时间内支付全部款项,申请人向深圳国际仲裁院提起仲裁,要求两被申请人按照协议约定支付股权回购款以及实现债权的费用等。

在本案仲裁过程中,各方当事人经友好协商,达成如下和解协议,并同意按此严格履行:

第一,经协商一致,各方确认,第一被申请人和第二被申请人应共同于本协议签署之日起10日内(最迟不超过裁决书作出之日起3日内)向申请人支付如下款项:

一是按照如下方式向申请人支付股权回购款:投资款本金1150万元×$(1+12\%)^n$,其中12%为年复合收益率,$n$=自2009年12月16日起至被申请人支付完毕全部股权回购款期间的总天数÷365,$n$精确到小数点后两位数。股权回购款暂计算至2019年6月17日为33786329.20元,此后按照前述标准连续计算至全部款项还清之日。

二是律师费150000元。

第二,本案仲裁费303855元已由申请人预缴,应由被申请人承担。自本案裁决书作出之日起3日内,被申请人应向申请人支付由申请人实际代垫的仲裁费(即申请人预缴纳的仲裁费303855元减去仲裁院退还申请人仲裁费后的余额,具体以仲裁院核算的金额为准)。

第三,申请人因实现本协议项下的债权而在后续可能产生的保全费、财产保全担保费、公告费、送达费、鉴定费、评估费、公证费、拍卖费、强制执行费等费用均应由第一被申请人和第二被申请人共同承担和支付,并自相关费用实际发生之日起3日内支付完毕。

第四,各方确认,如两被申请人未按期、足额支付本协议项下任何一笔应当支付的款项,则申请人有权就上述全部主张,立即向有管辖权的人民法院申请强制执行。

第五,本协议自各方签署或授权代表签字之日起立即生效。

第六,各方均不可撤销地确认和同意将本协议提交深圳国际仲裁院,请求深圳国际仲裁院依照本协议的内容制发和解裁决书。

第七,本协议一式五份,各方各执一份,其余交由深圳国际仲裁院备案,每份均具有相同法律效力。

## 三、仲裁庭意见

考虑投资方与目标公司对赌约定的内容及履行等问题,应结合个案具体情形具体分析,首先考虑对赌约定是否存在法律法规规定的无效事由,若存在则约定无效,若不存在则约定有效;其次考虑约定有效时,是否存在法律规定不可强制履行的情形,若存在则不予强制履行,反之则应履行。

此外本案亦存在特殊性:其一,包括目标公司、投资者、原股东在内的各方达成由目标公司和原股东向投资方支付股权回购款的和解协议,并同意进行履行;其二,在另一仲裁机构受理的另一仲裁案件中,同为本案目标公司股东的某公司基于对赌协议提出的要求目标公司支付股权回购款的仲裁请求得到该案仲裁庭的支持。现具体分析如下:

(一)资本维持原则和公司法强制性规定

资本维持原则强调公司至少须维持相当于资本额的财产,以具体财产充实抽象资本,公司债权人可以在与公司交易中得到最低限度的担保,从而实现对其利益的保护。虽然我国《公司法》并未直接提及该原则,但《公司法》第 35 条、第 74 条、第 142 条、第 166 条、第 186 条等关于禁止抽逃出资、限制公司回购股权、履行减资程序等强制性规定,均是资本维持原则的具体化。仲裁庭认为本案回购约定并不必然违反《公司法》的强制性规定或资本维持原则,理由如下:

第一,我国《公司法》并不禁止有限责任公司和股份有限公司回购本公司股权,符合法定情形的公司回购股权不违反公司法的强制性规定或资本维持原则(参见《公司法》第 74 条、第 142 条)。

第二,在符合法定回购情形的情况下,公司回购股权履行法定程序的,不违反《公司法》的强制性规定或资本维持原则(参见《公司法》第 142 条、第 177 条)。

第三,本案第二被申请人作为股份有限公司,具备履行本案回购条款的可能性,其可通过减少注册资本这项满足法定回购股权的方式落实回购条款,且公司履行减资等法定程序并非必须在公司支付股权转让款之前进行〔参见《公司法解释(二)》第 5 条〕。

第四,申请人在仲裁请求与和解协议中均主张两被申请人共同支付股权回购款,而非指明由第二被申请人回购股权,支付款项与回购股权是两种不同的行为,故第二被申请人未必自己回购申请人股权,而是有可能由第三方回购,只是申请人收到的股权回购款是由第一被申请人及/或第二被申请人支付的。

第五,应充分尊重当事人基于合同的意思自治,慎重认定违反强制性规定从而无效的情形。虽然本案回购条款并未明确第二被申请人通过何种法定情形达到依法回购股权的效果,也未具体约定相关的法定程序如何进行,但并不能因此认定回购条款违反《公司法》的强制性规定从而无效(参见《关于当前形势下审理民商事合同纠纷案件若干问题的指导意见》第 15 条)。

因此,本案回购条款并不违反《公司法》的强制性规定及资本维持原则。

(二) 债权人的利益

《公司法》规定公司股东不得损害公司债权人的利益。有观点认为,公司向投资人回购股权,会导致责任资产的不当减少,危及债权人的利益。但是仲裁庭认为本案回购条款并未致使公司债权人利益受损,原因如下:

第一,回购条款对增资交易起到一定的担保功能,促成了申请人增资行为的完成,从而提高了第二被申请人作为目标公司的债务承担能力。

第二,对赌协议的投资人即申请人具有双重身份,不仅是目标公司即第二被申请人的股东,同时在对赌协议约定的回购情形出现时也是目标公司的债权人,申请人据此向目标公司主张权利是基于作为公司债权人的身份。既然同样作为目标公司的债权人,那么申请人与其他债权人应受到相同保护,因此本案仲裁庭在未发现导致其他债权人利益受损的直接、现实的情形时,申请人应与其他债权人受到平等的保护。

(三) 其他股东和公司的利益

《公司法》规定股东不得滥用权利损害公司及其他股东的利益。有观点认为,对赌协议的约定使得作为股东的投资人规避了交易风险,将目标公司可能存在的经营不善及业绩不佳的风险转嫁给目标公司及其他股东。但是,仲裁庭认为本案回购条款并未损害公司及其他股东的利益,理由如下:

第一,投资领域中,风险共担并非一个必须适用的刚性原则,违反该原则并不当然损害其他方的利益(如《合伙企业法》第 33 条),且《公司法》也没有要求股东必须共同分担风险。

第二,各方签订对赌协议的目的不在于一方取得固定回报、规避风险,而是解决信息不对称的问题以促成交易,虽然在客观上起到排除一定风险的作用,但并未排除申请人作为股东时的一切风险,不能仅仅因各方自愿达成的风险分担约定有利于申请人，就认为该条款侵害其他股东和公司的利益而无效。

第三，本案回购约定不但没有损害第二被申请人及其他股东的利益，反而符合该等主体的利益。申请人支付的高额溢价增资款中只有少部分计入注册资本，大部分计入资本公积金，其他股东均因申请人的溢价增资而获得了高额溢价部分的股东权益。此外，由于申请人的增资款，第二被申请人可以投入经营发展使用的资源变多，有利于其提升持续盈利能力，最终由此受益，而公司获益又进一步利于其全体股东。

第四，本案约定的回购情形下每年8%的收益率并未明显过高，不存在对第二被申请人显失公平的问题。

因此，在商法尤其是在投资领域，法律允许当事人在自愿原则的前提下作出任何风险分担的安排，未约定风险共担并不当然损害其他方的利益。

(四) 关于另一仲裁机构的类案裁决

另一案案情与本案高度相似，该案仲裁庭对于该案合同中约定的对赌条款是否违反《公司法》中的强制性法律规定的问题，发表了如下意见：

第一，关于对赌条款是否违反了深圳证券交易所的相关规定的问题。该案仲裁庭认为，对赌条款在法律上属于附条件的复合型合同，基于各方的约定条件，在约定条件满足时，投资者作为股东持续性地持有公司股权，效果上属于公司的直接融资行为；在约定条件不满足时，依据约定条件，投资者的权利转换为债权。该案仲裁庭认为，组成复合型法律关系的各个要素并不违反法律、行政法规的强制性规定，整体的复合型法律关系也不违反法律、行政法规的强制性规定，故而并不违反深圳证券交易所的相关规定。

第二，关于申请人是否应与公司为利益共同体，利益共享、风险共担的问题。该案仲裁庭认为，股权回购的条款约定系对赌条款的一部分，系实现对赌条款否定条件的途径，即合同各方在否定条件出现的时候，以股权回购的方式改变合同的性质，投资人行使回购约定的权利，是基于投资合同法律关系项下的在先约定，与其股东身份无任何关联，即使客观上可能导致目标公司财产的减少，亦是目标公司履行其附条件合同义务的结果。

第三，关于对赌条款是否损害了公司其他股东和债权人的合法利益的问题。该案仲裁庭认为公司回购股权并不必然导致公司资本金减少，且我国法律对债权人已经提供了诸多保护机制，该案并无证据可直接证明公司回购股权会损害其他股东和债权人的利益。

第四,关于对赌条款是否违反《公司法》关于禁止公司回购自身股权的强制性规定的问题。该案仲裁庭认为,《公司法》第142条的规定并不属于效力性强制性规定,而属于控权式的法律规定,即通过程序和表决限制对股权回购作出实质性和程序性的约束,因此该案所涉对赌协议并未违反我国法律法规的强制性规定。

因此,该案仲裁庭认为,该案合同项下的对赌条款和股权回购条款系属有效。

(五)法律规定了案外人可能的救济渠道

仲裁庭认为,依照现有的法律规定,在类似本案的情形中,即便其他债权人或股东等案外人认为存在权利受损甚至存在虚假仲裁的情况,案外人也有充分的救济渠道,申请不予执行仲裁裁决。但就本案现有的审理情况而言,尚未出现或发现该等侵害情形。仲裁庭不能在未出现相应情形或无充分证据时,预先判定或推定存在有损案外人的情形。

综上,仲裁庭认为本案申请人与第二被申请人之间的股权回购约定合法有效。

关于股权回购款的计算,通过比对《和解协议》《补充协议二》和《补充协议》的不同约定,仲裁庭认为《和解协议》《补充协议二》中的股权回购款计算方式,在无正当理由的情况下增加了目标公司的负担,有可能损害案外人利益,故对此计算方式不予支持。仲裁庭认定,《补充协议》中有关股权回购款的计算是合理的,但其中8%应以12%代替。

## 四、评析

本案为对赌协议中与目标公司及其控股股东同时对赌的典型案例,双方当事人虽已达成和解,裁判者仍有权对若干法律问题作出认定。

(一)债权人利益保护

实践中对于对赌协议效力和可履行性的争议主要基于投资人与目标公司之间不论是现金补偿还是股权回购的安排均可能损害公司债权人的利益,因此落入传统公司法理论资本维持原则的强管制领域。该原则虽未被以明文形式纳入我国商法体系中,但《公司法》第35条、第142条的题中之义即为坚持资本维持原则,从而保护公司债权人的利益。因此在我国司法实践中,秉持资本维持原则、审查对赌协议是否损害公司债权人的利益就成为判定相关对赌协议的效力和可履行性问题时最重要的出发点和落脚点,不论是否定了投资人与公司对赌协议效力的对赌协议第一案"海富案",还是此后推翻了该案结论、认可了投资人与公司对赌协议的效力并支持履行该协议的"华工案",均是如此。相比"海富案"对于公司债权人利益的考量只有——"这一约定使得海富公司的投资可以取得相对固定的收益,该收益脱离了世恒公司的经营业绩,损害了公司利益和公司债权人利益"——这一句简单的宣言式认定,"华工案"无疑在判定案涉对赌协议不构成对公司债权人利益侵害的说理上作了更为充分的尝试,从法律上的可履行(目标公司对注资部分的回购可通过减资程序完成、对资本公积部分的回购不违反公司法强制性规定且投资人可依债权人身份主张)和事实上的可履行(目标公司的资产和分红表明其回购后不影响对其他债权人的清偿能力)进行分析,认定其股权回购的对赌协议有效且可履行。值得注意的是,"华工案"在分析对赌协议法律上的履行可能时,指出了投资人兼具目标公司股东和债权人的双重身份,并进而认定投资人可依据其在对赌协议中的债权人身份向目标公司主张履行对赌协议中约定的回购股权的权利。由此引出一个问题,投资人基于对赌协议的债权人身份与公司其他债权人身份是否存在优先次序?

1. 投资人权利的性质和清偿顺位问题

从合同法的角度讲,普通债权皆为平等,对普通债权人的保护一视同仁。"华工案"指出投资人是目标公司的债权人,本案与"华工案"案情相似,且仲裁庭进一步指出投资人与其他债权人受到相同保护。对此笔者有一点不同意见:与目标公司对赌的投资人,其兼具股东和债权人的身份,因此其权利义务不仅受到合同法的影响,更受到公司法的规制,需要遵守作为组织法的公司法中的强制性原则和规定,其中就包括资本维持原则和股东不得抽逃出资致使公司外部债权人利益受损的规定,而对赌协议中投资人所享有的债权恰恰有可能涉及投资人作为股东身份时的抽逃出资问题,从而对公司外部债权人造成损害。所以,在公司进行清偿时,应当优先考虑公司外部债权人的债权,其后才是对赌协议中投资人的债权。

从此角度讲,回购股权的对赌协议投资人所持有的股权与英美法中的优先股颇为相似。所谓优先股,是指既具有股本权益的特点又具有负债的特点,其股利在普通股股利之前被派发,且在破产清算时,优先股对资产的主张先于普通股,但在公司债务(包括附属债务)主张之后。① 也即就财产受偿而言,债权人先于优先股股东,而优先股股东先于普通股股东。英美实践中的风险投资人,多采用优先股的方式与目标公司签订风险投资协议,从而在不损害公司债权人利益的前提下可先取得部分财产。我国现行《公司法》虽未规定优先股,在公司设立上一律采普通股的形式,但中国证监会于 2014 年发布了《优先股试点管理办法》,允许当事人对优先股的赎回作出约定。因此,本案中投资人与公司约定股权回购的对赌协议中投资人所持股权,实类似于上述之优先股,兼具股权和债权的双重属性,在权利受偿的顺位上应劣后于公司外部债权人。

2. 判断债权人保护的法律标准

本案仲裁庭认为案涉对赌协议债权存在本身并不构成对公司其他债权人利益的侵害,且公司法并不禁止公司回购股权,因此对赌协议本身并不会因违反资本维持原则和公司法强制性规定而无效,对此笔者亦予认同。仲裁庭的该观点与"华工案"和《九民纪要》的观点不谋而合。申言之,对赌协议的合法性和效力问题并不是实践中有关投资人与公司对赌问题的争议焦点,而该协议的可履行性才是问题关键。基于此,实务中长期以来基于"海富案"的裁判结果所形成的投资人与公司对赌无效的理解可能存在偏差。②

回归问题本源,考量对赌协议的可履行性,基于上文分析,首要即最重要的就是判断公司债权人的利益是否受到侵害。若受侵害,则对赌协议不可履行,反之则具有可履行性。那么,判断公司债权人利益是否受损的标准是什么?

如前所述,传统公司法理论采资本维持原则的标准,我国的司法实践亦秉承该原则,从《公司法》到《九民纪要》,从"海富案"到"华工案",均以该原则作为衡量公司债权人利益是否受损的标尺。在传统公司法理论中,公司是一种资本集合的形式,确定的资本是公司独立主体资格的外观要件之一,是经营活动的物质基础和信誉的实质担保。③ 资本维持原则首创于 1882 年杰

---

① 参见王欣新、魏现州:《在我国公司法中设置优先股制度初探》,载《法律适用》2010 年第 10 期。

② 参见刘燕:《对赌协议与公司法资本管制:美国实践及其启示》,载《环球法律评论》2016 年第 3 期。

③ 参见施天涛:《公司法论》,法律出版社 2006 年版,第 160—161 页。

塞尔（Jessel M. R.）法官的判决，"当债权人施信于公司之际，是善意地基于这样一种信赖，公司资本只能用于公司商业目的，债权人有权要求公司应维持其资本且不得返还给股东"①。该原则发展至今，虽然学理上存在对"资本维持"究竟是维持资本还是资产，是积极维持还是消极维持等争议，但基本达成的共识是资本维持是底线。② 因此，保持资本的确定和充足是保护债权人的最低标准，而无法维持资本的情况下则需履行减资程序，我国公司法规定减资需通知债权人，且债权人有权要求公司清偿债务或者提供相应担保③，从而确保债权人的利益。关于减资程序，《九民纪要》将其进一步明确为回购股权的前置程序，详见下文论述。

与传统公司法理论及我国的司法实践有所不同，近年来美国司法实践判断债权人利益是否受损时采取了比资本维持原则更为严苛的标准——清偿能力标准。传统的美国公司法理论与实践亦贯彻资本维持原则，并以溢余为标准衡量股权回购是否会损害债权人利益，所谓"溢余"，是指公司净资产超过公司声明资本的金额。④ 只要回购股权所需的资金不超过该溢余，就可以确保公司资本不被削弱，符合资本维持原则的要求。但溢余只是一个纯粹会计意义上的概念，其体现在资产负债表上，但并不一定因为有会计意义上的溢余而使公司有充足的清偿能力，公司仍有可能因为没有充足可使用的现金无法偿还到期债务，因此仅有溢余还不足以保护债权人的利益。基于上述考虑，美国特拉华州法院在 SV Investment Partners, LLC. v. Thoughtworks, Inc. 案（以下简称"Thoughtworks 案"）中为债权人利益保护附加了清偿能力标准，即回购股权所需的资金不得超过"合法可用之资金"，而合法可用之资金并不等同于溢余，而是意味着手头的现金或者易于通过出售或借贷而获得的资金，从而确保公司能够继续作为持续经营的实体存在，不会因为分配而无法偿付债务。另外，Thoughtworks 案还将如何判断公司是否具有清偿能力、如何确定合法可用之资金的权利交给了公司董事会，指出公司董事会在股份回

---

① John Armour, Share Capital and Creditor Protection: Efficient Rules for a Modern Company Law, The Modern Law Review 2000.

② 参见张保华：《资本维持原则解析——以"维持"的误读与澄清为视角》，载《法治研究》2012年第4期。

③ 参见《公司法》第177条。

④ 参见刘燕：《对赌协议与公司法资本管制：美国实践及其启示》，载《环球法律评论》2016年第3期。

购过程中的做法无可指责,至少投资人未能证明公司董事会的决策存在行为不端、恶意或欺诈。① 由此案开端,美国特拉华州法院近年来的类案判决多采取清偿能力标准并借由公司董事会的商业判断来衡量股权回购是否会损害债权人利益。

由此引发的思考是,我国股权回购对赌协议的司法实践是否要借鉴 Thoughtworks 案所代表的美国特拉华州法院近年来采取的清偿能力标准和董事会商业判断原则？最低底线的资本维持虽然从理论上不损害债权人利益,可以支持股权回购,但确实有可能存在虽有资本但无充足可用的资金而导致公司无法清偿到期债务的情形,进而影响债权人利益的实现。因此,在资本维持原则的基础上附加清偿能力判断,或在衡量公司债权人保护上更为合理,但随之带来更高的裁判要求,首先,需要解决由谁来作出清偿能力判断的问题,是司法判断还是公司的董事会判断：在具体案件的审理中,如果将公司的清偿能力全权交由其董事会判断,只是对其施加信义义务的考察,是否加重了投资人的举证责任——若公司董事会认为公司不具备足够的清偿能力从而无法回购股权,主张回购的投资人就需要对公司董事会在评估该公司清偿能力时违反信义义务作出了不符实际的判断进行举证,若其举证不能则将承担回购失败的不利后果,此种结果对投资人未必公允；但如果将清偿能力的判断权交由司法裁判者,亦可能存在司法裁判者专业能力和信息获取是否足够的问题,相比于目标公司的董事会所拥有的行业知识、专业技能和商业信息,司法裁判者可能在上述几个方面有所不足,因此作出的商业判断信服力亦可能存疑,若司法裁判者将该判断交由第三方,如专业审计机构,裁判者对该第三方的判断结果作出认定,亦存在司法程序上的烦琐和由此带来的额外时间成本、金钱成本等问题。其次,如能顺利解决上述由谁判断公司清偿能力的问题,接下来需要考虑的便是判断的具体方法,尤其是在司法裁判者判断的情况下,采用合理的判断方法对于程序和实体公正尤为重要。

或许考虑到上述判断对于并不充分掌握行业状况和商业信息的司法裁判者而言有过多负担,我国司法实践采取了对裁判者而言最容易把控也是最稳妥保守的操作方法：《九民纪要》中关于对赌可履行性的最新指引——坚持资本维持原则并将减资程序前置,把作出商业判断的权利和责任交由公司

---

① 参见刘燕：《对赌协议与公司法资本管制：美国实践及其启示》,载《环球法律评论》2016年第3期。

董事会和股东会/股东大会。对此,最高人民法院进一步说明,是否减少注册资本、如何减少注册资本,原则上应当由目标企业从商业视角出发按照目标企业内部的规章制度予以规范,此种权利在性质上属于目标企业公司治理体系中的决议程序和决策权利,如果按照被投资企业内部的决策机制,被投资企业未能作出履行对赌协议应当符合的减少注册资本的决议,则投资人不得请求法院强制被投资企业或其他机构作出符合投资人诉求的减资决议或通过强制介入的方式迫使被投资企业作出减资决议。[1] 关于《九民纪要》中减资程序的更多论述详见下文。

(二)《九民纪要》中关于对赌协议的相关指引

在本案裁决作出之后,2019年11月8日,最高人民法院发布《九民纪要》,针对投资方与目标公司签订对赌协议的效力及履行等相关问题的裁判尺度作出如下指引:"投资方与目标公司订立的'对赌协议'在不存在法定无效事由的情况下,目标公司仅以存在股权回购或者金钱补偿约定为由,主张'对赌协议'无效的,人民法院不予支持,但投资方主张实际履行的,人民法院应当审查是否符合公司法关于'股东不得抽逃出资'及股份回购的强制性规定,判决是否支持其诉讼请求。投资方请求目标公司回购股权的,人民法院应当依据《公司法》第35条关于'股东不得抽逃出资'或者第142条关于股份回购的强制性规定进行审查。经审查,目标公司未完成减资程序的,人民法院应当驳回其诉讼请求。"

《九民纪要》虽不属于《立法法》规定的正式法律渊源,亦不属于可直接援引的司法解释范畴,但其承载着最高人民法院"统一裁判思路、规范法官自由裁量权"之企望。最高人民法院在发布该纪要时,明确指出各级审判机关在审理民商事案件过程中,可以直接根据纪要的相关规定进行说理。

《九民纪要》中关于与目标公司对赌的相关规定包含了三部分内容。首先,《九民纪要》纠正了"海富案"之后,实践中诸多审判机关在处理投资方与目标公司对赌的案件中直接将双方签订的对赌协议一律认定为无效的不当适用。其次,《九民纪要》明确了在不存在法定无效事由的情况下,目标公司不得简单地以对赌协议无效否定其股权回购或金钱补偿的合

---

[1] 参见最高人民法院民事审判第二庭编著:《〈全国法院民商事审判工作会议纪要〉理解与适用》,人民法院出版社2019年版,第119—120页。

同义务。而法院在判断是否存在无效法定事由的情形时,应当依据《公司法》第 35 条及第 142 条进行审查。最后,《九民纪要》进一步在程序上作出规定:仅仅通过《公司法》第 35 条、第 142 条的审查并不意味着即可获得法院支持,投资方要求支付回购款的请求还存在程序上的前提——目标公司须完成减资程序。换言之,投资方仅能在目标公司完成减资程序后,请求目标公司支付回购款。

在《九民纪要》出台前,司法实践中少有将完成减资程序这一动作视为按约支付回购款的前置程序。相反,大多数法院认为只有先作出支持股权回购的判决后,才可推动目标公司进行减资,本案仲裁庭的思考路径亦是如此。本案仲裁庭通过参照《公司法解释(二)》(2014 年修正)第 5 条之规定①,认为履行减资等法定程序并非必须在公司支付股权转让款之前进行。仲裁庭的上述结论与《九民纪要》中关于公司对赌的裁判进路大相径庭。

根据笔者检索,在《九民纪要》发布之后,最高人民法院至少通过两个再审案例就减资这一程序的前置进行明确。在最高人民法院于 2020 年 3 月作出的"新余甄投云联成长投资管理中心、广东运货柜信息技术有限公司新增资本认购纠纷、买卖合同纠纷再审审查与审判监督民事裁定书"②中,合议庭认为是否可以回购公司股权应当分为两方面审理:一是对赌协议自身的效力;二是在满足合同有效前提下的履行问题。合议庭认为在投资方未能举证证明目标公司已完成减资程序的情况下,原审法院对投资方的回购要求不予支持并无不当。无独有偶,最高人民法院于 2020 年 6 月作出的"北京银海通投资中心、新疆西龙土工新材料股份有限公司股权转让纠纷再审审查与审判监督民事裁定书"③中,合议庭同样采取了将减资程序设置为前置程序的裁判进路。合议庭认为,处理对赌协议纠纷案件时,应当平衡投资方、公司股东、公司债权人、公司之间的利益。在未经股东会/股东大会决议完成减资程序前,投资方无法请求目标公司完成股权回购。

---

① 参见《公司法解释(二)》(2014 年修正)第 5 条规定:"人民法院审理解散公司诉讼案件,应当注重调解。当事人协商同意由公司或者股东收购股份,或者以减资等方式使公司存续,且不违反法律、行政法规强制性规定的,人民法院应予支持……经人民法院调解公司收购原告股份的,公司应当自调解书生效之日起六个月内将股份转让或者注销。股份转让或者注销之前,原告不得以公司收购其股份为由对抗公司债权人。"
② 参见最高人民法院(2020)最高法民申 1191 号民事裁定书。
③ 参见最高人民法院(2020)最高法民申 2957 号民事裁定书。

由此可见，自《九民纪要》发布之后，最高人民法院在审理投资方与公司对赌的案件中，态度已相对明朗：即使协议条款本身不存在违反《公司法》第35条、第142条规定的无效情形，也并不意味着回购条款具有履行可能性。根据《公司法》第142条的规定，股份有限公司可通过减资程序回购本公司股权，但减资必须通过股东大会决议。因此，减资的成功与否客观上存在不确定性。为确保判决具有可履行性，最高人民法院直接将减资程序作为投资方要求支付回购款的前提条件。

毋庸讳言，公司的注册资本对外公示，是公司对外开展经营、担保债务履行的责任财产，是对其支付能力的一种背书。通常，公司债权人在与公司进行交易时，会先通过关注该公司的注册资本，继而预判交易风险。为保障公司外部债权人的利益，公司的注册资本不得随意减少。各国法律对于减资都采取了严格限制的态度，我国公司法也不例外。根据《公司法》第36条、第37条、第43条、第177条的规定，董事会对股东会/股东大会负责，减资需要先由董事会制订公司减少注册资本的方案，再由股东会/股东大会对上述方案作出决议，且决议必须经代表2/3以上表决权的股东通过。决议通过后10日内，须通知公司所有的债权人，并于30日内在报纸上公告。债权人自接到通知书之日起30日内，未接到通知书的自公告之日起45日内，有权要求公司清偿债务或者提供相应的担保。

《九民纪要》将减资程序作为判断是否支持股权回购的前置程序，在笔者看来，这一变化是在尊重合同法的基础上，能较好平衡公司股东、公司及债权人之间利益的判决路径。

首先，它纠正了"海富案"以来司法实践中的错误概念及错误逻辑：判断对赌协议是否合法有效系判断回购可否被支持的唯一因素。申言之，对赌协议本身只是两个平等主体之间达成的合同，因此判断对赌协议本身是否合法有效仍应属于合同法领域应当规范的范畴，应根据合同是否有效的相关规则进行判断。

其次，《九民纪要》成功地将"司法商业判断"转为"公司商业判断"。如前所述，"华工案"之于"海富案"无疑具有进步性，但同时也将司法机关置于判断回购是否损害外部债权人利益的危险角色与地位。若公司可否履行回购的合同义务能被司法一纸文书决定，这不仅将导致股东会/股东大会依据《公司法》享有的相关权利被架空，同样可能导致目标公司直接陷入经营困难的境地。为盘活经济，发挥市场优势，我国《公司法》对公司一贯实行的是底线规制原则。① 即能让公司自主决定的事项,《公司法》通常不加以干预。《公司法》中的强制性规定是公司需要遵守的最低准则、最低义务要求。从法律位阶上看,现行《公司法》是由全国人民代表大会常务委员会制定并通过的。《公司法》明确规定,减资决议须经股东投票决定,且属于须经代表2/3以上表决权的股东同意才可通过的重大公司决定。虽然判决目标公司支付回购款项并不意味着公司必须通过减资才可履行,但不排除目标公司只能通过减资予以履行的可能性。如此便可能出现,司法机关直接以判决的形式架空了股东会/股东大会的权利。由此可能引发,司法判决能直接改变立法机关的强制性规定的尴尬局面,导致逻辑上也无法自洽。

《九民纪要》发布后,层出不穷的批评声音指出减资程序的前置将极大阻碍投资方依据对赌协议收回投资款项的可能性,导致投资人的权益受到侵害,降低投资者的积极性,从而增大了目标公司的融资难度。批评的声音并不是毫无道理,实践中完成减资程序并不容易。主要理由有以下几点:其一,实体上,根据《公司法》第21条、第148条及结合整个公司法内核精神,董事会须对股东会/股东大会负责,对公司负有勤勉忠实义务。即使为了清偿对赌协议产生的合法债务,若减资将导致公司严重经营困难,出于对股东、公司及外部债权人负责的慎重态度,董事会有权暂不启动减资程序。其二,程序上,即使董事会作出商业判断认为减资不影响公司经营,减资也需要经绝大多数股东同意,还需要告知外部债权人。董事会在启动减资程序前,应当充分考虑公司当前的资产情况及未来的业务发展,一旦判断错误,减资可能触发债权人纷纷主张债权,从而直接导致公司破产。其三,原则上,即使目标公司完全具备清偿能力,且履行对赌协议约定的回购条款不会影响外部债权人的利益,但若董事会不提出减资方案,那么投资方将无法要求回购。实践中可能出现董事会为了扩大公司经营,迟迟不愿意履行回购条款,不启动减资程序,使得投资方的权益处在法律真空,无法得到保障。

应当认为,保护外部债权人利益是《九民纪要》中将减资程序前置化的主要考虑因素,而前述导致对赌协议履行困难的第一点和第二点理由在笔者看来正是《九民纪要》中关于对赌条款的精巧之处——通过减资程序中的董事会商业判断、股东会/股东大会审查及债权人选择,最终将股权回购引发的

---

① 参见刘燕:《"对赌协议"的裁判路径及政策选择——基于PE/VC与公司对赌场景的分析》,载《法学研究》2020年第2期。

减资决议是否影响债权人利益交由债权人自行决定,从而减少了司法裁判者在个案中可能需要进行相关判断的负累。至于实践中对于第三点的担忧,笔者认为也并非无法可解,即投资方在与目标公司签订投资协议时,应当同时要求目标公司大股东就回购款项承担共同清偿责任。如此,纵使董事会更希望将款项用于公司发展而不愿意优先履行对赌协议,在大股东的压力下,其亦须认真考虑支付回购款项的可行性。

综上,投资人与目标公司的股权回购对赌协议在司法实践中的争议焦点是该协议的可履行性问题,而影响该问题的核心要素是公司债权人的利益保护。投资人依据对赌协议所享有的权利兼具股权和债权的双重属性,与英美法上的优先股相似,其权利的受偿劣后于公司债权人。在我国现行法律框架下,公司债权人利益保护的标准是资本维持原则,基于资本维持原则可能在保护债权人利益上的不充分问题,美国 Thoughtworks 案引入了司法个案审查中公司清偿能力判断的标准和董事会商业判断的规则,与之相比,我国在《九民纪要》出台后,采取了将减资程序前置和内嵌在该程序中的董事会、股东会/股东大会商业判断的原则,至于这两种不同的处理方式孰优孰劣,还有待司法和商业实践的进一步检验。

(本案例由深圳国际仲裁院付汶卉和郑于群编撰)

## 案例6　公司法规定与对赌协议效力问题的协调

**仲裁要点**：股东与股东达成有关股权回购的约定，目标公司对回购义务的履行承担保证责任的，属于当事人意思自治的范畴，并不必然违反《公司法》相关原则及规定，对于当事人基于商业判断的真实意思表示，裁判者应予尊重。

### 一、案情概要

2012年7月5日，申请人（A企业）作为投资方，与第一被申请人（B公司）以及第二、第三、第四被申请人（C、D、E三位自然人原股东，四被申请人以下合称"被申请人"）签订了《增资协议》和《补充协议》。

《增资协议》约定，申请人向第一被申请人投资3000万元，其中818万元计入第一被申请人注册资本，占增资完成后的第一被申请人总股本的10.7124%，其余2182万元计入资本公积金。

《补充协议》约定，被申请人（作为目标公司和原股东）共同承诺，第一被申请人在2012年度和2013年度应分别实现税后净利润3000万元和4500万元的经营指标。否则，应视为第一被申请人未完成经营指标，申请人有权选择第一被申请人以现金方式退还相应多付的投资款或原股东无偿向申请人转让部分股权。不论任何主观或客观原因，第一被申请人不能在2015年12月31日前实现首次公开发行股票并上市以及原股东或第一被申请人实质性违反协议及附件的相关条款等情形或回购事由发生，申请人均有权要求第一被申请人和/或原股东回购申请人持有的第一被申请人的全部股权。回购价格按照申请人的全部出资额及自实际缴纳出资日起至原股东或者第一被申请人实际支付股权回购价款之日按年利率10%计算的利息予以确定。股权回购均应以现金形式进行,如若在申请人发出书面回购要求之日起 2 个月内不能或延迟履行支付义务的,则应按照应付金额的每日 3‰向申请人缴纳违约金。

因第一被申请人未达成约定要求,协议约定的股权回购条件业已成就。在申请人两次书面要求被申请人立即支付全部投资款并依约承担利息、违约金和滞纳金等时,被申请人虽有四次书面承诺同意给付,但均以种种理由和借口推托至今。故此,申请人依据仲裁条款于 2017 年 8 月 28 日向深圳国际仲裁院申请仲裁,请求裁决:

1. 第二、第三、第四被申请人向申请人共同支付股权回购价款即出资额本金 3000 万元和利息 1500 万元(其中,出资额本金 2000 万元的利息自 2012 年 8 月 6 日起计算至 2017 年 8 月 5 日止合计 5 年,按照年利率 10%计算利息总计 1000 万元;出资额本金 1000 万元的利息自 2012 年 9 月 10 日起计算至 2017 年 9 月 9 日止合计 5 年,按照年利率 10%计算利息总计 500 万元),本息总计 4500 万元。从 2017 年 8 月 6 日和 2017 年 9 月 10 日起,以出资额本金 2000 万元和 1000 万元为基数,分别按照年利率 10%继续计算利息至实际支付回购价款完毕之日止。

2. 第二、第三、第四被申请人向申请人共同支付迟延付款违约金 990 万元,自 2016 年 12 月 26 日至 2017 年 8 月 5 日止,共计 220 天。以投资金额本金 3000 万元为基数,按照协议约定的每日 3‰的标准计算为 1980 万元,现申请人减半主张该项请求。

3. 第二、第三、第四被申请人向申请人共同支付因追偿损失而实际支付的律师费 66 万元。

4. 第一被申请人对上述第 1、2、3 项仲裁请求承担连带给付责任。

5. 本案的案件立案费、案件仲裁费、财产保全费、保险费、差旅费和其他实际发生的费用等,均由第二、第三、第四被申请人共同负担。

## 二、当事人主张

### (一)申请人主张

1.《增资协议》与《补充协议》具有法律效力。两份协议是股权投资实践中的"对赌协议",是当事人意思自治的结果。《补充协议》关于股权回购事项的约定没有损害公司、原股东及其他债权人的利益,且与《公司法》不矛盾。《公司法》作为股东意思自治的商法,其性质为管理性规范,而非效力性规范。投资人与目标公司、原股东签订对赌协议的,仲裁庭应尊重、支持并保护股权回购这一新型投融资方式。

2.《增资协议》与借款协议是两种目的和性质完全不同的协议,《增资协议》不是企业借贷。

3. 股权回购的主体及方式约定明确具体,被申请人应依约履行承诺。《补充协议》明确约定,回购主体为目标公司与原股东,并且申请人有权选择股权回购价格较高者。被申请人请求延缓启动股权回购程序,多次推迟上市时间,应视为对回购股权的再次认可和违约,并应承担违约责任。2016 年 10 月 25 日,申请人按约定以书面形式正式通知被申请人,在接函后的 2 个月内全额支付投资款,否则承担日 3‰的违约金。后目标公司及原股东共同承诺发出《关于回购 A 企业全部股权投资款项的计划安排》,因此,申请人诉求目标公司及原股东共同连带向申请人承担股权回购义务,支付协议约定的本息及违约金,赔偿实际损失,是有充分理由和依据的。

4. 申请人请求被申请人给付逾期付款违约金,是基于《补充协议》的明确约定、计算方式及数额。本案诉争的法律关系是股权投资纠纷,而不是民间借贷纠纷。在不损害国家利益、社会利益的情况下,不宜对各方的理性选择进行干预和调整。违约金就其性质和属性来讲,除具有补偿功能外,更主要的是体现对违约方的惩罚性。

5. 申请人请求被申请人赔偿其为追偿债务而实际发生的相关费用,符合《增资协议》的约定和《仲裁规则》的规定。

(二) 被申请人主张

1. 申请人与被申请人签订的《补充协议》无效,与《公司法》(如第 20 条、第 35 条)、《合同法》等法律法规及司法解释相矛盾,违背了我国公司制度的基本原则。

2. 申请人要求被申请人支付股权回购价款和利息没有事实和法律依据,违背了《联营合同纠纷解答》第 4 条第(二)项的规定,应予驳回。申请人与被申请人所签订的协议是股权投资法律关系,而利息是基于借贷关系产生的,所以申请人要求的利息不符合双方所签订协议的法律关系,不应得到仲裁庭的支持。

3. 申请人诉请第一被申请人对其仲裁请求承担连带给付责任没有事实依据和法律依据,违背《公司法》的规定且没有相关协议约定。

4. 申请人要求被申请人支付迟延付款违约金没有法律依据,且违约金远超出同期同类银行贷款利息,也超出了申请人的实际损失,不应得到仲裁庭的支持。

## 三、仲裁庭认定的事实

1. 2012 年 7 月 5 日,申请人与被申请人签订了《增资协议》和《补充协议》。2012 年 8 月 6 日,申请人支付了第一笔出资 818 万元和第二笔出资 1182 万元;2012 年 9 月 10 日,申请人支付了第三笔出资 1000 万元,至此申请人支付了全部的出资 3000 万元,在随后 30 天内双方完成了股权变更登记手续。

2. 2012 年度经审计,第一被申请人的税前利润低于 3000 万元。2013 年度经审计,第一被申请人的税前利润低于 4500 万元,未达成《补充协议》第 1.3 条、第 1.4 条约定的公司经营目标。后按照业绩对赌条款,申请人持有的公司股权比例由 10.7124% 调整到 12.333%。

3. 2015 年 12 月 20 日,被申请人向申请人发出《关于申请延缓启动对赌条款的函》,承诺说明暂定股改基准日在 2016 年 3 月底,并请求申请人同意暂时延缓启动有关 IPO 的对赌条款至 2016 年 6 月 30 日。

4. 2015 年 12 月 28 日,申请人向被申请人发出《〈关于申请延缓启动对赌条款的函〉复函》,同意将有关 IPO 的对赌条款启动时间延缓至 2016 年 6 月 30 日,但是保留延缓期间内请求回购股权的权利。

5. 2016 年 3 月 8 日,被申请人向申请人发出《关于 B 公司上市挂牌工作的承诺函》,郑重承诺:2016 年 9 月 30 日是股改基准日,完不成即启动回购;2016 年 12 月 31 日前提交全部 IPO 材料进行审批,完不成即刻以现金方式向申请人支付全部回购投资款。

6. 2016 年 10 月 25 日,申请人向被申请人发出《关于回购 A 企业全部股权的函》,要求被申请人启动回购并兑现全部承诺。

7. 2016 年 12 月 14 日,被申请人发出《关于回购 A 企业全部股权投资款项的计划安排》,说明了己方的回购计划,该方案实现时间截止至 2017 年 6 月 30 日。

8. 2016 年 12 月 15 日,被申请人发出《B 公司原股东承诺函》,承诺申请人所持股权不被稀释。

9. 2017 年 1 月 17 日,申请人向被申请人发出《关于〈关于回购 A 企业全部股权投资款项的计划安排〉的复函》,同意接受被申请人的回购计划,交割时间为 2017 年 6 月 30 日前,声明超出回购对价的溢价部分属于申请人所有,要求参与第一被申请人的财务管理,并要求被申请人提供保障措施。

10. 2017 年 6 月 1 日,申请人发出《关于回购 A 企业全部股权投资款的通知》,再次要求被申请人履行回购计划安排。

## 四、仲裁庭意见

(一)关于本案合同与交易的关系和定性

结合上述合同文本的约定,同时结合本案合同对应交易的庭审、证据所反映的事实,对合同签订及各方在履行合同中的意思表示的考察,仲裁庭认为,本案的两份合同系同日签订的合同,在两份合同签订之后,《增资协议》项下的申请人义务开始履行,并且在申请人明确了交易条件下的具体选择之后,被申请人继续以明确的意思表示对申请人的主张予以确认。

本案两份合同所对应的交易系属同一交易,实为申请人对第一被申请人增资,同时以净利润的业绩目标和 IPO 目标的实现作为投资估值调整依据的一次股权投资。业绩保障条款和股权回购条款为我国当下股权投资交易中常见的附条件融资条款,即通常所谓的"对赌条款"。这是在实践中得到广泛运用的公司融资方式。上述股权融资方式,各方在签订合同时明确约定了整个交易结构、方式、步骤、条件等,各方对其中的权利义务是知悉、清楚的,并且在此后的合同履行过程中并无异议,而是依据合同约定的交易框架进行调整。因此,仲裁庭认为,本案项下的两份合同所对应的是同一交易,无论是文本还是实际履行过程都表明了这一事实。

同时,依据本案合同项下的整体交易,在不同的履行阶段交易履行的方式有所调整。在《补充协议》中本案交易的不同方式,体现在第 1 条和第 2 条之中。其中,对本案争议具有重要意义的选择约定是:申请人可以选择与股东对赌,也可以选择与公司对赌;可以选择部分回购或者维持公司持股比例,也可以选择完全回购,退还投资款。当本案合同约定的回购条件出现时,申请人在依据《补充协议》第2.1条的约定作出具体选择之后,被申请人仍然以自己积极、明确的意思表示提供了不同的选择方案,包括公司或者股东的回购,或者新股东的引进。

上述附条件、附选择的合同约定,存在多种交易走向,系属各方当事人的意思表示,应予尊重。同样,上述多种走向和选择的交易安排,直至提起仲裁之后,申请人通过仲裁请求确定了交易安排。基于本案合同约定以及各方当事人在本案合同履行中的意思表示,申请人在本案合同项下的核心诉请,系股东与股东之间就附条件股权回购在符合合同约定条件时的实际履行,同时由公司对上述履行承担保证责任。

(二)关于本案合同约定交易的效力

本案的核心争议是《补充协议》中的股权回购条款的合法性问题。仲裁庭分析如下:

被申请人主张本案合同无效,提出了多项理由,分别是:第一,约定的对赌条款损害公司利益,违背了资本维持、确定、不变的原则,同时违背了同股同权原则;第二,违反了《公司法》第35条"股东不得抽逃出资"的规定;第三,对赌条款的履行损害公司其他股东的权利,违反了《公司法》第20条股东"不得滥用股东权利损害公司或者其他股东的利益"的规定;第四,违反了最高人民法院《联营合同纠纷解答》第4条第(二)项"明为联营,实为借贷"的规定。申请人则主张本案合同属于双方当事人的真实意思表示,合法有效。

仲裁庭注意到,本案合同项下各方当事人的约定,包含了不同的交易结构,其中有许多不同的选择,交易走向取决于当事人的后续选择。本案中,仲裁庭认为,结合双方的主张和抗辩,该交易结构固定为股东与股东之间的"对赌",由公司对此承担保证责任,尽管本案合同约定中也存在着其他不同的交易结构,包括公司通过回购方式来承担"对赌"的不利后果,也包括不采用回购方式,不涉及股权转让的交易结构。因此,仲裁庭认为,应当主要根据通过各方意思表示确定的交易结构对本案合同的约定是否构成对法律或者行政法规的违反予以判断。

1. "资本维持"问题

被申请人主张对赌条款损害公司利益,违背资本维持、确定、不变的原则,同时违背同股同权原则的主张,仲裁庭认为这些主张系因对《公司法》原则的理解不当产生的。首先,资本维持、确定、不变原则是公司法学理上总结的法律原则,这些原则除本身在法律规则之中并无明确表述之外,其具体指向具有多种含义,所统率的具体规则范围、内容并不明确。同时作为一个原则,在具体的情形下总是存在着例外,资本维持原则存在着《公司法》第九章的增资、减资规则,以及诸如第74条、第142条等例外规则。因此,将学理性的一般原则应用到一个具体案件之中,并且以此来否定一个各方在签订和履行之中并无异议的合同效力是不妥当的。本案仍然应当依据《合同法》第52条第(五)项"违反法律、行政法规的强制性规定"作出判断。

同时,我国《公司法》目前仍然坚持"一股一权""同股同权"的规定,但是被申请人认为申请人通过合同约定请求股东或者公司回购股权属于对这一规定的违反,则是对"一股一权""同股同权"的错误理解。这两项原则同样是法律原则,也存在例外规则,比如《公司法》第34条、第105条的规定,并且这两项原则的含义是指作为公司的股东应当在基本权利上是平等甚至相同的。本案合同中的约定,并未限制或者扩大申请人在作为公司股东时的权利范围,或者提高/降低其作为股东在持有股权时所享有的待遇。本案合同仅仅约定了申请人在条件出现并达到约定情形下的退出权利,这符合《公司法》第71条的规定,如果扩大范围考察约定的多种交易可能,也并无违反法律规则之处。因此,仲裁庭认为被申请人的此种抗辩并不符合对《公司法》的理解。

2. "抽逃出资"问题

对于被申请人提出的本案合同违反《公司法》(2013年修正)第35条"股东不得抽逃出资"的规定,仲裁庭认为被申请人仍对该法律规则和本案合同中约定的交易结构的理解有误。首先,如前所述,申请人在本案合同中约定的多种交易可能下,仲裁中的请求属于要求原股东对申请人的股权支付回购款,并不涉及公司注册资本的减少。其次,即便按照被申请人的意思扩大范围解释,对可能存在的公司回购股权交易是否违反《公司法》第35条的规定进行考察,也属于对抽逃出资的错误理解。这是因为:第一,即便公司支付回购款项,并不意味着公司注册资本的减少;第二,公司可以将该股权转让给其他人;第三,如果导致注册资本的降低,公司应当及时履行减资义务。因此,本案合同文本中约定的可能交易,仅仅是股权回购或者公司减资的情形,而不属于抽逃出资,只有公司没有履行相应的义务,导致公司注册资本与实际缴纳出资不实,才属于抽逃出资。最后,如果按照公司对原股东的支付回购款项履行承担相应的保证责任来理解,这和公司在日常运营中对外承担保证责任而支出公司资源并无本质不同,也并无法律规则予以明确限制。因此,仲裁庭并不能认可被申请人的这一抗辩理由。

3. "股东滥用权利"问题

对于被申请人所提出对赌条款的履行损害公司其他股东的权利,违背了《公司法》第20条规定的股东"……不得滥用股东权利损害公司或者其他股东的利益"的主张,仲裁庭认为被申请人的主张对第20条的理解不当,同时也缺乏事实依据。《公司法》第20条第1款的表述,应为"公司股东应当遵守法律、行政法规和公司章程,依法行使股东权利,不得滥用股东权利损害公司或者其他股东的利益",该规定实际上对应的是股东在公司的地位平等,是指股东在行使公司股权的时候,不得滥用股东权利损害公司或者其他股东的利益,既不是本案合同项下的交易结构中的股东与股东的关系,也不是本案合同文本中约定的可能交易下的退出公司的情形。而本案合同项下的交易,属于股东在出现规定条件下退出公司的情形,而非在公司内行使股权的情形。同时,仲裁庭注意到,此次《增资协议》与《补充协议》中约定的交易结构,是在全体公司股东一致参与协商并达成一致合意、自愿放弃优先购买权、自愿达成为公司融资的协议目的承担风险的情况下建立的,且被申请人并未提出任何有关其他股东因此利益受到损害的证据。因此,仲裁庭不能认可被申请人的上述抗辩理由。

4. "名为联营,实为借贷"问题

对于被申请人提出的违反《联营合同纠纷解答》第4条第(二)项"名为联营,实为借贷"的规定,仲裁庭认为被申请人属于对本案合同项下交易的错误定性。首先,本案合同项下的交易,属于公司向新入股东进行融资的交易,属于公司与股东、股东与股东之间的交易,并不属于"联营合同",联营合同是独立主体之间的松散型联营,而公司是一个明确的实体,各方的权利根据公司章程确定;其次,本案合同中的约定条件是公司上市,如果按照被申请人提出的将本案合同项下的交易理解为联营的话,那么公司上市的条件从一开始就不可能实现;最后,参照我国的司法实践,最高人民法院在涉及对赌的"海富案"中,明确确认对赌协议并不属于"名为联营,实为借贷"。

同时,仲裁庭注意到,被申请人不允许公司回购股权即《补充协议》无效的理由如果成立,在本案情形下,会产生全体股东明知而故意签订无效合同的情形,或者会出现多数决的效力推翻全体一致意思表示的情形,这在逻辑上是不能自洽的。不仅如此,本案中的两份合同于同日签署,对应同一交易,如果违反了法律或者行政法规的规定而导致无效,被申请人并未提出合同无效应当如何承担责任的主张,而提出增资有效、对赌无效的观点,漠视了合同履行中的各方当事人的意思表示。

仲裁庭同时认为,在公司投融资的商事实践中,各方缔结协议时往往基于自身的商业判断,在不违反真实意思自治的前提下,商事交易应当允许当事人对于风险负担作出约定,尊重交易习惯、商业实践和当事人之间的意思自治与交易安排。具体到本案合同的履行,被申请人与申请人之间已经就第一被申请人未能实现2012年度、2013年度的业绩目标而履行了业绩保障条款,进行了相应的股权调整。在后续的函件往来中,被申请人也一直承诺在未实现IPO目标的情形下履行股权回购条款,虽然在庭审中提出其曾向申请人提出过异议主张或说明,但被申请人并未就此举证证明。上述情况说明,在交易和合同履行实践中,被申请人对双方交易计划及"对赌条款"的正当性、有效性予以认可,被申请人不能因未能实现IPO,为逃避责任,而在本案中一概否认自己过去在交易中始终贯彻的真实意思。

综上所述,仲裁庭认为,申请人及被申请人签署的《增资协议》《补充协议》的相关对赌条款合法有效,应当予以尊重,并应当成为确定双方权利义务以及本案仲裁请求是否应当得到支持的判断依据。

(三) 关于申请人的实际损失与违约金的计算

仲裁庭认为,根据《补充协议》的约定及后续承诺函件,被申请人认可了支付按年利率10%计算的利息,故从合同的约定及后续承诺来看,当事人间对利息的理解并不存在异议。

申请人与被申请人之间的此次交易并不属于民间借贷。民间借贷协议最为核心的特征是有关还款期限及借款人到期须还本付息义务的条款,而在本案所涉的增资交易中,如前所述,是投资人与被投资目标公司及其股东就目标公司未来发展的不确定因素共同承担风险,公司获得融资,投资方获取公司发展的收益或公司未达成经营目标时的取回投资款与补偿的股权投资,双方旨在达成合作共赢的目的,未来是否还本付息是完全不确定的,不符合民间借贷交易的核心特征。

对于被申请人提出的违约金过高的主张。仲裁庭注意到申请人的主张系依据合同约定提出,属于被申请人未履行付款义务所产生的逾期违约金。同时,仲裁庭注意到,申请人未提交相关证据证明自己的损失。因此,仲裁庭确认,根据《合同法》第 114 条第 2 款,同时考虑到《合同法解释(二)》第 29 条的规定,依据公平原则,应将逾期付款违约金的利率标准酌情调整为日万分之五。

(四)关于第一被申请人是否应承担连带责任

仲裁庭认为:

第一,根据《增资协议》及《补充协议》的约定,缔约主体包含了第一被申请人及其全部原股东。具体约定中,《增资协议》第 8 条"原股东承诺及保证"、附件三"投资完成后义务"、附件四"原股东和标的公司的陈述、保证及承诺"及《补充协议》第 1 条"业绩保障"中"1.1 原股东和标的公司共同承诺,公司应实现以下经营目标"和第 2 条"股权回购"中"2.1 当出现以下情况时,投资方有权要求标的公司和/或原股东回购投资方所持有的全部公司股权"中的义务与承诺主体都是"原股东"与"公司",仲裁庭认为,根据合同约定,支付股权投资价款及利息是原股东和公司的共同义务,同时,依据双方在庭审中均确认的文义解释,其中的"和/或"的表述,表明申请人既可以选择向任何一方或者几方主体主张,也可以一并向所有主体主张,因此,这一表述本质上和连带责任的承担方式是一样的。

第二,在后续往来的函件中,《关于回购 A 企业全部股权投资款项的计划安排》中有"为此,B 公司及原股东本着契约精神,决定履行《增资协议》《补充协议》《承诺函》及 2015 年股东会会议精神⋯⋯""为解决 A 企业全部投资款回购问题,B 公司及原股东通过以下方式解决股权回购事宜""以上为B 公司及原股东回购计划与工作安排"等表述,仲裁庭据此认为,被申请人再次承诺了原协议中公司和原股东的共同承诺事项。结合其他交易状况与双方的履行、认知状况,仲裁庭确认,申请人与被申请人在仲裁前对 B 公司及其原股东共同承担股权回购支付价款的责任达成合意,第一被申请人及原股东对此承担共同责任。

同时,仲裁庭认为,除合同的文义解释构成了被申请人共同向申请人承担责任外,依据《担保法》第 19 条的规定,"当事人对保证方式没有约定或者约定不明确的,按照连带责任保证承担保证责任",仲裁庭认为第一被申请人应当承担连带责任。

## 五、裁决结果

1. 第二、第三、第四被申请人向申请人共同支付股权回购价款即出资额本金 3000 万元和利息 1500 万元(其中,出资额本金 2000 万元的利息自 2012 年 8 月 6 日起计算至 2017 年 8 月 5 日止合计 5 年,按照年利率 10% 计算利息总计 1000 万元;出资额本金 1000 万元的利息自 2012 年 9 月 10 日起计算至 2017 年 9 月 9 日止合计 5 年,按照年利率 10% 计算利息总计 500 万元),本息总计 4500 万元。

第二、第三、第四被申请人应以本金 2000 万元为基数,依年利率 10% 的标准,向申请人共同支付自 2017 年 8 月 6 日起至实际支付回购价款完毕之日止的利息。

第二、第三、第四被申请人应以本金 1000 万元为基数,依年利率 10% 的标准,向申请人共同支付自 2017 年 9 月 10 日起至实际支付回购价款完毕之日止的利息。

2. 第二、第三、第四被申请人以本金 3000 万元为基数,依日万分之五的利率标准,向申请人共同支付自 2016 年 12 月 26 日起至 2017 年 8 月 5 日止的迟延付款违约金。

3. 第二、第三、第四被申请人向申请人共同支付因追偿损失而实际支付的律师服务费。

4. 第一被申请人对上述第 1、2、3 项裁决承担连带给付责任。

5. 第二、第三、第四被申请人向申请人共同支付保全费用、差旅费用。

6. 本案仲裁费由第二、第三、第四被申请人共同承担。

7. 驳回申请人的其他仲裁请求。

## 六、评析

本案例是讨论投资人与目标公司及其股东之间对赌协议的典型案例,其中最值得关注的是对赌协议的效力问题。

## (一)"对赌协议"的概念

对赌协议,存在多种不同的解释。① 从对赌协议作为估值调整机制的实质来看,对赌协议是一种人为设计的交易结构,目的是保证在双方对估值无法达成一致时能够将交易进行下去。判断股权价值,依赖于很多信息;而交易双方能否在价格上达成一致,又取决于各种因素,但其中较核心的一个因素是对公司未来收入或利润的判断,因为这是影响公司股权未来价值最重要的因素之一。为了克服双方因信息不足而无法达成交易的困难,标准的对赌协议一般会约定企业在一个固定期限内要达成的经营目标,在该期限内如果企业不能完成该经营目标,则对赌协议的一方应当向另一方进行支付或者补偿。总之,对赌协议的贡献在于将交易双方不能达成一致的不确定性事件暂时搁置,留待该不确定性消失后双方再重新结算。②

"对赌协议"在我国实践中主要有三种场景:一是 PE/VC 过程中的对赌;二是上市公司重大资产重组交易中的业绩补偿;三是中国企业并购海外标的时或有对价(earnout)的安排。其中,PE/VC 语境下的对赌引发了最持久的法律争议。③

《九民纪要》明确,对赌协议是指投资方与融资方在达成股权性融资协议时,为解决交易双方对目标公司未来发展的不确定性、信息不对称以及代理成本而设计的包含了股权回购、金钱补偿等对未来目标公司的估值进行调整的协议。《九民纪要》之下的"对赌"规则,主要针对的是 PE/VC 对赌引发的问题。实践中的对赌协议主要涉及股权回购或者金钱补偿两类约定;从对赌主体来看,对赌协议可分为与公司对赌、与股东对赌、同时与公司和股东对赌等类型。本案是股东与股东之间的对赌,而公司对回购义务的履行承担保证责任的情形。

---

① 参见刘燕:《对赌协议与公司法资本管制:美国实践及其启示》,载《环球法律评论》2016年第3期。
② 参见彭冰:《对赌协议:未来不确定性的合同解决》,载《中国社会科学报》2012年11月28日,第 A07 版。
③ 参见刘燕:《"对赌协议"的裁判路径及政策选择——基于 PE/VC 与公司对赌场景的分析》,载《法学研究》2020年第2期。

## (二) 本案就"对赌协议"的重大争议的回应

在我国司法实践中,就股东与股东之间的对赌,属于价格调整,为股东意思自治的结果,一般认定为有效;但就股东与目标公司间的对赌,因为涉及回购问题,存在较大争议。无效论者多从投资方通过对赌条款将取得脱离企业经营业绩的固定收益,损害公司、其他股东或者债权人利益,违反公司法的强制性规范,否认对赌条款的有效性。[①] 肯定论者则认为,股东与公司对赌也属于当事人意思自治的范畴,在不违反法律强制性规定、不损害他人利益的情况下,当事人有完全的自由设计、规划自己的行为和与他人的关系。[②]

如何处理投资者与公司之间的对赌协议,本质上是一个如何处理股债关系的问题。与收购其他公司股权不同,公司购买自己的股权并不能为自己带来任何有助于实现债权人利益的真实财产价值,故长期以来,各国对公司购买自己股权的行为均持严格禁止的态度。随着对公司制度理解的加深,人们逐渐认识到,回购自身股权是公司用以调整股本结构的手段之一,对此一概加以禁止并不妥当。[③] 关键是如何在保护债权人与其他股东利益的基础上,完成股权回购安排。换言之,股权回购与资本维持之间,并非完全对立。从当事人意思自治的角度出发,投资人与目标公司之间在特定条件下返还出资的合意,更多是一种双方意思自治的范畴,应依据《合同法》(《民法典》合同编)的相关规定来判断对赌协议的有效性,而不是依据裁判者自己对合同种类的定性或者当事人对合同名称的选择,直接否定对赌协议的效力。[④]

如前所述,本案仲裁庭认为,申请人与被申请人达成的合意,系股东与股东之间就附条件股权回购在符合合同约定条件时的实际履行,同时由公司对上述履行承担保证责任;进一步提出,应当主要根据通过各方意思表示确定的交易结构对本案合同的约定是否构成对法律或者行政法规的违反予以判断。这体现了将对赌协议视为当事人之间的无名合同,再根据影响合同效力的强制性规定判断合同效力的观念,而并不仅仅根据对赌主体为公司即否认对赌

---

① 参见罗东川、杨兴业:《"对赌协议"纠纷的法律规制及裁判规则》,载《人民司法》2014年第10期。在"海富案"中,最高人民法院认为投资人要求公司给予补偿的约定损害了公司利益和公司债权人的利益。虽然对于这类约定是如何给债权人利益造成损害的,法院并未言明。
② 参见彭冰:《"对赌协议"第一案分析》,载《北京仲裁》2012年第3期。
③ 参见许德风:《公司融资语境下股与债的界分》,载《法学研究》2019年第2期。
④ 参见彭冰:《"对赌协议"第一案分析》,载《北京仲裁》2012年第3期。

协议的效力。《九民纪要》第 5 条第 1 款规定:"投资方与目标公司订立的'对赌协议'在不存在法定无效事由的情况下,目标公司仅以存在股权回购或者金钱补偿约定为由,主张'对赌协议'无效的,人民法院不予支持……"可见,本案仲裁庭就对赌协议有效与否,应当根据各方合意是否违反强制性规定,而非对赌主体来判断的观点,与现阶段司法实践的通行观点保持一致。

对于被申请人主张约定的对赌条款损害公司利益,违背资本维持、确定、不变的原则,同时违背同股同权原则的主张,仲裁庭指出此种观点系对公司法原则的误读。两个原则之外都存在较多例外。前者是学理性的一般原则,不宜直接用于否认合同效力;而后者强调股东基本权利的平等,不适用于股东退出公司时的情形。应当肯定仲裁庭的说理,即资本维持、确定、不变的原则,本身是模糊不定的;根据模糊不定的学理性原则,直接否定合同的效力,其正当性是不足的。

对于被申请人提出的本案合同违反《公司法》"股东不得抽逃出资"的规定之主张,仲裁庭指明了此种理解系对法律规则与交易结构的误读。核心的论点是公司回购股权,不等于公司注册资本的减少,也不等于股东抽逃出资。在这一点上,仲裁庭提出的三段论是极有力的:"第一,即便公司支付回购款项,并不意味着公司注册资本的减少;第二,公司可以将该股权转让给其他人;第三,如果导致注册资本的降低,公司应当及时履行减资义务。"对此,《九民纪要》第 5 条第 2 款规定:"投资方请求目标公司回购股权的,人民法院应当依据《公司法》第 35 条关于'股东不得抽逃出资'或者第 142 条关于股份回购的强制性规定进行审查。经审查,目标公司未完成减资程序的,人民法院应当驳回其诉讼请求。"换言之,即便导致注册资本的降低,只要公司完成了减资程序,即实现了对债权人的保护,裁判者就应支持投资方请求目标公司回购股权的申请。可见,本案仲裁庭的观点已得到最高人民法院的认可,且司法实践对于对赌协议或对赌条款的态度也将越来越开放。

对于被申请人提出的"名为联营,实为借贷"的主张,仲裁庭也说明了本案交易属于公司与股东、股东与股东之间的交易,与松散的联营相区别的本质;以及此种理解与业绩条款的相互矛盾。对于被申请人所提出对赌条款的履行损害公司其他股东的权利之主张,仲裁庭也明确指出此种理解属于对《公司法》的误读,即《公司法》第 20 条针对的是股东行使公司股权,而非本案中股东与股东之间的、股东在特定条件下退出公司的情形。

对于被申请人主张对赌条款无效的种种理由,仲裁庭进行了总结回应,即若认定无效理由成立,会产生全体股东明知而故意签订无效合同的情形,或者会出现多数决的效力推翻全体一致意思表示的情形。本案合同约定的交易结构,是在全体股东一致参与协商并达成一致合意、自愿放弃优先购买权、自愿为公司融资而承担风险的情况下建立的。强调对赌协议更多是等价的商业交易,并未损害公司股东的利益。从意思自治的角度出发,在不违反真实意思表示的前提下,商事交易各方基于商业判断,完全享有对风险负担作出特别安排的自由。本案缔约和履行过程中,双方对交易安排的正当性、有效性均予以认可,所以仲裁庭不支持被申请人为逃避责任而事后反悔、否认过去的真实意思的主张。这体现出本案仲裁庭对意思自治、诚实信用原则的尊重。而在公司法上,若认定先前公司股东一致同意的对赌协议,会因事后部分股东的异议而无效,就会产生多数决推翻一致决的结论,而这是对《公司法》更直接的挑战。

(本案例由北京大学法学院硕士研究生陈纯编撰)

## 案例7　目标公司为股东对赌提供担保真实意思表示的认定

**仲裁要点**：目标公司为对赌提供担保是否有效是一个实务中存有较大争议的问题。仲裁庭认为，认定目标公司对赌担保条款的效力，核心在于判断担保条款是否符合目标公司的真实意思，应采纳实质重于形式的原则进行考量。在持有目标公司100%股权的原股东与投资人约定目标公司为对赌失败时原股东的股权回购义务承担连带保证责任的情况下，即使目标公司未就上述担保作出股东会决定，在不存在违反法律、行政法规强制性规定等可能导致担保条款无效的前提下，应当认定该担保约定是公司的真实意思表示，合法有效。

### 一、案情概要

2015年6月15日，A合伙企业（第一申请人）、B合伙企业（第二申请人）、C公司（第三申请人，以下与第一、第二申请人合称"申请人"）与自然人D、E、F、G、H（分别为第一至第五被申请人）、目标公司I公司（第六被申请人，以下与第一至第五被申请人合称"被申请人"）签订了《增资协议》，约定申请人以增资方式投资第六被申请人，第六被申请人新增注册资本125万元由申请人认缴，认缴价格总计为665万元，合计持有第六被申请人20%的股权。其中第一申请人以投资400万元的价格获得第六被申请人12.03%的股权，第二申请人以投资200万元的价格获得第六被申请人6.02%的股权，第三申请人以投资65万元的价格获得第六被申请人1.95%的股权。

同日，申请人与被申请人签署了《补充协议》。《补充协议》约定：当出现以下情况之一时，申请人有权要求第一至第五被申请人回购申请人所持有的全部公司股权；目标公司非因申请人原因未能在2019年12月31日前实现首次公开发行股票并上市（以取得证券监管部门核发的关于核准目标公司公开发行股票并上市的批复文件为准），该等原因包括但不限于目标公司因经营业绩而不具备上市条件，或由于目标公司历史沿革方面的不规范未能实现上市目标，或由于股东或管理层有重大过错、经营失误等原因造成目标公司无法上市等。

各方约定股权回购价格为申请人全部投资额加上自实际缴纳出资日起至第一至第五被申请人实际支付回购价款之日止按年利率10%计算的利息。若第一至第五被申请人违反本协议约定，未按期向申请人支付股权回购价款的，每逾期一天，第一至第五被申请人应按逾期金额的1‰向申请人支付违约金。第六被申请人对于第一至第五被申请人于本协议项下向申请人支付股权回购价款的义务承担连带保证责任。

2015年7月27日，第一申请人完成400万元的出资义务；2015年6月24日，第二申请人完成200万元的出资义务；2015年8月19日，第三申请人完成65万元的出资义务。2016年4月18日，因以增资方式引入新股东，第一申请人持有的第六被申请人的股权比例从12.03%被稀释至11.3507%，第二申请人持有的第六被申请人的股权比例从6.02%被稀释至5.6746%，第三申请人持有的第六被申请人的股权比例从1.95%被稀释至1.8397%。

申请人出资完成之后，目标公司即第六被申请人的实际经营未能按预期发展，第六被申请人的创始团队和研发团队人员陆续离开，目标公司业绩亏损。对此，目标公司的实际控制人于2018年5月至7月期间多次明确告知申请人，且安排对目标公司予以注销处理，申请人投资目的无法实现，已实质触发了《补充协议》中约定的回购条款。

2018年8月2日，申请人要求第一至第五被申请人履行回购义务，然第一至第五被申请人在履行期限内拒绝履行回购义务，申请人认为其行为违反合同约定，应当按照《补充协议》的约定承担违约责任，第六被申请人应当对前述第一至第五被申请人的回购义务承担连带保证责任。

申请人于2018年10月22日向深圳国际仲裁院申请仲裁，请求裁决第一、第二、第三、第四、第五被申请人连带向申请人回购其所持有第六被申请人相应比例的股权并支付回购款、支付逾期付款违约金和费用，第六被申请人承担连带偿还责任。

## 二、当事人主张

### (一) 申请人主张

2018年5月10日,第一被申请人向申请人发送邮件,明确表示因目标公司的创始团队和研发团队人员陆续离开,目标公司无法按照预期发展,提议召开股东会要求对第六被申请人予以注销处理。庭审中第一被申请人亦承认第六被申请人已经不再开展任何业务,不可能在2019年12月31日前完成上市。故第一至第五被申请人实际上已经以自己的行为明确表示不履行合同义务,目标公司实际上也无法在履行期限届满之前完成上市任务,申请人要求第一至第五被申请人回购其持有的目标公司股权并支付回购款的条件已经提前成就。

### (二) 第一被申请人主张

1. 《补充协议》约定回购触发时间是2019年12月31日,截至庭审之日尚未到回购触发时间,回购条件不成就。

2. 《增资协议》及《补充协议》因不可抗力无法实现合同目的,应予以解除。在申请人的主导和运营下,目标公司才获得X市发改委对"Y项目"的批复,实施该项目是涉案《增资协议》与《补充协议》的合同目的。在Y项目建设中期,《证券期货投资者适当性管理办法》(以下简称《办法》)于2016年12月正式发布。根据《办法》的规定,目标公司不再具备承建Y项目的相关资质。X市发改委经过反复考察与认证,最终在2019年1月16日向目标公司出具官方的终止文件,证明受《办法》的影响,目标公司的Y项目在建设期内已经不再具备项目承建相关资质。因此,涉案协议由于不可抗力的原因无法继续履行,合同目的无法实现。这也属于涉案协议约定的解除情形之一,同时也是《合同法》规定的法定解除情形之一。第一被申请人于2019年1月16日收到X市发改委发出的《关于终止Y项目的通知》后,及时向申请人发送了解除合同的正式通知,第一至第五被申请人的回购义务依法应予免除。

3. 回购条件未成就的原因是申请人的过错。回购条款自始属于第一被申请人无法履行的条款。目标公司的实际控制人为申请人,第一被申请人被剥夺了目标公司所有经营权,没有能力通过经营目标公司提升业绩。而回购条件包括业绩及上市对赌、股权并购等,都必须要以第一被申请人拥有目标公司的经营决策权为基本前提。在前提不存在的情况下,对赌回购条款自始无法履行。申请人作为专业投资人,在具有实际控制人权利的情况下,未协助目标公司管理层积极完善管理,甚至在《办法》出台后,投资了目标公司的主要竞争对手以降低风险,同时严重干扰和破坏了第一被申请人为适应《办法》和履行协议而做的积极努力,迫使第一被申请人只能向申请人要求将目标公司注销。上述情形属于《合同法》第45条第2款"当事人为自己的利益不正当地阻止条件成就的,视为条件已成就;不正当地促成条件成就的,视为条件不成就"规定之情形。

4. 回购条款显失公平。《补充协议》约定申请人仅出资而不承担经营风险、索取固定回报的回购条款,明显是显失公平的。

(三)第二被申请人主张

由于申请人投资的P2P项目"爆雷",第六被申请人股东及员工受到很多社会公众的骚扰、指责。目标公司声誉与业务受到很大影响,人员流失严重。目标公司对外开展业务时也被人指摘股东涉嫌参与P2P诈骗。同时,金融机构(包括银行、券商、机构投资者等)合作时会对公司股东背景进行审查,申请人投资项目涉嫌诈骗案,严重影响了目标公司后续业务的开展。由于上述原因,第六被申请人在2018年陷入困境而无法达到上市条件,申请人因其外部投资项目"爆雷"而负有不可推卸的责任。因此被申请人应当免予回购的义务。

(四)第三被申请人主张

第三被申请人于2016年7月27日将所持有的第六被申请人股权转让给第一被申请人,该事项申请人与目标公司其他股东均知晓且未提出异议。股权转让完成后第三被申请人基于原股东身份的回购条款也就失去法律效力。

(五)第四被申请人主张

第四被申请人已将股权转让给第一被申请人,第四被申请人未参与股权转让前目标公司的经营,股权转让后,第四被申请人的权利和义务应该一并转让,已经没有回购义务。

### (六)第五被申请人主张

2015年,第六被申请人邀请第五被申请人加盟作为技术合伙人一起创业,说是天使投资,失败了不用投钱。第五被申请人基于这样被诱导的理解签署了《增资协议》及《补充协议》。根据《合同法》第54条的规定,因重大误解订立的合同,当事人一方有权请求人民法院或者仲裁机构予以变更或者撤销。第五被申请人现因为上述重大误解申请仲裁庭撤销《补充协议》的回购条款。

### (七)第六被申请人主张

第六被申请人的实际控制人是申请人。虽然涉案合同中有目标公司的盖章,但是根据《公司法》的规定,投资人与目标公司的对赌是无效的,这不属于《公司法》约定的公司可以回购自己股权的情形之一。根据《公司法》的资本维持原则,申请人投资目标公司是用于目标公司管理、运营以及业务的发展,是不得抽逃出资以及要求返还投资款的,所以第六被申请人没有回购义务。

## 三、仲裁庭认定的事实

2016年7月27日,第三被申请人与第一被申请人签订《股权转让协议书》,将其持有的第六被申请人6.0367%的股权以100元的价格转让给第一被申请人。同日,第四被申请人与第一被申请人签订《股权转让协议书》,将其持有的第六被申请人3.0184%的股权以100元的价格转让给第一被申请人。

2018年5月10日、7月22日,第一被申请人通过电子邮件告知申请人,目标公司创始团队和研发团队人员陆续离开公司,其拟对目标公司进行注销。

2018年8月2日、3日及6日,申请人分别通过电子邮件及邮政快递向被申请人发出回购通知,请求被申请人在通知发出之日起30个工作日内支付回购价款共计888.53万元。

2019年2月20日,第一、第六被申请人通过电子邮件及微信方式向申请人发送了解除《增资协议》及《补充协议》的函,主张该函到达时案涉《增资协议》《补充协议》即解除。

2015年8月,第六被申请人就Y项目向X市政府申请了2015年互联网产业扶持计划资金,并于2015年12月25日获得X市发改委批复,同意安排资助资金400万元,其中股权投资基金200万元由Z公司按照第一申请人相关投资合同或协议的约定对第六被申请人进行出资。2019年1月16日,X市发改委下达《关于终止Y项目的通知》称,鉴于第六被申请人受《办法》影响,不再具备开展Y项目批复业务相关资质,无法完成批复要求的内容,同意终止本项目。

## 四、仲裁庭意见

(一)关于《增资协议》《补充协议》的法律效力

仲裁庭认为,案涉《增资协议》《补充协议》是当事人各方的真实意思表示,未违反法律、行政法规的强制性规定,依法成立并生效,对申请人、被申请人各方均具有法律约束力。被申请人主张《增资协议》《补充协议》的订立存在欺诈、重大误解、显失公平等情形,认为依法应认定为无效或可撤销。但是,被申请人并未就其主张提供相应的证据加以证明,仲裁庭对其主张不予采纳。

(二)《补充协议》约定的回购条件是否提前成就、被申请人是否违约

1. 申请人要求被申请人在2019年12月31日期限届满之前履行回购义务,符合《补充协议》回购条款的约定及相关法律规定,并无不妥。

《补充协议》对触发回购的情况作出了明确约定。2018年5月10日、7月22日,第一被申请人通过电子邮件告知申请人,目标公司创始团队和研发团队人员陆续离开公司,拟对目标公司进行注销。另据仲裁庭庭审查明,第六被申请人整个2018年度既无利润,亦无营业收入,目前对IPO也无实质性安排和操作,目标公司在2019年12月31日前实现首次公开发行股票并上市确属无法实现。根据《合同法》第108条的规定,"当事人一方明确表示或者以自己的行为表明不履行合同义务的,对方可以在履行期限届满之前要求其承担违约责任"。仲裁庭认为,尽管协议约定的2019年12月31日期限尚

未届满,但申请人主张在 2019 年 12 月 31 日期限届满之前要求被申请人履行回购义务的做法符合《补充协议》的约定及相关法律规定,并无不妥,仲裁庭予以支持。

2. 被申请人提出的案涉《增资协议》《补充协议》履行中发生不可抗力,回购条件未成就主要是申请人的原因,被申请人不存在违约情形等抗辩理由不能成立。

(1)被申请人主张,Y 项目是案涉《增资协议》与《补充协议》的合同目的,在合同履行过程中该项目由于不可抗力的原因,即受《办法》实施影响,被申请人不再具备开展 Y 项目批复业务相关资质而导致 Y 项目被终止,案涉协议无法继续履行、合同目的无法实现。

仲裁庭认为,案涉《增资协议》《补充协议》并未明确约定两份协议的合同目的是投资 Y 项目。从《增资协议》《补充协议》的内容及其性质看,作为投资者,申请人系投资于目标公司即第六被申请人,主要合同目的是通过目标公司上市或所持股权被收购实现退出,以获得经济收益。另经核实,第六被申请人工商登记的经营范围包括软件系统技术开发、信息系统技术开发、软件产品技术开发等,并未局限于某个具体项目。被申请人主张的申请人投资目标公司的目的是以目标公司的 Y 项目申请发改委资金扶持缺乏证据支持,不能成立。因此,即使认定 Y 项目系由于不可抗力的原因——即受到《办法》实施的影响而终止,也无法认定目标公司的经营受到了不可抗力影响而无法实现《补充协议》约定的上市或并购退出的目的。本案中市场监管行为及政策的变化,并未对目标公司的正常经营及《增资协议》《补充协议》的履行构成不可抗力。

(2)被申请人主张,根据《补充协议》的约定内容,可判定申请人为目标公司的实际控制人,案涉协议签订后第一至第五被申请人作为原股东一方即被剥夺了目标公司所有经营权,回购条款自始属于被申请人无法履行的条款且显失公平,回购条件未成就的原因是申请人的过错。

仲裁庭认为,《补充协议》赋予申请人介入目标公司经营管理和经营决策的权利,包括对股东会以及董事会的一票否决权、对董事及高级管理人员的提名及任免、对股东持股变动情况及主营业务变化等所有目标公司重大经营活动的决策权等。但该等条款的存在,首先,是基于缔约各方经平等协商达成的合意,为当事人的真实意思表示,理应得到各方信守;其次,类似条款普遍见于投资机构与被投资机构达成的投资协议中,该等条款的存在本身不能视为对被申请人实际经营权的剥夺,也不必然推导出申请人滥用该等条款所赋予的权利、侵害被申请人合法权益的结论;最后,本案中,被申请人未能提供足够的证据证明申请人具有将目标公司的核心技术以及商业秘密泄露给目标公司竞争对手、申请人不当劝退目标公司的核心技术人员、申请人所投的 P2P 项目"爆雷"导致目标公司经营受到实质影响等情形的存在,故而被申请人关于合同目的或回购条件成就的原因是申请人的过错的主张无法成立。被申请人所援引的《合同法》第 45 条"当事人为自己的利益不正当地阻止条件成就的,视为条件已成就;不正当地促成条件成就的,视为条件未成就"之规定,亦因缺乏事实基础而不具有适用空间。综上所述,仲裁庭对被申请人的抗辩理由,不予支持。

仲裁庭认为,申请人关于股权回购款、逾期付款违约金、仲裁费、律师费、担保费、保全费的主张具有合同依据,仲裁庭予以支持。

### (三)第三、第四被申请人是否承担回购责任

对于第三、第四被申请人主张其已将持有的股权转让给第一被申请人,因此不再负有回购义务,仲裁庭认为,《增资协议》《补充协议》签订后,第三、第四被申请人与第一被申请人又签订了《股权转让协议书》,将所持目标公司股权转让给了第一被申请人。但是第三、第四被申请人并无证据证明申请人豁免了第三、第四被申请人在条件成就时的回购股权义务,因此其主张缺乏事实与法律依据,仲裁庭不予支持。

### (四)第六被申请人是否就支付股权回购义务承担连带保证责任

第六被申请人认为,根据《公司法》的规定,申请人与第六被申请人之间的"对赌"是无效的。仲裁庭认为,《补充协议》明确约定目标公司对第一至第五被申请人于本协议项下向申请人支付股权回购价款的义务承担连带保证责任。案涉《增资协议》《补充协议》签订时,目标公司为溢价引入新增资本,增强公司的整体经营实力和对外偿债能力,全体股东即第一至第五被申请人合计持有目标公司 100% 股权,就目标公司承担连带责任问题,因其已全部签署并同意相关协议,故足以视为具备内部决策程序。在全体股东一致同意的情形下,由公司对原股东向申请人支付股权回购价款的义务承担连带责任,这是各方基于商业判断准则的真实意思表示,未违反法律、行政法规的强制性规定,也不存在《合同法》第 52 条规定的其他合同无效的情形,应属合

法、有效。第六被申请人应对第一至第五被申请人的回购义务承担连带保证责任。

## 五、裁决结果

1. 第一、第二、第三、第四、第五被申请人连带向第一申请人回购其所持有的第六被申请人 11.3507% 的股权,支付回购价款 533.38 万元;连带向第一申请人支付逾期付款违约金,逾期付款违约金以 533.38 万元为基数,每逾期一天按照年利率 24%(折算为日利率 0.658‰)的标准计算,从 2018 年 9 月 14 日起计至全部款项付清之日止;连带向第一申请人支付律师费 119569 元、担保费 11048 元、保全费 5000 元。第六被申请人对第一、第二、第三、第四、第五被申请人履行前述支付回购价款、逾期付款违约金、律师费、担保费、保全费的义务向第一申请人承担连带保证责任。

2. 第一、第二、第三、第四、第五被申请人连带向第二申请人回购其所持有的第六被申请人 5.6746% 的股权,支付回购价款 269 万元;连带向第二申请人支付逾期付款违约金,逾期付款违约金以 269 万元为基数,每逾期一天按照年利率 24%(折算为日利率 0.658‰)的标准计算,从 2018 年 9 月 14 日起计至全部款项付清之日止;连带向第二申请人支付律师费 59784 元、担保费 5571 元。第六被申请人对第一、第二、第三、第四、第五被申请人履行前述支付回购价款、逾期付款违约金、律师费、担保费的义务向第二申请人承担连带保证责任。

3. 第一、第二、第三、第四、第五被申请人连带向第三申请人回购其所持有的第六被申请人 1.8397% 的股权,支付回购价款 86.15 万元;连带向第三申请人支付逾期付款违约金,逾期付款违约金以 86.15 万元为基数,每逾期一天按照年利率 24%(折算为日利率 0.658‰)的标准计算,从 2018 年 9 月 14 日起计至全部款项付清之日止;连带向第三申请人支付律师费 20327 元、担保费 1796.35 元。第六被申请人对第一、第二、第三、第四、第五被申请人履行前述支付回购价款、逾期付款违约金、律师费、担保费的义务向第三申请人承担连带保证责任。

4. 本案仲裁费由被申请人承担。

## 六、评析

本案涉及多个法律焦点问题,下文仅就持有目标公司100%股权的原股东在目标公司未作出股东会决议的情况下,签署《补充协议》约定目标公司为原股东向投资机构支付股权回购款承担连带保证责任是否有效这一焦点问题进行评析。

本案在裁决作出之时,《九民纪要》《民法典》及《民法典担保制度解释》均未发布和生效,本文也将主要依据裁决作出时有效的法律、法规、司法解释和法院案例等进行分析。根据本案裁决书体现出的裁决思路,主要是从两个角度来判定公司的连带保证责任是否成立:其一,提供担保是否属于目标公司的真实意思表示;其二,是否存在违反法律、行政法规强制性规定等可能导致担保条款无效的情形。

### (一)全体原股东签署《补充协议》同意目标公司提供关联担保,构成目标公司的真实意思表示

我国在目标公司与PE、创投等投资机构"对赌"争议的司法裁判处理上,经历了从2012年的"海富案"到2019年的"华工案",从投资机构"与股东对赌有效、与公司对赌无效"到"与目标公司对赌无法定无效事由应认定有效"的发展和转变历程,这也为目标公司为投资机构与原股东"对赌"提供担保相关争议的裁判提供了基本框架和进路。即便如此,一般仍认为,公司为PE/VC与股东对赌提供担保,这是一个争议很大的问题。之所以难处理,是因为公司资本性交易与经营性交易交织在一起。① 根据我国《公司法》第16条第2款的规定,公司为股东提供担保的,必须经过股东会或股东大会决议,但是并未对未经股东会或股东大会决议的公司对外担保行为效力如何认定作出详细规定。

关于未经股东会决议是否构成有效担保,最高人民法院在"通联案"和"瀚霖案"中作出了不同的结论。在"通联案"中,最高人民法院认为担保条款未经目标公司股东会审议,亦未获得股东会追认,投资方对此未能尽到合

---

① 参见刘燕:《"对赌协议"的裁判路径及政策选择——基于PE/VC与公司对赌场景的分析》,载《法学研究》2020年第2期。

理注意义务,不属于善意相对人,该协议中担保条款无效;在"瀚霖案"中,最高人民法院则认为投资方的投资款全部用于公司的经营发展,即使目标公司为原股东提供担保未经股东会决议,但符合公司和全体股东的利益,担保条款应当认定为有效。从上述案例可以看出,对目标公司为投资机构与原股东对赌提供担保的效力,应结合案件具体事实,在当事人意思自治的基础上,综合考虑《合同法》及《公司法》的相关规定进行裁判;但裁判者判断担保条款是否符合目标公司的真实意思,无疑是适用法律据以裁判的基本要求和关键尺度。

从《公司法》第16条的立法目的看,作出股东会决议程序前置等安排,意旨在确保公司对外担保系公司的真实意思表示,防止损害公司其他股东和公司债权人的合法权益。股东是公司的所有者,股东会作为全体股东的意思代表机构,享有重大经营决策权。依据《公司法》第103条确立的股份多数决定原则,持有多数股权的股东的意思表示上升为公司意志。股东会决议本质上是公司意思决定机关以会议形式固定持有多数表决权的股东意见的一种方式,但是,股东会决议并非确认股东会和公司真实意思的唯一工具和途径。如果根据案件事实可以认定担保行为是公司的真实意思表示,并且符合公司利益,则基于实质重于形式的考虑,也应当认定公司所提供的关联担保为有效担保。本案中,原股东就目标公司对原股东向投资方支付股权回购价款的义务承担连带责任全部签署、同意了相关协议,足以认定为是公司的真实意思表示,应取得与公司决议相当的效果;投资方作为相对人也有足够的理由相信该行为符合公司的真实意思表示,再去苛求股东会决议殊无必要。

与此相应,投资方在接受目标公司为原股东支付股权回购款作出的担保时,依法也负有审查公司提供的关联担保是否为其真实意思表示的注意义务。本案中,目标公司未实际召开股东会并作出决议,并不会导致担保条款无效,因为作为合同当事方与投资方签字的除目标公司外还包括全体原股东,投资人基于该事实有充分的理由相信目标公司提供担保系公司的真实意思,已经尽到审慎注意和形式审查义务,出于保护善意相对人的利益及维护交易公平的目的,应当认定担保合法有效。

(二)全体原股东签字同意目标公司提供关联担保,不存在违反法律、行政法规强制性规定等可能导致担保条款无效的情形

《公司法》第35条关于"股东不得抽逃出资"等规定,显示我国现行公司

法仍严格遵循和奉行资本维持原则。2012年最高人民法院在"海富案"中确立的"与目标公司对赌无效,与原股东对赌有效"的裁判规则,以及各级法院在审判实务中对公司为股东间股权转让纠纷提供担保经常被认定为无效,核心就在于裁判者对是否存在股东抽逃出资、是否违反资本维持原则的认定。

需要明确的是,目标公司直接作为对赌协议的对赌方与作为对赌协议的担保方,所产生的法律后果有所不同。但即使目标公司直接作为对赌协议的对赌方,也只有在对赌失败的情形下,才可能成为债务的最终承担者,导致目标公司资产的减少,目标公司及其债权人利益减损,甚至可能发生违反资本维持原则、公司清偿能力或持续经营能力受到根本影响的情形。本案中,目标公司签署对赌协议就股权回购款支付提供连带责任保证,仅系作为第二责任人承担担保义务。该模式下,首先,公司无须直接回购投资方的股权,股权转让系发生在目标公司原股东与投资方之间,目标公司仅对原股东向投资方支付股权回购款的金钱给付义务承担担保责任。其次,如出现目标公司为原股东承担担保责任的情形,公司仍有权利向原股东追偿,所导致的只是公司名下资产由现金形式转化为债权形式,除非追偿不能,并不一定导致公司资产减少,也不必然损害公司、公司股东和公司债权人的利益。

另外,投资方和原股东等均同意目标公司提供关联担保,是在签订《补充协议》的当时,基于该时点的商业逻辑和自身能力作出的理性的商业判断。对赌条款的本质是投资者、原股东双方为消除信息不对称,提高交易效率,对公司股权融资估值调整所作的预先安排。从缔约目的看,投资方看好目标公司发展前景,愿意提供资金取得股权对价以获得经济利益;原股东有望通过继续持有的股权增值而获得潜在利益,因此同意通过回购及目标公司为支付回购款提供担保的方式而降低投资方的交易成本,使新股东就投入资产的取回取得优于老股东的待遇;公司通过股权融资可获得新的资金来源以拓展新业务谋利;公司债权人也将因公司的发展取得更好的债务清偿保障。可见,在股权投资对赌的情境下,除非有相反证据证明,各方在缔约时一般均不存在合谋或恶意串通以损害公司、其他股东或公司债权人等第三方利益的情形。但在合同订立后的履行过程中,随着目标公司业绩不如预期、对赌失败等不利情形的出现,也须防止当事人为避免损失,倒果为因,违反诚信原则,发生道德风险,以体现司法判决或仲裁裁决的公平性。

综上,仲裁庭认为本案目标公司全体股东签字同意公司提供关联担保,体现了公司对外提供连带保证责任的真实意思,且并未违反法律、行政法规的强制性规定,也不存在其他合同无效的法定情形,故作出了担保合法有效的裁决。事实证明,最高人民法院此后发布的《九民纪要》《民法典担保制度解释》,相继明确了公司未经决议提供担保仍应认定担保合同有效的特殊情形,其中就包括担保合同经持有2/3以上对担保事项有表决权的股东签字,这说明本案的仲裁思路与最高人民法院司法指导意见与司法解释的思想也是契合的。

(本案例由深圳国际仲裁院仲裁员张弛和深圳国际仲裁院李宗怡编撰)

## 案例8 投资人对目标公司提供担保的审查义务

**仲裁要点**：对赌协议中股权回购条款与担保条款相互独立，股权回购条款被认定无效，不影响担保条款的效力认定。针对公司为股东对赌提供担保的问题，在未提供相关的股东会决议，亦未得到股东会决议追认，申请人未能尽到基本的形式审查义务时，根据《公司法》第16条第2款"公司为公司股东或者实际控制人提供担保的，必须经股东会或者股东大会决议"的规定，担保条款对目标公司不发生法律效力。

## 一、案情概要

2016年3月31日，申请人（A企业）与第一被申请人（B自然人，第二被申请人的实际控制人）、第二被申请人（C公司，目标公司）和案外人E签订关于第二被申请人的《投资协议》，约定：（1）申请人向第二被申请人投资2000万元后持有第二被申请人20%的股权；（2）自申请人增资交付日的当年度起（含当年度），第二被申请人每个年度实现的税后净利润应按照申请人对应年度实际持股的比例以现金形式全额分配给申请人；（3）如果第二被申请人除2016年度外任一年度净利润低于2000万元或者实际控制人（即第一被申请人）、第二被申请人出现其他可能严重影响投资者利益情形的，则申请人有权要求第一被申请人回售股权，第一被申请人应无条件以"投资额×(1+10%×资金占用天数/360)-投资者在其持股期间已获得的现金股利"为计算标准向申请人支付股权回购价款；（4）若第二被申请人或者第一被申请人单独或共同违反本协议任何条款，则第二被申请人和第一被申请人应向投资者承担连带责任；（5）协议履行过程中产生的争议提交深圳国际仲裁院依据其届时有效的仲裁规则进行仲裁等。

2016年3月31日，第三被申请人（D公司）、申请人与第一被申请人就上述《投资协议》签订《担保协议1》，约定：(1)《投资协议》是本担保协议的主合同；(2)如第一被申请人未能按照《投资协议》约定履行股权回购义务，第三被申请人保证无条件将相应股权回购价款支付给申请人，否则另行承担增资出资额15%的违约金；(3)担保协议履行过程中发生的争议按照《投资协议》中约定的争议解决方式执行等。2017年3月31日，第三被申请人、申请人与第一被申请人另行签订《担保协议2》，除第10条中约定第三被申请人违约责任由"增资出资额15%"变更为"增资出资额20%"外，其他内容与2016年3月31日签订的《担保协议1》内容一致。

2016年4月28日，申请人以银行转账方式全额实缴本次投资款，成为持有第二被申请人20%股权的股东并已完成工商变更登记。第二被申请人于2016年度获得利润共计15300134.17元，申请人应得分红3060026.83元，然而第二被申请人仅支付20万元。第二被申请人2017年度净利润也未达到约定的业绩承诺（2000万元）。

2018年1月4日，申请人向第一和第二被申请人发出回购通知，要求第一被申请人回购股权并支付回购款项，同时要求第一和第二被申请人提供回购计划。2018年1月22日，申请人向第三被申请人发出通知函，要求其按照担保协议规定的程序履行合同约定义务。但三被申请人未履行合同约定义务。

申请人于2018年9月25日向深圳国际仲裁院申请仲裁，提出如下仲裁请求：

1. 第一、第二、第三被申请人按照[2000万元×(1+10%×资金占用天数/360)-20万元]的标准向申请人支付全部股权回购价款，该资金占用天数自2016年4月28日起计算至全部股权回购价款支付完毕之日止，暂计至2018年9月25日金额为24688889元。

2. 裁决第一、第二、第三被申请人向申请人支付因处理本案所产生的律师费、保全担保费、仲裁保全申请费、差旅费用、仲裁费用。

## 二、当事人主张

第三被申请人经合法通知无正当理由未到庭参加庭审，亦未提交任何书面答辩意见或证据。以下为申请人与第一、第二被申请人的争辩要点。

## (一)关于《投资协议》中的回购条款有效性问题

申请人认为,本案争议的法律关系是投资协议,是当事人之间自由协商达成的合意,不存在《合同法》上规定的导致合同无效的法定事由,理应认定《投资协议》有效,其中的回购条款亦有效。

第一、第二被申请人认为,本案的法律关系是投资协议,申请人在享受投资收益的同时应当承担经营风险,而不应将经营风险全部转嫁给第一、第二被申请人承担。申请人以对赌的形式来规避相关的法律风险,有违民法最基本的公平原则。本案《投资协议》中的回购条款应属无效。

## (二)关于第二被申请人提供连带责任的约定有效性问题

申请人认为,本案争议的法律关系是投资协议,是当事人之间自由协商达成的合意,不存在《合同法》上规定的导致合同无效的法定事由,理应认定《投资协议》有效,其中的回购条款亦有效。在《投资协议》有效的情况下,担保协议作为从合同,也应为有效。被申请人应当履行合同项下约定的义务,积极承担担保责任,即按照合同约定承担连带责任。

第一、第二被申请人认为,由于缺少股东会决议,违反了《公司法》第16条的规定,由目标公司承担连带责任的约定是无效的。并且,从理论上讲,将会损害公司以及第三人和其他债权人的利益,该约定也应属无效。对于该结论,被申请人提出了以下具体理由:

1. 从形式上看,根据《公司法》第16条的规定,公司为公司股东提供担保的规范属于效力性强制性规定,其表述为"必须",而非"应当"甚至"可以"。本案中第二被申请人为股东提供担保,并未经过股东大会决议,应属无效。同时,申请人作为专业的投资机构,对第二被申请人保证责任的无效存在重大过错,应当自行承担法律后果。

第一,申请人作为专业的投资机构,应当要求第二被申请人及其股东出具股东会决议,并且应当履行审慎义务,不但要进行形式审查,还应当进行实质审查。事实上,第二被申请人还有另一股东E,本案《投资协议》上亦有股东E的签名,申请人明知《公司法》有相关规定,但并未要求第二被申请人出具股东会决议。因此,第一、第二被申请人有合理的理由怀疑本次第二被申请人对外提供担保并未经过其他股东的同意。

第二,从本案《投资协议》的内容来看,该协议由申请人提供,具有类似于格式合同的性质。关于第二被申请人对外担保的约定,仅存在于《投资协议》第 15 章"赔偿和责任"第 15.3 条(第 29 页)。在一份三十多页的合同中,没有单列章节,也没有约定保证范围、保证期间等基本内容,作为一项关系到权利义务设置的重要条款,对外担保的约定却仅有几十个字。作为非专业的合同签订方,很难发现并注意到这一条。申请人有设置协议陷阱骗取第二被申请人担保的嫌疑,因此第一、第二被申请人有合理的理由怀疑第二被申请人提供对外担保并未经过其他股东的同意。

2. 从实质上看,公司对外为股东提供担保,侵害了公司本身和其他债权人的利益,将直接导致第二被申请人破产倒闭,致使其他债权人的债权无法得到全额清偿,从合同法理论上看,应当认定担保为无效。

3. 即使认定第二被申请人应当承担保证责任,申请人在本案中要求的是由第二被申请人向其支付回购款,而第二被申请人作为保证人履行的是保证义务,并非回购款的支付义务。由于申请人并未提出由第二被申请人承担保证责任的仲裁请求,在本案中仲裁庭理应对此不予裁决。

## 三、仲裁庭意见

### (一)关于《投资协议》中的回购条款有效性问题

仲裁庭认为,《投资协议》系股权投资合同,是关于申请人出资入股的相关约定,除第 15 章"赔偿和责任"第 15.3 条为目标公司(第二被申请人)提供连带责任的约定,《投资协议》中的其他条款,均系各方就回购条件、价格、支付方式等作出的约定,未违反法律、行政法规的强制性规定,应属合法有效。即使第 15.3 条被认定为无效,根据《合同法》第 56 条(《民法典》第 156 条)的规定,合同部分无效,不影响其他部分效力的,其他部分仍然有效。

### (二)关于第二被申请人提供连带责任的约定有效性问题

申请人已经依《投资协议》的约定,以银行转账方式全额实缴本次投资款,成为持有第二被申请人 20%股权的股东并已完成工商变更登记,已履行了协议约定的义务。

申请人 2016 年度应得分红 3060026.83 元,第二被申请人在支付其中 20 万元之后没有支付剩余款项;同时,第二被申请人 2017 年度净利润也未达到约定的业绩承诺 2000 万元，触发了《投资协议》约定的股份回购条款。申请人有权依《投资协议》的约定通知第一被申请人要求回购申请人所持有全部股权并支付股权回购款，同时有权依《担保协议 1》《担保协议 2》的约定通知第三被申请人要求履行担保责任。

第一被申请人是《投资协议》的签字方，也是目标公司（第二被申请人）的股东。根据《投资协议》的约定，申请人有权要求第一被申请人回购股权，第一被申请人有义务无条件以"投资额×（1+10%×资金占用天数/360）－投资者在其持股期间已获得的现金股利"为计算标准向申请人支付股权回购价款。但第一被申请人在接到申请人 2018 年 1 月 4 日发出的回购通知后，一直没有回购申请人所持有全部股权并支付股权回购价款。

第三被申请人是《担保协议 1》《担保协议 2》的签字方，根据协议约定，第三被申请人在第一被申请人未能按照《投资协议》约定履行股权回购义务时，有义务无条件将相应股权回购价款支付给申请人，否则将额外承担增资出资额 20% 的违约金。但在第三被申请人接到申请人 2018 年 1 月 22 日发出的通知函后，一直没有履行担保责任，未支付相应的股权回购价款。

《投资协议》第 15.3 条关于目标公司和第一被申请人应向申请人承担连带责任的条款中，并未明确为连带担保责任。但申请人在仲裁中请求目标公司对第一被申请人承担的股权回购价款承担连带责任，同时，第二被申请人在答辩中同样将连带责任理解为提供保证责任，因此，对双方当事人将"连带责任"理解为"连带担保责任"，仲裁庭予以确认，并依据《公司法》第 16 条第 2 款来考量《投资协议》第 15.3 条的效力。

《公司法》第 16 条第 2 款明确规定"公司为公司股东或者实际控制人提供担保的，必须经股东会或者股东大会决议"，该款规定的目的是防止公司股东或实际控制人利用控股地位，损害公司、其他股东或公司债权人的利益。虽然第二被申请人在《投资协议》中承诺对第一被申请人承担连带责任，但并未向申请人提供相关的股东会决议，亦未得到股东会决议追认，而申请人未能尽到基本的形式审查义务，因此，仲裁庭认定第二被申请人法定代表人代表公司签订的《投资协议》中的第 15.3 条对第二被申请人不发生法律效力。

综上，第二被申请人认为"为股东提供担保，并未经过股东大会决议，应属无效"的观点，仲裁庭予以支持。

## 四、裁决结果

1. 第一被申请人按照［2000万元×(1+10%×资金占用天数/360)-20万元］的标准向申请人支付全部股权回购价款,该资金占用天数自2016年4月28日起计算至全部股权回购价款支付完毕之日止。
2. 第一被申请人向申请人支付因处理本案所产生的律师费、保全担保费、仲裁保全申请费、差旅费用、仲裁费用。
3. 第三被申请人对上述裁决所确定的第一被申请人向申请人支付的应付款项承担连带责任。
4. 驳回申请人的其他仲裁请求。

## 五、评析

此案中,最值得关注的是对赌协议效力以及目标公司在对赌活动中提供担保的效力认定问题。在讨论对赌协议的效力问题时,由于本案中仲裁庭并未刻意区分"与公司对赌"和"与自然人对赌",故评析部分也不将此作为重点,而是以仲裁庭所采的合同法"强制性规定"视角为主,将合同法与公司法联系起来一同审视对赌协议之效力。另外,在讨论目标公司为对赌提供担保的有效性时,着眼点主要集中在是否必须经历股东(大)会等内部决策程序以及交易相对人的审查义务之上,从公司的内与外两个角度考察担保之效力。

### (一)对赌协议效力问题——法律上"是或否"的评价

根据《九民纪要》的定义——实践中俗称的"对赌协议",又称估值调整协议,是指投资方与融资方在达成股权性融资协议时,为解决交易双方对目标公司未来发展的不确定性、信息不对称以及代理成本而设计的包含了股权回购、金钱补偿等对未来目标公司的估值进行调整的协议。从订立对赌协议的主体来看,有投资方与目标公司的股东或者实际控制人对赌、投资方与目标公司对赌、投资方与目标公司的股东、目标公司对赌等形式。

梳理近些年对赌纠纷典型案例,在对赌协议效力之争中认定对赌无效的理由主要包括：对赌协议违反资本维持原则，有抽逃出资之嫌；大股东以对赌为由，滥用股东地位和权利，损害公司及债权人利益；对赌条款属于保底或固定收益条款，违反投资风险共担的原则等。① 相反，认定对赌协议有效的理由则比较统一，多是以当事人意思自治、不违反法律强制性规定为由支持对赌协议有效，且近些年来法院多采对赌协议有效的观点。值得注意的是，司法界和仲裁界的态度相差较大，法院常有认定对赌协议无效的情况，而仲裁界更倾向于从尊重当事人意思自治的私法视角出发，认定对赌协议有效。"基于业界对于该问题的深入研判，在仲裁实践中，越来越多的仲裁裁决基于契约自由与当事人意思自治原则，倾向于认可投资者与目标公司之间对赌协议有效。在某种意义上，在过去几年的争议解决实践中，在对赌协议效力认定方面，法院判决与仲裁裁决呈现出两相分离的态势。有鉴于此，有些投资者特意选择仲裁作为争议解决机制，排除法院管辖，以免司法判决对当事人事前达成的交易安排不予认可。"②关于对赌协议效力之争，最高人民法院在《九民纪要》中明确了对赌协议有效性问题的根本原则——对赌协议不存在其他影响合同效力的事由的，应认定有效，并提供了具有先见性的纠纷解决思路，关于由目标公司的原股东向目标公司承担现金补偿义务的约定，不存在履行的法律障碍，投资方请求履行的，应予支持。

对赌协议是意思自治原则在商事活动中的体现，理应受到合同法相关规定的调整。对于虚假意思表示、恶意串通等导致合同无效的规范，在对赌协议有效性认定中一般不存在争议且适用较少。纠纷解决实践中，多以《民法典》第 153 条第 1 款[原《合同法》第 52 条第(五)项]违反法律、行政法规的强制性规定的民事法律行为无效作为规范依据，违反法律、行政法规的强制性规定成为《民法典》与《公司法》相衔接的桥梁。

在此，以《公司法》为视角对对赌协议效力进行考察。笔者认为，对赌协议效力之争的核心，关键在于该对赌行为是否能通过资本维持原则的检验。③ 诚

---

① 参见陶修明：《投资对赌协议纠纷裁判处理的定性和定量问题分析》，载《北京仲裁》2020 年第 1 辑。

② 北京仲裁委员会编：《中国投资争议解决年度观察(2020)》。另外，公开可检索到认定与目标公司对赌有效的仲裁案件有[2014]中国贸仲京裁字第 0056 号仲裁案等。

③ 资本维持原则，系指"公司在存续过程中，至少需经常维持相当于资本额之财产，以具体财产充实抽象之资本，故又称资本充实原则"，其功能在于防止公司资本实质减少，保护债权人利益，确保公司正常经营。

如刘燕教授所言,对赌协议效力问题并非一个"是与非"的绝对判断,而是应当在资本维持原则下进行具体分析与多步骤的程序操作。[①] 对赌纠纷之共性在于,当约定的对赌条件未成就时,目标公司或股东应对投资人持有的股权进行回购或者现金补偿,在其可能导致公司资本减少时,从公司取出财产必须具备法律上的许可。

对赌协议作为商事活动的新兴产物,是投资者、目标公司以及股东间的一种有智谋的合意,为的是寻求双赢。在公司法语境下,无论股权回购还是现金补偿的对赌方案,均应当在资本维持原则下进行。资本维持原则虽然不为立法所直接明确,但其作为"资本三原则"的最关键原则,贯穿《公司法》始终。其中重要条款主要包括:第142条规定的公司不得收购本公司股份,并且又以但书规定了六种例外情形;第35条规定的公司成立后,股东不得抽逃出资。因此,如果公司股东想收回其股权,除由他人收购外,只能进行减资。第177条规定了严格的公司减资程序。上述法律规范,均应认定为合同法所述"法律、行政法规的强制性规定"。违反以上法律规范涉嫌对公司资本维持原则的违背,将导致对赌协议的无效。

综上,将"违反法律、行政法规的强制性规定"作为合同法与公司法的衔接机制,加之对《公司法》具体法律规范的解释适用,可以解决对赌协议有效性的问题。

### (二)公司在对赌活动中提供担保的效力认定问题

关于目标公司承担回购担保责任的效力问题,结合相关案例,存在如下不同的观点。主张目标公司在对赌活动中提供担保无效的一方认为,该担保行为实际是以公司资产担保股权回购款的支付,一旦需要公司承担担保责任,无异于以公司资产为股东之间的股权转让买单,本质上会导致公司回购本公司股权或股东从公司抽回出资的情形,对公司的债权人和交易安全造成损害。相反观点则称,公司提供担保属商事交易中常见的商事行为,对促进商事交易达成、保障商事交易安全具有重要作用,以担保涉嫌不当减少公司资产,损害公司及债权人的利益为由认定担保无效,将给担保人违约留下空间,变相鼓励违反诚信的行为。针对以上两种截然不同的声音,笔者认为,在对赌活动中虽不能全盘否定担保有效,但应当极其谨慎。

---

① 参见刘燕:《重构"禁止抽逃出资"规则的公司法理基础》,载《中国法学》2015年第4期。

首先，不应根据"目标公司为对赌提供担保"这一事实，直接认定担保合同无效。"瀚霖案"中，最高人民法院就曾明确对赌并不当然意味着利益的威胁和减损，对赌义务人并非将投资方的投资用于自用或消费，而是投入目标公司供经营使用，目标公司为此提供担保并未损害公司及公司中小股东权益。其次，应注意到，法律事实上从未禁止公司为股东提供担保，如果目标公司能够偿债或股东可以自行履行对赌协议之下的义务，并不存在损害公司利益的潜在威胁。遵循《九民纪要》的逻辑，对于目标公司提供担保可能违反资本维持原则导致的争议，不应直接通过否定担保效力予以解决，在效力认定的层面上，只要符合公司对外担保的法定要求，目标公司为对赌提供的担保应为有效。

结合本案，争议问题的关键在于，公司对外提供担保是否必须经股东（大）会等内部决策程序的决议通过，以及交易相对人的审查义务对担保效力的影响。

关于目标公司为对赌提供担保的法律适用，一般以《公司法》第16条进行规制，根据该条，担保行为不是公司法定代表人所能单独决定的事项，而必须以公司股东（大）会等公司机关的决议作为决定的基础，公司整体的意志是决议的合法性来源。在"渤海银行股份有限公司大连分行、大连福美贵金属贸易有限公司金融借款合同纠纷二审案"中，最高人民法院认为：该担保事宜未经过大连控股股东大会决议通过，未履行法定程序，对此，中国证券监督管理委员会大连监管局《行政处罚决定书》以及大连控股对该处罚决定书的公告亦已明确。因此，在三份质押协议未经大连控股股东大会决议通过，违反《公司法》第16条第2款的强制性规定，属于无效协议。[1] 有观点认为，《公司法》第16条第2款的规定并非导致合同无效的效力性强制性规定，而应属于管理性强制性规定，因此违反该条款并不导致担保协议的效力受到影响，对于这种观点，笔者并不认同。关于效力性强制性规定，我国台湾地区学者史尚宽认为，效力规定着重违反行为之法律行为价值，以否认其法律效力为目的；取缔规定着重违反行为之事实行为价值，以禁止其行为为目的。[2]《公司法》第16条第2款的最终目的在于通过限制和规范公司主体的行为，来保护公司、小股东或其他债权人的利益，为了实现这

---

[1] 参见最高人民法院（2020）最高法民终532号民事判决书。
[2] 参见史尚宽：《民法总论》，中国政法大学出版社2000年版，第330页。

样的立法目的,就必须对担保效力进行肯定或者否定的择一评价。故而,《公司法》第16条第2款应认定为效力性强制性规定,违反该条款将导致担保协议的无效。

如果说效力性强制性规定和管理性强制性规定因概念模糊而存在认定的障碍,那么退一步讲,从保护交易、促进交易安全的角度出发,以《公司法》第16条第2款为依据,也有理由认定担保无效。本案中,仲裁庭讲明第二被申请人未向申请人提供相关的股东会决议,亦未得到股东会决议追认,而申请人未能尽到基本的形式审查义务,在"内"和"外"两个层面强调了公司内部程序合法和交易相对方应尽到审查义务的双向要求。笔者认为,这体现的是保障交易安全的裁判思路。现行法区分了公司的对内关系与对外关系,《公司法》第16条第2款属于公司内部程序性规定,其涉及公司股东会的召开、股东意志的表达等;此外,法律还要求交易相对方对上述事项进行严格的审查,此均为保障交易安全的应有之举。虽然存在相当多的反对声音认为苛责交易相对方多加审查,已然超出了其判断和控制能力的范围,会降低交易效率,同时也给公司以违反股东(大)会决议主张合同无效的失信行为留下了制度缺口。但是应当认识到,法律对交易相对人提出的要求不是"苛求",《民法典担保制度解释》第7条中明确了相对人审查的标准为"合理",并不是要求其全面且完全正确。此外,《九民纪要》也不强求审查结果的精确无误。从以上文件可以窥探出法律规范的本意——"审查"的关键在于过程,而非结果。既然只强调交易相对人有义务作出审查的行为,意即在于要求相对人具备审慎的初心、严谨的态度,可见立法对交易安全的考量。因此,为了交易的整体安全,目标公司提供担保的条款可以认定无效。

在此意义上,在审理和裁决过程中,仲裁庭的视角不仅应集中在"是否有决议过程",还应当关注相对方"是否审慎",具体而言:可考察投资方是否在订立合同时对股东(大)会决议进行审查,其中对关联担保的表决应由出席会议的其他股东所持表决权的过半数通过,签字人员也应符合公司章程的规定;如对赌方为其他非关联方,投资方应审查目标公司的董事会决议或者股东会决议,审查同意决议的人数及签字人员是否符合公司章程的规定。反之,担保协议系无效,投资方无权请求公司承担担保责任。

综上所述,在认定对赌协议有效的前提下,关于目标公司对对赌协议承担担保责任的效力问题,若违反《公司法》第16条第2款的规定,则应认定担保协议无效。在《九民纪要》精神的指导下,如何认定公司担保效力有了新思路:不仅考察公司本身是否经历了内部决策程序,还要关注相对人是否具备审慎态度,唯此,才能保证意思自治原则公平适用。

(本案例由北京大学法学院硕士研究生何文灏编撰)

## 案例9 《九民纪要》对目标公司承担回购连带责任的影响

**仲裁要点**：1. 案涉《股份回购协议》中对于目标公司作为回购方的权利义务设定，不符合《公司法》第142条的相关规定，亦不符合目标公司的章程规定，该部分内容应属无效。目标公司作为回购方的权利义务设定无效，并不影响目标公司股东作为回购方的合同效力。

2. 因不符合法定的公司回购股份情形，目标公司回购股份无效，故不应承担连带责任。

## 一、案情概要

2011年7月8日，A合伙企业（申请人）与目标公司C公司（第二被申请人）、目标公司的自然人股东B（第一被申请人，以下与第二被申请人合称"被申请人"）签订《2011年增资协议书》《可转债协议》《2011年补充协议》，约定申请人向第二被申请人投资2000万元并提供可转债融资1000万元，如第二被申请人未能在2015年12月31日前上市，由第二被申请人进行回购，第一被申请人负连带担保责任。申请人依约向第二被申请人支付了投资款2000万元、可转债款1000万元。后申请人选择将1000万元进行转股。

2013年6月，被申请人与申请人签署《2013年增资协议书》《2013年补充协议》，约定申请人增资1000万元，增资后申请人共持有第二被申请人15.4855%的股权，并补充约定如第二被申请人未能在2016年12月31日前上市，由第二被申请人进行回购，第一被申请人负连带担保责任。

2015年6月28日，三方又签订了一份《补充协议二》，约定因在全国中小企业股份转让系统（以下简称"新三板股转系统"）挂牌需要，终止了《2011

年补充协议》和《2013年补充协议》中的回购义务。同日,三方又签订了一份《协议书》,约定:截至2016年6月30日,若第二被申请人未成功登陆新三板,《补充协议二》终止执行,补充协议恢复执行。若第二被申请人放弃、终止上市计划或者上市失败则《补充协议二》终止执行,补充协议恢复执行。

2016年3月24日,全国中小企业股份转让系统有限责任公司同意第二被申请人挂牌,转让方式为协议转让。

2017年,第一和第二被申请人共同作为回购方,与作为被回购方的申请人签署了《股份回购协议》,约定回购的股份为被回购方持有的第二被申请人15.4855%的股份,回购款项金额按照约定的公式计算合计为60679452.05元,回购股份由回购方陆续在新三板股转系统以协议转让的方式交易完毕,任一回购方对以上回购款承担无限连带责任。协议签订后,被申请人通过新三板股转系统交易了690万股,成交金额为2484万元。2017年5月至2018年1月第二被申请人通过新三板股转系统以协议转让方式与第三人交易了6笔,股数为243.5万股,成交金额为9779760元。共计成交金额34619760元。经申请人催告,其余款项至申请人提起仲裁之日起均未支付。

为此,申请人依据《股份回购协议》第7.2条中的仲裁条款于2018年4月3日向深圳国际仲裁院申请仲裁,提出如下仲裁请求:

1. 第一被申请人向申请人回购申请人所持有的第二被申请人7.32%的股份,并支付股份回购价款29133047.8元及资金占用费(资金占用费以29133047.8元为基数,从2018年1月1日起按照每日0.05%计算至实际支付之日止,暂计至2018年3月31日为1310987.15元)。

2. 第一被申请人承担申请人支出的律师费。

3. 第二被申请人对上述第1、2项仲裁请求承担连带支付责任。

4. 被申请人承担本案所有仲裁、保全等费用。

## 二、当事人主张

本案申请人与被申请人围绕《股份回购协议》的法律效力、被申请人剩余回购款项的本金、被申请人尚欠回购款项的利息及占用费的计算、律师费及仲裁费用四项争议各自进行了阐述。本文仅摘取和概括双方当事人关于《股份回购协议》法律效力的争辩要点。

## (一)申请人主张

申请人认为,其与第一、第二被申请人于2017年签订的《股份回购协议》合法有效。首先,第二被申请人2015年和2017年两份公司章程中第22条"公司除下列四种情形外不进行买卖公司股份:1.减少公司注册资本;2.与持有公司股份的其他公司合并;3.将股份奖励给公司职工;4.股东因对股东大会作出的公司合并、分立决议持异议,要求公司收购其股份的"规定,并非指公司不能对股份进行回购,该规定明确的是回购之后的处分方式,回购后可以作减资处理,也可以作为库存股对员工进行激励。其次,虽然《补充协议二》终止了《2011年补充协议》和《2013年补充协议》约定的回购义务,但各方当事人又在2017年通过《股份回购协议》就对赌关系进行了重新约定,该约定是真实意思表示,不违反法律的强制性规定,合法有效。

## (二)被申请人主张

被申请人认为,申请人、第一被申请人、第二被申请人三方于2017年签订的《股份回购协议》的基础协议已经解除,且《股份回购协议》内容违反《公司法》及第二被申请人公司章程的强制性规定,为无效合同。

1. 依据申请人与第一、第二被申请人于2017年签订的《股份回购协议》所述,《股份回购协议》是基于三方于2011年7月8日签署的《2011年补充协议》的约定而签署的。但是,2015年6月28日,经各方协商确定,签署《补充协议二》,其中明确约定三方终止《2011年补充协议》的履行,被申请人不再承担回购义务。故《股份回购协议》签订的基础协议已经解除,《股份回购协议》的基础丧失,不应当履行。

2. 依据《公司法》第142条的规定,除法定情形外,公司不得收购本公司的股份。《股份回购协议》的内容不符合《公司法》第142条规定的例外情形,且第二被申请人如依据《股份回购协议》的约定回购公司股份,侵害了公司其他股东、债权人的合法权益,也违反了公司章程的规定。故《股份回购协议》的内容违反《公司法》的强制性规定,且损害第三人的合法权益,依法应当确认为无效,各方不应当履行。

3. 《股份回购协议》约定的是以固定的价格以年化利率的方式来计算回购价格,实质是一份无风险、固定收益的保底约定。不管第二被申请人经营业绩如何,申请人均可获得固定收益。这样的约定使得股东的获利脱离了公司的业绩,背离了《公司法》的法律精神,使申请人规避了交易风险,将可能存在的经营不善以及业绩不佳的风险转嫁给公司以及其他股东和债权人,损害了公司其他股东和债权人的合法权益,是无效的。

## 三、仲裁庭认定的事实

(一) 各方前期合作情况

1. 2011年7月8日,第二、第一被申请人以及申请人三方共同签署了《2011年增资协议书》《可转债协议》,约定申请人向第二被申请人投资2000万元获得第二被申请人10.526%的股权;另提供可转债融资1000万元,利息按照年息10%计算,在2011年12月31日前申请人有权选择将该1000万元转为对第二被申请人的投资。后申请人选择将1000万元转为投资,三方为此签订了增资协议书。

2. 2011年7月8日,第二被申请人作为甲方、申请人作为乙方、第一被申请人作为丙方还签订了《2011年补充协议》,明确约定了"回购"条款,约定第二被申请人在2015年12月31日前未能在境内或境外合格证券市场公开发行股票并上市,申请人有权要求第二被申请人回购其持有的全部或部分股权,第一被申请人对该回购条款负连带担保责任。

3. 2013年6月,三方再次签订了《2013年增资协议书》,约定申请人投资1000万元获得第二被申请人2.5%的股权。三方还签订了《2013年补充协议》,约定如第二被申请人未能在2016年12月31日前上市,由第二被申请人对申请人所持股权进行回购,第一被申请人负连带担保责任。

4. 申请人向第二被申请人以"增资款""可转债款""投资款"等名目转账付款合计4000万元。

5. 2015年6月28日,三方又签订了一份《补充协议二》,约定因在新三板股转系统挂牌需要,终止了《2011年补充协议》和《2013年补充协议》中的回购义务。同日,三方又签订了一份《协议书》,约定:截至2016年6月30日,若第二被申请人未成功登陆新三板,《补充协议二》终止执行,补充协议恢复执行。若第二被申请人放弃、终止上市计划或者上市失败则《补充协议二》终止执行,补充协议恢复执行。

6. 2016年3月24日,全国中小企业股份转让系统有限责任公司同意第二被申请人挂牌,转让方式为协议转让。

(二)关于《股份回购协议》

2017年,第一、第二被申请人作为回购方,申请人作为被回购方,三方签订了《股份回购协议》,约定:(1)由回购方回购被回购方持有的目标公司15.4855%的股份(即被回购方对目标公司4000万元的出资)。(2)根据《2011年补充协议》和《2013年补充协议》的约定,回购方回购股份价格的计算公式为:回购价=被回购方缴付的全部投资款项即4000万元×(1+10%×T)-M。T为自被回购方支付投资款项之日至2016年12月31日止的连续期间的具体公历日天数除以固定数额365所得出之累计年份数,不足一年的按时间比例计算。M(如有)为自被回购方支付投资款项之日至被回购方收妥全部回购价款项之日止的连续期间内,被回购方实际收到的利润、收益、红利或股息。(3)各方确认,截至本协议签署之日,被回购方已收到第二被申请人分配的现金红利金额为0元,截至2017年2月21日回购方应向被回购方支付的回购款项金额合计为60679452.05元。(4)回购股份由回购方陆续在新三板股转系统以协议转让的方式交易完毕,本协议签订前已交易690万股,剩余款项35839452.05元,根据自2017年2月21日起至实际还款日按照年利率10%单利计算的利息,将在2017年12月31日前交易完毕。(5)回购方在2017年12月31日后仍未将被回购方所持目标公司的股份交易完毕的,回购方须按未支付回购款项金额每日0.05%向被回购方支付资金占用费。(6)任一回购方对以上回购款承担无限连带责任。

(三)关于申请人所持第二被申请人股份的交易情况

根据《股份回购协议》《股份回购操作说明》等证据材料,申请人所持的第二被申请人股份于2017年2月与被申请人共交易690万股,金额共计2484万元;2017年5月至2018年1月与第三人交易了6笔,共243.5万股,金额共计9779760元。截至2018年2月28日,申请人仍持有9241000股第二被申请人的股份。上述交易金额在扣除必要的手续费后,申请人已经收款。剩余款项,被申请人未向申请人支付。

## 四、仲裁庭意见

本案仲裁庭就以下五个问题展开分析和发表意见:(1)《股份回购协议》的效力认定;(2)关于被申请人尚欠回购款项的本金、利息及占用费的计算;(3)律师费及仲裁费用;(4)第二被申请人的连带支付责任;(5)关于申请人配合办理股份变更手续的义务等。为聚焦主题,本文略去仲裁庭有关本金和费用的意见,仅截取《股份回购协议》的效力认定、第二被申请人的连带支付责任、关于申请人配合办理股份变更手续的义务三部分仲裁庭意见。

(一)关于《股份回购协议》的效力认定

根据《公司法》第142条的规定,除非符合法律规定的情形,公司不得收购本公司股份。第二被申请人的公司章程亦依法作出了同样规定。

本案中,《股份回购协议》中对于第二被申请人作为回购方的权利义务设定,不符合《公司法》的上述规定,亦不符合第二被申请人的公司章程的规定,该部分内容应属无效。《合同法》第56条规定:"无效的合同或者被撤销的合同自始没有法律约束力。合同部分无效,不影响其他部分效力的,其他部分仍然有效。"第二被申请人作为回购方的权利义务设定无效,并不影响第一被申请人作为回购方的合同效力。因此,案涉《股份回购协议》应属部分无效。

针对被申请人提出的2011年7月8日《2011年补充协议》中约定的"回购"义务已被2015年6月28日《补充协议二》解除的抗辩意见,仲裁庭认为,《股份回购协议》是各方作为平等主体的自然人与法人之间设立权利义务的真实意思表示,该协议第6.1条也明确陈述保证"回购方、被回购方拥有完全的行为能力和权利、权限签署本协议并遵照履行义务",该协议虽与各方之前合作的协议内容有关联,但并不依附于此前签订的《2011年补充协议》或《补充协议二》,并且该协议签订时间在后,协议内容也与庭审查明的事实相符。因此,被申请人提出的上述抗辩意见,没有事实和法律依据,仲裁庭不予采纳。

综上,《股份回购协议》中,除第二被申请人作为回购方的权利义务约定之外,其余内容未违反法律、行政法规的强制性规定,《股份回购协议》中第一被申请人作为回购方,申请人作为被回购方,双方意思表示真实、有效,申请人与第一被申请人均应依法予以履行。

(二) 关于第二被申请人的连带支付责任

基于仲裁庭上述关于第二被申请人不符合法定的公司回购股份情形的分析和认定，申请人请求第二被申请人承担连带支付责任，不符合法律规定，仲裁庭不予支持该项仲裁请求。

(三) 关于申请人配合办理股份变更手续的义务

在第一被申请人向申请人支付完上述回购款项后，第一被申请人和申请人应相互配合，将申请人持有的第二被申请人的股份全部变更至第一被申请人名下。

## 五、裁决结果

1. 第一被申请人向申请人支付回购款本金 29106014.18 元及资金占用费 (资金占用费以 29106014.18 元为基数，按年利率 18% 的标准，自 2018 年 1 月 12 日起计至款项实际清偿之日止)。在第一被申请人向申请人支付完上述回购款项后 3 日内，申请人应当将其所持有的第二被申请人股份全部变更至第一被申请人名下。
2. 第一被申请人承担申请人支出的律师费。
3. 本案仲裁费由第一被申请人承担。
4. 驳回申请人的其他仲裁请求。

## 六、评析

本案涉及多个法律争点，下文仅就目标公司对原股东回购股份承担连带支付责任的效力这一争点进行相关评析。

评析前须明确本案适用的当事人有关回购和连带责任约定的特定合同。本案各方当事人有关连带责任的约定散见于《2011 年补充协议》《2013 年补充协议》和 2017 年《股份回购协议》三个合同中。具体而言，《2011 年补充协议》《2013 年补充协议》约定，未在约定期限前实现上市目标的，目标公司须回购投资人所持股份,原股东负连带担保责任;2017年《股份回购协议》则约定,原股东和目标公司共同作为回购方回购投资人持有的目标公司15.4855%的股份,任一回购方对回购款承担无限连带责任。由于2015年签订的《补充协议二》终止了《2011年补充协议》和《2013年补充协议》的履行,目标公司不再承担《2011年补充协议》和《2013年补充协议》项下的回购义务,故本案只需讨论2017年《股份回购协议》中的回购义务及连带责任约定。

具体来看《股份回购协议》中有关回购和连带责任的条款内容。《股份回购协议》不是一份对赌合同,因为它未像《2011年补充协议》和《2013年补充协议》那样约定对赌义务和回购触发条件,即未实现上市目标时进行回购,而是直接达成股份回购合意,不存在回购义务触发的条件,只是确定的回购事宜安排。此外,2017年《股份回购协议》的特殊之处在于,一改《2011年补充协议》和《2013年补充协议》项下触发回购条件时,目标公司回购股份、原股东承担连带担保责任的约定模式,直接设定了目标公司和原股东共同作为回购方履行股份回购义务,二者互相对股份回购款支付承担无限连带责任。因此,《股份回购协议》项下目标公司确定地承担回购股份的义务,且对原股东的回购款支付承担无限连带责任。

本案关于目标公司对原股东回购股份承担连带支付责任的效力这一争点的仲裁裁决思路可以分解为两步:一是分析目标公司能否回购股份;二是分析目标公司能否对原股东回购股份承担连带支付责任。第一步的分析为第二步的前提和基础,也是该争点下整个仲裁裁决思路的重心,而第二步是本次评析的主要对象。

(一) 目标公司回购股份的效力

本案仲裁庭认为,因目标公司回购本公司股份的权利义务设定不符合《公司法》第142条有关公司收购本公司股份的特别情形,亦不符合目标公司的公司章程的规定,该部分内容应被认定为无效。目标公司作为回购方的权利义务设定无效,合同条款部分无效并不影响目标公司股东作为回购方的合同效力。

公司能否回购本公司股份,是一个历来有争议的问题。本案否定公司回购股份法律效力的做法,符合以被誉为"对赌协议第一案"的2012年"海富案"为代表的传统裁判方式,也符合"海富案"以来对有关公司对赌的认识:投资方与目标公司对赌因违反资本维持原则而无效,但与目标公司股东对赌则为有效。① 资本维持原则是传统公司法上的"资本三原则"之一,"通常是指公司应当维持与公司资本总额相当的财产。在这一原则之下,公司成立后,股东不得抽回资本……除依公司法特别规定的目的和程序之外,公司不得收购本公司的股票"②。资本维持原则在规范上体现为《公司法》第35条股东不得抽逃出资的规定和本案涉及的《公司法》第142条除法定情形外公司不得收购本公司股份的规定。贯彻资本维持原则,维持公司清偿债务的能力,有助于维护债权人的利益。"海富案"涉及触发对赌条件时目标公司对投资者给予现金补偿,与本案目标公司回购股份的情形虽略有不同,但其效力的认定均受到以资本维持原则为代表的公司法强制性规定的影响。

值得一提的是,有关与目标公司"对赌"的司法实践,随着时间推移发生了向对赌合同效力认定的转向。本案仲裁结束后不久,2019年的"华工案"和《九民纪要》第5条③就对赌协议效力的认定进行了突破,司法实践的关注点从协议的法律效力转为合同的可履行性,不再像以往那样简单否定对赌协议的效力,而是在尊重当事人意思自治和合同自由的前提下,考察合同的可履行性。资本维持原则充当判断履行障碍的实体标准,采取"回购=减资"的逻辑,虽然"回购=减资"的立场受到颠倒回购与减资之间顺序和因果关系的批评,但这可能是起草者为防止不受拘束的回购对债权人保护产生不利影响而在股东事实上抽回出资和公司减资二者之间选择后者的结果。④ 换言之,投资方请求目标公司回购股份的,如果没有完成减资程序,将无法得到

---

① 参见贺剑:《对赌协议何以履行不能?——一个公司法与民法的交叉研究》,载《法学家》2021年第1期。

② 施天涛:《公司法论》(第四版),法律出版社2018年版,第168—169页。

③ 《九民纪要》第5条规定:投资方与目标公司订立的"对赌协议"在不存在法定无效事由的情况下,目标公司仅以存在股权回购或者金钱补偿约定为由,主张"对赌协议"无效的,人民法院不予支持,但投资方主张实际履行的,人民法院应当审查是否符合公司法关于"股东不得抽逃出资"及股份回购的强制性规定,判决是否支持其诉讼请求。投资方请求目标公司回购股权的,人民法院应当依据《公司法》第35条关于"股东不得抽逃出资"或者第142条关于股份回购的强制性规定进行审查。经审查,目标公司未完成减资程序的,人民法院应当驳回其诉讼请求。投资方请求目标公司承担金钱补偿义务的,人民法院应当依据《公司法》第35条关于"股东不得抽逃出资"和第166条关于利润分配的强制性规定进行审查。经审查,目标公司没有利润或者虽有利润但不足以补偿投资方的,人民法院应当驳回或者部分支持其诉讼请求。今后目标公司有利润时,投资方还可以依据该事实另行提起诉讼。

④ 参见刘燕:《"对赌协议"的裁判路径及政策选择——基于PE/VC与公司对赌场景的分析》,载《法学研究》2020年第2期。

支持。

《九民纪要》将对赌合同效力审查转换为减资程序履行与否的审查,但减资程序属于公司自治事项,投资方能否诉请履行减资程序呢?《九民纪要》未作回答,地方裁判指引如广西壮族自治区高级人民法院民二庭《关于审理公司纠纷案件若干问题的裁判指引》(桂高法民二〔2020〕19号)第45条第2款规定:"但投资方请求目标公司回购其股份,同时诉请目标公司履行减资程序的,基于公司减资程序属于公司自治事项,司法不予介入,人民法院不予支持。"

(二)目标公司能否对原股东回购股份承担连带支付责任

本案特殊之处在于,根据《股份回购协议》的约定,目标公司不仅承担回购股份的义务,而且对原股东的回购款支付承担无限连带责任,二者相互衔接。在认定目标公司回购股份的约定无效的前提下,仲裁庭进一步认定目标公司对原股东回购股权承担连带支付责任不符合法律规定,从而不予支持。裁决书论述相对简约,本次评析予以展开讨论。

连带责任是多数责任主体中的任何一人均承担违反法律义务的全部强制性法律后果的责任,其特征为:(1)连带责任是一种多数主体责任。(2)连带责任是对违反法律义务的后果所承担的民事责任,产生连带责任的原因有二:一是违反连带债务;二是违反债务以外的法定义务所产生的连带责任,如共同侵权责任。(3)连带责任人中任何一人对违反法律义务的法律后果均负全部责任,而不是按照确定的份额各自承担部分责任。①

本案讨论的连带责任是连带债务人承担的责任。连带债务是指多数债务人中的每一债务人除清偿自己的债务份额外,还须就整个债务负责清偿。② 现行规范上有关连带责任和连带债务的规定分别为《民法典》第178条和第518条。成立连带责任的意义在于,原股东或目标公司实际承担超过自己份额的债务后,有权就超出部分在其他连带债务人未履行的份额范围内向其追偿。一般性连带债务的事实构成要件有四项:其一,须有两个或两个以上债务人负担一个给付;其二,该数个债务人必须向同一债权人负有给付义务;其三,每个债务人均负有履行全部给付的义务;其四,债权人仅有权要

---

① 参见孔祥俊:《论连带责任》,载《法学研究》1992年第4期。
② 参见尹田:《论民事连带责任》,载《法学杂志》1986年第4期。

求一次给付。① 其中,针对第三项,由于本案中的目标公司回购本公司股份的约定被认定为无效,自然不能满足负有全部给付的义务的要求,进而目标公司与原股东之间就回购公司股份无法成立一般性连带债务,更不必说目标公司承担连带责任了。换言之,本案仲裁庭在连带责任的成立层面上直接否定目标公司的回购义务,故无须进一步讨论责任承担。

值得注意的是,实践中约定目标公司对原股东对赌失败后所承担的连带责任,其法律属性往往是担保而非连带责任。具体而言,此种对赌条款通常约定:"如果原股东未按本协议约定承担回购义务,目标公司承担连带责任。"此种约定意味着,目标公司承担责任的前提是原股东不履行其债务,因此目标公司承担的是保证债务,目标公司实质上清偿的是他人的债务,有权在承担责任后向原股东追偿。这与本案涉及的连带责任的法律效果迥异。本案中目标公司不仅承担回购股份的义务,而且对原股东的回购款支付承担无限连带责任,目标公司承担了连带债务而非保证债务,责任性质为连带责任,意味着目标公司或原股东有权就超出部分在其他连带债务人未履行的份额范围内向其追偿。

《九民纪要》第5条的突破性规定给目标公司连带责任的效力认定带来一定挑战。有学者认为,股份回购等金钱债务的履行因违反资本维持原则而受阻,构成法律上(自始)一时不能,该一时不能应类推适用《民法典》第580条,产生一个法定宽限期,相应迟延违约责任不会被一并免除。② 循此思路,在《九民纪要》第5条就公司回购股份效力认定转向的背景下,较难通过否定连带责任成立,直接适用本案所采用的目标公司回购本公司股份无效故不应承担连带责任的逻辑。因此,情况变得更加复杂,需要考察合同的可履行性,结合公司内部减资程序的实现和外部债权人利益的保护等方面的审查进行资本维持原则的检验。

就目标公司为原股东对赌义务实质承担担保义务的情形,需考察是否符合《公司法》有关公司为股东提供担保的规定。《九民纪要》生效后,有裁判认为,主张目标公司在原股东不能履行回购义务时向投资者支付股权回购价款的,其诉求的该义务属于担保合同义务,由于担保义务具有从属性,即履行

---

① 参见王洪亮:《债法总论》,北京大学出版社2016年版,第493—494页。
② 参见贺剑:《对赌协议何以履行不能?——一个公司法与民法的交叉研究》,载《法学家》2021年第1期。

担保合同义务的前提条件是主合同义务履行条件已成就,当目标公司的减资程序尚未完成时,股份回购的主合同义务尚未成就,故目标公司的担保义务未成就。①

就目标公司为原股东对赌义务承担连带责任的情形,类似案例较少。有的案例中法院径直认定目标公司为股东对赌回购款承担连带责任有效并判令目标公司实际承担连带责任②,但按照前述"当目标公司的减资程序尚未完成时,股份回购的合同义务尚未成就"的裁判逻辑,似乎也可认定目标公司因股份回购的合同义务尚未成就,从而不予支持请求目标公司承担连带责任的主张。

综上,关于目标公司对原股东回购股份承担连带责任的效力,本案在认定公司回购本公司股份无效的前提下,目标公司承担连带责任的效力在连带责任成立层面直接被否定。但在以《九民纪要》为代表的实务观点就对赌协议的效力认定问题由否定转变为关注可履行性的动向下,目标公司为原股东对赌义务承担连带责任的效力问题变得更加复杂。

(本案例由北京大学法学院硕士研究生简意编撰)

---

① 参见"北京银海通投资中心、新疆西龙土工新材料股份有限公司股权转让纠纷再审审查与审判监督案",最高人民法院(2020)最高法民申 2957 号民事裁定书。

② 参见"广东天水生态环境科技有限公司等与上海中嘉兴华创业投资合伙企业(有限合伙)合同纠纷申请再审案",北京市高级人民法院(2020)京民申 373 号民事裁定书。

## 案例10　目标公司承担担保责任的其他决议形式

**仲裁要点：** 目标公司为实际控制人回购义务承担担保责任的，投资者应尽到要求目标公司提交股东会决议或其他能够证明目标公司股东同意对目标公司承担担保责任事宜的审慎注意义务。如果对赌协议的签署主体已经囊括了目标公司当时的全体股东，应当视为目标公司全体股东已经对目标公司承担担保责任事宜的知悉和认可。

### 一、案情概要

2011年9月，A合伙企业（申请人）与自然人甲（第一被申请人）、目标公司B公司（第二被申请人，以下与第一被申请人合称"被申请人"）以及案外人B公司的其他股东签署了《增资扩股协议》和《补充协议》；2017年，申请人与被申请人签订《补充协议二》。以上协议约定，如第二被申请人在2017年12月31日前（上市承诺期）未能在中国境内完成首次公开发行股票并在中国境内证券交易所上市，申请人有权按照协议约定的方式要求第二被申请人或者第一被申请人回购申请人因2011年增资取得的第二被申请人股权；如申请人要求第二被申请人承担回购责任的，则第一被申请人对第二被申请人的回购义务承担连带保证责任，如申请人要求第一被申请人承担回购责任的，则第二被申请人对第一被申请人的回购义务承担连带保证责任，保证期间为申请人发出回购通知之日起两年。协议订立后，申请人依约履行了增资义务，但第二被申请人未能在2017年12月31日前上市。申请人于2018年3月29日向被申请人发出履行回购义务的通知，被申请人未履行回购义务。申请人遂依据协议中的仲裁条款于2018年11月8日向深圳国际仲裁院申请仲裁，提出如下仲裁请求：

1. 第一被申请人支付申请人持有的第二被申请人的股权回购款50095890元。

2. 第一被申请人自2018年7月1日起,以50095890元为基数,按0.05%/日的标准支付违约金,直至回购款付清,暂计至2018年10月31日的违约金为3055849.29元。

3. 被申请人承担申请人支出的律师费。

4. 被申请人承担本案所有仲裁费用。

5. 第二被申请人对上述仲裁请求承担连带责任。

## 二、当事人主张

本案被申请人经合法通知无正当理由未到庭参加庭审,亦未提交任何书面答辩意见或证据。以下为申请人的主张:

1.《增资扩股协议》《补充协议》和《补充协议二》是申请人及被申请人的真实意思表示,协议约定不违反法律、法规的强制性规定,申请人依约履行了增资义务。

2. 本案已触发回购条件,申请人已主张回购,被申请人应承担回购责任。

(1) 本案的回购条件已成就。《补充协议二》第1条第1款约定了第二被申请人未能于2017年12月31日前在中国境内完成首次公开发行股票并上市,申请人有权选择第一被申请人或第二被申请人回购其股权;第1条第2款约定了被申请人对回购义务承担连带保证责任。第二被申请人未能于2017年12月31日前在中国境内完成首次公开发行股票并上市,至今也未上市,本案的回购条件已成就。

(2) 第二被申请人对第一被申请人回购义务承担连带保证责任的约定,合法有效。

① 第二被申请人的担保责任符合公司的真实意思。《补充协议》由申请人、第二被申请人、全体股东、第一被申请人一起签署,可见第二被申请人对第一被申请人的回购义务承担保证责任得到了第二被申请人当时所有股东的一致同意,体现了全体股东的真实意思表示,视为就公司担保事项形成了股东会决议,满足《公司法》第16条的要求。

②《补充协议二》系申请人与被申请人就上市承诺期重新作出的约

定,确认并延续了《补充协议》关于第二被申请人对第一被申请人回购股权义务承担连带保证责任的约定,因此,《补充协议二》并不是新的担保,不是就股权回购及连带保证责任而新订立的合同。

③《补充协议二》第4.1条约定"各方拥有完全的行为能力和权利、权限签署协议并遵照履行义务",且《补充协议二》由第二被申请人公司盖章及其法定代表人签名。基于协议的上述表述以及协议签订时外观形式表现,申请人有理由相信第二被申请人已对包括提供担保在内的全部事项通过股东会决议,因此,在被申请人均已作出保证的情况下,申请人已尽到审慎注意和形式审查义务。

④申请人系善意投资人,投资款以增资形式投入,第二被申请人系该投资款的直接使用人和受益人,由其对投资权益回购进行担保亦不存在有损公司债权人或其他股东权益的情形。况且根据《担保法》的相关规定,担保人在履行担保责任后还享有向被担保人追偿的权利。

⑤最高人民法院关于公司对股东回购担保条款的效力问题,已有定论。在"瀚霖案"中,最高人民法院认为,强静延已对瀚霖公司提供担保经过股东会决议尽到审慎注意和形式审查义务,瀚霖公司提供担保有利于自身经营发展需要,并不损害公司及公司中小股东的权益,应当认定案涉担保条款合法有效,瀚霖公司应当对曹务波支付股权转让款及违约金承担连带清偿责任。

综上,第二被申请人对第一被申请人回购股权义务承担连带保证责任并不违反法律和行政法规的强制性规定,约定合法有效,第二被申请人应当履行约定的担保责任和义务。

(3)2018年3月29日,申请人委托律师向被申请人发出《律师函》,主张回购股权。被申请人于2018年3月31日收到《律师函》,根据《补充协议二》第1条第2款的约定,被申请人应当在收到书面通知之日起3个月内回购股份,但被申请人置之不理。

## 三、仲裁庭认定的事实

2011年9月26日,申请人与第二被申请人以及第二被申请人的全体股东签订了一份《增资扩股协议》,约定第二被申请人的注册资本自300万元增至400万元,申请人认购第二被申请人本次新增注册资本100万元,认购价款为3000万元,超过新增资本的部分即2900万元计入资本公积。此次增资完成后,申请人将持有第二被申请人 25% 的股权。

2011 年 9 月 26 日,申请人与第二被申请人、第二被申请人全体股东、第一被申请人签订了一份《补充协议》,对第二被申请人的业绩承诺及补偿、上市承诺及回购等内容作出补充约定。其中第一被申请人承诺若第二被申请人未能在 2015 年 9 月 30 日之前完成上市,申请人有权根据《补充协议》第 3.2 条的约定行使售股权。《补充协议》第 3.2 条第 2 款约定,任一回购事件发生的,申请人有权在该回购事件发生后的任意时间向第一被申请人发出要求退出其对第二被申请人的投资之书面通知,第一被申请人应在收到退出通知后 3 个月内购买申请人持有的全部退出权益及向申请人支付回购价款。第二被申请人对第一被申请人上述义务承担连带保证责任。《补充协议》第 3.2 条第 3 款还约定了申请人行使售股权而应收取的回购价的计算公式,即回购价 = 申请人缴付的增资价款 × (1 + 10% × T) − M。其中 T 为自申请人缴付增资价款之日始至申请人收妥全部回购价款之日止的连续期间的具体公历日天数除以固定数额 365 所得出之累计年份数,不足一年的按时间比例计算;M(如有)为自交割日始至申请人收妥全部回购价款之日止的连续期间内,申请人实际收到的业绩补偿、因本次增资而拥有的股权或股份而收到的任何现金收益和从第一被申请人及第二被申请人处获得的其他任何补偿、赔偿等收益。本案中申请人未从第一被申请人及第二被申请人处获得任何补偿、赔偿等收益。

2011 年 10 月 20 日,申请人按照《增资扩股协议》的约定将 3000 万元增资款汇至第二被申请人的银行账户。

2011 年 10 月 28 日,某会计师事务所接受第二被申请人的委托,出具《验资报告》。《验资报告》显示:第二被申请人截至 2011 年 10 月 20 日累计注册资本为 400 万元,实收资本 400 万元,其中申请人增资 3000 万元,100 万元作为缴纳的注册资本,剩余 2900 万元计入资本公积,持有第二被申请人 25% 的股权;第二被申请人的股权发生了变更,第一被申请人对第二被申请人的出资为 280 万元,持有第二被申请人股权比例为 70%。

2015 年 8 月的第二被申请人章程显示,公司股东 9 名,其中申请人持有第二被申请人股份数量为 17368060 股,持股比例为 23.1574%。

2017 年,申请人与被申请人签订一份《补充协议二》,对《补充协议》第 3.1 条以及第 3.2 条第 1 款第(a)项等条款作出修订,将第二被申请人的上市承诺期延长至 2017 年 12 月 31 日前。同时约定申请人有权选择要求第二被申请人或者第一被申请人回购申请人因 2011 年增资取得的第二被申请人的股权;如申请人要求第二被申请人承担回购责任的,则第一被申请人对第二被申请人的回购义务承担连带保证责任;如申请人要求第一被申请人承担回购责任的,则第二被申请人对第一被申请人的回购义务承担连带保证责任。该协议还约定,若两被申请人逾期支付回购款,应按照所涉及金额每日 0.05% 向申请人支付违约金。

2018 年 3 月 29 日,因第二被申请人未在协议约定的期限完成上市,申请人委托某律师事务所向被申请人发出《律师函》,要求被申请人按照《补充协议二》的约定,在收到《律师函》后完成股权回购价款的支付义务,否则应承担违约责任。证据显示被申请人已签收《律师函》。

## 四、仲裁庭意见

(一) 关于《增资扩股协议》及《补充协议》的效力

1. 《增资扩股协议》的签署是各方的真实意思表示,不存在违反法律、行政法规强制性规定的情形,合法有效。

2. 《补充协议》中关于要求第一被申请人承担回购义务的约定,实际上是投资人与目标公司实际控制人达成的上市对赌约定和回购条款,系各方当事人的真实意思表示,不存在违反法律、行政法规强制性规定的情形,合法有效。

《补充协议》中关于要求第二被申请人对第一被申请人的回购义务承担连带保证责任的约定,实质上是目标公司对实际控制人的回购义务承担连带责任。根据《公司法》第 16 条第 2 款"公司为公司股东或者实际控制人提供担保的,必须经股东会或者股东大会决议"的规定,目标公司为实际控制人回购义务承担担保责任的,投资者应尽到要求目标公司提交股东会决议或其他能够证明目标公司股东同意对目标公司承担担保责任事宜的审慎注意义务。仲裁庭注意到,《补充协议》的签署方包括了投资人、目标公司、目标公司全体股东以及实际控制人。虽然申请人未能提供目标公司承担担保责任的股东会决议文件,但《补充协议》的签署主体已经囊括了当时目标公司的全体股东,应当视为目标公司全体股东已经对目标公司承担担保责任事宜的知悉和认可。据此,仲裁庭认为《补充协议》中第二被申请人的担保义务已经发生法律效力。

(二)关于《补充协议二》的效力及担保责任范围

1.《补充协议二》中关于申请人可选择要求第二被申请人承担回购义务、第一被申请人承担连带保证责任的约定,实质上是目标公司与投资人进行上市对赌,实际控制人对目标公司的回购义务承担担保责任。该等约定系各方当事人的真实意思表示,对各方当事人具有约束力。因申请人未选择要求第二被申请人承担回购义务,该约定实际未予履行。

2. 第二被申请人是否应当对第一被申请人在《补充协议二》项下的回购义务承担连带保证责任。如前所述,《补充协议》中第二被申请人的担保义务已经发生法律效力。《补充协议二》在原《补充协议》的基础上,将第二被申请人的上市承诺期延长至2017年12月31日前,放宽了被申请人履行回购义务的期限。《补充协议二》并没有对第二被申请人约定新的担保义务,其在内容上是对《补充协议》的补充和延续,且未加重第二被申请人的担保负担。据此,仲裁庭认为,第二被申请人对第一被申请人的回购义务承担连带保证责任继续有效。

3. 第二被申请人是否应当对第一被申请人在《补充协议二》项下的违约责任承担连带责任。《补充协议二》第1条第3款约定:若触发第一被申请人或第二被申请人的回购义务,被申请人逾期未履行协议约定,则被申请人须承担违约责任,按照所涉及金额每日0.05%向申请人支付违约金。本案中,申请人选择要求第一被申请人承担本案回购义务,并于2018年3月向被申请人发出回购通知,第一被申请人未能按照《补充协议》以及《补充协议二》的约定在3个月内履行股权回购价款的支付义务,应当承担相应违约责任。

仲裁庭注意到,按照《补充协议二》第1条第3款之约定,如回购义务逾期未履行,第一被申请人、第二被申请人均应承担支付违约金的违约责任;该等约定并未区分两申请人承担违约责任的先后顺序和份额,实质上属于连带责任范畴,即申请人可以同时要求第一被申请人、第二被申请人承担违约责任。不论是《补充协议》还是《补充协议二》,均只约定了第二被申请人对第一被申请人的回购义务承担连带保证责任,并未明确约定第二被申请人对第一被申请人的违约金支付以及协议项下其他义务承担连带保证责任。据此,仲裁庭认为,第二被申请人应当对第一被申请人在《补充协议二》项下的违约责任承担连带责任,第二被申请人承担连带保证责任的范围应仅限于回购价款的支付义务。

## 五、裁决结果

1. 第一被申请人向申请人支付股权回购款 50095890 元。
2. 第一被申请人向申请人支付逾期付款违约金(自 2018 年 7 月 1 日起,以 50095890 元为基数,按照 0.05%/日的标准计算至实际付清之日止)。
3. 第二被申请人对第一被申请人的上述回购款支付义务及逾期付款违约金支付义务承担连带责任。
4. 被申请人承担申请人支出的律师费。
5. 本案仲裁费用由被申请人承担。
6. 驳回申请人的其他仲裁请求。

## 六、评析

本案系投资方与目标公司股东之间"对赌"引发的争议,涉及对赌协议的效力、目标公司对原股东对赌义务承担连带担保责任的效力、保证责任的范围、违约责任的承担等多个方面的法律问题。其中,对赌协议的效力和目标公司对原股东对赌义务承担连带担保责任的效力是仲裁庭着重论述的问题。

### (一)关于对赌协议的效力

关于对赌协议的效力问题,司法实践的态度也经历了一个漫长的转变过程。在被称为"对赌协议第一案"的"海富案"中,最高人民法院认为,投资方与目标公司对赌因"损害公司和债权人利益"而无效,但公司股东之间的对赌则为有效。这一观点在理论界和实务界均引起广泛的争议。支持的观点肯定最高人民法院在裁判理由中体现出的"资本维持"理念,认为投资方与公司对赌会影响公司资本的稳定性。[1] 在反对的呼声中,有观点认为,"法无

---

[1] 参见宋毅、王苗苗:《对赌协议的效力认定》,载《人民司法》2018 年第 16 期。

明文禁止即合法",投融资双方依据意思自治而签订的对赌协议不违背公序良俗,不违反法律、行政法规的效力性强制规定,就属于合法有效的协议[1];也有观点认为,只要公司有"溢余"(surplus)和"清偿能力",就不认为回购削弱了资本[2],并认为对赌协议的裁判重点在于合同的履行可行性而非效力认定[3]。

此后,"华工案"扭转了"海富案"中"与公司对赌无效,与股东对赌有效"的司法观点。江苏省高级人民法院认为,华工公司与扬锻集团公司(后变更为扬锻公司)之间的对赌协议有效,进而关注对赌协议的履行可能性问题。《九民纪要》延续"华工案"的裁判思路,认为投资方与目标公司的股东或者实际控制人订立的对赌协议,如无其他无效事由,认定有效并支持实际履行;投资方与目标公司订立的对赌协议在不存在法定无效事由的情况下,目标公司仅以存在股权回购或者金钱补偿约定为由,主张对赌协议无效的,人民法院不予支持,但投资方主张实际履行的,人民法院应当审查是否符合公司法关于"股东不得抽逃出资"及股份回购的强制性规定,判决是否支持其诉讼请求。可见,目前司法实践中对对赌协议的关注由法律效力转向合同的履行可能性,基本态度是:就对赌协议的效力而言,不论投资方与股东抑或目标公司对赌,在不存在法定无效事由的情况下,对赌协议有效;就对赌协议的履行而言,将与股东的对赌理解为"股权转让"并支持实际履行,与目标公司的对赌则需要考察《公司法》关于"股东不得抽逃出资"及股份回购、利润分配的强制性规定。

本案中,就对赌协议效力的问题,仲裁庭也延续了上述思路。仲裁庭认为,《补充协议》中关于要求第一被申请人承担回购义务的约定,实际上是投资人与目标公司实际控制人达成的上市对赌约定和回购条款,系各方当事人的真实意思表示,不存在违反法律、行政法规强制性规定的情形,合法有效。至于《补充协议二》中关于申请人可选择要求第二被申请人承担回购义务的

---

[1] 参见杨明宇:《私募股权投资中对赌协议性质与合法性探析——兼评海富投资案》,载《证券市场导报》2014年第2期。

[2] 参见刘燕:《对赌协议与公司法资本管制:美国实践及其启示》,载《环球法律评论》2016年第3期。

[3] 参见刘燕:《对赌协议与公司法资本管制:美国实践及其启示》,载《环球法律评论》2016年第3期;潘林:《重新认识"合同"与"公司"——基于"对赌协议"类案的中美比较研究》,载《中外法学》2017年第1期。

约定,仲裁庭认为,该等约定实质上是目标公司与投资人进行上市对赌,系各方当事人的真实意思表示,对各方当事人具有约束力。申请人请求第一被申请人履行回购义务,自然不存在效力瑕疵;由于申请人未选择要求第二被申请人承担回购义务,该约定实际未予履行。

## (二) 关于目标公司对股东对赌义务承担连带担保责任的效力

《九民纪要》(征求意见稿)第10条拟认定公司担保有效,但最终版本删除了该条。① 因此目标公司为股东对赌义务承担连带担保责任的效力如何,仍是现行法中悬而未决的问题。司法实践中对此也存在不同的裁判观点。

在"玉门市勤峰铁业有限公司、汪高峰、应跃吾与李海平、王克刚、董建股权转让纠纷案"②中,最高人民法院认为,目标公司为股东的回购义务提供担保的约定"意味着在受让方不能支付股权转让款的情形下,公司应向转让股东支付转让款,从而导致股东以股权转让的方式从公司抽回出资的后果",因不符合《公司法》关于股东缴纳出资后不得抽回的规定而无效。在"郭丽华、山西邦奥房地产开发有限公司股权转让纠纷再审案"③中,最高人民法院也持相同观点,认为如果公司为股东之间的股权转让提供担保,就会出现受让股权的股东不能支付股权转让款时,由公司先向转让股权的股东支付转让款,导致公司利益及公司其他债权人的利益受损,形成股东以股权转让的方式变相抽回出资的情形,有违《公司法》关于不得抽逃出资的规定,进而否定公司承担担保责任的效力。

但实践中也存在认同公司担保责任效力的做法,其中最典型的案例是"瀚霖案"。该案中,最高人民法院认为,强静延对担保事项经过股东会决议已尽到审慎注意和形式审查义务,且瀚霖公司提供担保有利于自身经营发展需要,并不损害公司及公司中小股东的权益,认定目标公司同意在股东之间签订的对赌协议中提供担保的约定有效,应当依约承担保证责任。④ 最高人民法院在"瀚霖案"中的观点无疑体现了司法实践对"公司参与对赌"问题的

---

① 参见刘燕:《"对赌协议"的裁判路径及政策选择——基于PE/VC与公司对赌场景的分析》,载《法学研究》2020年第2期。
② 参见最高人民法院(2012)民二终字第39号民事判决书。
③ 参见最高人民法院(2017)最高法民申3671号民事裁定书。
④ 与"瀚霖案"持相同观点的案例还有"通联案"。

态度转变,将判断公司对股东对赌提供担保的效力问题转化为《公司法》第16条的适用问题,进而审查投资方就股东会决议是否尽到审慎注意义务。

本案中,仲裁庭也延续了最高人民法院在"瀚霖案"中的裁判思路。关于目标公司对实际控制人的回购义务承担连带担保责任的效力问题,依据《公司法》第16条的规定,投资者应尽到要求目标公司提交股东会决议或其他能够证明目标公司股东同意对目标公司承担担保责任事宜的审慎注意义务。本案中,申请人未能提供目标公司承担担保责任的股东会决议文件,但仲裁庭认为,《补充协议》的签署主体已经囊括了当时目标公司的全体股东,应当视为目标公司全体股东对目标公司承担担保责任事宜的知悉和认可。据此,仲裁庭认为,第二被申请人的担保义务已经发生法律效力。仲裁庭对公司决议行为的认定以及对公司担保效力的论述思路,值得学习与借鉴。

除此之外,就目标公司为股东对赌提供连带担保责任的问题仍值得进一步讨论。

在前述"海富案"中,最高人民法院以违反资本维持原则为由认为"与公司对赌无效";而在"瀚霖案"中,最高人民法院有关"公司为股东对赌提供担保有效"的判断一定程度上给予了目标公司参与对赌的迂回空间。但不免存在的疑问是:"瀚霖案"似乎有意通过认可合同自治的契约法路径(认可目标公司订立的担保合同效力)绕开组织法层面的公司资本管制规则,给目标公司参与对赌松绑,但仍旧不愿直面目标公司如何能够直接参与对赌这一实质命题。① 除此之外,在"瀚霖案"与本案中,法院和仲裁庭仅关注了《公司法》第16条的适用,并未考虑目标公司履行担保责任与公司资本维持之间的关系。

"公司可否为投资者与股东之间的对赌提供担保"问题在实践中存在争议的原因是,公司的资本性交易与经常性交易交织在一起。所谓资本性交易是指股东基于出资人身份或股权属性而与公司进行的交易,公司法通过确立一些底线原则,例如资本维持原则,来控制公司财产向股东流出,以保护处于弱势地位的小股东和公司债权人的利益。② 那么可以推知的是,若存在公司

---

① 参见盛学军、吴飞飞:《"中国式对赌":异化与归正——基于契约法与组织法的双重考察》,载蔡建春、卢文道主编:《证券法苑》(2020年第29卷),法律出版社2020年版,第233页。

② 参见刘燕:《"对赌协议"的裁判路径及政策选择——基于PE/VC与公司对赌场景的分析》,载《法学研究》2020年第2期。

向股东进行利润分配、回购股权等资本性交易,均存在适用资本维持原则予以检验的可能。公司为股东提供担保可以出现在正常的商业交易中,如同商事主体之间的担保,此时可由《公司法》第16条予以规制;但当公司为股东之间的股权转让提供担保时,理论上已经不属于经常性交易,而是资本性交易。① 但与通常的资本性交易仅涉及单向资产流动不同,公司承担担保责任后仍享有对被担保股东的追偿权,这与公司直接承担对赌责任的风险有所区别。② 那么目标公司履行担保责任是否需要由资本维持原则予以规制?此时,可就被担保的受让方股东是否具有履约能力进行判断,具言之,在对赌协议的情形下,若受让方股东不具有履约能力,则公司担保事实上变成了公司向转让方股东的单方财产流出,此时应当引入资本维持原则检验交易的合法性;若受让方股东有履约能力,公司因连带担保责任对转让方股东先予履行,此时公司可就其对受让方股东的债权(承担担保责任后的追偿权)进行确认并就股东财产采取相应的保全措施,并无必要启动资本维持原则的检验。③ 当然,具体案件中需要结合个案事实判断交易的类型,判断股东和公司的财务状况,进而展开对资本维持原则的讨论,这对裁判者的挑战不言而喻。

(本案例由北京大学法学院硕士研究生刘雪飞编撰)

---

① 参见刘燕:《"对赌协议"的裁判路径及政策选择——基于PE/VC与公司对赌场景的分析》,载《法学研究》2020年第2期。

② 参见胡改蓉:《公司纠纷裁判中的利益平衡》,载蒋锋、卢文道主编:《证券法苑》(2020年第28卷),法律出版社2020年版,第199页。

③ 参见刘燕:《"对赌协议"的裁判路径及政策选择——基于PE/VC与公司对赌场景的分析》,载《法学研究》2020年第2期。

# 案例 11　目标公司减资程序对对赌协议履行的影响

**仲裁要点**：投资方与目标公司股东间对赌系当事人间的真实意思表示，属于公司股东之间平等、自愿协商后的特别安排，并不违反《公司法》的相关规定。但有限责任公司向股东回购股权应以其依法减少注册资本为前提条件，在未经目标公司股东会批准或全体股东同意的情况下，目标公司回购投资方持有的目标公司股权，可能损害其他股东的合法权益。

## 一、案情概要

2015年6月8日，申请人（A自然人）作为投资方，与第一被申请人（B自然人）、第二被申请人（C公司，以下与第一被申请人合称"被申请人"）签订了《投资协议》，约定由申请人向第二被申请人投资240万元，获得第二被申请人40万股股份，截至2016年12月31日，若第二被申请人仍未取得中国证监会出具的受理其上市申报材料的文件，或未上市成功或成功挂牌新三板时，被申请人负有股权回购义务。截至申请人提起仲裁申请之日，第二被申请人仍未满足约定要求。申请人向被申请人主张要求按照《投资协议》的约定回购股权，被申请人均未履行股权回购义务。2019年3月15日，被申请人向申请人作出《回购承诺》，但截至申请人申请仲裁之日，被申请人仍未履行股权回购义务。申请人认为，约定的回购条件已成就，被申请人未依约履行股权回购义务已构成违约，故依据仲裁条款于2019年3月26日向深圳国际仲裁院申请仲裁，请求裁决：

1. 解除申请人与被申请人于2015年6月8日签订的《投资协议》。
2. 第一被申请人回购申请人所持有的第二被申请人0.2849%的股权（对应注册资本出资额40万元），回购金额为240万元及按照年利率10%计算的投资收益(自 2015 年 6 月 9 日起计算至实际履行完毕之日止,暂计至 2019 年 3 月 15 日,投资收益为 906000 元,上述两项金额合计 3306000 元),第二被申请人就上述债务向申请人承担连带责任。

3. 本案的仲裁费用由被申请人承担,包括但不限于受理费、处理费、财产保全费、差旅费等。

2019 年 7 月 30 日,申请人撤回原第 1 项关于解除合同的仲裁请求,修改原第 2 项仲裁请求中关于第二被申请人承担责任的表述。变更后的仲裁请求如下:

1. 第一被申请人及第二被申请人回购申请人所持有的第二被申请人 0.2849%的股权(对应注册资本出资额 40 万元),并支付回购价款(回购价款=投资本金 240 万元+投资本金 240 万元按照年固定回报率 10%计算的投资收益,投资收益自 2015 年 6 月 9 日起计算至实际履行完毕之日止,暂计至 2019 年 3 月 15 日,投资收益为 906000 元,投资本金和投资收益之和即回购价款为 3306000 元)。

2. 本案的仲裁费用由被申请人承担,包括但不限于受理费、处理费、财产保全费、差旅费等。

## 二、当事人主张

(一)申请人主张

1. 第一被申请人收购申请人股权之约定具有法律效力。股权回购约定系《投资协议》各相对方的真实意思表示,且公司股东之间达成转让股权的约定,不会损害公司及其他股东以及公司债权人的利益,不违反国家法律、行政法规的规定,不存在《合同法》第 52 条所规定的合同无效情形。

2. 第二被申请人回购申请人股权之约定具有法律效力。根据《投资协议》第 5.1 条的约定,回购条件成就时,第二被申请人有义务应申请人的要求,回购申请人所持有之第二被申请人全部或部分股权。这一约定并无《合同法》第 52 条所规定的合同无效情形。

(1)第二被申请人依约定回购本公司股权,不违反《公司法》中有关有限责任公司收购本公司股权的规定。《公司法》第 74 条仅列举了有限责任公司股东"可以"请求公司收购其股权的几种情形,而并未规定股东"只能"在这些情形下请求公司收购其股权。《公司法》其他条款也并未禁止有限责任公司在其他情形下收购本公司股权。

(2) 依约定回购本公司股权和公司注册资本不当减少之间没有因果关联性。第二被申请人回购本公司股权后，如果选择将回购的股权转让给第三方，公司注册资本不会发生任何变化；如果选择将回购的股权按法定程序注销，公司注册资本会减少，但这种减少完全不同于"不当减少"，且根据《投资协议》的约定和法律规定，第二被申请人的注册资本也不可能出现"不当减少"的可能性。如果第二被申请人在回购本公司股权后，选择将回购的股权按法定程序注销，但未依法履行减少注册资本的必要程序，并导致公司注册资本不当减少，那么，第二被申请人的注册资本不当减少系因未依法履行减少注册资本的必要程序导致，并非回购本公司股权行为导致。

(3) 申请人根据《投资协议》要求第二被申请人履行回购义务，不存在滥用股东权利的情形。签订《投资协议》时，申请人是外部投资人，申请人与第二被申请人在《投资协议》下系平等主体之间的投资合同法律关系，而非股东与公司间的法律关系。申请人通过履约成为第二被申请人的股东，不影响《投资协议》所建立之法律关系的性质。实际请求回购时，申请人虽已成为第二被申请人的股东，但其请求回购所依据的却是《投资协议》中的投资合同法律关系，并以债权人的身份，要求第二被申请人履行合同义务；而不是凭借股东的身份和地位，要求第二被申请人溢价回购其所持有的股权。

(4) 第二被申请人依约定回购本公司股权不会损害债权人的利益。参考申请人持有的第二被申请人的股权比例（即0.2849%）及第二被申请人的注册资本总额，第二被申请人回购申请人所持有的股权，对第二被申请人注册资本及资产总额的影响微乎其微，不会损害第二被申请人外部债权人的利益。

(5) 否认申请人与第二被申请人之间回购条款的效力有违诚实信用原则和公平原则。《投资协议》中的回购条款作为一种对赌安排，第二被申请人作为封闭性较高的有限责任公司，由于缺乏市场传导及反馈机制，外部投资者对于其真实价值的评估，完全来自被申请人所提供的信息和资料，双方信息并不对等。此时，申请人对第二被申请人进行高溢价投资实际承担了很大的商业风险。如允许第二被申请人在享受了申请人高溢价投资所带来的各方面益处后，得以拒绝依《投资协议》的约定履行回购义务，则不仅是对申请人利益的严重损害，而且明显有违商事活动的诚实信用原则及公平原则,极不利于鼓励、促进商事交易。

(二)被申请人主张

对申请人于2019年3月26日提交的仲裁请求及理由,第一被申请人提出如下答辩意见:

1. 申请人与被申请人所签订的《投资协议》在本质上是一种投资行为,股权回购约定违反了"共享收益、共担风险"的原则,申请人应自行承担投资风险。

2. 回购股权的概念应按照《公司法》的规定,由第二被申请人作为回购主体来履行,第一被申请人作为第二被申请人的股东不具有回购股权的身份及条件。《投资协议》关于股权回购条款的约定名为股权回购,实为股权转让。但有限责任公司中的股权转让应当以当事人的意思自治为前提,故在第一被申请人不同意受让股权的情况下,仲裁机构不能强制要求第一被申请人购买申请人的股权。

对申请人于2019年3月26日提交的仲裁请求及理由,第二被申请人提出如下答辩意见:

1.《公司法》第74条没有对回购事由进行例外规定,申请人要求回购股权的条件没有成就。

2. 约定的回购条款违反法律规定应当认定为无效。《投资协议》关于股权回购条款的约定违反《公司法》的强制性规定,申请人不能以无效的约定作为依据请求第二被申请人回购其股权。

对申请人于2019年7月30日变更的仲裁请求和理由,第一被申请人和第二被申请人均未作答辩。

## 三、仲裁庭认定的事实

1. 2015年6月8日,申请人与第一被申请人、第二被申请人签订《投资协议》,约定:

第3.1条:申请人应向第二被申请人投资240万元,认缴第二被申请人40万元新增注册资本并取得对应股权。

第5条:若截至2016年12月31日,中国证监会未受理第二被申请人申报的上市材料,或第二被申请人未成功上市或挂牌新三板,申请人有权要求第一被申请人或/和第二被申请人回购申请人持有的第二被申请人全部或部分股权,回购价格等于回购股权对应的投资本金,外加按每年固定回报率10%计算的收益。

2. 2015年6月8日,申请人通过银行转账向第二被申请人支付240万元;第二被申请人于同日向申请人出具《收条》确认收到240万元投资款(实际款项以银行到账资金为准)。

3. 2015年12月30日,第二被申请人全体股东通过股东会决议,同意第二被申请人的注册资本由7142.86万元增加至10734.86万元,新增注册资本由包括申请人在内的多名新增股东认缴。

4. 2015年12月31日,申请人被登记为第二被申请人的股东,其认缴注册资本出资额为40万元。

5. 截至2016年12月31日,并无证据表明中国证监会已经受理第二被申请人申报的上市材料,或第二被申请人已经成功上市或挂牌新三板。

6. 2019年3月15日,第一被申请人和第二被申请人向申请人出具书面《回购承诺》,承诺在2019年12月之前按照《投资协议》的约定执行对申请人所持股权的回购。

7. 2019年3月26日,申请人就本案提交仲裁申请。截至申请人提起仲裁申请之日,被申请人并未履行股权回购义务。

在庭审过程中,仲裁庭要求申请人代理人提供第二被申请人的章程,以及可以证明第二被申请人股东会批准《投资协议》的股东会决议、或第二被申请人全体股东同意《投资协议》的证明文件(如有),但申请人未能提供前述文件。被申请人并未自行或委托代理人参加庭审,亦未能提供前述文件。

## 四、仲裁庭意见

(一)关于本案的争议焦点

本案的争议焦点是《投资协议》第5条有关股份回购的约定是否合法有效,被申请人是否应按照《投资协议》第5条约定回购申请人持有的第二被申请人股权。具体分析如下:

1. 《投资协议》第5条有关股份回购的约定是否违反《公司法》第74条的规定。《投资协议》第5条有关股权回购的约定是申请人和被申请人之间的真实意思表示,属于公司股东之间平等、自愿协商后的特别安排。《公司法》第74条只是列举股东有权要求有限责任公司回购股权的特别情形,并未排除有限责任公司和股东之间通过协商一致并履行法定程序进行股权回购。因此,仲裁庭认为,《投资协议》第5条有关股权回购的约定并不违反《公司法》第74条的规定。

2.《投资协议》约定的回购条件是否已经成就。

截至2016年12月31日,并无证据表明中国证监会已经受理第二被申请人申报的上市材料,或第二被申请人已经成功上市或挂牌新三板,故仲裁庭认为《投资协议》第5条约定的回购条件已经成就。

3. 第一被申请人是否应回购申请人持有的第二被申请人股权。

第一被申请人认为,股权回购的约定违反"共享收益、共担风险"的原则;其作为第二被申请人的股东,不具有回购第二被申请人股权的身份及条件;有限责任公司的股权转让应当以当事人的意思自治为原则,不应强制要求第一被申请人购买第二被申请人的股权。对此仲裁庭认为:

(1)《投资协议》第5条有关股权回购的约定是申请人和第一被申请人之间的真实意思表示,属于公司股东之间平等、自愿协商后的特别安排。申请人按照《投资协议》的约定要求第一被申请人回购股权,符合当事人的真实意思表示,并未违反当事人的意思自治原则。

(2)《公司法》第71条第1款明确规定,"有限责任公司的股东之间可以相互转让其全部或部分股权";申请人和第一被申请人均系第二被申请人的注册股东,故申请人按照《投资协议》的约定向第一被申请人转让第二被申请人的股权,并不违反《公司法》的规定。

(3)申请人根据股东之间的协议约定向第一被申请人转让第二被申请人的股权,并不违反《公司法》有关公司股东"共享收益、共担风险"的基本原则,不会损害公司(第二被申请人)或其他股东的合法权益。

(4)在申请人被登记为第二被申请人的股东之日(即2015年12月31日),第一被申请人认缴第二被申请人的注册资本出资额为5496.35万元(占第二被申请人届时注册资本总额之约51.2%),系第二被申请人的第一大股东。公司现有股东(特别是大股东)承诺在一定条件下"回购"投资人(新股东)持有的公司股权的表述方式在实践中较为常见,此情形下的股权"回购"即为股权转让,并不存在明显歧义。第一被申请人之所谓应由第二被申请人(公司)作为回购主体、第一被申请人作为股东不具备回购股权的身份及条件、股权回购不等于股权转让的答辩意见,于理不合,不能成立。

(5)《投资协议》约定的回购条件成就后,第一被申请人于2019年3月15日向申请人出具书面《回购承诺》,承诺于2019年12月之前按照《投资协议》的约定执行对申请人所持股权的回购,第一被申请人以现不同意受让股权为由拒绝受让第二被申请人的股权,明显违反第一被申请人在《投资协议》和《回购承诺》中作出的明确承诺。

4. 关于第二被申请人是否应回购申请人持有的第二被申请人股权。对此,仲裁庭认为:

(1)第二被申请人的股东会于2015年12月30日通过决议批准第二被申请人增加注册资本及申请人认缴第二被申请人部分新增注册资本,但该项股东会决议并未涉及《投资协议》或有关第二被申请人回购股权的安排,且第二被申请人的(除申请人和第一被申请人之外的)其他股东也并未签署《投资协议》。申请人未能提供证据表明第二被申请人的股东会已经审议批准《投资协议》或有关第二被申请人回购股权的约定,亦无证据表明其他股东已经同意第二被申请人签署并履行《投资协议》或有关第二被申请人回购股权的约定。在未经股东会批准或全体股东同意的情况下,第二被申请人回购申请人持有的第二被申请人的股权,将损害其他股东的合法权益。

(2)《公司法》并未规定有限责任公司可以自行持有、留存或转让本公司股权,故有限责任公司向股东回购股权必然导致有限责任公司减少注册资本,有限责任公司向股东回购股权应以其依法减少注册资本为前提条件。依据《公司法》第37条、第177条等的规定,有限责任公司减少注册资本须经股东会决议批准(或由全体股东同意),且应按照《公司法》的规定履行减资程序,否则会损害股东和债权人的合法权益。

鉴于并无证据证明第二被申请人的股东会已经批准(或第二被申请人全体股东已经同意)《投资协议》或有关第二被申请人回购股权的约定,故并无证据证明其他股东有义务促使第二被申请人按照《投资协议》第5条的约定履行股权回购义务,亦无证据证明其他股东有义务为执行股权回购之目的通过股东会决议批准第二被申请人相应减少注册资本,故无法确保第二被申请人能够按照《公司法》的规定履行减资程序。若第二被申请人在未能履行减资程序的情况下回购申请人持有的第二被申请人的股权,将损害第二被申请人债权人和其他股东的合法权益。

### (二)关于申请人的仲裁请求

申请人第 1 项请求为裁决第一被申请人及第二被申请人回购申请人所持有的第二被申请人 0.2849% 的股权(对应注册资本出资额 40 万元)并支付回购价款。仲裁庭认为,《投资协议》第 5 条针对第一被申请人的股权回购约定并不违反《公司法》的强制性规定,且《投资协议》第 5 条约定的回购条件已经成就,第一被申请人应按照《投资协议》的约定回购申请人持有的第二被申请人股权;鉴于并无证据证明《投资协议》第 5 条有关第二被申请人回购股权的约定已经第二被申请人股东会决议批准(或由全体股东同意),为避免第二被申请人其他股东和债权人的利益受到不当损害,仲裁庭无法支持申请人关于第二被申请人按照《投资协议》的约定回购申请人持有的第二被申请人股权的主张。

### (三)关于股权回购价款的计算

《投资协议》第 5.2.3 条约定股权回购价款应等于回购股权对应的投资本金,外加按照"每年固定回报率 10%"计算的收益,但《投资协议》并未约定"每年固定回报率"的含义。基于本案的实际情况,仲裁庭认为,应理解为按照 10% 的年利率(单利)计算收益,计算收益的期间应从 2015 年 6 月 9 日起,截至回购价款付清之日止。

## 五、裁决结果

1. 第一被申请人回购申请人持有的第二被申请人的 0.2849% 的股权(对应注册资本出资额 40 万元),并向申请人支付回购价款,回购价款应等于投资本金 240 万元和投资收益之和,投资收益应以投资本金 240 万元为基数,按照 10% 的年利率(单利),自 2015 年 6 月 9 日起算,计至回购价款付清之日止。

2. 第一被申请人应补偿申请人因本案支付的诉讼财产保全责任保险费、工商查档费用和财产保全费。

3. 本案的仲裁费由第一被申请人承担。

4. 驳回申请人的其他仲裁请求。

## 六、评析

此案涉及一系列问题值得评论,其中最值得关注的是投资方与目标公司及其股东之间股权回购条款即俗称"对赌协议"的效力问题。

### (一) 关于"对赌协议"效力的理论争议

关于"对赌协议"的性质,理论界曾存在巨大争议,其中最具代表性的是射幸合同说与附条件合同说。射幸合同说认为,对赌协议具有射幸性,符合射幸合同的基本特征,区别于赌博合同,合同双方真实利益具有一致性。① 附条件合同说认为,对赌协议与射幸性没有必然联系,约定的条件成就时才发生合同效力。②

此外,依据投资方"对赌"的对象不同,实践中将"对赌"交易分为与目标企业股东之间的对赌和与目标企业的对赌,前者属于股东间意思自治的范畴,通常认为有效,理论与实践中已基本达成共识,但对于后者,却存在较大争议。无效论认为,对赌协议使得投资方取得脱离企业的经营业绩的相对固定的收益,损害公司及其债权人的利益,违反了《公司法》的强制性规定而无效。③ 可撤销论认为,对赌协议可能有违等价有偿原则,构成显失公平,受损害方可请求撤销。④ 有效论认为,对赌协议属于当事人意思自治范畴,并不存在显失公平等问题⑤,《公司法》中资本管制与债权人保护规则并非效力性

---

① 参见李岩:《对赌协议的法律属性之探讨》,载《金融法苑》2009 年第 1 期;谢海霞:《对赌协议的法律性质探析》,载《法学杂志》2010 年第 1 期;张虹:《对赌协议规范的理性选择:载舟式的策略》,载《西部法学评论》2011 年第 1 期;傅穹:《对赌协议的法律构造与定性观察》,载《政法论丛》2011 年第 6 期。

② 参见陈外华:《对赌协议及其法律问题探析》,载《中国风险投资》2009 年第 3 期;李睿鉴、陈若英:《对私募投资中"对赌协议"的法经济学思考——兼评我国首例司法判决》,载《广东商学院学报》2012 年第 6 期;杨明宇:《私募股权投资中对赌协议性质与合法性探析——兼评海富投资案》,载《证券市场导报》2014 年第 2 期。

③ 参见刘俊海:《现代公司法》(第三版),法律出版社 2015 年版,第 262—267 页;俞秋玮、夏青:《对赌协定效力之争及其评价》,载《法律适用》2015 年第 6 期。

④ 参见徐海仁:《太子奶:失衡的对赌》,载《商界(评论)》2009 年第 1 期。

⑤ 参见傅穹:《对赌协议的法律构造与定性观察》,载《政法论丛》2011 年第 6 期;彭冰:《"对赌协议"第一案分析》,载《北京仲裁》2012 年第 3 期;季境:《"对赌协议"的认识误区修正与法律适用》,载《人民司法》2014 年第 10 期。

强制性规范①,我国对公司的资本管制过度②,法院应着重关注目标公司的财务状况及履行可能性③。可见,对投资方与目标企业对赌的效力争议聚焦在是否存在显失公平及是否违反公司法上的效力性强制性规定。

(二)合同规范:显失公平制度的适用

对赌协议给人直观的感受可能是:在对赌成功如目标公司成功上市时,投资方可以获得巨额利润,而在对赌失败时,投资方也可要求目标企业回购股权,收回成本,投资方处于旱涝保收的不败之地,存在显失公平的可能。《民法典》第 151 条规定,显失公平的民事法律行为可被撤销。显失公平的判断时点为"民事法律行为成立时",客观要件为给付与对待给付间显失均衡④,主观要件为一方利用自己的优势和对方的不利情势⑤。事实上,在主观要件上,难以认定投资方利用了自身优势或是目标企业的不利情势。"利用"一词包含了故意的主观状态,"优势"可分为结构优势和个体优势,"不利情势"包括急迫、轻率、没有经验等情形。⑥ 对赌协议中的投资方通常为财务投资者,在对目标企业进行充分尽调的基础上,投入资金以短期获利,并不会像战略投资者那样对目标企业进行过多的干预。目标企业更了解自身的状况及发展潜力,对于对赌条件能否达成有充分的预期,很难认定投资方存在结构优势和个体优势。目标企业确有对融资的迫切需求,但并不能据此认定目标企业处于不利情势,更不能认定投资方利用了其不利情势。在客观要件上,对赌协议双方权利义务并非严重不对等。投资方虽然在对赌成功时可以获得巨额利润,失败时可以收回成本,但需要注意到,投资方注入目标企业的

---

① 参见潘林:《"对赌协议第一案"的法律经济学分析》,载《法制与社会发展》2014 年第 4 期。

② 参见张先中:《私募股权投资中估值调整机制研究———以我国〈公司法〉资本规制为视角》,载《法学论坛》2013 年第 5 期。

③ 参见刘燕:《对赌协议与公司法资本管制:美国实践及其启示》,载《环球法律评论》2016 年第 3 期。

④ 参见梁慧星:《民法总则立法的若干理论问题》,载《暨南学报(哲学社会科学版)》2016 年第 1 期。

⑤ 对于显失公平制度是否需要主观要件存在不同观点,参见曾大鹏:《论显失公平的构成要件与体系定位》,载《法学》2011 年第 3 期。

⑥ 参见贺剑:《〈合同法〉第 54 条第 1 款第 2 项(显失公平制度)评注》,载《法学家》2017 年第 1 期。

资金与取得的股权存在严重的溢价,通常投资款仅少部分记入实收资本,溢价部分记入资本公积,投资方仅获得目标企业少部分的股权。在签订协议时,对赌成功与否均未可知,并且业绩补偿通常是双向的,在目标企业超额完成承诺业绩时,投资方需要向目标企业额外注入资金以弥补目标企业的损失。换言之,在合同法领域,对赌协议通常不构成显失公平,不对其效力产生影响。

(三) 公司法规范:资本维持原则与债权人保护

作为公司法上"资本三原则"之一的资本维持原则,是指在公司存续期间,应保持与其资本额相当的财产。① 在公司资本形成后,体现资本维持原则的规则有股东不得抽逃出资、公司原则上不允许持有本公司股权、严格的利润分配程序、公司债券发行限制等。通过这些具体规则可以看出,资本维持原则背后的目的是防止公司资产遭受侵蚀以保护债权人。在股权回购式的对赌交易中,若目标公司未完成承诺业绩,则需要向投资方支付款项以回购投资方持有的股权。这样的交易安排可能产生目标企业的新股东抽逃出资以及目标公司可否根据对赌协议回购股权的疑问,本质上为是否违资本维持原则。

《公司法》对"抽逃出资"的范围并未作出明确界定,是包括溢价形成的资本公积还是仅包括股本存在争议。通常而言,等同于注册资本的股本经过工商登记的公示,成为债权人对公司偿债能力的信赖,而溢价款记入资本公积并不会成为债权人的信赖,资本公积的支出不在抽逃出资的范畴之内。

《九民纪要》第 5 条中明确规定:"投资方与目标公司订立的'对赌协议'在不存在法定无效事由的情况下,目标公司仅以存在股权回购或者金钱补偿约定为由,主张'对赌协议'无效的,人民法院不予支持,但投资方主张实际履行的,人民法院应当审查是否符合公司法关于'股东不得抽逃出资'及股份回购的强制性规定,判决是否支持其诉讼请求。"换言之,如果目标企业作出了减资决议,回购投资方的股权并注销,并不违背资本维持原则。

(四) 结合本案的分析

本案仲裁庭认为,申请人与第一被申请人即投资方与目标公司股东间关于

---

① 参见赵旭东主编:《公司法学》(第二版),高等教育出版社 2006 年版,第 225—227 页。

股权回购的约定属于意思自治的范畴,合法有效,与理论和实务中的主流观点相符合。关于申请人与第二被申请人即投资方与目标公司间股权回购的约定,仲裁庭并未直接否定该"对赌协议"的效力。而仲裁庭最终未支持申请人提出的第二被申请人回购申请人所持有的第二被申请人股权之主张,在于申请人未能提供证据表明第二被申请人即目标公司其他股东签署了《投资协议》,亦无证据表明其他股东已经同意第二被申请人签署并履行《投资协议》或有关第二被申请人回购股权的约定。在股权回购条件成就时,第二被申请人也并未依法减少注册资本。在此种情况下由目标公司径行回购投资方股权有违"股东不得抽逃出资"及关于股权回购的强制性规定,损害股东和债权人的合法权益。上述裁判思路与《九民纪要》的规定和精神相符,平衡了投资方、股东、债权人等多方主体间的利益。事实上,在《九民纪要》出台前,就存在将对赌协议的效力与履行相区分的处理方法。①《九民纪要》出台后,大多数法院严格按照该纪要的思路来审理投资方与目标公司间对赌协议的效力问题,普遍认定协议有效,但依据个案区分是否支持实际履行。②

需要注意的是,在对赌交易中,目标公司在对赌失败后可能难以及时作出减资程序,存在履行障碍。一方面,投资方多为财务投资者,持股比例小,而减资决议的作出需要股东(大)会2/3绝对多数表决通过,在其他股东不配合的情况下难以作出有效的减资决议。另一方面,减资决议的表决为目标公司股东的权利,减资程序为目标公司的内部专属身份行为,在目标公司未能主动完成减资程序的情况下,法院无法依据投资方的申请对目标公司强制执行,即无法强制完成减资程序。如此,虽然对赌协议的效力得以确立,但在目标企业未完成承诺业绩且未主动作出减资决议时,投资方的权利之行使陷入困难,存在无法通过目标公司外部得以克服的履行障碍。

(本案例由北京大学法学院硕士研究生刘磊编撰)

---

① 参见"华工案",江苏省高级人民法院(2019)苏民再62号民事判决书。
② 肯定投资方与目标公司对赌效力但不支持实际履行的案例如:"红塔创新投资股份有限公司与河南三和皮革制品有限公司、郸城德润投资有限公司公司增资纠纷案",河南省周口市中级人民法院(2019)豫16民初206号民事判决书;"王辉与新疆富布斯影业股份有限公司、柯健股东出资纠纷案",新疆维吾尔自治区乌鲁木齐市头屯河区人民法院(2020)新0106民初8号民事判决书。但也有肯定投资方与目标公司对赌效力且直接支持实际履行的案例,如"袁丽与高希宗、青岛肯拉铎机械股份有限公司新增资本认购纠纷、买卖合同纠纷案",山东省莱西市人民法院(2019)鲁0285民初6361号民事判决书。

# 案例 12　外资管理制度的变化对回购协议效力的影响

**仲裁要点**：投资者与合营一方股东达成的股权回购条款不属于《中外合资经营企业法》等法律法规的调整范围，未经审批部门批准，不影响股权回购条款的效力。

## 一、案情概要

2012年9月15日，A公司（申请人）与B公司（被申请人）签订《股权转让协议书》与《补充协议》，约定被申请人将其持有的D市C公司（目标公司）10%的股权作价人民币22797000元（即等值港币27801210元）转让给申请人，并约定在上述股权变更登记到申请人名下之日起36个月后，申请人有权自主决定要求被申请人回购申请人上述股权（但目标公司如果在36个月期限内得以上市发行，则申请人回购权自行失效）。2012年10月5日、10月24日申请人分两次按协议约定向被申请人支付了全部的股权转让金共计港币27801210元，双方于工商部门完成了股权转让的变更登记。

股权变更后，C公司在协议约定的期限内未能上市，申请人为了保障自身的合法权益，按协议约定于2016年1月27日委托律师向被申请人寄送《律师函》，书面要求被申请人回购其持有的C公司10%的股权，被申请人未予以配合。申请人遂于2016年12月13日向深圳国际仲裁院申请仲裁，提出如下仲裁请求：

1. 被申请人购买申请人所持有的C公司10%的股权，赎回对价以投资款港币27801210元为基数，按照10%的年收益率计算，暂计为港币38921649元（从2012年10月24日至2016年10月23日），实际计算至回购金额的支付日。

2. 本案律师费、公证费、仲裁费用、财产保全费及其他仲裁费用全部由被申请人承担。

## 二、当事人主张

(一) 申请人主张

C公司在协议约定的期限内未能上市,申请人已按照协议的约定向被申请人发出书面的回购通知,但被申请人在收到申请人发出的书面回购通知后未协助办理相关股权变更、登记手续,也未支付股权回购款项,违反《股权转让协议书》《补充协议》中约定的义务。

关于回购金额的计算,申请人主张在被申请人拒绝履行协议的情况下,回购金额不应计算至发出回购或收购通知之日,应计算至回购金额的支付日,否则,申请人将承担因被申请人怠于履行合同义务而对其造成的经济损失,这违背了合同法的公平原则。

(二) 被申请人主张

1. 《补充协议》中的回购条款未生效。C公司是一家合资有限责任公司,根据《中外合资经营企业法实施条例》及《外商投资企业解释(一)》等的规定,合资企业一方向第三者转让其全部或者部分股权的,须经合营他方同意,并报审批机构批准,向登记管理机构办理变更登记手续。违反上述规定的,其转让未生效。《合同法》第44条第2款规定:"法律、行政法规规定应当办理批准、登记等手续生效的,依照其规定。"《补充协议》中的股权回购条款的性质为附期限的由申请人将其持有的C公司10%股权转让给被申请人的股权转让协议,由于该股权转让协议未履行相应的审批手续,也未经其他合营各方同意,因此,涉案《补充协议》中的股权回购条款未生效。

2. 即使回购条款有效,回购金额应依照《补充协议》的约定计算至回购通知发出当天。《补充协议》第5条中约定:"……计算方式为:回购或收购金额=乙方按照本协议支付给甲方的全部股权转让金(以港币计价)×[1+(自甲方收到乙方股权转让金之日至乙方发出回购或收购通知之日止的日历天数/365)×10%]-乙方在该期间内自目标公司处获得的分红(以港币计价,如果实际分红为人民币,则按照支付日当日的外汇卖出、买入的中间价作为结算依据)。"申请人于 2016 年 1 月 27 日委托律师向被申请人发出《律师函》,主张股权回购。那么,申请人所主张的股权回购金额的计算方式应为港币 27801210 元×[1+(1190/365)×10%]-0=港币 36865166 元,即只计算到回购通知发出当天。

被申请人还提及"国华案",指出在司法实践中也有因股权转让协议中的股权回购条款未履行相应的审批手续而被认定未生效的案例。

## 三、仲裁庭认定的事实

2012 年 9 月 15 日,申请人与被申请人签订《股权转让协议书》,约定被申请人将其持有的 C 公司 10% 股权作价人民币 22797000 元(即等值港币 27801210 元)转让给申请人,申请人同意按此价格以现金形式向被申请人购买上述股权。同日,申请人作为乙方与被申请人作为甲方还签订了《补充协议》,其中第 5 条"股权回购和收购"所约定的内容如下:

5.1 在目标公司部分股权变更登记到乙方(即申请人)名下之日起 36 个月后,乙方有权自主决定要求甲方(即被申请人)回购乙方在目标公司持有的股权或股份(但目标公司如果在 36 个月期限内得以上市发行,则乙方的回购权自行失效)。回购或收购的金额以乙方支付的股权转让金为基准,按照单利 10%/年利率标准进行计算,但应当减除乙方自成为目标公司股东后从目标公司处获取的分红。计算方式为:回购或收购金额=乙方按照本协议支付给甲方的全部股权转让金(以港币计价)×[1+(自甲方收到乙方股权转让金之日至乙方发出回购或收购通知之日止的日历天数/365)×10%]-乙方在该期间内自目标公司处获得的分红……

5.2 乙方行使股权回购或收购权利,必须按照上述第 5.1 条约定的期限行使,否则无权提前行使。乙方行使股权回购或收购权利时,仅需向甲方发出书面回购或收购通知即发生法律效力,甲方必须无条件给予回购或收购。甲乙双方应当在乙方发出股权回购书面通知之日起 30 日内签署股权回购协议并办理相关股权变更审批、登记手续(政府机关延长审批、登记的期限仍然为除斥期间),股权变更登记手续完成后的 15 天内,甲方应当按照第 4.1 条约定将回购款项足额按时支付给乙方。

2012 年 9 月 15 日,申请人、被申请人及 C 公司的其他合资方共同签署了《补充协议》,决定对 C 公司的章程作出补充,内容包括:(1)被申请人将其所持有的 C 公司 10%的股权转让给申请人；(2)《补充协议》在投资方法定代表人签字盖章后，自审批机关批准之日起生效。

D 市对外贸易经济合作局于 2012 年 9 月 27 日作出批复，同意被申请人将其持有的 C 公司 10%的股权转让给申请人。

申请人于 2012 年 10 月 5 日、2012 年 10 月 24 日按《补充协议》的约定向被申请人出具金额各为港币 13900605 元的支票，共计向被申请人支付港币 27801210 元。双方后在 D 市工商行政管理局完成了股权转让的变更登记。

股权变更后，C 公司在《补充协议》约定的 36 个月期限内未能上市。在此期间，申请人也没有从 C 公司获得过分红。申请人于 2016 年 1 月 27 日委托律师向被申请人寄送《律师函》，要求被申请人回购申请人所持有的 C 公司股权。被申请人收到通知，但一直未按申请人的要求进行股权回购。

## 四、仲裁庭意见

本案争议所涉及的《补充协议》第 9 条约定，"本协议的效力、解释及履行均适用中华人民共和国法律"。仲裁庭认为，基于双方当事人的明确约定，解决本案争议应适用中华人民共和国法律。

本案核心问题是《补充协议》第 5 条"股权回购和收购"条款是否未生效以及股权回购款应计算至申请人律师发出《律师函》之日止还是计算至被申请人实际支付股权回购款之日止。

### （一）关于回购条款是否未生效的问题

被申请人主张回购条款的性质为附期限的股权转让协议，但未履行相应的审批手续，也未经其他合营各方同意，因此回购条款未生效。被申请人的法律依据是《中外合资经营企业法实施条例》第 20 条，该条第 1 款和第 4 款"合营一方向第三者转让其全部或者部分股权的，须经合营他方同意，并报审批机构批准，向登记管理机构办理变更登记手续""违反上述规定的，其转让无效"的规定，以及《合同法》第 44 条，该条规定："依法成立的合同，自成立时生效。法律、行政法规规定应当办理批准、登记等手续生效的，依照其规定。"被申请人在庭审中还引用了《外商投资企业解释（一）》第 1 条、第 2 条的规定，其中第 1 条规定："当事人在外商投资企业设立、变更等过程中订立的合同，依法律、行政法规的规定应当经外商投资企业审批机关批准后才生效的,自批准之日起生效;未经批准的,人民法院应当认定该合同未生效。当事人请求确认该合同无效的,人民法院不予支持。前款所述合同未经批准而被认定未生效的,不影响合同中当事人履行报批义务条款及因该报批义务而设定的相关条款的效力。"第2条规定:"当事人就外商投资企业相关事项达成的补充协议对已获批准的合同不构成重大或实质性变更的,人民法院不应以未经外商投资企业审批机关批准为由认定该补充协议未生效。前款规定的重大或实质性变更包括注册资本、公司类型、经营范围、营业期限、股东认缴的出资额、出资方式的变更以及公司合并、公司分立、股权转让等。"

仲裁庭认为,《股权转让协议书》及《补充协议》均是申请人与被申请人之间而不是C公司合营各方之间签订的合同。《中外合资经营企业法实施条例》规定,中外合营者在中国境内设立合营企业时,须将包括合营企业合同和章程在内的有关文件报送审批机构。其中第14条明确规定:"合营企业协议、合同和章程经审批机构批准后生效,其修改时同。"被申请人引用的是该条例第20条,即是指在合营一方转让股权时,合营企业各方须就股权变更修改合营企业合同和章程,然后报审批机构批准,并向登记管理机构办理变更登记手续。该程序已体现在申请人受让C公司10%股权的过程中,即:申请人和被申请人签订《股权转让协议书》后,C公司的其他合营方共同就该股权转让事宜对C公司的合营合同及章程进行修改,并将修改后的合营合同及章程提交审批机构批准。D市对外贸易经济合作局在2012年9月27日发出批复,同意所述股权转让,并指明有关企业的其他事项,仍按原批准的合同、章程条款执行。C公司其后在2012年10月10日向登记管理机构办理变更登记手续。申请人与被申请人对于上述股权转让符合法律规定的事实没有争议。

因此,《中外合资经营企业法实施条例》规定的是合营各方签订的合营合同的订立及修改须经审批机构批准后生效,并没有规定在合营各方修改合营合同之前,合营一方在与拟受让方就股权转让中双方的权利义务所签订的协议本身须经审批机构批准后才生效。在关于回购条款的第5.2条第2款中明确约定,如果申请人向被申请人发出通知启动股权回购,双方需进一步签署股权回购协议、办理相关股权变更审批、登记手续。这里必然包括取得C公司其他合营方的同意,就股权回购事宜对合营合同再次进行修改,并报审批机构批准的过程。由于申请人与被申请人所签订的《补充协议》并非《中外合资经营企业法实施条例》所规定的须审批机构批准后才生效的合同,被申请人所引用的《外商投资企业解释(一)》第 1 条及第 2 条并不适用。根据《合同法》第 44 条的规定,《补充协议》包括其中的股权回购条款,应自合法成立时生效。

关于被申请人提及的"国华案",仲裁庭认为:该案例中所涉股权转让协议系由合营公司各方共同签署,其中合营各方一致同意,在条件满足时,由包括被告公司在内的两名股东对合营企业的有关股权进行回购。同时,被告公司是国有单位,其所持有的合营企业股权为国有资产,该案中的股权转让须经国有资产监督管理机构及外商投资主管机构的审批,但国有资产监督管理机构并未批准该回购。由于本案中的合营企业股权不涉及国有资产,并且《补充协议》仅是申请人与被申请人之间而非合营各方之间的协议,因此被申请人所提及的案例对本案不具有参考性。

综上所述,仲裁庭认为,基于本案回购条款系双方当事人的真实意思表示,且该条款内容并无显失公平、违反社会公共利益或不符合法律、行政法规规定的情形,回购条款应为合法有效。被申请人应当按照申请人的要求,回购申请人所持有的 C 公司 10% 的股权。

(二)关于股权回购款应计算至 2016 年 1 月 27 日申请人律师发出《律师函》之日止还是计算至被申请人实际支付股权回购款之日止的问题

申请人主张股权回购款应计算至被申请人实际支付股权回购款之日止,理由是被申请人收到申请人发出的律师函后未履行合同约定的义务,给申请人造成巨额利息损失,理应由被申请人赔偿。

仲裁庭认为,《补充协议》第 5.1 条明确约定了股权回购款的计算方式,即:回购或收购金额=乙方按照本协议支付给甲方的全部股权转让金×[1+(自甲方收到乙方股权转让金之日至乙方发出回购或收购通知之日止的日历天数/365)×10%]-乙方在该期间内自目标公司处获得的分红。根据该计算方式,股权回购款应计算至 2016 年 1 月 27 日申请人向被申请人发出《律师函》之日止。申请人主张在 2016 年 1 月 27 日之后继续计算股权回购款直至被申请人实际支付股权回购款之日止,并无合同依据,仲裁庭不予支持。至于被申请人未及时履行回购义务导致申请人的利息或资金成本损失,由于申请人未明确地以合理方式提出仲裁请求,仲裁庭对此不予考虑。

因此,被申请人回购申请人所持有的 C 公司 10% 股权的回购金额应为:港币 27801210 元×[1+1190/365×10%]-0 = 港币 36865166 元。

## 五、裁决结果

1. 被申请人回购申请人所持有的 C 公司 10%的股权,并向申请人支付对价港币 36865166 元。
2. 被申请人向申请人支付律师费。
3. 本案仲裁费由被申请人承担。
4. 驳回申请人的其他仲裁请求。

## 六、评析

本案是一宗关于对赌协议效力的案件。双方约定在一定期限后申请人有权要求被申请人对目标公司的股权进行回购,如果该期限内目标公司上市,则回购权自行失效。这是一个附失效条件的股权回购条款。其中较为特殊的一点是案涉目标公司为中外合资经营企业,根据《中外合资经营企业法》《中外合资经营企业法实施条例》等的规定,中外合资经营企业在设立、经营、变更、终止等环节均需经行政主管部门审批,那么,投资者与合营股东之间达成的回购条款的效力是否受审批影响?仲裁庭是以怎样的逻辑分析进行认定?随着时代的变迁,外商投资企业的审批制已变更为备案制,《外商投资法》及其实施条例已自 2020 年 1 月 1 日起施行,从审批制到备案制的效力认定规定又有哪些变化?这一系列问题值得关注。

(一)外资审批制概说

1979 年,迎合着改革开放的时代需求,我国颁布了《中外合资经营企业法》,后来又陆续颁布了《外资企业法》和《中外合作经营企业法》(以下统称"三资企业法")及其配套的实施条例或细则。三资企业法确立了外商投资项目的逐案审批制,即外商投资企业在设立、经营、变更、终止等环节均需经行政主管部门审批,未经审批的民事合同效力往往归于未生效。行政行为与民事行为交织在一起,使外商投资企业纠纷复杂化,审理难度加大。尤其是行政审批对民事合同效力的影响成为审理该类纠纷的瓶颈,如何在审理案件中既不僭越行政权,又尊重当事人的意思自治,既有效抑制违约当事人利用行政审批逃避民事责任,又能够与外资行政管理合理衔接,成为涉外商事审判的一大难题。① 考察外资审批制对合同效力的影响,首先应当厘清外资审批的范围。因本案案涉标的公司为中外合资企业,故本文主要以中外合资企业展开论述。

外资审批制度通常是指东道国政府或经其授权的机构根据一定的程序、标准和特定外资、外资项目的性质,依据本国的法律、政策和特定时期的发展水平、重点目标和能力,对流入本国的外国直接投资进行鉴定、甄别、评价,并决定是否给予许可的一种制度。② 实行审批制度的目的是规范、控制和管理外资,消除外资不良影响,保护民族经济的积极作用。外资审批的范围主要包括设立审批和变更审批。尽管立法中未明确设立审批的审查范围,但实践中一般认为与设立有关的一切报批事项均需通过审批,包括立项审批与合营各方签订的合营协议、合同、章程的审批等。变更审批则以重大事项审批为原则,根据《外商投资企业解释(一)》第2条的规定,需经审批的变更应是对已获批准的合同构成重大或实质性变更。该条款进一步列举了重大或实质性变更包括注册资本、公司类型、经营范围、营业期限、股东认缴的出资额、出资方式的变更以及公司合并、公司分立、股权转让。从上述列举的事项来看,重大变更应是与资本变动相关的事项,则实践中出现的补充合同未经批的情形,只要该补充合同不涉及资本的变动,如仅涉及合同的履行细节等情形的,就不在变更审批的范围之内,未经审批不应影响其效力。确定审批范围的意义在于,当纠纷因未报审批或未经审批而发生时,裁判机关可以通过确定其是否属于审批范围而确定合同的效力。③ 如本案所涉的股权回购条款,如认定其属于审批范围之内的相关事项的变更,未经审批的,合同未生效;否则,如无其他不生效情形的,即为有效。

(二)外资审批制对股权回购条款的效力影响

根据本案纠纷发生当时实施的《中外合资经营企业法》及其实施条例等的规定,合资企业的股权转让须经合营他方同意,并报审批机构批准,否则其转让未生效。本案被申请人正是从这一规定出发,提出《补充协议》中的回

---

① 参见刘贵祥:《外商投资企业纠纷若干疑难问题研究》,载《法律适用》2010年第1期。
② 参见姚梅镇主编:《比较外资法》,武汉大学出版社1993年版,第518页。
③ 参见付荣、麻锦亮:《论外资审批的效力》,载《法律适用》2010年第1期。

购条款未经审批机构批准、未经合营他方同意而未生效的抗辩。仲裁庭主要从以下两点进行回应:第一,《中外合资经营企业法》及其实施条例等法律法规是对合营各方签订的合营合同的订立及修改等情况进行规定,案涉《补充协议》是申请人与被申请人签订的,不属于《中外合资经营企业法》及其实施条例或其他相关法律法规规定的需要经过审批才生效的"合营各方签订的合营协议、合同、章程"。第二,《补充协议》的内容并无显失公平、违反社会公共利益或不符合法律、行政法规规定的情形。最终仲裁庭认定股权回购条款合法有效。

仲裁庭主要意见在于《补充协议》(主要指其中的回购条款)不属于《中外合资经营企业法》及相关法律法规的调整范围。笔者认为,其内含的逻辑分析如下:

首先,《补充协议》与法律法规规定的需审批的合营合同或股权转让合同的订立主体不同。《中外合资经营企业法》第3条规定:"合营各方签订的合营协议、合同、章程,应报国家对外经济贸易主管部门(以下称审查批准机关)审查批准……"《中外合资经营企业法实施条例》第20条第1款规定:"合营一方向第三者转让其全部或者部分股权的,须经合营他方同意,并报审批机构批准,向登记管理机构办理变更登记手续。"《中外合资经营企业法》及相关法律法规调整的是"合营各方"订立的合同或者"合营一方与第三方"订立的股权转让合同。而《补充协议》系申请人与被申请人签订,未有其他合营股东参与,且申请人通过受让股权后已经成为合营企业的股东,因此申请人与被申请人既不属于"合营各方",也不属于"合营一方与第三方"。

其次,《补充协议》与法律法规规定的需审批的合营合同或股权转让合同的订立目的以及产生的法律效果不同。《补充协议》,即实践中俗称的"对赌协议",根据对赌标的的不同,可以分为业绩对赌、上市对赌和其他对赌。本案属于上市对赌的类型。

先来回顾一下双方当事人在案涉合同中的交易安排:(1)被申请人将其持有的C公司10%的股权作价人民币22797000元(即等值港币27801210元)转让给申请人;(2)在C公司的股权登记到申请人名下之日起36个月后,申请人有权要求被申请人进行回购,但如果C公司在此期间上市,则回购权失效。回购金额以申请人支付的股权转让金为基准,按照单利10%/年利率标准进行计算,但应当减除申请人自成为C公司股东后获取的分红。从裁决显示的信息来看,C公司注册资本为人民币38890353元,实收资本为人民币38890353元,申请人以人民币22797000元(即等值港币27801210元)的金额受让了C公司10%的股权(对应的注册资本为3889035元),已超出注册资本的5.86倍。申请人以高出原始注册资本数倍的价格受让了股权,其估值实际上是基于目标公司可能会上市或即使未能上市,也能获取10%的收益的价值预判。双方订立《补充协议》的目的是双方为平衡投资风险进行的交易安排。对申请人而言,其追求的投资回报比一般的股权投资及债权投资更为激进,因此面临的风险更为巨大,那么只有确保投资风险得到有效控制才会将资金注入,被申请人就是因为接受了这种激励与约束并存的交易安排才能融得资金。《补充协议》本身不引起股权的变动,《补充协议》赋予的是申请人受让股权36个月后,且C公司未上市的情况下的回购请求权,只有在申请人向被申请人宣告回购时,才激活申请人与被申请人的这一股权回购合同关系,并需要申请人与被申请人、其他合营股东配合签订相关合同及完善法律法规规定的相关手续。而外商投资法律法规规定的合营合同或股权转让合同的订立目的旨在通过建立合营合同关系或股权转让合同关系引起新的权利变动,这种情况是受相关外商投资法律法规调整并约束的。

因此《补充协议》约定的事项既不属于合营企业设立的事项,也未直接引起股权的变动,不属于需审批的变更事项,故其不属于《中外合资经营企业法》等法律法规审批的范围,因此《补充协议》未经审批不影响其效力。

《补充协议》源于当事人的意思自治,当事人双方有自主安排风险调控和经营激励的契约自由,在不违反法律法规强制性规定的情况下,《补充协议》应自成立时生效。仲裁庭作出的有效认定意见考虑了商事投资交易的特点,充分尊重了当事人的商业安排,最大限度地保护了交易方的合理预期,有助于契合"注重保护当事人的缔约机会公平、形式公平,强调意思自治、风险自担"的商事审判理念①,并且有助于诚信营商环境的构建。

(三)司法实践的相关判例

司法实践中有不少相关案例,但对于未经审批的股权回购条款效力意见不一。

---

① 参见王林清:《公司纠纷裁判思路与规范释解》(第二版),法律出版社2017年版,第330页。

1. 张瑞芳案

该案对股权回购条款的效力持肯定意见。该案所涉目标公司江苏旺达纸业股份有限公司(以下简称"目标公司")是一家中外合资企业,旺达公司为目标公司的控股股东,其与张瑞芳达成《股权转让协议书》,约定旺达公司将其持有的部分股权转让给张瑞芳,后续双方达成《股权转让补充协议书》,约定如目标公司在指定期限内未能上市或利润未能达到约定的标准,张瑞芳有权要求旺达公司进行回购。但因其他股东未能配合导致旺达公司未能办妥股权变更登记,更未能办理相关审批手续。后股权回购条件触发,张瑞芳向法院起诉,请求旺达公司回购股权并支付回购款等。广东省高级人民法院作出了终审判决,认为依据法律规定,中外合资经营企业合营一方转让股权应报审批机关批准。未经批准,合同未生效。因此,旺达公司为转让目标公司股权与张瑞芳所签订的《股权转让协议书》和《股权转让补充协议书》中涉及股权转让部分的权利、义务内容因未经审批而应认定合同未生效。但《股权转让协议书》和《股权转让补充协议书》中双方当事人为实现股权转让、张瑞芳合理规避投资股权风险自行约定的股权价值估值调整条款,约定设置该条款的目的是张瑞芳通过签订股权转让协议溢价收购目标公司的股权,在股权转让履行过程中,以控制和锁定投资风险,并约束和激励融入资金的公司改善经营管理,该条款是双方为股权转让合同履行设定的前提条件。因此,该条款效力不应受股权转让合同是否审批的影响。该股权价值估值调整条款的约定没有违反法律、行政法规的强制性规定,依法应认定有效。

2. 内蒙古嘉泰投资集团有限公司诉中国宝安集团股份有限公司等股权转让纠纷案①

该案虽然不涉及股权回购,但其裁判思路具有指导意义。中国宝安集团股份有限公司(以下简称"宝安集团")、深圳恒安房地产开发有限公司(以下简称"恒安地产")、深圳市恒基物业管理有限公司(以下简称"恒基物业")、恒丰国际投资有限公司(以下简称"恒丰国际")作为转让方,内蒙古嘉泰投资集团有限公司(以下简称"嘉泰公司")作为受让方,共同签订《股权转让协议》,约定恒丰国际、宝安集团、恒安地产、恒基物业将持有的上海宝安企业有限公司(以下简称"宝企公司")、上海宝安大酒店有限公司(以下简称"酒店公司")、上海宝安物业管理有限公司(以下简称"物业公司")三家公司的

---

① 参见最高人民法院(2015)民提字第21号民事判决书。

100%股权,转让给嘉泰公司及其所属公司,还约定双方同意收到嘉泰公司首付款人民币1亿元后,尽快安排签署关于三家公司股权转让协议涉及的相关文件及相关部门的批准文件。其中宝企公司、酒店公司两家目标公司均为中外合资企业。后因各方履行合同发生纠纷,嘉泰公司诉至广东省深圳市中级人民法院,以《股权转让协议》未经审批为由请求确认《股权转让协议》未生效,解除《股权转让协议》,返还其支付的首付款1亿元及利息等。最终该案由最高人民法院经再审作出终审判决。最高人民法院认为:第一,本案各方当事人就股权转让事项签订的是一揽子协议,包括三家目标公司股权的变动。第二,涉案协议约定的受让方并不明确,合资企业外方股权的受让方需要由嘉泰公司在中国香港特区另行设立。第三,各方当事人对于需要另行签订具体明确的股权转让协议是应当知晓的。因此,涉案协议是本案当事人之间就三家目标公司股权转让问题达成的框架协议,各个企业股权具体转让问题需要各方当事人按照框架协议的约定进行操作,包括嘉泰公司需要在香港特区设立公司以受让目标公司的外方股权以及签订具体的转让合同等。究其实质,涉案协议属于各方当事人就转让相关企业股权达成的预先约定,这样的预约协议并不需要报经外商投资企业审批机构批准。

所谓预约合同,是指约定将来订立一定契约之契约,目的是确保合同当事人在将来能够订立特定的合同。预约合同仅须当事人意思表示一致即可成立,不违反合同法的效力性规定即可生效。① 最高人民法院根据涉案股权转让协议的内容将其认定为股权转让预约合同,确认该协议无须以外商投资审批机关的批准为生效要件,对本案具有参考意义。尽管本案协议相比预约合同而言,因附条件而具有不确定性,但本案《补充协议》所涉的股权回购条款也是具有预约性质的,即触发回购条件时,被申请人将会配合申请人回购股权并签署相关合同,《补充协议》本身并不直接处分股权,法律法规所要约束的应是股权的流转变更,而非当事人订立合同的自由。因此《补充协议》不受外商投资法律法规的约束。

3. 国华案

该案中法院认为股权回购条款未经审批未生效。该案所涉目标公司常州山由帝杉防护材料制造有限公司(以下简称"山由帝杉公司")原系西安向

---

① 参见林建益:《外商投资企业股权转让预约合同无须经审批即生效》,载《人民司法》2016年第17期。

阳航天工业总公司(以下简称"向阳公司")、金富春集团有限公司(以下简称"金富春公司")、林根永、韩国 CNC 科技有限公司和江苏星源航天材料股份有限公司(以下简称"星源航天公司")设立的中外合资企业。2008 年,林根永作为转让方,国华实业有限公司(以下简称"国华公司")作为受让方,与其他四位合营股东签署了一份《股权转让协议》,山由帝杉公司的其他四位合营股东同意放弃优先受让权,同意由林根永与国华公司依据协议中约定的股权转让条款进行转让。协议中约定如达不到目标业绩,由林根永与向阳公司一起回购国华公司持有的股权。后因山由帝杉公司未达到目标业绩,国华公司诉至法院,请求向阳公司履行回购义务。江苏省高级人民法院作出终审判决认为,涉案股权转让协议包含两个股权转让协议,一个是林根永将其持有的山由帝杉公司的股权转让给国华公司,另一个是国华公司将其受让的股权附条件地转让给林根永和向阳公司。由于山由帝杉公司属于中外合资经营企业,涉案的两个股权转让协议均应履行相应的报批手续。江苏省对外贸易经济合作厅作出的《关于同意常州山由帝杉防护材料制造有限公司股权转让的批复》,仅同意林根永将其在公司的出资额 163.82 万美元,占注册资本 6.82% 的股权转让给国华公司,并未涉及向阳公司回购国华公司股权的部分。因此,涉案股权转让协议中的股权回购条款未生效。

该案中法院将股权转让与股权回购看成两个独立的股权转让合同,且在股权转让合同已经审批的情况下,仍然认为后续的股权回购条款未经审批未生效,法院采用的是比较严苛的标准,但此种意见是片面的。股权回购作为一种创新的权益配置机制,显然用传统的股权法律规范难以涵盖。这种裁判规则未尊重当事人的意思自治,也未充分考虑投资行业的交易特点,无疑会对投资行业的长足发展造成阻碍。

(四)外资审批制到备案制

三资企业法及其实施条例、细则为外商投资领域确立了必要的法律依据,为吸引外商投资作出了巨大贡献。但随着时代进步和实践发展,三资企业法固有的局限性也日渐显露。尤其是其以行政审批为原则和手段,对内资、外资企业进行区别对待,成为外商投资道路上的障碍,不利于外资企业的发展。随着 2016 年外商投资备案制度的到来,相关问题逐步迎刃而解。2016 年 10 月 1 日,全国人民代表大会常务委员会《关于修改〈中华人民共和国外资企业法〉等四部法律的决定》正式实施。根据该决定,对于不涉及国家规定实施准入特别管理措施的外商投资企业,原企业设立和变更相关的审批事项适用备案管理。

基于全面深化改革、扩大改革开放的内在需求以及受到中美贸易谈判的外在推动①,《外商投资法》于 2019 年 3 月 15 日通过,并自 2020 年 1 月 1 日起施行,三资企业法及配套的实施条例、细则同时废止。《外商投资法》取代了三资企业法,翻开了外商投资法制建设的新篇章。同时施行的还有《外商投资法实施条例》、最高人民法院《关于适用〈中华人民共和国外商投资法〉若干问题的解释》(以下简称《外商投资法解释》)。相较三资企业法的外资审批制,《外商投资法》确立了准入前国民待遇加负面清单管理制度。而在准入前国民待遇加负面清单管理制度下,原则上外商投资无须再经审批,投资合同的效力应当贯彻当事人意思自治原则。只有负面清单列明采取特别管理措施的行业和领域,才涉及审批行为对投资合同效力的影响问题。《外商投资法解释》更进一步对未经审批的合同效力进行规定:"对外商投资法第四条所指的外商投资准入负面清单之外的领域形成的投资合同,当事人以合同未经有关行政主管部门批准、登记为由主张合同无效或者未生效的,人民法院不予支持。"

《外商投资法》及配套的实施条例、解释的出台,从根源上解决了未经外资审批的民事合同的效力问题,同时其从制度层面为优化营商环境提供了更为有力的保障,为中外合资企业营造公平竞争、公开透明的营商环境,可以有效激发市场主体的信心,稳定市场预期。

(五) 结语

尽管三资企业法及外资审批制已经成为历史,但本案仲裁庭从当事人的合意出发,将相关法律法规调整的范围与股权回购的法律关系进行比较,最终肯定了股权回购条款的效力这一裁判思路,对实践中涉及其他行政审批的对赌协议效力的认定具有借鉴意义。

(本案例由深圳国际仲裁院庄敏玲编撰)

---

① 参见廖凡:《〈外商投资法〉:背景、创新与展望》,载《厦门大学学报(哲学社会科学版)》2020 年第 3 期。

# 专题二
# 对赌协议承诺

## 案例13　业绩未完成的责任与投资人的经营参与权

**仲裁要点**：在投资人与原股东未对目标公司的经营管理权予以明确分配的情形下，当目标公司业绩未达标时，如果原股东以投资人参与了目标公司的经营管理为由，主张自己不承担对赌义务，原股东需要承担较高的证明责任。对于投资人与原股东未将投资方介入目标公司经营管理造成重大不利影响约定为原股东业绩补偿的限制性条件的，以及原股东未能提供充分证据证明其对目标公司的经营管理权受到了投资方的严重干扰的，或无法证明业绩未达标与投资方实施的行为之间存在因果关系的，原股东以投资人参与目标公司经营管理为由要求免除业绩补偿责任不能获得支持。

### 一、案情概要

2014年7月，申请人（投资人A公司）与被申请人（原股东B自然人）、目标公司C公司及其他协议当事人签订《增资协议》及《补充协议》，主要约定申请人认购C公司新增注册资本，如C公司2016年经审计的税后净利润少于3980万元，申请人有权要求对本次增资额进行调整，本次增资额和调整后增资额之差为补偿额，被申请人需向申请人偿还补偿额的本息。申请人向C公司支付增资价款后，C公司2016年经审计的税后净利润未能达到承诺业绩，申请人认为被申请人有义务向申请人支付全部补偿额本息，但被申请人未在接到申请人通知后按时支付。申请人遂于2019年3月1日向深圳国际仲裁院申请仲裁，提出如下仲裁请求：

1. 被申请人向申请人支付补偿额66472380.41元。

2. 被申请人向申请人支付计算至补偿额实际全部支付之日止的补偿额利息（补偿额利息以补偿额66472380.41元为基数，按照年利率8%计算，暂计至 2019 年 2 月 25 日为 23005716.51 元）。

3. 被申请人向申请人支付违约金 12000000 元。

4. 被申请人承担律师费、仲裁费、保全费。

## 二、当事人主张

(一) 申请人主张

根据会计师事务所出具的《C 公司审计报告》，C 公司 2016 年经审计的实际税后净利润为 -4293345.67 元，未能达到其承诺的税后净利润 3980 万元。因此，《补充协议》约定的支付补偿额本息的条件已成就。

基于这一事实，申请人于 2017 年 9 月 25 日向被申请人出具《通知函》，载明：根据《补充协议》以及 C 公司 2016 年税后净利润金额，申请人有权获得补偿额本金 66472380.41 元与利息（暂计至 2017 年 9 月 1 日为 15164741.09 元），被申请人在 2017 年 12 月 31 日前向申请人支付补偿额本金 6000 万元，并在 2018 年 12 月 31 日前支付剩余金额 21637121.50 元。被申请人于 2017 年 9 月 27 日向申请人出具《通知函签收确认单》，确认收到上述《通知函》。

但截至申请人提起仲裁之日，被申请人未向申请人支付任何款项。为此，被申请人应根据《补充协议》的约定向申请人支付补偿额 66472380.41 元，并应同时支付计算至补偿额实际全部支付之日止的补偿额利息。

(二) 被申请人主张

申请人全面控制 C 公司、改变 C 公司主营业务，导致 C 公司 2016 年净利润指标无法完成，被申请人不应承担支付补偿款、利息及违约金的责任。

1. 根据协议的约定及"对赌"交易的性质，申请人不应参与 C 公司的经营管理，更不应改变 C 公司的主营业务。

关于申请人向 C 公司进行增资的交易，根据相关各方签订的《增资协议》及《补充协议》，本次增资的主要内容为：申请人出资 6000 万元认缴 C 公司 1111111 元新增注册资本；被申请人承诺 C 公司 2016 年净利润不低于 3980 万元，如未实现承诺业绩则相应调减增资价款，由被申请人支付补偿款。

根据《补充协议》的相关约定，申请人成为 C 公司股东后享有的主要权利包括:知情权(第6条)、利润分配权(第7条)、限制C公司总经理及核心高级管理人员离职的权利(第8条)、共同出售权(第9条)、优先清算权(第10条)以及在股东会及董事会中对影响C公司稳定经营相关事项的否决权(第11.3条)。基于前述约定可知,为确保C公司持续稳定经营、维护被申请人作出业绩承诺的交易基础,双方在签订案涉协议时均认可:在业绩承诺期内,C公司主营业务不变,由C公司总经理及原核心高级管理人员继续经营管理C公司,申请人原则上不干预C公司的经营。

案涉协议之所以作出这样的安排,与C公司业绩高度依赖于其主营业务及核心团队的情况紧密相关。C公司成立于2011年,创始团队中的精英来自多家重量级互联网企业。C公司的主打产品为其创始团队开发的、应用于某公司设备的D软件。在申请人与被申请人协商本次增资交易的2014年7月,D软件的用户数量逼近1亿,已成为某系统管理助手第一品牌。与此同时,D软件相关收入占C公司总收入的99%以上。可以说,C公司是否能够持续运营D软件、C公司核心团队是否能够专注地投入D软件的研发及运营工作,在很大程度上决定了《补充协议》项下被申请人作出的业绩承诺能否实现。因此,案涉协议始终贯彻了C公司主营业务不变、核心团队不变的经营原则,这也符合对赌交易的惯例。在投资人以增资形式入股C公司的交易中,C公司原股东对C公司未来业绩及业绩未能实现情况下的补偿作出承诺,该等承诺系基于C公司维持经营管理团队不变、维持主营业务不变的前提而作出的,故投资者在承诺期内不参与C公司经营,更不会改变C公司的主营业务。否则,C公司原股东作出承诺的事实基础不复存在,投资者便丧失了要求C公司股东遵守承诺、履行补偿责任的权利基础。

2. 申请人全面控制C公司经营,安排C公司人员、资金从事与C公司主营业务无关的主播业务,致使C公司无法完成2016年度预期业绩,被申请人不应承担支付补偿款、利息及违约金的责任。

《补充协议》约定的业绩承诺期为2016年度。如前所述,在对于C公司能否实现预期业绩至关重要的2016年及之前几个月的时间内,申请人本应恪守财务投资者的本分,不干预C公司的经营管理,不改变C公司的主营业务。然而,自2015年下半年起至2017年年初的一年半时间内,申请人全面控制C公司,并将C公司的人员、资本挪作与C公司主营业务D软件毫无关联的直播平台业务。

从申请人实际控制人与C公司总经理的沟通记录可以看出,在申请人的主导下，C公司在2016年的主营业务突然变成了筹备和运营直播平台，C公司也变成了服务于直播业务的"后勤部门"，为直播业务提供全面支持。更有甚者，申请人的实际控制人还与C公司控股企业共同出资设立E公司，专门从事直播平台业务。根据被申请人委托专业机构对C公司2016年度财务报表的审查，该报表体现的C公司2016年度研发支出中，有很大一部分系E公司视频直播项目的研发费用。

整个2016年度，申请人控制下的C公司都沉浸在筹备直播平台、试运行直播平台的紧张工作氛围中。然而，就在2016年度结束后不久，申请人的实际控制人告知C公司总经理，直播平台"不做了"，因为"市场完全没有起来的迹象"。2017年1月16日，C公司间接持有的E公司50%的股权被转让给申请人的实际控制人及其指定的第三方，C公司不再参与直播平台业务。

显而易见，在这样的被控制及被迫对外"输血"的过程中，C公司不可能完成被申请人在《补充协议》中预测的业绩，其2016年度发生亏损，完全在情理之中。

被申请人认为，申请人控制C公司的经营、改变C公司主营业务的行为，违反了案涉《增资协议》及《补充协议》确定的履行基础，亦违反了"对赌"增资交易的基本原则。根据诚实信用原则及《合同法》第45条的规定，应当视为C公司2016年度净利润未达标的"条件"未成就，被申请人不应承担支付补偿款、利息及违约金的责任。

## 三、仲裁庭认定的事实

1. 2014年7月，C公司（作为甲方）与申请人（作为乙方）、被申请人（作为丙方2）及其他协议当事人签订《增资协议》，涉及本案争议的主要约定内容如下：

（1）C公司新增注册资本1111111元，由申请人以6000万元认购全部新增注册资本。本次增资前C公司的估值为5.40亿元，按照每1元注册资本对应54元的价格，申请人认购C公司新增注册资本的总价款中1111111元作为C公司新增注册资本，占C公司增资后注册资本的10%，其余58888889元计入C公司的资本公积金。

（2）本协议生效后，申请人在收到C公司付款书面通知后10个工作日内向 C 公司支付第一笔增资价款 3000 万元,第二笔增资价款 3000 万元在交割完成后 10 个工作日内支付,逾期付款的,申请人应按照到期未付增资价款的每日万分之三向 C 公司支付违约金。

(3)C 公司在收到增资价款后应当办理注册资本变更登记,取得变更后《营业执照》之日为登记日,申请人认缴增资所对应的 C 公司的股东权利、义务、风险和责任自登记日起由申请人享有和承担。

2. 2014 年 7 月,C 公司(作为甲方)与申请人(作为乙方)、被申请人(作为丙方 3)及其他协议当事人(包括丙方 1、丙方 2 和丁方 1、丁方 2)共同签订《补充协议》,涉及本案争议的主要约定内容如下:

(1)第 1.1 条:C 公司与丙方谨慎预测 2016 年度净利润(已扣除非经常性损益后归属母公司所有的净利润为准)为 3980 万元。C 公司和丙方承诺将以 2018 年年底前中国境内或境外成功上市为目标。

(2)第 2.1 条:C 公司和丙方承诺:2016 年度净利润不低于 3980 万元;2016 年实现 C 公司自主研发的移动端软件连续 30 日日活跃用户数量(DAU)均值的最大值不小于 400 万。

(3)第 2.2 条:如发生以下情形之一的,申请人有权要求对本次增资额进行调整:①2016 年经审计的税后净利润少于 3980 万元的;②2016 年 C 公司自主研发的移动端软件连续 30 日 DAU 均值的最大值小于 400 万的。

如果①、②情形单独或同时发生,则申请人的增资额调整,且申请人的股权比例不变。本次增资额和调整后增资额之差为补偿额,丙方需按 8%/年的单利向申请人偿还补偿额的本息。补偿额为"(2016 年承诺的税后净利润即 3980 万元-2016 年经审计的实际税后净利润)÷2016 年承诺的税后净利润即 3980 万元×6000 万元"和"(2016 年承诺的连续 30 日 DAU 均值的最大值即 400 万-2016 年实际的连续 30 日 DAU 均值的最大值)÷2016 年承诺的连续 30 日 DAU 均值的最大值即 400 万×6000 万元"的孰高值。

如果触发增资额调整的事件发生,C 公司应当在该等事件发生后 1 个月内书面通知申请人,申请人应该在接到 C 公司通知后 3 个月内书面通知回复 C 公司是否行使增资额调整权利,申请人未在 3 个月内回复通知的,视为申请人放弃该等权利。如果触发增资额调整的事件发生但 C 公司没有在约定的时间内通知申请人的,并不影响申请人行使该等权利。

补偿额本息应在申请人书面回复通知发出之日起 12 个月内全额支付给申请人。

(4)第11条：投资完成后C公司董事会由5名董事组成，丙方委派3名，丁方有权委派1名，申请人有权委派1名。股东会会议至少每年召开一次，董事会会议至少每季度召开一次。其中董事对变更公司的主营业务方向等事项拥有一票否决权。

(5)第14条约定，本协议生效后，C公司原股东彼此之间、原股东与C公司之间曾经签署过的协议与本协议不一致的，均以本协议为准。本协议未约定的，按照《增资协议》的约定执行，本协议与《增资协议》约定不一致的，以本协议内容为准。

3. 2014年8月20日，C公司作出股东会决议，同意增加注册资本，由申请人认购新增1111111元注册资本，持有10%股权。

4. 2014年9月16日、2014年9月19日、2014年12月12日申请人分三次向C公司支付增资价款1111111元、28888889元和3000万元。

5. 2014年9月19日，C公司向申请人出具第一笔增资款收据，确认收到申请人第一期3000万元增资款。2014年12月12日，C公司向申请人出具第二笔增资款收据，确认收到第二期增资款3000万元。

6. 2014年12月1日，C公司向申请人签发《股东出资证明书》，证明申请人增资已于2014年12月1日完成交割，申请人按照出资额享有C公司股东权利。

7. C公司2015年度、2016年度和2017年度报告均记载C公司主营业务未发生变化，仍然以游戏联运为主。其中2016年度和2017年度主营业务成本下降的原因是游戏联运收入下降导致分成成本减少。在2016年度报告关于C公司发展战略的描述中指出，"直播与游戏产品的结合，也将成为我们研究的对象和方向。除此之外，互动直播类游戏产品，针对主播专属的挑战游戏及主播排行类游戏等，也将成为我们关注的内容"。

8. 2016年3月至2017年3月期间，C公司总经理与申请人的实际控制人就C公司开展直播业务进行沟通和交流。

9. 2017年6月27日，会计师事务所出具《C公司审计报告》，C公司2016年经审计的实际税后净利润为-4293345.67元。

10. 2017年9月25日，申请人用EMS向被申请人寄送《通知函》，要求被申请人在2017年12月31日前按照《补充协议》的约定支付补偿款。被申请人于2017年9月27日确认签收。

## 四、仲裁庭意见

**（一）申请人能否要求被申请人对增资额进行调整并且支付补偿款**

《补充协议》第2条对增资额调整作出明确约定，在C公司2016年度经审计的税后净利润少于3980万元，申请人所持股权不变的情况下，其在《增资协议》中的增资额应当予以调整。2017年6月27日，会计师事务所出具《C公司审计报告》，证明C公司2016年经审计的实际税后净利润为-4293345.67元，未实现《补充协议》第2.1条约定的业绩承诺，对此事实，被申请人亦明确予以确认。因此，申请人要求被申请人支付增资额调整的补偿额的条件已经成就，按照《补充协议》第2.2条第4款的约定，被申请人应当在收到申请人书面通知后12个月内将补偿额本息全额支付给申请人。申请人于2017年9月25日向被申请人发出书面通知，要求被申请人支付补偿额本息，被申请人于2017年9月27日签收确认前述书面通知，故被申请人应当最迟于2018年9月28日将补偿额本息支付给申请人。基于此，按照《补充协议》第2.2条第2款的约定，补偿额计算方式为：[2016年承诺的税后净利润即3980万元-(-4293345.67元)]÷2016年承诺的税后净利润即3980万元×6000万元=66472380.41元。补偿额利息计算以66472380.41元为基数，按照年利率8%（单利），从2018年9月29日开始计算至补偿额实际付清之日止。

**（二）被申请人能否以申请人实际控制了C公司为由主张抗辩**

被申请人以申请人的实际控制人参与C公司经营活动并改变C公司主营业务为由抗辩其不应承担支付补偿额、利息的责任。仲裁庭认为，相对于投资者而言，被申请人作为使用募集资金的创业者，对于C公司业务发展方向、产品技术等负有更大的责任。根据C公司的工商登记信息及股东会决议等文件记载证明，C公司从股权比例、管理层方面均未显示受到申请人的控制，而C公司的2014年至2017年年度报告也清楚说明C公司的主营业务未发生改变，被申请人在本案中提交的相关证据并不能证明其主张，而且，即使被申请人提交的证据中存在申请人的相关工作人员曾经与C公司管理人员对公司业务经营进行沟通和交流，但申请人作为投资者出于对投资项目的关注,对所投资的公司提出经营管理的建议、意见,以及在一定程度上的参与和帮助,本身也合乎情理。在 C 公司具备完整的公司治理结构、对于主营业务调整也明确规定了相应程序的情况下,在被申请人并未提供任何证据证明申请人曾强迫被申请人或 C 公司改变主营业务的情况下,在没有证据证明被申请人曾对申请人提出的建议进行过明确反对的情况下,即便被申请人提交的微信等证据显示申请人曾对 C 公司的业务经营提出过建议和意见,也不能将 C 公司改变主营业务和未完成业绩承诺的责任归咎于申请人。更何况,C 公司主营业务是否改变、被申请人是否丧失 C 公司的控制权和管理权也非合同约定的增资额调整补偿的限制条件。故被申请人的抗辩理由不能成立,仲裁庭不予采纳。

## 五、裁决结果

1. 被申请人向申请人支付补偿额 66472380.41 元。
2. 被申请人向申请人支付补偿额利息,利息以补偿额 66472380.41 元为基数,按照年利率 8%(单利)计算,从 2018 年 9 月 29 日开始计算至补偿额实际付清之日止。
3. 被申请人向申请人支付违约金,违约金以补偿额 66472380.41 元为本金,按照中国人民银行同期贷款利率的标准,从 2018 年 9 月 29 日起计算至第 1 项、第 2 项裁决确定的债务全部付清之日止(但违约金最高不应超过 1200 万元)。
4. 被申请人赔偿申请人支出的律师费、保全费。
5. 本案仲裁费由申请人承担 10%,由被申请人承担 90%。

## 六、评析

投资方与原股东在投资协议中设定目标公司在约定期限内需要完成的业绩目标,并同时约定如目标公司未达到业绩目标时,原股东将要对投资方给予投资估值调整、业绩补偿或股权回购,这种投融资对赌模式是股权投资活动中被普遍采用的模式。

## (一)目标公司业绩与经营管理权

在对赌交易模式下,原股东为了避免业绩补偿、股权回购、估值调整等对赌责任的承担,通常会要求由自己主导目标公司的经营管理,而作为投资人,尽管其对目标公司进行投资是基于对原股东的运营管理能力有信心,但其在对目标公司投入巨额资金后,为了避免自己的投资出现风险,仍然会密切关注投资项目,并且会在目标公司的日常经营管理过程中经常提出各种建议和意见,有的甚至还直接参与到目标公司的经营管理或决策过程中。在这种情况下,一旦目标公司之后未能实现约定的业绩目标,投资方与原股东之间常常会对目标公司未能实现业绩目标的责任问题产生争议。在争议当中,原股东通常会提出目标公司业绩未能达标系因投资方过度参与目标公司的经营管理、投资方限制或剥夺了原股东对目标公司的经营管理权以及对目标公司的正常交易构成阻碍等抗辩理由,并以此为由主张业绩对赌的条件未成就。本案的案情便是如此。申请人作为投资方,在C公司未能达到《补充协议》约定的业绩指标时,依据约定要求被申请人承担业绩补偿责任。被申请人作为C公司的原股东和经营管理人员对此提出抗辩,认为导致C公司的业绩指标无法完成是因为申请人在完成投资之后控制了C公司,参与了C公司的经营活动并改变了C公司的主营业务,故根据诚实信用原则及《合同法》第45条的规定,应当视为C公司业绩指标未达标的条件未成就,不应承担业绩补偿责任。

## (二)司法实践的裁判思路

对于业绩承诺未能完成的原因是否与申请人参与C公司经营管理有关的问题,司法实践中是如何认定的?笔者结合检索到的相关案例,归纳总结出以下主要裁判思路:

1. 对于投资方系正常行使股东权利或者根据投资协议的约定通过委派董事、监事等高级管理人员参与目标公司经营管理的,如投资方的行为符合《公司法》中股东权利义务的相关规定,并且遵循了目标公司章程的规定,则主流裁判观点认为,投资方以股东身份参与目标公司的经营管理或者按照投资协议约定的管理架构派人参与目标公司的经营,属于股东依法享有的权利,原则上不影响原股东在目标公司业绩不达标的情况下依约承担业绩补偿的责任。

2. 对于投资人与原股东在投资协议中明确约定由投资人享有目标公司经营管理权,如果原股东在目标公司业绩不达标时以自己未参与目标公司的经营管理为由要求免除其业绩承诺及业绩补偿责任的,现有裁判观点通常会以原股东对于投资人享有经营管理权的安排事先清楚和接受为由,认为原股东的抗辩"没有合同依据"。如北京市高级人民法院在江苏中赛环境科技有限公司与金鸿控股集团股份有限公司股权转让纠纷二审民事判决书①中便认为:中赛科技公司签订《股权转让协议》时,对于由彭晓雷团队负责目标公司经营、金鸿控股公司负责目标公司财务及风控的安排是清楚并接受的,金鸿控股公司收购目标公司后目标公司的经营、管理亦按照合同约定的架构进行。中赛科技公司以自己未参与目标公司经营为由要求免除业绩承诺及业绩补偿责任没有合同依据。

3. 对于投资人与原股东在投资协议中明确约定由原股东享有对目标公司的经营管理权,或者双方未对目标公司的经营管理权予以明确分配的,当目标公司业绩未达标时,如果原股东以投资人参与了目标公司的经营管理为由,主张自己不承担对赌义务,原股东则需要承担较高的证明责任。原股东在这方面的举证内容通常包括:需提供证据证明投资人存在使目标公司经营状况恶化的动机;需有证据证明业绩指标未能完成系因投资方利用股东身份对目标公司的经营形成过度干预,以及该等过度干预已使原股东实际丧失了经营权;需有证据证明目标公司未能达到业绩对赌目标与投资者的经营行为之间具有因果关系;或者需证明投资人存在违规操作、阻碍交易、损害公司利益等阻碍目标公司正常经营并导致目标公司遭受损失的行为。只有在原股东提供了充分证据的情况下,司法机关才会依据投资协议的约定,从公平及权利义务对等的角度认定业绩承诺未能完成与申请人参与目标公司的经营管理有关,才会采纳原股东提出的对目标公司的业绩承诺不再需要履行,投资人无权再以失去基础的业绩对赌条款主张业绩补偿的抗辩意见。例如,在"京福华越(台州)资产管理中心、恒康医疗集团股份有限公司诉兰考县兰益商务咨询中心等股权转让纠纷案"②中,原股东便是以自己指定的管理层被投资人暂停职务为由,主张投资人的行为导致业绩补偿条款无法继续履行,应当解除。在该案中,四川省高级人民法院经审理认为:"……正是基于

---

① 参见北京市高级人民法院(2019)京民终 124 号民事判决书。
② 参见四川省高级人民法院(2019)川民终 1130 号民事判决书。

徐征(注:原股东指定的管理层)前期对三家目标医院的经营管理经营优势,作为对赌一方的原股东来说,指定徐征担任董事长管理目标医院,方能控制目标医院未来的经营风险及实现承诺的目标医院业绩,二上诉人作为投资者也由此降低了其经营风险,将经营不善的风险交由原股东及徐征,由原股东及徐征承担业绩差额的补偿,这符合对赌双方的利益驱动,也符合双方业绩对赌的初衷。如股权转让之后,受让方全盘接管管理公司,原股东指定的管理层不再管理经营目标医院,仍由原股东及实际控制人承担经营业绩不达约定的补偿,明显加重了原股东所应承担的风险,也有悖公司法基本原理。故,应认定徐征担任公司3年董事长,是《业绩补偿之补充协议》实现的重要条件。本案徐征被暂停职务后,徐征及兰益商务中心等13家合伙企业无法参与和控制目标医院的运营,也难以实现对目标医院经营业绩的控制和预期,继续履行《业绩承诺之补充协议》关于业绩不达标将进行补偿的约定丧失了基础。"

但是,有更多案例表明,对于投资人与原股东未将投资方介入目标公司经营管理造成重大不利影响约定为原股东业绩补偿的限制性条件的[1],以及原股东未能提供充分证据证明其对目标公司的经营管理权受到了投资方严重干扰的,或无法证明业绩未达标与投资方实施的行为之间存在因果关系的,法院最终会认定原股东以投资方参与目标公司经营管理为由要求免除业绩补偿责任"缺乏事实依据"。如在"华菱津杉(湖南)创业投资有限公司诉北京瑞丰投资管理有限公司、王宏英合同纠纷案"[2]中,武汉市中级人民法院认为:"王宏英提出华菱津杉公司入股后成为三环公司的实际控股股东,从而导致三环公司连续三年亏损,不正当地促成了回购条件成就的答辩意见。王宏英为支持其主张,提交了华菱津杉公司人员参与审议了《推选公司第七届董事会成员》等议案,以及参与选举第七届董事会董事成员的会议的证据,并提交了向德伟与曹大宽系同学的相关证明,但该证据均不能证明向德伟参与三环公司董事会会议,以及华菱津杉公司的派出人员到三环公司任职均与三环公司连续三年亏损并至今未上市之间存在因果关系,故王宏英提出华菱津杉公司导致回购条件不正当成就的抗辩意见无事实依据,本院不予支持。"

---

[1] 参见"方强、陆芸芸诉北京四方继保自动化股份有限公司合同纠纷案",北京市高级人民法院(2019)京民终252号民事判决书。
[2] 参见湖北省武汉市中级人民法院(2015)鄂武汉中民商初字第00301号民事判决书。

在"深圳市创新投资集团公司诉徐雁、王晓峰、杨政宇合同纠纷案"①中,一审法院认为,"创新公司不存在使目标公司经营状况恶化的动机","创新公司作为投资方向目标公司进行投资以后,其委派人员作为目标公司的董事,参与目标公司的经营管理系正当的公司管理行为,并无不妥,不能以此为由,认定创新公司存在不正当促使目标公司经营状况恶化","一般来说,公司经营状况的恶化系多方面原因所致,包括整体经济走向、市场行情、客户来源等,本案中,根据现有证据,无法确定公司经营状况恶化、无法上市的具体原因,当然亦无法得出目标公司经营恶化系由创新公司的行为所致的结论"。另外,在"周宝星诉嘉兴秉鸿宁川创业投资合伙企业(有限合伙)股权转让纠纷案"②及"深圳市宝诚红土文化产业基金合伙企业(有限合伙)诉王小康、王劲茹股权转让纠纷案"③的民事判决书中,审理法院也持相同的审判观点,对案件事实有类似认定。

综上可以看出,在认定业绩承诺未能完成的原因是否与投资人参与目标公司的经营管理有关的问题上,裁判机关会着重关注双方是否将原股东丧失目标公司控制权和管理权约定为业绩补偿义务的限制条件,原股东提供的证据是否充分,证据是否能证明投资人参与了目标公司的经营,投资人参与目标公司的经营管理是否符合双方对经营权分配的约定,投资人是否确实存在对目标公司经营的过度干预以致造成原股东的权利义务不对等,以及目标公司的业绩未达标是否与投资方参与经营的行为之间存在因果关系等情形。

### (三)关于本案被申请人的抗辩能否成立

具体到本案,仲裁庭的审理思路与前述多数裁判机关的审理思路基本一致,即在查明签署《增资协议》《补充协议》并未改变被申请人享有C公司的经营管理权限,以及《增资协议》《补充协议》未将C公司主营业务改变、被申请人丧失C公司控制权和管理权约定为业绩补偿义务的限制条件的情况下,在对案件当事人提供的C公司工商登记信息、股东会决议内容、年度财务报告以及申请人参与C公司经营的具体情形等证据进行具体分析之

---

① 参见上海市第一中级人民法院(2016)沪01民终2416号民事判决书。
② 参见北京市第一中级人民法院(2019)京01民终1905号民事判决书。
③ 参见广东省深圳市罗湖区人民法院(2020)粤0303民初16233号民事判决书。

后,认为被申请人作为使用募集资金的创业者,对于 C 公司业务发展方向、产品技术等理应负有更大的责任,申请人在本案中从事的一系列行为系申请人作为投资者出于对投资项目的关注,对所投资的公司提出经营管理的建议、意见,以及在一定程度上的参与和帮助,合乎情理,不属于严重干扰 C 公司的经营管理权的行为,被申请人所提交的证据不能证明申请人实际控制了 C 公司股东会、董事会,并改变了 C 公司的主营业务方向,最终对被申请人以申请人参与了 C 公司的经营管理主张自己不需承担业绩对赌义务的抗辩理由未予支持。

(本案例由深圳国际仲裁院仲裁员冯东和深圳国际仲裁院张辰浩编撰)

# 案例 14　对业绩承诺的理解发生争议时如何进行合同解释

**仲裁要点：** 投资人与回购义务人对于约定回购条件的条款理解存在争议的，仲裁庭应依法律规定的合同解释方法，即文义解释、整体解释、目的解释、习惯解释、依据诚信原则解释，对合同条款进行合理解释，从而准确地认定回购条件是否成就。

## 一、案情概要

2016年11月14日，申请人（A合伙企业）作为投资方，被申请人（自然人B，目标公司的实际控制人）、其他五位自然人、两个合伙企业作为原股东，以及目标公司共同签订了案涉《投资协议》。《投资协议》约定，申请人以现金1500万元认购目标公司新增24.5902%股权，其中1918163元计入目标公司的注册资本，其余13081837元计入目标公司的资本公积金。

2016年11月25日，申请人向目标公司支付了投资款1500万元。2016年12月26日，目标公司进行了工商变更登记，申请人登记为股东，持股比例24.5902%。被申请人担任目标公司的总经理、执行董事、法定代表人，持有目标公司31.35%的股权。

《投资协议》另就被申请人回购投资人所持股权的回购条件、回购方式、回购款支付时间、违约责任等事宜进行了约定。其中，《投资协议》第15.1条约定："如遇有下列情形之一，本轮投资方有权在知晓下述任一情形立即要求实际控制人回购本轮投资方所持有的公司股份……（1）公司在2017年、2018年和2019年的税后净利润分别未达到200万元、240万元和288万元。"目标公司2017年12月的《利润表》及《资产负债表》显示其2017年末税后净利润为-3585105.37元。申请人认为因目标公司2017年的净利润未达到《投资协议》约定的业绩标准,已经触发了回购条款,故于2018年9月25日向被申请人发出《通知书》,要求被申请人履行回购义务、支付股权回购款,并多次向被申请人发送《股份回购协议》文本以尝试就股权回购事宜达成合意。然被申请人在收到《通知书》之后并未与申请人就股权回购事宜签署新的书面协议,也未支付股权回购款。申请人遂于2018年11月8日向深圳国际仲裁院申请仲裁,提出如下仲裁请求:

1. 被申请人回购申请人持有的目标公司24.5902%的股权。

2. 被申请人向申请人支付股权回购款(以1500万元为基数,自2016年11月25日起,按年利率10%,计算至2018年10月26日)。

3. 被申请人向申请人支付逾期利息(以1787.50万元为基数,按年利率19%,自2018年10月27日起,计算至实际清偿之日止)。

4. 被申请人承担本案所有仲裁费用。

## 二、当事人主张

本案中双方当事人的争议焦点为股权回购条件是否成就。

### (一)被申请人认为股权回购条件未成就的理由

1. 被申请人本人并未参与目标公司与申请人关于《投资协议》的条款谈判,当时的目标公司运营与《投资协议》的谈判系目标公司另外两位自然人股东负责。被申请人随后从其中一位股东处得知目标公司运营状况不佳急需资金补充,两位自然人股东已与申请人谈妥《投资协议》以获得融资继续发展目标公司,并向被申请人解释《投资协议》第15.1条约定理解为只要2017年、2018年、2019年有一年达到税后净利润指标即可,目标公司有3年时间用于发展,所以被申请人签署《投资协议》。

2. 《投资协议》第15.1条约定,"如遇有下列情形之一,本轮投资方有权在知晓下述任一情形立即要求实际控制人回购本轮投资方所持有的公司股份……(1)公司在2017年、2018年和2019年的税后净利润分别未达到200万元、240万元和288万元"。据此,公司如若在2019年税后净利润达到288万元,则"公司在2017年、2018年和2019年的税后净利润分别未达到200万元、240万元和288万元"的回购条件不成立,然而,2019年并未结束,公司在

2019年税后净利润未可得知,申请人无权主张被申请人回购股权。

(二)申请人认为股权回购条件已经成就的理由

1. 从文义解释角度看,《投资协议》第15.1条中约定的"(1)公司在2017年、2018年和2019年的税后净利润分别未达到200万元、240万元和288万元",此处使用"分别"的目的是对2017年、2018年及2019年每年的净利润指标作出具体的金额要求,是想明确只要2017年目标公司的税后净利润未达到200万元,或只要2018年目标公司的税后净利润未达到240万元,或只要2019年目标公司的税后净利润未达到288万元时,申请人有权在知晓任一情形后立即要求被申请人回购申请人所持有的目标公司股权并支付回购价款。

2. 从整体解释及合同目的解释角度看,显然,《投资协议》的定性是商业性质的投资协议,是申请人与被申请人及其他各方共同签署的关于申请人投资目标公司、目的在于追求投资收益的商业属性的股权投资协议。申请人本身系一个投资合伙企业,其向目标公司出资的1500万元系由众多有限合伙人(投资人)和普通合伙人共同出资。《投资协议》之所以设定净利润指标要求,目的是保障申请人作为一个财务投资者,以获取合理的投资收益的合法目的。此外,股权投资的目的是追求被投资企业的稳步增长,设立2017—2019年三个净利润指标是基于衡量目标公司持续增长性的目的。如果仅能在2017年、2018年、2019年三个年度净利润均未达标的情况下才可行使回购权利,在某种意义上被投资的目标公司及其实际控制人可以通过操纵目标公司财务数据、恶意调节其中任意一年的税后净利润的手段,以达到其恶意规避回购义务的目的。这不是申请人作为财务投资者所追求的,也不是签订《投资协议》及本次投资的出发点和目的。目标公司现处于初创期,股权投资机构对于这个阶段的投资更注重持续经营能力和连贯的成长性,每一年的税后净利润是否达标都是投资机构对目标公司的重要考量因素。只要其中有一年不达标,则影响了投资机构对处于该阶段的目标公司(被投资企业)的判断,这也对股权投资目的(即合同目的)能否实现构成了重大影响,这些也是股权投资领域的商业惯例和共识。因此,2017年至2019年每一年的税后净利润作为回购的独立考核因素,是订立《投资协议》时各方的真实意思表示,也是协议各方已达成的共识。

3. 如果按照被申请人对回购条款的理解,一来违背文义解释原则,二来违背了《投资协议》的合同性质及合同目的,三来也违背了诚实信用、公平平等、保护交易安全、交易公平的基本民商法原则。综上,鉴于 2017 年目标公司净利润未达到约定标准,故股权回购条件已经成就。

## 三、仲裁庭认定的事实

1. 2016 年 11 月 14 日,申请人作为投资方,被申请人、其他五位自然人、两个合伙企业作为原股东,同目标公司共同签署了《投资协议》,其中与本案争议相关的主要内容如下:

(1) 申请人以现金 1500 万元认购目标公司新增 24.5902% 股权,其中 1918163 元计入目标公司的注册资本,其余 13081837 元计入目标公司的资本公积金。投资完成后,目标公司注册资本由 5882353 元增加至 7800516 元,申请人持有目标公司 24.5902% 的股权。

(2) 被申请人为目标公司管理层股东、法定代表人及实际控制人,持有 31.3483% 的股权。

(3)《投资协议》第 15 条"股份回购"约定的内容如下:

15.1 如遇有下列情形之一,本轮投资方有权在知晓下述任一情形立即要求实际控制人回购本轮投资方所持有的公司股份,股份回购价格按以下方式确定:本轮投资本金(即本次增资款)和按投资本金年利率 10% 计算的收益之和,即:回购价格为:1500 万元 + 1500 万元 × 10% N/12(N 等于实际投资的月数)(实际控制人支付回购价格时应有权扣除届时公司已支付给投资方的税后股利或需公司代扣代缴的税费等)。

(1) 公司在 2017 年、2018 年和 2019 年的税后净利润分别未达到 200 万元、240 万元和 288 万元……

15.2 实际控制人在收到投资方"股份回购"的书面通知之日起 30 日内与投资方签署书面的《股份回购协议》并付清全部股份回购款(根据本条第 1 款计算),逾期未支付完毕的,还需支付相应利息(利率为中国人民银行同期贷款利率的 4 倍)。

2. 2016 年 11 月 25 日申请人通过某银行向目标公司支付了投资款 1500 万元。

3. 2016 年 12 月 26 日,目标公司进行了工商变更登记,申请人登记为股东,持股比例 24.5902%。

4. 被申请人担任目标公司的总经理、执行董事、法定代表人,持有目标公司31.35%的股权。《投资协议》明确被申请人为目标公司的实际控制人。

5. 目标公司2017年12月的《利润表》及《资产负债表》显示目标公司2017年末税后净利润为-3585105.37元。

6. 2018年9月25日,申请人向被申请人发出《通知书》,要求被申请人履行回购义务、支付股权回购款。被申请人于2018年9月27日妥收《通知书》。

7. 2018年10月12日、2018年10月16日、2018年10月17日,申请人的员工曾通过微信与被申请人协商并发送PDF文件"目标股权回购协议-V1.0",希望被申请人签署,但双方并未能够签署。

## 四、仲裁庭意见

仲裁庭认为,要认定股权回购条件是否成就,主要问题在于如何理解《投资协议》第15.1条中约定的回购触发条件,即"公司在2017年、2018年和2019年的税后净利润分别未达到200万元、240万元和288万元"中的"分别"是指目标公司只要2017年、2018年和2019年其中一年没有达到税后净利润指标便可触发回购,还是指只有2017年、2018年和2019年每一年都达不到税后净利润指标时才触发回购。

对于《投资协议》第15.1条的理解,应当根据《合同法》第125条的规定,按照合同所使用的词句,结合合同的目的、合同签署背景以及诚实信用原则,综合进行理解。

1. 从第15.1条的字面对该条进行解释,即从文义解释角度分析,"公司在2017年、2018年和2019年的税后净利润分别未达到200万元、240万元和288万元"中使用的"分别"字样,其作用仅仅是为了能够将该句后面列出的每年不同的净利润指标予以逐一区别和对应,此处使用"分别"两字进行表述,按照通常理解,并不能使本段文字得出"只有2017年、2018年和2019年每年都未达到税后净利润才构成回购条件"的理解结果。

2. 从合同签署的目的和背景来看,申请人本身是一个专业从事股权投资的合伙企业,股权投资机构对于创业阶段的投资注重的是其持续经营能力和连贯的成长性,因而每一年的税后净利润是否达标都是投资机构对目标公司的重要考量因素,申请人签订《投资协议》的目的当然也是如此。《投资协议》对于投资后目标公司三年内每一年都设定净利润指标,并且所设定的净利润指标逐年提高,清楚表明申请人投资的目的就是为了促使目标公司的盈力能力能够持续增长,从而保障申请人作为一个财务投资者能够逐年连续获取合理的投资收益。假如按照被申请人的理解,认为《投资协议》第15.1条约定的情形是只要2017年、2018年、2019年三年当中有一年达到税后净利润指标即可,那对于投资者而言,相当于说投资者的投资目的仅仅是在投资的三年期间只追求一年有所收益,而无视目标公司的经营是否具备持续增长的盈利能力,这显然不符合股权投资的正常逻辑。

3. 从遵循诚实信用原则的角度来看,仲裁庭注意到,被申请人在庭审中提及:"当时如果是我个人谈这个协议的话,我是不会同意和接受关于净利润的指标,因为这个行业基本上所有的玩家都在亏损,行业此刻要想真的赚大钱,很快有高的净利润是可能性不大的,如果我自己谈是不会接受的,但是当时我是清楚的,也不是被骗的……目标公司运营状况不佳,急需资金补充,另外两位自然人股东谈下了这份《投资协议》,申请人对我们这个团队看好,愿意出资1500万元投资我们,同时其中一位自然人股东跟我重点解释了申请人提到的《投资协议》第15.1条,这条在整个《投资协议》中是非常重要的,在行业内一般都叫对赌条款,如果一些指标没有达到,就会触发回购的后续情况……"由此可见,对于《投资协议》第15.1条所约定的"对赌条款"的具体内容,被申请人在签订《投资协议》的时候是清楚的。仲裁庭认为,被申请人作为一名创业者,在创业之初,面对行业竞争及公司经营的困境,身心遭受巨大压力,之后经过自己的努力,重新树立对目标公司未来发展的信心,仲裁庭对此表示认同。但具体到本案,被申请人当初为了让目标公司能够获得融资,在明知行业发展情况及目标公司实现净利润指标可能有困难的情况下,仍然与申请人签订《投资协议》,承诺每一年需要实现的净利润指标,但在取得融资后,在目标公司无法实现当初承诺的净利润的情况下,又为了逃避回购义务而采取将《投资协议》第15.1条约定的每一年均需要实现净利润指标理解为三年当中只需要有一年实现净利润指标的做法,有失诚实信用,仲裁庭对此不予支持。

基于目标公司2017年末税后净利润为-3585105.37元,未能达到《投资协议》第15.1条约定的2017年税后净利润指标,同时,被申请人在庭审中还确认目标公司2018年的经营状况仍然亏损,税后净利润也将无法达到《投资协议》约定的2018年的税后净利润指标。因此,根据《投资协议》第15.1条的约定,申请人要求作为目标公司实际控制人的被申请人履行协议约定的回购义务条件已经成就。

## 五、裁决结果

1. 被申请人回购申请人持有的目标公司 24.5902% 的股权。
2. 被申请人向申请人支付股权回购款 1787.50 万元。
3. 被申请人向申请人支付逾期利息（以 1787.50 万元为基数，自 2018 年 10 月 27 日起按中国人民银行同期贷款利率的 4 倍计算至全部回购价款付清之日）。
4. 本案仲裁费由被申请人承担。

## 六、评析

本案争议焦点是对回购触发条件这一核心争议条款的理解问题，虽然仅以该问题作为争议焦点的案件并非多数，但是在审判实践中，大量的案件争议焦点都包含对合同条款的理解。合同当事人对于合同条款理解的争议，一方面，可能源于合同条款的表述不够准确、语意模糊，在签订合同时合同当事人的真实意思表示就不完全一致，而后在合同履行过程中义务方按照自己的理解履行，权利方将会认为义务履行方的合同履行存在违约情形，此时认定义务方是否违约的前提就是确定对合同条款的理解；另一方面，可能是当事人在订立合同和履行过程中已经达成一致的意思表示，但是在争议产生后，为支持自己的主张，按照有利于自己的方式解读合同条款。但不论对于合同条款理解的争议产生的时点是什么，合理、适当地对合同条款进行解释和认定，都是公平、公正裁决的重要前提。裁判者的自由裁量权对于合同解释的影响重大，需要给裁判者相应的合同解释指引，以降低裁判者的专业能力对合同解释及裁判结果带来的影响，也需要给裁判者合同解释的规范，以限定裁判者自由裁量权的范围。

（一）我国法律规定的合同解释的解释规则

本案适用《合同法》。《合同法》就合同解释的规则在第 125 条第 1 款中作出规定："当事人对合同条款的理解有争议的，应当按照合同所使用的词句、合同的有关条款、合同的目的、交易习惯以及诚实信用原则,确定该条款的真实意思。"自2021年1月1日起施行的《民法典》就合同解释的规则在第142条中作出规定:"有相对人的意思表示的解释,应当按照所使用的词句,结合相关条款、行为的性质和目的、习惯以及诚信原则,确定意思表示的含义。无相对人的意思表示的解释,不能完全拘泥于所使用的词句,而应当结合相关条款、行为的性质和目的、习惯以及诚信原则,确定行为人的真实意思。"

### (二)我国立法中合同解释的解释目的

相较于《合同法》,《民法典》一个重要变化是在进行合同解释时区分了有相对人的意思表示和无相对人的意思表示。笔者认为,对有无相对人的意思表示的合同解释规则作出区分,体现了立法者更加注重区分意思表示的解释的目的。

意思表示的解释目的主要存在客观解释主义(表示主义理论)、主观解释主义(意思主义理论)以及主客观相结合解释主义(折中主义)三种理论。客观解释主义认为,意思表示的解释应当注重对相对人的信赖利益的保护,因此当意思表示的外在表示与内在意思不一致的时候,应以表示出来的意思为准。主观解释主义则认为,意思表示的实质在于行为人的内心意思,法律行为本身不过是实现行为人意思自治的手段,因此意思表示的解释的目的应在于探求行为人的真实意思表示。[①] 主客观相结合解释主义认为,应将前两者有机结合,综合考虑各方当事人利益的平衡,在探寻行为人真实意思表示的同时,也要注意保护相对人的信赖利益和交易安全稳定。

无相对方的意思表示,因对相对方信赖利益的保护需求度较低,因此对于此类合同解释,在不彻底背离意思表示所使用词句的意思基础上,可采用主观解释主义探寻当事人的真实意思表示。

对于《合同法》和《民法典》中确立的有相对方的意思表示的解释目的,笔者认为,虽然两者合同解释规则的次序有所变化,但是两者一以贯之地采用了主客观相结合解释主义。[②]《合同法》将合同所使用的词句与其他解

---

[①] 参见沈德咏主编:《〈中华人民共和国民法总则〉条文理解与适用》,人民法院出版社2017年版,第949页。

[②] 亦有学者认为《合同法》采用的是主观解释主义,《民法典》采用的是客观解释主义。参见田野:《〈民法典〉中合同解释规则的修正及其司法适用》,载《中州学刊》2020年第9期。

释因素采用并列的表述方法,《民法典》则规定以合同所使用的词句为基础,结合有关因素共同确定意思表示的含义;同时《合同法》要求"确定该条款的真实意思",而《民法典》要求"确定意思表示的含义",在用字上略有差别。但从合同解释的参考要素来看,《合同法》和《民法典》除了考虑条款文字的语意,也有考虑其他影响主观意思表达因素以及兼顾相对方信赖利益的要求,可见并非纯粹的客观解释主义。而从采用了主观解释主义的无相对方的意思表示解释中提出的"确定行为人的真实意思"要求来看,主观解释主义是要求确定行为人的真实意思,而《合同法》和《民法典》中对有相对人的合同解释的要求还是确定合同条款/意思表示的真实意思,并非单纯的主观解释主义。

### (三)《民法典》合同解释规则次序的变化

如前文所述,《民法典》相较于《合同法》对于合同解释规则的次序发生了变化。文义解释与整体解释、目的解释、习惯解释、依据诚信原则解释不再是并列关系,而是以文义解释为基础,结合其他四个解释方法。以文义解释为首要标准,如果根据意思表示的词句已经可以清楚地确定意思表示的含义,或者是裁判者按照一个普通人的标准能够理解出唯一的含义,或者作为一个拥有特定行业、专业知识交易背景的合理人能够确定唯一含义的,则不再考虑剩余的解释规则。

在此思路的引导之下,整体解释、目的解释、习惯解释、依据诚信原则解释虽然在文字表述上是并列关系,但是其内在是存在先后顺序的。如果通过前一种方法意思表示已经清楚,则结合下一个方法继续解释不再具有必要性;如果通过前一种方法意思表示还不清楚,还需要解释,再结合下一个方法进行解释。① 笔者认为,这种顺序规则的设定,有一定的出于节约司法资源的考虑;另一个考虑则是这几种解释方法能够依据的客观凭证逐渐减少,对于自由裁量权的依赖在逐步增加,增加了尺度趋同的难度。

可以印证这一观点的是,依据诚信原则进行解释在排序的最后。诚信原则作为民法的重要基本原则,在运用诚信原则进行裁判的时候对于自由裁量权的合理适用依赖性强,如果可以随意适用诚信原则,容易造成自由裁量权

---

① 参见最高人民法院民法典贯彻实施工作领导小组主编:《中华人民共和国民法典总则编理解与适用(下)》,人民法院出版社2020年版,第718页。

的滥用。所以,将诚信原则放在次序最后,也表明了立法者希望依据诚信原则解释仅在其他方法难以确定合同条款含义的时候用于填补漏洞。

(四) 关于本案合同解释的评析

笔者注意到,在本案中,仲裁庭同时从文义解释、目的解释和依据诚信原则解释三个角度对"分别"二字的含义予以详尽分析。虽然这与《民法典》施行后所确定的合同解释的规则并不完全符合,但是一方面本案裁决时适用的还是《合同法》,并未对合同解释方法的适用次序作出规定;另一方面可以看到,仲裁庭在进行文义解释时已经清晰地确定了唯一的理解,按照常理或者参照《民法典》的规定已经无须再进行后续的分析和说理,但是由于被申请人提出了两个方面的抗辩,一个是文义理解角度的抗辩,另一个是关于合同表述与其本人真实意思表示不同的抗辩,因此仲裁庭增加目的解释和依据诚信原则的解释,在文义解释已经能够成立的情况下,已经确定了不会存在滥用自由裁量权的基础,并能进一步夯实仲裁庭对文义理解的合理性,同时还能够更加全面、完整地回应被申请人的抗辩,给予被申请人更加充分的说理,提高了裁决对被申请人的说服力,让被申请人更加容易接受裁决结果。因此,在此情况下,笔者认为仲裁庭的目的解释和依据诚信原则解释是合适的。

合同解释的不同方法的运用,对探究当事人真实意思影响较大,需要裁判者深刻理解各解释方法的不同功能和价值,在实践中结合案情具体适用。必须将争议事实置于较为完整的合同情境,在获取较为全面的意义的基础上[①],通过合法、合理、合情地运用法律规定的合同解释的方法探求当事人的真实意思表示,最终作出公平、公正的裁判。

(本案例由深圳国际仲裁院刘欣琦和朱梓琪编撰)

---

① 参见钱小红、周恒宇:《合同解释方法的适用标准与裁判规则》,载《人民司法》2019 年第 5 期。

# 案例 15　上市公司并购业绩对赌中业绩事实的证明

**仲裁要点**：在上市公司并购业绩承诺对赌中，收购方主张业绩补偿条款约定的业绩承诺未实现，请求出让方支付现金补偿的，收购方就业绩承诺未实现的要件事实负有举证责任。收购方提供的证据不足以推翻业绩承诺已实现的事实的，应当承担举证不能的不利后果。

## 一、案情概要

2015年11月，第一申请人A公司、第二申请人B公司（以下与第一申请人合称"申请人"）与被申请人上市公司C公司签订《股权转让协议》，约定第一申请人将其所持有的目标公司之一D公司40%的股权、目标公司之二E公司51%的股权、第二申请人将其所持有的D公司11%的股权转让给被申请人，转让价格合计25500万元，分四期支付。《股权转让协议》还约定，申请人向被申请人承诺D公司和E公司合并口径计算的2015年度、2016年度、2017年度扣除非经常性损益后的净利润应分别不低于1000万元、4000万元和8000万元，否则申请人应向被申请人支付现金补偿。

上述协议签订后，被申请人依约支付了前三期股权转让价款，双方也办理了D公司和E公司的股权变更登记手续。此后，因被申请人未依约向申请人支付第四期股权转让款，申请人认为被申请人构成违约，应当承担违约责任，遂依据《股权转让协议》中的仲裁条款于2018年7月6日向深圳国际仲裁院申请仲裁，提出如下仲裁请求：

1. 被申请人向申请人支付股权转让款合计5100万元。

2. 被申请人向申请人支付逾期付款的违约金至付清之日止（以5100万元为基数，按照每日万分之五计算，从2018年5月11日暂计至2018年7月

6日,为1428000元)。

3. 被申请人偿付申请人为解决本案纠纷所支出的律师费、仲裁费用、保全费、担保费。

## 二、当事人主张

(一)申请人主张

1. D公司和E公司扣除非经常性损益后净利润已达到业绩承诺要求,被申请人应按合同约定支付股权转让价款。

申请人提交的《D公司2017审计报告》和《E公司2017审计报告》显示,E公司和D公司2017年度净利润分别为5000万余元和1.30亿余元,E公司和D公司2017年净利润合计为1.80亿余元,该数据在被申请人披露的《C公司2017年年度报告》中也予以确认。前述审计报告,均由被申请人一方自行委托、经有证券从业资质的会计师事务所进行审计以后出具,申请人及被申请人均未对审计结果提出过任何异议。

因此,不论是E公司和D公司的审计报告中所确认的净利润,还是被申请人自认的两家目标公司的净利润,均超过《股权转让协议》约定的2017年的业绩承诺,被申请人应按合同约定向申请人支付股权转让价款。

2. 被申请人未按约定支付第四期股权转让款构成违约,应依约向申请人支付违约金。

关于违约责任,《股权转让协议》第17.2条明确约定,如被申请人未按本协议约定支付转让对价,则每迟延支付一日,申请人有权要求被申请人支付当期应付未付转让对价的万分之五作为违约金。

截至2018年5月3日,D公司和E公司审计报告已全部由会计师事务所出具。依据《股权转让协议》第4.2条第(4)项的约定,被申请人应自审计报告出具之日起5个工作日内(即2018年5月10日之前)支付第四期股权转让款,然而被申请人未按期支付,依约应于2018年5月11日起向申请人支付违约金。

3. 被申请人应依约承担申请人因实现债权实际支出的律师费、仲裁费、保全费、担保费等费用。

被申请人未按期支付第四期股权转让价款,已然构成违约。被申请人除应按照协议约定支付违约金之外,还应当依据《股权转让协议》第17.3条的约定,承担本案仲裁费、律师费、保全费及担保费等所有相关费用。

(二)被申请人主张

1. D公司和E公司2017年度合并扣除非经常性损益后净利润未达8000万元,被申请人支付申请人最后一期股权转让款5100万元的条件未成就。

根据《股权转让协议》的约定,被申请人支付股权转让尾款的条件是:D公司和E公司2017年度真实的合并扣除非经常性损益后净利润高于8000万元,完成了约定的业绩承诺目标且被申请人聘请的有证券业务资格的会计师事务所出具的报告能够真实反映目标公司的"实际盈利情况"。

申请人一直主张依据的《E公司2017审计报告》,虽然是由被申请人聘请的具有证券业务资格的会计师事务所出具,但是并未反映E公司2017年度的真实利润,因为这份审计报告的作出所依据的是被申请人当时并不知情的、包含2000余万元虚假还款的伪造财务数据。

2. 被申请人虽披露相关年报,并不代表被申请人认可该审计报告,更改变不了其内容虚假的根本瑕疵。

根据《股权转让协议》第10.3条的约定,被申请人一直并未实际控制、经营管理D公司和E公司,而是以K某、L某、M某等为首的原管理层核心团队负责E公司的经营管理,被申请人根本无从知晓虚假还款的财务造假行为。

被申请人在不知晓虚假还款的情况下以及对专业机构会计师事务所完全信任的基础上,对会计师事务所出具的相关年度审计报告进行了公告,该等公告行为系基于申请人以及目标公司管理层的欺骗。

被申请人在后来的调查中发现,《E公司2017审计报告》是会计师事务所在大规模造假的财务数据基础上得出的,是申请人与E公司管理层为了完成业绩对赌承诺,通过造假的非法方式,欺骗会计师事务所得出的,不真实、不准确,应当予以纠正。

3. 申请人应就E公司未能实现2017年度承诺业绩向被申请人支付现金补偿。

根据《股权转让协议》的约定,申请人向被申请人支付现金补偿的条件是D公司和E公司未能达到承诺年度的净利润,具体到2017年,即合并扣除非经常性损益后净利润未达到8000万元。E公司因2000万余元虚假还款,造成 2017 年度净利润虚增 174185580.41 元,根据第三方专业机构 N 会计师事务所审计后出具的《专项审计报告》,确认目标公司真实的合并扣除非经常性损益后净利润是-3184.74 万元,远未达到协议约定的 8000 万元业绩承诺,申请人应依约对被申请人进行补偿。

4. 申请人与 E 公司管理层属于利益共同体,申请人当然对管理层控制下的 E 公司虚假还款的违法行为承担责任。

申请人与 E 公司管理层一直是利益一致的共同体,申请人应当对管理层控制下的 E 公司虚假还款违法行为承担责任。《股权转让协议》约定了申请人对管理层控制下的 E 公司达不到承诺利润承担现金补偿责任,申请人与管理层之间就是利益共同体,且申请人掌控管理层,因此申请人对管理层的行为作出上述担保。

无论是申请人与 E 公司管理层串通共谋,还是管理层自行操作此次大规模的虚假还款,2000 万余元的虚假还款造成 E 公司 2017 年度净利润虚增的事实,以及 E 公司未达到承诺的业绩利润的事实都是明确、无可争辩的,根据《股权转让协议》,申请人应当就 D 公司和 E 公司 2017 年度合并扣除非经常性损益后净利润未达约定目标向被申请人进行现金补偿。

## 三、仲裁庭认定的事实

1. 2015 年 11 月,被申请人作为甲方(受让方)与作为乙方及丙方(转让方)的第一申请人、第二申请人签订《股权转让协议》,约定第一申请人将其所持有的 D 公司 40%的股权、E 公司 51%的股权,第二申请人将其所持有的 D 公司 11%的股权转让给被申请人,转让价格合计 25500 万元。股权转让对价分四期支付,具体为:(1)自《股权转让协议》正式签署且生效之日起 5 个工作日内被申请人支付第一期股权转让价款 7650 万元;(2)自被申请人聘请的具有证券业务资格的会计师事务所对 D 公司和 E 公司 2015 年的实际盈利情况出具审核报告起 5 个工作日内支付第二期股权转让价款 6375 万元;(3)自被申请人聘请的具有证券业务资格的会计师事务所对 D 公司和 E 公司 2016 年的实际盈利情况出具审核报告起 5 个工作日内支付第三期股权转让价款 6375 万元;(4)自被申请人聘请的具有证券业务资格的会计师事务所对 D 公司和 E 公司 2017 年的实际盈利情况出具审核报告起 5 个工作日内支付第四期股权转让价款 5100 万元。

《股权转让协议》第 5 条约定,申请人向被申请人承诺 D 公司和 E 公司合并口径计算的 2015 年度、2016 年度、2017 年度扣除非经常性损益后的净利润应分别不低于 1000 万元、4000 万元和 8000 万元,否则申请人应在承诺期各年度自被申请人聘请的具有证券业务资格的会计师事务所出具审核报告之日起 5 个工作日内向被申请人支付现金补偿,补偿的计算方式为:应补偿现金数 =(当期承诺合并口径净利润数 − 当期实现合并口径净利润数)×转让价格调整系数(2015 年度为 2,2016 年度为 1.5,2017 年度为 1.25)。

另《股权转让协议》对 D 公司及 E 公司坏账率、公司治理、违约责任等内容也进行了明确约定。

2. 2015 年 12 月 14 日,第一申请人将其持有的 D 公司 40% 的股权、第二申请人将其持有的 D 公司 11% 的股权转让给被申请人事宜,在 F 市场监督管理局完成工商变更登记。

3. 2016 年 1 月 6 日,第一申请人将其持有的 E 公司 10200 万股股份转让给被申请人事宜,在 G 联合产权交易所完成备案登记。

4.《股权转让协议》签订后,被申请人按照协议约定,分别支付了第一期、第二期和第三期股权转让对价。

5. 2018 年 3 月 29 日,H 会计师事务所接受被申请人的委托,审计了 D 公司的财务报表并出具了一份《D 公司 2017 审计报告》,报告显示 D 公司 2017 年度净利润为 132488082.59 元。

6. 2018 年 5 月 3 日,I 会计师事务所接受被申请人的委托,审计了 E 公司的财务报表并出具一份《E 公司 2017 审计报告》,报告显示 E 公司 2017 年度净利润为 50745373.21 元。

7. 2018 年 6 月 21 日,申请人委托 J 律师事务所向被申请人发出《律师函》,要求被申请人于 2018 年 6 月 29 日前支付第四期股权转让款 5100 万元及延付期间利息。证据显示该函于 2018 年 6 月 22 日妥投。

8. 被申请人于 2018 年 7 月 14 日公开披露《C 公司 2017 年年度报告》,并于第 29 页载明:"被申请人收购 D 公司、E 公司的交易对手方第一申请人、第二申请人承诺 D 公司和 E 公司合并口径计算的 2017 年度扣除非经常性损益后的净利润不低于 8000 万元,经审计本报告期扣除非经常性损益后的实际净利润为 9879.14 万元。"

9. 2019 年 1 月 16 日,N 会计师事务所接受被申请人委托出具了《专项审计报告》。《专项审计报告》确认:(1)E 公司 2017 年 8 月 1 日至 2018 年 4

月 30 日期间,存在大量内部员工进账存款代贷款客户还款的记录,该内部员工代贷款客户虚假还款的行为对 E 公司的经营产生重大影响;(2)2017 年度会计师事务所审计财务报表日后,E 公司系统集中作废原贷款还款业务记录,以回收内部员工代打资金,涉及客户共计 5258 人;(3)至基准日 2017 年 12 月 31 日,因 E 公司内部员工代打款的虚假还款行为,直接影响到对虚假还款涉及的 5258 名贷款客户期末贷款余额以及风控分类级别的认定,导致对该 5258 名客户少计提风险准备金 174185580.41 元,因此,E 公司 2017 年度审计报告计提的风险准备金与真实应计提的风险准备金差额为 174185580.41 元,E 公司 2017 年度净利润应减少 174185580.41 元,考虑到 174185580.41 元包含的 25%的税费,相应减除后,目标公司真实的扣除非经常性损益后的净利润为-3184.74 万元。

## 四、仲裁庭意见

(一)关于《股权转让协议》的效力

《股权转让协议》的签署是各方真实意思表示,其内容不存在《合同法》第 52 条所规定的情形,合法有效,对各方当事人均有约束力。

(二)关于本案争议焦点

本案的争议焦点在于《股权转让协议》约定的第四期股权转让价款的支付条件是否成就,而该等支付条件是否成就取决于 E 公司 2017 年度扣除非经常性损益后的净利润数据是否真实。

《股权转让协议》第 4.2 条第(4)项约定:"自被申请人聘请的具有证券业务资格的会计师事务所对 D 公司和 E 公司在 2017 年度的实际盈利情况出具审核报告之日起 5 个工作日内,被申请人按本协议第 3.2 条确定的标的资产转让对价的 20%,合计 5100 万元,作为本次第四期股权转让价款支付至申请人指定的银行账户;如 D 公司和 E 公司在承诺年度未达到该年度承诺净利润,且根据本协议约定的补偿条款计算出的当年现金补偿数额低于该期现金股权转让对价时,被申请人可以直接将扣除现金补偿数额后的当期应支付现金对价于本协议约定申请人应支付现金补偿部分的时间支付至申请人指定的银行账户;如根据本协议约定的补偿条款计算出的当期现金补偿数额高于该现金对价,则被申请人可以免除当期现金对价的支付义务,且申请人就现金补偿数额高于该期现金对价部分以自有资金向被申请人另行支付。"

另根据《股权转让协议》第5.1条的约定,被申请人承诺D公司和E公司2017年度合并口径计算的扣除非经常性损益后的净利润应当不低于8000万元。

申请人主张:H会计师事务所以及I会计师事务所接受被申请人的委托对D公司、E公司进行审计,分别于2018年3月29日、2018年5月3日出具了《D公司2017审计报告》和《E公司2017审计报告》,经审计D公司2017年度净利润为132488082.59元、E公司2017年度净利润为50745373.21元,合并净利润约1.80亿余元,扣除非经常性损益后的净利润为9879.14万元;该等审计结果由被申请人认可和确认并向社会公众发布公告,D公司和E公司合并口径计算的扣除非经常性损益后净利润满足业绩承诺要求,被申请人支付最后一期股权转让款的条件已经成就。

被申请人认为,E公司在2017年8月至2018年4月期间存在大量内部员工进账存款代客户还款的行为,自D公司与E公司审计报告出具之后,E公司系统集中对上述员工代还款行为作作废处理,因此《D公司2017审计报告》和《E公司2017审计报告》虽然系受被申请人委托作出,但上述审计所依据的财务数据是虚假的,被申请人在不知报告内容虚假的情况下进行公告并不代表其认可该报告的真实性。

对此,仲裁庭认为,被申请人已按照《股权转让协议》之约定聘请具有证券业务资格的会计师事务所对D公司和E公司2017年度的实际盈利情况进行审计,且作为上市公司已遵从《证券法》之规定对D公司和E公司经审计2017年度扣除非经常性损益后的实际净利润情况进行了公告。被申请人主张申请人未完成E公司2017年度净利润承诺,应当举证证明《E公司2017审计报告》的审计结论及《C公司2017年年度报告》所确认审计结果不真实、不客观,且该等证据的证明力应当达到足以推翻《E公司2017审计报告》的审计结论及《C公司2017年年度报告》所确认审计结果的程度。然而被申请人提交的《2017实际业绩及差额》《截至2017年12月31日坏账率汇总表》《截至2017年12月31日坏账明细表》《公司员工虚假还款统计表》《2018年6月11—13日集中作废的虚假还款涉及的客户5258人的统计表》《虚假还款对坏账计提金额与利润影响的统计表》《虚假还款对坏账率影响的统计表》以及大量系统截图,均系被申请人自行制作,仲裁庭并非专业的审计机构,对于被申请人自行制作与提供的财务数据、统计表格的真实性以及财务资料的数据情况无法作出专业的判断,上述证据不足以证明被申请人所主张的申请人操控下的相关人员通过虚假还款虚增 E 公司利润的事实。被申请人提交的《专项审计报告》由不具有证券业务资格的 N 会计师事务所出具,不符合《股权转让协议》的约定;且《专项审计报告》第 8 条明确载明"本次专项审计是在被申请人业务管理系统数据资料基础上进行的,如上述资料中含有不真实、不合法的情况对本审计结论产生影响,与执行本次审计工作的注册会计师和本会计师事务所无关",可见《专项审计报告》审计所依据的财务数据并不完整,会计师事务所仅核查了 E 公司业务管理系统内的数据资料,并未核查与之相关的全部原始财务数据资料,《专项审计报告》的审计结论具有局限性,其证明力不足以推翻前述《E 公司 2017 审计报告》的审计结论及《C 公司 2017 年年度报告》所确认的审计结果。此外,如前所述,被申请人在仲裁庭给予的期限及宽限期内未能聘请具有证券业务资格的会计师事务所对 E 公司 2017 年度财务状况进行重新审计,应当承担举证不能的不利后果。

综上所述,结合现有证据,仲裁庭对 D 公司、E 公司 2017 年度合并口径计算的扣除非经常性损益后净利润达到 8000 万元的事实不能否认,被申请人支付第四期股权转让款的条件已经成就。需要特别指出的是,如本裁决书作出后,被申请人根据《股权转让协议》之约定聘请具有证券业务资格的会计师事务所对目标公司 2017 年度的实际盈利情况出具足以推翻原审计结果的审计报告,被申请人可以通过其他途径寻求法律救济。

## 五、裁决结果

1. 被申请人向第一、第二申请人支付股权转让款 5100 万元。
2. 被申请人向第一、第二申请人支付逾期付款的违约金(以 5100 万元为基数,按照每日万分之五的标准自 2018 年 5 月 11 日起计算至股权转让款实际付清之日止)。
3. 被申请人补偿第一、第二申请人因本案支出的律师费。
4. 被申请人补偿第一、第二申请人支出的保全费、担保费。
5. 本案仲裁费用由被申请人承担。

## 六、评析

不同于通常所理解的投资方与被投未上市目标公司原股东之间的对赌业绩承诺纠纷，本案为上市公司与所投资收购的目标公司原股东（以下简称"交易对方"）之间的对赌业绩承诺纠纷典型案例，双方对《股权转让协议》中对赌条款的效力以及前三期股权转让款的支付并无争议，争议焦点集中于申请人（即原股东、业绩承诺方）对被申请人（上市公司）所承诺的经营业绩是否已完成，以及《股权转让协议》约定的第四期股权转让价款的支付条件是否成就。其中，被申请人作为上市公众公司，如何判断其旗下资产经营业绩的真实性以及相关证据的证明力为本案的核心问题。

### （一）上市公司与交易对方业绩对赌之交易背景

2010年以来，随着国务院以及相关国家部委出台一系列支持并购重组的政策，上市公司并购重组日益活跃。长期以来严格的首发上市审核导致众多中小企业难以通过IPO融资，客观上吸引更多无法逾越IPO门槛的企业向上市公司伸出橄榄枝，通过与上市公司并购重组的方式实现证券化及融资目的。而上市公司亦乐于通过对外并购重组实现产业整合及利润增长。本案所涉及的上市公司收购目标公司股权正是在这一背景下产生的。

上市公司与交易对方业绩对赌安排肇始于2008年5月18日开始施行的《上市公司重大资产重组管理办法》（中国证券监督管理委员会令第53号，现已失效），该办法第17条第1款规定："上市公司购买资产的，应当提供拟购买资产的盈利预测报告……盈利预测报告应当经具有相关证券业务资格的会计师事务所审核。"第33条规定："根据本办法第十七条规定提供盈利预测报告的，上市公司应当在重大资产重组实施完毕后的有关年度报告中单独披露上市公司及相关资产的实际盈利数与利润预测数的差异情况，并由会计师事务所对此出具专项审核意见。资产评估机构采取收益现值法、假设开发法等基于未来收益预期的估值方法对拟购买资产进行评估并作为定价参考依据的，上市公司应当在重大资产重组实施完毕后3年内的年度报告中单独披露相关资产的实际盈利数与评估报告中利润预测数的差异情况，并由会计师事务所对此出具专项审核意见；交易对方应当与上市公司就相关资产实际盈利数不足利润预测数的情况签订明确可行的补偿协议。"由上述规定可见,所谓"上市公司与交易对方业绩对赌协议",即交易对方与上市公司就相关资产实际盈利数不足利润预测数的情况所签订的明确可行的补偿协议。《上市公司重大资产重组管理办法》虽历经多次修订,但上述规定所确立的业绩补偿原则至今基本维持不变。

具体到本案,2015 年 11 月,被申请人作为受让方与申请人作为转让方签订《股权转让协议》,由被申请人受让申请人所持目标公司股权。股权转让对价分四期支付,除第一期股权转让价款在协议签署后支付外,剩余三期分别于被申请人聘请的具有证券业务资格的会计师事务所对目标公司 2015 年、2016 年、2017 年的实际盈利情况出具审核报告后 5 个工作日内支付。上述第二、三、四期股权转让对价足额支付的前提是:申请人向被申请人承诺目标公司合并口径计算的 2015 年度、2016 年度、2017 年度扣除非经常性损益后的净利润应分别不低于 1000 万元、4000 万元和 8000 万元,否则申请人应在承诺期各年度自被申请人聘请的具有证券业务资格的会计师事务所出具审核报告之日起 5 个工作日内向上市公司支付现金补偿,补偿的计算方式为:应补偿现金数 = (当期承诺合并口径净利润数 − 当期实现合并口径净利润数) × 转让价格调整系数(2015 年度为 2,2016 年度为 1.5,2017 年度为 1.25)。双方对 2015 年度、2016 年度已实现净利润及第一、二、三期股权转让对价支付均无争议且已履行完毕,唯被申请人拒绝向申请人支付第四期股权转让对价,申请人遂提起本案仲裁。

被申请人拒绝支付第四期股权转让对价的理由是申请人操纵目标公司 E 公司进行 2017 年度业绩造假,并为此提交了大量证据加以证明。观察市场中众多类似交易,基于业绩承诺对赌的安排,上市公司对外并购中普遍存在"和而不同"现象,即尽管上市公司取得了目标公司控股权,双方已实现财务报表数据的合并,但在业绩承诺期内通常仍由交易对方实际经营目标公司,如业绩不达标则由实际经营目标公司的交易对方予以补偿。从商业逻辑来看,这也算是公平合理的安排,但从另一个角度看,除了公司治理上的明显缺陷,无疑也为交易对方产生操纵目标公司业绩造假的冲动创造了条件。当然,上市公司一方也未必是无辜的,亦存在放任目标公司业绩造假以获得报表利润抬高股价的道德风险。仲裁庭无职责也无意于对两造的商业道德作出评判,但理解案件所涉及的商业逻辑有益于对解决纠纷的实质作出更为准确的判断。在此背景下,争议的焦点指向目标公司 E 公司 2017 年度经营业绩的真实性以及相关证据的证明力。

## (二)关于审计报告的证明力辨析

本案的争议焦点在于《股权转让协议》约定的第四期股权转让价款的支付条件是否成就,而该等支付条件是否成就取决于目标公司 E 公司 2017 年度扣除非经常性损益后的净利润数据是否真实。

为证明第四期股权转让价款的支付条件已成就,申请人主张被申请人聘请的会计师事务所已对 E 公司 2017 年度净利润出具了审计报告,D 公司和 E 公司合并口径计算的扣除非经常性损益后的净利润满足业绩承诺要求,被申请人支付最后一期股权转让款的条件已经成就。仲裁庭亦注意到,被申请人公开披露的《C 公司 2017 年年度报告》载明:被申请人收购 D 公司、E 公司的交易对手方第一申请人、第二申请人承诺合并口径计算的 2017 年度扣除非经常性损益后的净利润不低于 8000 万元,经审计本报告期扣除非经常性损益后的实际净利润为 9879.14 万元。

为证明第四期股权转让价款的支付条件未成就,被申请人举证主张 E 公司存在大量虚假交易,因此 E 公司审计报告虽然系受被申请人委托作出,但上述审计所依据的财务数据是虚假的,被申请人在不知报告内容虚假的情况下进行公告并不代表其认可该报告的真实性。除此之外,被申请人还单方面委托 N 会计师事务所对 E 公司虚假交易情况进行了审计,并出具了专项审计报告,确认 E 公司真实的扣除非经常性损益后的净利润远低于《股权转让协议》约定的 2017 年度目标公司承诺的业绩 8000 万元。此外,被申请人先后三次向仲裁庭提出专项审计申请,请求由仲裁庭指定会计师事务所、由被申请人聘请或者仲裁庭同意由被申请人自行聘请会计师事务所对 E 公司虚假交易对 2017 年度净利润造成的影响进行专项审计或对 E 公司 2017 年度净利润进行全面审计。

至此,本案涉及包括两份审计报告在内的以下证据:

1. 申请人提交的由被申请人聘请的会计师事务所对 E 公司 2017 年度净利润出具的《E 公司 2017 审计报告》;

2. 被申请人公开披露的《C 公司 2017 年年度报告》,所载明内容对前述审计报告之审计结果予以佐证;

3. 被申请人单方面委托 N 会计师事务所对目标公司虚假交易情况出具的专项审计报告;

4. 被申请人自行制作的 E 公司系列虚假交易统计表以及大量系统截图。

分析比对双方提交的上述证据材料，不难看出，申请人提交的《E 公司 2017 审计报告》，系由被申请人聘请的具有证券业务资格的会计师事务所出具，一方面符合《股权转让协议》对 E 公司 2017 年度实际盈利情况审计机构的聘请方式之约定，同时亦有被申请人公开披露的《C 公司 2017 年年度报告》予以佐证。不同于一般企业，被申请人（C 公司）作为上市公司，其财务数据及经营状况须遵从《证券法》及监管机构强制要求向社会公众公开披露，上述《E 公司 2017 审计报告》无疑是一份具有较强证明力的证据。

反观被申请人方提交的证据材料，E 公司系列虚假交易统计表以及大量系统截图均系被申请人自行制作，其真实性以及财务资料的数据量化情况已超出仲裁庭的专业判断范围；而其提交的《专项审计报告》由不具有证券业务资格的会计师事务所出具，不符合《股权转让协议》的约定。上述证据不足以证明被申请人所主张的申请人操控相关人员通过虚假交易虚增 E 公司利润的事实。

至此，被申请人欲充分支持其主张，应当继续举证证明《E 公司 2017 审计报告》之审计结论及《C 公司 2017 年年度报告》所确认的审计结果不真实、不客观，且该等补强证据的证明力应当达到足以推翻上述审计结果的程度。此时被申请人面临两难选择：一方面如不继续补强证据可能承担举证不能的不利后果；另一方面如继续补强证据，可选择聘请原审计机构或新的具有证券业务资格的会计师事务所对 E 公司 2017 年度扣除非经常性损益后的净利润重新进行审计并出具审计报告，以推翻原审计结论，或者主动向证券监管部门请求介入调查，查明交易对方操纵目标公司虚增利润的事实，以达成推翻原审计结论的目的，但此举的后果是可能招致证券监管部门对被申请人及相关当事人的立案调查，如 E 公司虚增利润属实，被申请人及其控股股东、实际控制人、董事及高级管理人员等相关当事人可能会因虚假信息披露遭到行政处罚。

为充分保障当事人在仲裁过程中的举证权利，本案仲裁庭同意了被申请人自行聘请新的具有证券业务资格的会计师事务所对 E 公司 2017 年度扣除非经常性损益后的净利润重新进行审计并出具审计报告的申请。但被申请人最终没有在仲裁庭给予的期限及宽限期内提交上述审计报告，结合证据规则，仲裁庭作出裁决支持了交易对方即申请人的仲裁请求。

值得注意的是,本案仲裁庭在同意被申请人重新审计申请的通知中特别提示:"如上述审计结果与《C公司2017年年度报告》所披露的D公司和E公司合并口径计算的2017年度扣除非经常性损益后实际净利润有差异,被申请人应按照上市公司信息披露要求及时发布更正公告"。本案中,被申请人最终没有提交重新审计报告,假定被申请人最终提交了重新审计报告且推翻了原审计结论,但并未按照信息披露要求及时发布更正公告,则该重新审计报告的证明力能否对抗原审计结论?如何在仲裁审理中平衡裁判与行政监管之间的关系?这些问题尽管不是本案讨论的范围,但值得我们进一步思考。

(三)对于上市公司权利的救济途径替代补偿

如上所述,本案仲裁庭根据证据规则,通过举证责任分配、对相关证据的甄别辨析以及证明力的综合判断作出裁决,但受制于取证手段、利弊权衡等各种因素,相关事实的真相也许远非如此。为此,仲裁庭为被申请人权利的救济途径预留了空间,裁决书中载明:如本裁决书作出后,被申请人根据《股权转让协议》之约定聘请具有证券业务资格的会计师事务所对目标公司2017年度的实际盈利情况出具足以推翻原审计结果的审计报告,被申请人可以通过其他途径另寻法律救济。

(本案例由深圳国际仲裁院仲裁员李建辉和深圳国际仲裁院庄淮清编撰)

# 案例16 业绩承诺是否完成的认定和抗辩

**仲裁要点**：在投资、并购中，作为并购方的上市公司为降低投资风险，往往引入业绩承诺对赌模式，要求交易对手对目标公司在约定期间内实现的业绩进行承诺，如未能达到约定业绩，交易对手需向投资方进行补偿，或由上市公司以象征意义的价格回购发给交易对手的股票。对于目标公司未能实现业绩承诺而引发的案件，争议焦点多集中在业绩承诺是否实现的认定、上市公司参与目标公司经营对未能实现业绩承诺的是否承担责任等。对于这些争议焦点，需要结合证据规则合理分配举证责任予以认定。

## 一、案情概要

2017年1月23日，申请人（A上市公司）与第一被申请人（目标公司原股东B自然人）、第二被申请人（目标公司原股东C自然人，以下与第一被申请人合称"被申请人"）、目标公司D公司签署《增资协议》，约定由申请人以货币资金购买被申请人所持有的目标公司50%股权并对目标公司进行增资；被申请人则于《增资协议》中承诺目标公司2016年、2017年、2018年及2019年经审计的扣除非经常性损益后的净利润分别不低于3100万元、4600万元、6000万元及7900万元。

《增资协议》签署完毕后，申请人履行了信息公开义务，支付了股权转让费用并完成增资。申请人认为，目标公司2016年、2017年完成经营业绩承诺指标后，2018年未能达到承诺标准。被申请人于《增资协议》中承诺目标公司截至2018年度期末累积净利润为13700万元，对应的承诺2018年度净利润为6000万元。根据X会计师事务所对目标公司各年度财务报表的审计结果显示，2018年度目标公司实现净利润-620520867.08元，扣除非经常性损益后的净利润为-734460847.79元,未达到承诺的6000万元净利润标准。根据《增资协议》第5.3条"2016年、2017年、2018年净利润指标未实现时,当年应补偿金额=[(截至当期期末目标公司累计承诺净利润-截至当期期末目标公司累计实际实现的净利润)]×本次股权收购及增资后甲方持有的股权比例60%-累计已补偿金额"约定之公式计算,2018年度被申请人应补偿金额为473163840元[即(137000000元+651606400元)×60%-0];同时按照本条第5.6款"累计业绩补偿总额及减值补偿金额将合计不超过本次股权转让价款,已经支付的补偿将不予退还"之约定,结合申请人已向被申请人支付90%的股权转让款之事实,申请人认为两被申请人总共应向申请人支付27180万元业绩补偿金。

由于被申请人未按申请人通知支付业绩补偿金,申请人于2019年8月13日向深圳国际仲裁院申请仲裁,提出如下仲裁请求:

1. 裁决第一被申请人向申请人支付业绩补偿金217415840元,第二被申请人向申请人支付业绩补偿金54353960元;

2. 裁决被申请人承担本案全部仲裁费用。

第二被申请人称,2017年1月23日,被申请人、目标公司与申请人共同签署了《增资协议》,根据协议第3.5条的约定,本次交易剩余20%股权转让价款6040万元将作为业绩承诺与补偿的保障,在X会计师事务所对目标公司分别完成2016年度、2017年度、2018年度、2019年度财务报表的专项审计后的20个工作日内,且目标公司完成业绩承诺的情况下,申请人应相继向被申请人支付股权转让价款的5%、5%、5%、5%。现2018年承诺完成的6000万元净利润已在2018年7月完成,申请人也于2018年9月6日出具了由其内审部审计的报告。因此,申请人应支付2018年完成业绩承诺的5%的股权转让价款。但时至今日,申请人均未支付上述款项。据此,第二被申请人提出如下仲裁反请求:

1. 请求裁决申请人支付第二被申请人股权转让价款302万元,并从仲裁申请之日起按照年6%计算资金占用损失至实际履行之日止。

2. 请求裁决申请人承担本案的全部仲裁费用。

## 二、当事人主张

本案第一被申请人经合法通知无正当理由未到庭参加庭审,亦未提交任何书面答辩意见或证据。以下为申请人及第二被申请人的主要争辩要点。

(一) 关于目标公司审计结论是否妥当

**申请人认为：**

X 会计师事务所具备证券期货资格，一直以来都为申请人进行审计。被申请人不能在受益的时候主张 X 会计师事务所的审计合理，在没有完成业绩承诺时就质疑 X 会计师事务所的审计是不合法的。X 会计师事务所审计行为符合约定及会计准则，所作计提妥当。事实上也证明，即使到本案开庭审理时相关的款项也并没有回收，从会计准则来说属于完全亏损。

**第二被申请人认为：**

1. 审计师在对申请人出具《2019 审计报告》《2020 审计报告》时，明确对目标公司及其子公司将预付账款余额转入其他应收款并全额计提了减值准备持保留意见，但在出具《2019 审核报告》《2020 审核报告》时却确认目标公司及其子公司 2018 年和 2019 年巨额亏损。

2. 根据申请人内审部对目标公司 2018 年 1—7 月经营情况的内部审计，目标公司已经实现利润 6771 多万元，完成了所承诺 2018 年全年的利润，其业务模式不可能在余下几个月发生近 8 亿元的巨额亏损，事实上是申请人对目标公司进行会计操作所致，包括对三家供应商预付账款计提近 6 亿元坏账准备、对存货提取 4427 多万元跌价准备、将目标公司存货处置获得 210 万元转入申请人其他子公司、将套期收益逾 13588 万元归于 0 元等，以实现申请人业绩"大洗澡"。

3. 申请人对目标公司审计还存在多处不合理情形，譬如：在确认 2018 年目标公司巨额亏损的情况下，还确认所得税 1500 多万元，目标公司被查封后确认销售费用 2000 多万元，毛利率不合理，对处置衍生金融资产取得的投资收入不按照一贯性原则处理等。

4. 2018 年目标公司因牵涉非法吸收公众存款案件被公安机关查封，属于无法预见、非不可抗力造成的不属于商业风险的重大变化，第二被申请人对此并无过错，目标公司 2018 年 10 月之后停止经营的根本原因在于申请人的不作为和作出清算的决定。

对第二被申请人的观点，申请人和 X 会计师事务所认为：

1. 2018 年度和 2019 年度各出具的审计报告和审核报告目的不同，出具依据不同，申请人根据当年应收款项计提坏账准备的会计政策，对目标公司三大供应商预付款未来可收回价值的估计本着谨慎性原则,决定对预付款单项全额计提减值准备。X会计师事务所认为《2019审核报告》《2020审核报告》在所有重大方面公允反映了目标公司的实际情况。而在《2019审计报告》出具时,由于公安机关侦查工作仍在进行中,尚未收到司法机关就上述事项的结论性意见,无法就目标公司预付账款的可收回价值获取充分、适当的审计证据,无法确定对该等预付账款需要计提的减值准备的金额,因此,在审计报告中对申请人的财务报表出具了保留意见。基于审计报告期后发生的事实,进一步验证申请人会计估计的合理性,2020年7月23日,X会计师事务所出具了《关于2018年度和2019年度审计报告中保留意见所涉事项影响消除专项说明的审核报告》,确认保留意见的影响已经消除。

2. 2018年目标公司存货超过1亿元,跌价准备为2199.44万元,截至目前存货售价大部分低于成本,计提跌价准备完全符合会计准则;目标公司巨额亏损为合并后的结果,所得税费用由目标公司子公司当期所得税及递延所得税组成;目标公司2018年度的销售费用为3623.98万元,后5个月的销售费用为1871多万元,主要构成为业务人员工资社保、预提负债和应支付的仓储费用;对毛利率和处置衍生金融资产取得的投资收入处理的质疑均不成立。

3. 对于处置目标公司存货收入转给申请人其他子公司事宜,申请人的代理人认为,目标公司还欠缴申请人大量款项,已经进入诉讼程序的就有5000多万元,即便处置其存货收入转给申请人,也是用于抵偿其部分欠款。

(二)被申请人对目标公司的经营是否受到作为大股东的申请人的控制和干预

**申请人认为:**

申请人一直给予目标公司大量支持,从目标公司财务报表及上市公司报表都可以看到,申请人为目标公司提供了担保和融资帮助。作为目标公司原实际控制人和股东,第一被申请人后来又兼任申请人的董事长,整个公司的业务都是在被申请人的操控之下,没有任何证据显示目标公司受到大股东的干预。从目前的大量诉讼来看,上市公司(申请人)都只是被目标公司所拖累,被拖进无数诉讼案件之中,为目标公司偿还了大量款项,承担了法律责任,甚至陷入岌岌可危的局面。

**第二被申请人认为：**

目标公司的董事会和监事会，申请人均占2/3席位，对任何决议都有一票否决权，财务负责人（兼申请人财务副总）由申请人委派。根据申请人业务流程，任何合同、对外付款均需要法务部门审核，风控部门审批，总经理审核，财务部复核，最后董事长签字。第二被申请人转让目标公司股权后，既不是目标公司的股东，也没有实际的管理权限，目标公司实际由申请人完全掌控，任何人都应该为自己的行为承担责任，但没有理由为第三人的行为承担后果。

## 三、仲裁庭认定的事实

2017年1月23日，申请人与被申请人、目标公司签署《增资协议》，主要内容如下（甲方为申请人，乙方1为第一被申请人、乙方2为第二被申请人，乙方1、乙方2合称乙方，丙方为目标公司）。

《增资协议》第2.1条第2、3款及第2.2、2.3条约定：

"2.1……

根据整体估值，甲方受让乙方持有的丙方50%股权，股权转让价款为30200万元；其中甲方收购乙方1、乙方2持有的丙方股权的比例分别为40%、10%，股权转让价款分别为24160万元、6040万元。

本次股权转让完成后，丙方的股权结构变更为：甲方持有丙方50%的股权，乙方1持有丙方50%的股权。

2.2 本次股权转让的同时，根据本条第1项确定的目标公司整体估值，各方一致同意甲方以15100万元认缴丙方新增注册资本1250万元，其中1250万元进入丙方实收资本，剩余13850万元进入丙方资本公积。

2.3 本次交易完成后，丙方注册资本变更为6250万元（大写：陆仟贰佰伍拾万元整），且股权结构变更为：甲方持有丙方60%的股权，乙方1持有丙方40%的股权。"

《增资协议》第3.5条约定：

"本次交易剩余的20%股权转让价款6040万元将作为乙方业绩承诺与补偿的保障，在会计师事务所对目标公司分别完成2016年度、2017年度、2018年度和2019年度财务报表的专项审计后的20个工作日内，且目标公司完成业绩承诺的情况下，甲方应相继向乙方支付股权转让价款的5%、5%、

5%、5%。"

《增资协议》第4.1条第(1)、(3)项约定:

"(1)目标公司董事会的成员及决议:董事会由3名董事组成,甲方有权提名全体董事人数50%以上的董事,且董事长应由甲方提名的董事担任。董事会决议的全部事项均须经50%以上董事同意,方可通过;对于审议丙方增加或者减少注册资本及发行公司债券的方案,以及丙方合并、分立、解散或者变更丙方之公司形式的方案事项,需全体董事一致同意;

……

(3)目标公司股东会议事原则:丙方股东应根据其持有的股权在股东会上行使表决权。股东会决议事项均应经甲方投票赞成方能通过。"

《增资协议》第5.1—5.4条约定:

"5.1 乙方将对丙方的经营业绩进行承诺,即承诺目标公司2016年、2017年、2018年及2019年经审计的扣除非经常性损益后净利润分别不低于3100万元、4600万元、6000万元及7900万元。

5.2 会计师事务所对目标公司各会计年度实际净利润进行审计并出具专项审计报告,业绩补偿期内各会计年度目标公司的实际净利润数根据该专项审计报告的审计结果确定。

5.3 如业绩补偿期内,目标公司在某一会计年度实际实现的净利润总额未达到乙方承诺净利润总额,则甲方有权按照下列方式计算并确认乙方应向甲方支付的业绩补偿金:

(1)2016年、2017年、2018年净利润指标未实现时,当年应补偿金额=[(截至当期期末目标公司累计承诺净利润-截至当期期末目标公司累计实际实现的净利润)]×本次股权收购及增资后甲方持有的股权比例60%-累计已补偿金额;

(2)2019年净利润指标未实现时,当年应补偿额=[(截至当期期末累计承诺净利润-截至当期期末累计实际实现的净利润)]÷承诺期承诺净利润总和×本次股权转让价款-累计已补偿金额。

如根据上述公式计算的补偿金额小于或等于0,则按0取值。

5.4 在会计师事务所对目标公司某一会计年度的专项审计报告出具之日后的10个工作日内,甲方按照第5.3条的公式确定乙方应承担的补偿金额,并将补偿金额以书面形式通知乙方。乙方应在收到前述书面通知之日起10个工作日内,以货币资金一次性向甲方支付业绩补偿金,每年预留的尚未支付的5%股权转让价款可予以冲抵。"

2017年2月6日、2017年3月21日、2018年1月12日,申请人向被申请人支付了80%的股权转让款。2017年2月15日,申请人向目标公司支付了15100万元用于增资。2017年3月,目标公司办理了工商变更登记手续,变更后,申请人持有60%股权,第一被申请人持有40%股权。

2016年度、2017年度结束后,申请人聘请X会计师事务所对申请人和目标公司进行了审计,根据X会计师事务所的审计,确认被申请人对目标公司经营完成了这两个年度的业绩承诺。2017年5月和2018年9月,申请人分别向第一被申请人支付了1208万元、向第二被申请人支付了302万元,完成了两个年度各5%的股权转让款的支付义务。至此,申请人向被申请人支付了约定的股权转让款的90%,合计27180万元。

2018年10月19日,目标公司被查封,公章、财务章及银行卡、U盾等被扣押。

2018年12月18日,申请人召集2018年度第二次临时股东大会通过对目标公司清算的决议案。

2019年4月28日,申请人聘请的X会计师事务所出具了《2019审核报告》,认定目标公司2018年度扣除非经常性损益后的净利润为-734460847.79元。

2019年5月16日,某公证处出具了两份《公证书》,证明申请人向被申请人发出《关于要求支付业绩补偿金的通知》。

2020年4月23日,申请人聘请的X会计师事务所出具了《2020审核报告》,在认定目标公司截至2018年12月31日累计净利润为-65160.64万元的基础上,2019年新增净利润为-6598.75万元,目标公司2016年度至2019年度累计净利润为-71759.39万元。

根据仲裁庭的要求,2020年7月8日,申请人年度审计机构X会计师事务所通过申请人向仲裁庭提交了《仲裁事项说明》,主要内容为:

"本所出具的《2019审计报告》和《2019审核报告》,两份报告同时出具,但目的不同,出具依据不同。审计报告是对申请人2018年度的财务报表是否在所有重大方面按照企业会计准则的规定编制,是否公允反映了申请人2018年12月31日的财务状况、2018年度的经营成果和现金流量发表意见,出具报告依据是中国注册会计师审计准则。审核报告是根据申请人的委托和《增资协议》的相关条款,对申请人编制的《资产收购业绩承诺实现情况说明》发表意见,出具依据是《中国注册会计师其他鉴证业务准则第3101

号——历史财务信息审计或审阅以外的鉴证业务》。

因牵涉非法吸收公众存款案件,目标公司于2018年10月19日被公安局查封了办公场所,现场大量相关物品、资料被带走,部分电脑、文件资料、银行U盾、公章、财务章等物品被扣押,银行账户被冻结。目标公司董事长(注:也为申请人时任董事长)被逮捕。事件发生后,申请人成立了事件现场工作处理小组监督跟进目标公司相关事宜。在核查中发现目标公司及其子公司预付给E、F、G三家公司的预付款58970.4万元,合同未按期履约存在风险,2018年11月7—8日现场工作处理小组分别前往E、F、G公司送达催款函,要求其在2018年11月15日前按合同约定供货。2018年11月21日,申请人聘请律师分别向E、F、G公司当面递交了《律师函》,要求按合同供货或退款。

2018年11月22日,F公司邮件回复中提及'贵司将货款分批付至我司,同时指示我司将款项分批付给甲公司'。其后资金的流向成疑。

其后,申请人拟采取法律行动,但受制于目标公司子公司公章被公安机关查封,且案件处于侦查阶段,公安机关未同意在起诉书上盖章,为此当时未能马上启动民事诉讼程序。

经综合各方材料和证据,申请人经与律师商量后,聘请律师启动了民事及刑事相关追讨处理程序。申请人根据当年应收款项计提坏账准备的会计政策,对三大供应商预付款未来可收回价值的估计本着谨慎性原则,决定对E、F、G三家公司的预付款588997590.44元单项全额计提减值准备。

目标公司事件发生后,申请人先后数次派员与侦办机构进行沟通,会计师事务所也派员参加,据介绍,目标公司及其子公司预付给E、F、G三家公司的预付款588997590.44元,系流入相关P2P资金池,但因案件处于侦办阶段,无法提供书面材料。

基于以上事实,我们出具了《2019审核报告》,认为申请人编制的《资产收购业绩承诺实现情况说明》,在所有重大方面公允反映了目标公司实际盈利数与业绩承诺数的差异情况。

而在审计报告出具时,由于公安机关侦查工作仍在进行中,尚未收到司法机关就上述事项的结论性意见,无法就目标公司预付账款的可收回价值获取充分、适当的审计证据,无法确定对该等预付账款需要计提的减值准备的金额,因此,我们在审计报告中对申请人的财务报表出具了保留意见。"

X会计师事务所还证实,截至2020年6月30日,目标公司对E、F、G

三家公司应收账款降低了 6019834.82 元,原因为收到 E 公司货物办理入库和应付票据到期抵偿,其余 58297.78 万元未有变化。另外,2018 年 12 月 31 日至 2020 年 6 月 30 日,目标公司应收账款净额增加了 54719218.37 元。

## 四、仲裁庭意见

### (一)关于重新审计申请的处理和审核报告性质的认定

2020 年 6 月 1 日和 8 日,第二被申请人分别提交了《重新审计申请书》和《要求审计申请书》,请求对申请人 2018 年度、2019 年度财务报表、财务状况进行重新审计。其理由为,申请人年度审计机构 X 会计师事务所对申请人 2019 年度出具的审计报告以及对目标公司的审核报告存在矛盾,在《2020 审计报告》中,对目标公司余额最高的三家供应商的其他应收款约 5.83 亿元全额计提减值准备提出了保留意见,但在《2020 审核报告》中,却确认目标公司 2018 年度、2019 年度实际业绩为 -734460847.79 元和 -6598.75 万元。同时,申请人内审部出具的内审报告和目标公司财务部的财务分析报告之间数据差异巨大,不合逻辑,有理由怀疑相关报告的数据可靠性。同时,被申请人称 X 会计师事务所因由申请人委托聘请并出具报告,被申请人质疑其立场是否公允。

申请人则认为,《增资协议》定义中明确约定由甲方(申请人)聘请具有执行证券、期货业务资格的会计师事务所进行审计。申请人已经严格按照约定,聘请会计师对目标公司审计,并出具了相应报告。

仲裁庭认为,《增资协议》第 1 条定义部分,明确约定了文本中"会计师事务所"指"甲方聘请的具有执行证券、期货业务资格的会计师事务所",经查证,X 会计师事务所持有《证券、期货相关业务许可证》,因此,仲裁庭认定申请人聘请 X 会计师事务所对申请人及目标公司 2016 年度至 2019 年度财务报告进行审计或审核,符合法律法规的规定和双方的约定。第二被申请人未能举证证明 X 会计师事务所的审计活动违反了法律法规或各方当事人的约定,其重新审计的申请没有相关法律和约定依据,仲裁庭不予接纳。第二被申请人对于《2020 审核报告》与《2020 审计报告》涉及目标公司的应收账款计提及减值准备的质疑,仲裁庭认为应当在庭审过程中由负有举证义务的一方予以举证说明,经对方质证后再由仲裁庭决定是否采信。

仲裁庭进一步认为,虽然《增资协议》第5.2条约定,"会计师事务所对目标公司各会计年度实际净利润进行审计并出具专项审计报告,业绩补偿期内各会计年度目标公司的实际净利润数根据该专项审计报告的审计结果确定",但在实际操作中,2016年度和2017年度结束后,申请人聘请的X会计师事务所对目标公司出具了审核报告而非审计报告,双方对此没有异议,因此,仲裁庭确认,申请人聘请的会计师事务所对目标公司经营活动出具审核报告而非审计报告,已经为双方所接受。

(二)目标公司审计结论是否妥当

仲裁庭认为,申请人在编制自身和子公司目标公司年度财务报告时,对于应收账款的计提比例及方式,申请人管理层应当基于在编制报表时点,对相关事项的判断和估计,按照会计准则作出相应确认和决策。根据仲裁庭调查的情况,2018年10月目标公司被公安机关查封,公司所有证照、公章、资料、银行U盾被扣,公司陷入停产,申请人由此于2018年12月作出对目标公司进行清算的股东大会决议,申请人和X会计师事务所被公安机关告知,目标公司及其子公司预付给E、F、G三家公司的预付款系流入P2P资金池。据此,申请人在编制目标公司财务报告时对该预付款作了全额减值计提,X会计师事务所在出具相关审核报告中对此予以了确认。仲裁庭认为,申请人上述决定和X会计师事务所的审核与确认,并未违反法律法规的规定,也未超出合理范围。

另外,第二被申请人还提出申请人内审部对目标公司2018年1—7月审计存在盈利、存货跌价准备计提合理性、目标公司2018年度依然缴纳所得税1503.02万元、销售费用列支以及被公安机关查封属于无法预见的重大变化等理由。仲裁庭认为,《增资协议》明确约定业绩完成情况以会计师的审计结论作为依据,申请人内审部对1—7月的经营结论,一方面不属于全年经营情况,另一方面也不是《增资协议》约定衡量被申请人经营情况的依据。X会计师事务所对其他质疑也作出合理回复,确认存货跌价准备提取、所得税费用系目标公司子公司当期及递延所致等,相关处理完全符合会计准则的要求,仲裁庭予以认可。仲裁庭还认为,企业合规经营是每个经营者的基本要求,目标公司资金流向涉及P2P资金池造成被公安机关查封,不属于"合同成立以后客观情况发生了当事人在订立合同时无法预见的、非不可抗力造成的不属于商业风险的重大变化",被申请人作为《增资协议》约定的目标公司主要经营责任人,也应当是目标公司经营风险的承担者,因此目标公司被公安机关查封带来的后果应当由被申请人承担。

《注册会计师法》第 14 条第 2 款规定:"注册会计师依法执行审计业务出具的报告,具有证明效力。"仲裁庭认为,第二被申请人未有证据证明 X 会计师事务所出具相关报告违反法律法规的规定,或者存在违反职业准则的情形,应当承担举证不能的不利后果。仲裁庭据此认定,第二被申请人的抗辩理由不能成立。

(三)被申请人对目标公司的经营是否受到了作为大股东的申请人的控制和干预

仲裁庭认为,申请人收购目标公司股权并增资至控股地位后,委派董事、监事,并按照法律法规相关要求将目标公司纳入申请人管理体系进行管理,符合法律法规要求和双方在《增资协议》中的约定。对于申请人作出目标公司予以清算的决定,仲裁庭认为,系申请人基于当时情况以及目标公司持续经营能力判断,作出的经营决策,未超出其职权范围和合理范围,导致目标公司巨额亏损所计提的应收账款,均发生在申请人作出清算决定之前。第二被申请人未有任何证据证明,申请人在被申请人履行业绩承诺期间,对被申请人经营目标公司事务进行不当干预,也没有证据证明申请人对目标公司清算的决定与目标公司亏损或亏损扩大存在因果关系。因此,第二被申请人有关目标公司亏损由申请人行为导致的说法与事实不符,不能成立。

## 五、裁决结果

1. 第一被申请人向申请人支付业绩补偿金 217415840 元,第二被申请人向申请人支付业绩补偿金 54353960 元。
2. 本案仲裁费由第一、第二被申请人按照 80%、20% 比例各自承担。
3. 驳回第二被申请人的仲裁反请求,反请求仲裁费用由第二被申请人承担。

## 六、评析

### (一) 业绩承诺案件概述

业绩承诺，是指上市公司在并购交易的协议中要求交易对手对目标公司在约定期间内实现的业绩进行承诺，如目标公司未能达到业绩承诺，则交易对手需按协议约定向上市公司进行现金补偿，或由上市公司以象征意义的价格回购作为并购对价发行给交易对手的股票。

业绩承诺的由来，主要系在并购交易中，由于交易的估值定价多采用收益法而非基础资产法，以及交易对手在目标公司的经营溢价，导致交易定价远远高于目标公司的净资产，为了降低投资风险，并购方往往在协议中约定交易对手的业绩承诺，以实现对投资、并购交易价格的调整。

近年来，由于中国资本市场快速发展带动的投资、并购交易呈现数量级增长，投资、并购业绩承诺对赌案件也不断涌现，争议的焦点主要集中在协议的效力、业绩承诺是否实现的认定、投资方参与目标公司经营对未能实现业绩承诺的责任承担、是否需要进行补偿及如何计算等问题。

本案中，某上市公司收购目标公司60%股权，同时约定原股东对目标公司2016年、2017年、2018年、2019年的业绩进行承诺，交易交割后上市公司选派董事、监事、财务人员进入目标公司参与经营，同时保留了包括原股东在内的目标公司原经营团队，后由于目标公司自2018年开始未能达到约定业绩，上市公司诉请原股东按照业绩承诺进行补偿。

作为交易对手的目标公司原股东抗辩称，目标公司业绩认定依据的业绩承诺实现由上市公司单方指派的审计机构作出，审核报告存在错误，未能客观、公正、真实反映目标公司的业绩情况，并申请重新审计；上市公司收购目标公司后，委派董事、监事、财务人员进驻目标公司，占据了目标公司董事会和监事会大部分席位，实现对目标公司的高度控制，目标公司业绩未达到承诺的结果应由上市公司自行承担；同时，其中一名原股东称，其在交易后已没有实际管理权限，没有理由承担目标公司未实现业绩承诺的后果。仲裁庭最终根据认定的事实及双方的举证情况裁决支持上市公司要求原股东进行业绩补偿的诉请，对交易对手的主张不予认可。

为此，笔者以上述案件为切入点，结合裁判经验及相关司法案例研究，拟对投资并购案件中的业绩承诺案件的主要争议焦点的认定问题进行分析,以期为今后的投资、并购交易提供有益参考或指引。

(二)业绩承诺案件主要争议焦点的认定

1. 业绩承诺是否实现的认定依据

(1)遵循意思自治,以协议约定为基本原则

在业绩承诺协议中,交易双方对业绩承诺具有明确约定的,如约定目标公司在某期间内各年度应达到的净利润指标,并以并购方指定或双方共同指定的审计机构对目标公司进行审计确定的数据为准,则双方应按照约定的方式确定目标公司的业绩数据,以此作为业绩承诺是否实现的认定依据。

在司法实务中,业绩承诺方往往以审计机构出具的报告存在错误、审计机构系单方确定而未能客观、公正、真实反映目标公司业绩情况进行抗辩,并要求对目标公司进行重新审计。对于该问题,如并购方已经提供符合协议约定的审计机构出具的报告,审计机构亦具有相应的业务资质,笔者认为,应当认定并购方完成了举证责任,业绩承诺方主张报告存在错误则应承担举证义务,如无法证明的应承担举证不能的不利后果。

目标公司的财务报告,系管理层基于报告编制时点根据会计准则对目标公司的财务、经营等情况而作出的合理认定和判断;审计机构出具的审计报告,则系对被审计单位编制的财务报表是否在所有重大方面按照企业会计准则的规定编制、是否公允反映了被审计单位的财务状况、经营成果和现金流量发表的意见,或根据鉴证业务准则对被审计单位编制的业绩承诺实现情况说明发表的意见。因此,无论是目标公司的财务报告,还是审计报告,都涉及在编制时点的商业合理判断,存在一定酌情决定的范围,譬如应收账款的计提比例等,如业绩承诺方无法证明审计机构的选择违反了并购协议的约定,或者审计机构出具的报告存在违反审计或鉴证业务准则或存在明显错误等情况的,则其主张要求重新审计将难以得到支持。

(2)财务报告轻微失实的处理建议

在司法实务中,也会出现这样一种情况,即双方确认审计机构系按照并购协议确定,整个审计流程原则上并未违反会计准则,由于业绩承诺方在业绩承诺期间实际经营甚至掌控着目标公司的具体业务事项,在争议过程中往往会提出一些个别事项的财务处理不符合相关规定,譬如认为并购方给目标公司分摊的部分总部市场拓展费用不合理,并购方占用了目标公司人力资源

未做好人工台账致使人工费用成本不符合真实情况。

笔者认为,对于业绩承诺方的此类目标公司个别轻微财务处理失实事项抗辩理由,可以先行考虑由审计机构予以说明、补正,并根据审计机构说明、补正情况再行裁决。在未有证据证明目标公司的财务报告系统性失实的情况下,以不轻易否定审计报告的结论为宜。

(3)承诺方未按约定履行提供业绩数据义务,推定为未完成承诺事项

如双方在协议中约定,业绩承诺方应在指定日期前向并购方提供目标公司的经具有相关资质的审计机构出具的审计或业绩报告,或者应配合审计机构进行审计工作,而业绩承诺方经并购方催告后仍未能提供审计或业绩报告,或不配合审计的,应认定承诺方存在严重违约,并推定目标公司未能实现业绩承诺事项,并购方可据此主张承诺方进行补偿或履行回购义务。

2. 投资方对目标公司业绩承诺未能实现的责任承担

(1)投资方未对目标公司的经营管理实施不当干预

并购方收购目标公司后,常常依据协议约定或法律规定,委派董事、高级管理人员参与目标公司的经营管理,特别是在上市公司收购的情况下,并购方为实现对目标公司的控制、达至合并报表的目的,常常委派多名董事并在目标公司占多数席位,同时还可能委派财务负责人等核心管理人员,此系双方对于目标公司经营管理的事先安排或并购方根据法律规定行使股东权利的情形。如承诺方主张业绩承诺无法实现系由于并购方实际控制目标公司所致,则其应当就并购方利用控制权对目标公司的经营管理实施不当干预并对业绩无法实现存在因果关系承担举证责任,如无法举证的,则应承担举证不能的不利后果;不能轻易仅以并购方在目标公司的董事会、监事会占据多数席位,就认为并购方对目标公司的业绩承诺未能实现承担责任。

(2)投资方不当干预目标公司经营管理的界定

在协议约定承诺方应在承诺期内继续担任目标公司管理职务的情况下,如并购方在投资或收购完成后,利用股东权利,无正当、合理理由且未经承诺方同意单方解除承诺方管理职务的,则可能使承诺方无法继续参与目标公司的经营管理以及无法继续履行业绩承诺事项,此时继续要求承诺方承担业绩承诺补偿义务,则有违公平原则和契约精神。

此外,如并购方并未解除承诺方的管理职务,但利用其股东权利,故意限制承诺方作出决策,并导致目标公司无法完成业绩承诺的,则可能被认定构成对目标公司的不当干预。反之,在并购方参与目标公司的经营管理中,并

购方提出经营建议或作出决策,如承诺方并未表示异议的,则表明承诺方对并购方的参与经营管理表示认可,此不应认定为并购方的不当干预。

(3)承诺方未参与目标公司经营管理的责任承担

在业绩承诺案件中,一般存在多名业绩承诺方,其中部分业绩承诺方并未实际参与目标公司的经营管理,该承诺方往往主张因其未参与目标公司的经营管理而无须承担业绩承诺义务。如协议中并未对该承诺方参与目标公司的经营管理进行约定,则视为该承诺方对目标公司的经营管理安排系清楚并认可的,其已作出未以参与目标公司的经营管理作为承担业绩承诺的前提,也即其未参与目标公司的经营管理并不影响其业绩承诺义务,因此,其据此主张无须承担业绩补偿义务也难以得到支持。

(三)结语

业绩承诺对赌本质系因投资并购交易定价高、投资风险大而设计的交易价格调整方案,系平衡交易双方权益的重要方式。鉴于目前业绩承诺案件中出现的争议,建议交易双方在协议中对业绩承诺主体、业绩实现依据、补偿计算方式、业绩异议的解决方式、业绩承诺方在业绩承诺期内的职责清单、并购方参与目标公司经营管理及责任、并购不当干预目标公司经营管理的界定,以及承诺方是否以参与目标公司经营管理为承担补偿义务的前提等进行明确约定,以防止在履行中出现争议,保障交易各方的合法权益。

(本案例由深圳国际仲裁院仲裁员郑建江和深圳国际仲裁院孟伟编撰)

## 案例17 上市承诺未能完成的约定与法定免责抗辩

**仲裁要点：** 在对赌交易中，对于上市承诺未能完成的原因，原股东常提出不可抗力的法定免责、因政策影响上市的合同免责、股东一致同意而免责等抗辩。本案中，仲裁庭结合案情，认为不可抗力与履行义务受阻之间不存在因果关系，股东也并未同意推后申报，从而驳回第一被申请人的抗辩；但因政策影响而不利于上市符合合同约定的免责条款，仲裁庭支持了第二被申请人的抗辩。

## 一、案情概要

2011年5月16日，申请人（A公司、投资方）与第一被申请人（B实际控制人、原股东）、第二被申请人（C合伙企业、原股东，以下与第一被申请人合称"被申请人"）以及目标公司签署了《增资合同》，约定目标公司注册资本从2000万元增资至2500万元，其中166.75万元股权由申请人以2500万元认购，其中166.75万元计入实收资本，余下2333.25万元记入资本公积金，完成工商变更登记后申请人持有目标公司6.67%的股权。

同日，申请人与第一被申请人签署《补充协议》，对个别事项（股权回购的内容）进行了补充约定。后续申请人支付了投资款，目标公司完成工商变更登记手续。

鉴于目标公司未在限期内申报上市，《增资合同》及《补充协议》约定的股权收购条件已经成就，申请人曾多次向被申请人提出股权收购请求，并发出《关于要求履行回购义务的催告函》，但被申请人始终未予支付任何股权收购价款。申请人遂于2019年4月3日向深圳国际仲裁院申请仲裁，提出如下仲裁请求：

1. 第一被申请人收购申请人持有目标公司 6.67% 的股权,并向申请人支付股权收购款(由本金加利息构成,投资款本金为 2500 万元,利息部分年利率按 10% 计算,自 2011 年 5 月 26 日计至实际清偿之日止)。

2. 裁决第一被申请人向申请人支付财产保全费、财产保全担保费以及本案全部仲裁费用。

3. 第二被申请人对第一被申请人的上述义务承担连带责任。

## 二、当事人主张

(一) 申请人主张

《增资合同》及《补充协议》均明确约定,目标公司应当在 2014 年 12 月 31 日之前向中国证监会提出上市申报,而目标公司至今没有申报,股权收购的条件已经触发,申请人有权要求被申请人按照《增资合同》及《补充协议》的约定收购申请人所持有的目标公司 6.67% 的股权并支付相应收购价款。被申请人拒绝履行收购义务的行为已构成违约并已严重损害了申请人的合法权益,被申请人应承担相应的违约责任,赔偿申请人因采取维权行为所产生的合理支出成本。

(二) 被申请人主张

1. 外部市场发生不可抗力的因素

目标公司未能在 2014 年 12 月 31 日之前向中国证监会提出上市申请是由诸多不可抗力等因素引起:一是 2012 年 11 月至 2014 年 1 月中国股市长时间处于完全停市状态;二是公司主要业务是面向日本市场出口,营业利润 80% 以上来自日本市场。因为钓鱼岛问题致使公司的营业收入和利润大幅下降超过 70%,公司的经营情况出现恶化。

《增资协议》第 11 条第(四)项约定的由于政策等因素不利于上市,是指除了政策原因,还有不利于上市的"等因素"。2011 年签约后,2012 年就进入中日矛盾激化的阶段,使原来的主营业务 90% 受到严重影响,这也属于合同约定的不利因素,该因素明显不利于当时申请上市。因此公司没有上市是因为合同明确约定的除外原因,不应触发回购条件。

2. 全体股东同意延迟申报

根据《增资协议》第11条第(四)项的约定,"但届时如因政策等因素不利于申请上市,或全体股东一致同意推后申报,则上述条款不在其责",申请人不能因此要求现在回购。

目标公司延期申报上市是全体股东一致同意的事项,2013年之后的股东会议均对此有过共识,因此,没有一家股东提出股份回购要求,仅在2016年11月30日和2018年11月20日由申请人向第一被申请人发出过一份催告函。全体股东就上市问题于2016年3月23日举行的临时股东会议期间,曾经又一次达成共识,先行在新三板挂牌上市,相关协议绝大多数股东(仅除了申请人及其另外一家一致行动人)已签署,申请人从始至终只是口头同意方案,最后签字盖章顺序传到申请人时,申请人希望单独签署另外一份协议,双方私下协议未果,因此,未能就在新三板上市完成全部股东签署。显然,全体股东已经答应公司上市申报在2014年12月31日后可以延期,只是延期到何时,股东们未能最终一致确定,仍需要协商。

全体股东一致意见是先行在新三板挂牌上市,待条件成熟后再进行转板。相关协议已经全体股东(包括申请人)协商同意无异议,公司据此也基本完成新三板挂牌上市所需的全部中介工作,包括券商、审计、律师事务所制定起草完全部申报文件,在所有股东同意之后,进入股东会签盖章阶段。随后各股东完成签署盖章,最后提交给申请人(及其另外一家一致行动人)时其没有签署,因为申请人临时希望单独签署另外一份协议,双方私下协议未果(第二被申请人因为需要公平对待其他股东,不能答应有损其他股东利益的事项),因此,未能完成在新三板上市全部申报工作。

《补充协议》第5.1.1条约定得很清楚,股权收购的免责条件为,政策变化,全体股东一致同意推后申报。

从2014年12月31日一直到2016年包括新三板上市的整个阶段,其实申请人都没有提出任何异议。事实上证明申请人接受了延期上市的事实,所以要求被申请人回购的条件完全没有成立,申请人提出的事实是不成立的。

## 三、仲裁庭认定的事实

1. 2011年5月16日,申请人作为甲方,与第一被申请人作为乙方、第二被申请人作为丙方以及目标公司签署《增资合同》,其中约定如下:

第十一条　保证和承诺
(四)股权收购
在下列情况下,原股东(乙方、丙方)在投资方(甲方)书面通知情况下,应尽最大努力促使投资方的股权得以全部被收购:

1. 若公司在2014年12月31日之前未向中国证监会提出上市申请,则投资方有权选择由公司原股东收购投资方所持公司的股权,收购价格为投资方投资额按照约定年利率8%计算的本利和。

2. 但届时如因政策等因素不利于申请上市,或全体股东一致同意推后申报,则上述条款不在其责。

3. 乙方在此共同连带地保证:在第十一条的(四)1项的约定条件下,如投资方要求收购其持有公司的全部或者部分股权,乙方应保证公司的股东会同意该收购并签署一切必需签署的法律文件,如有违约,则需承担投资方因此所导致的直接经济损失。

第十四条　合同的变更、解除

14.1 本合同的任何修改、变更应经合同各方另行协商,并就修改、变更事项签署书面合同后方可生效。投资方(申请人)投资后,公司章程等文件就有关投资方权利事项的约定与本协议的有关条款不一致的,以本协议为准,除非本协议当事人另行签署补充协议。

2. 2011年5月16日,申请人作为甲方,还与第一被申请人作为乙方签署《补充协议》,其中约定如下:

第五条　股权收购

5.1 在下列情况下,原股东(乙方)在投资方书面通知的要求下,应尽最大努力促使投资方的股权得以全部被收购:

5.1.1 若公司在2014年12月31日之前未向中国证监会提出上市申报,则甲方有权选择由公司原股东收购甲方所持公司的股权,收购价格为甲方投资额按照约定年利率10%计算的本利和。

如因政策变化创业板未接受申报,或全体股东一致同意推后申报,则不在其责,上述收购时限另行商议。

各方确认,收购条款和《增资合同》有关条款不一致的,以本协议约定为准。

5.1.2 原股东违反其在《增资合同》第十一条的承诺和保证。

5.2 在第 5.1 条约定的情形之一出现时，投资方可在其收购通知中要求乙方收购投资方所持有的公司股权。

5.3 依据本条约定所进行的股权收购不受本增资合同第六条关于股权转让之限制。

3. 2015 年 12 月 22 日，在目标公司会议室召开 2014 年度股东大会，会议审议了包括新三板申报相关事宜议案、2016 年度外部融资额度议案、第三轮融资议案等在内的 9 项事项，申请人时任项目经理作为申请人的股东代理人在表决票中对各项议案勾选了"同意"，同时在签名处手写注明"以上议案原则上同意，还需公司审议后生效"字样。

4. 载明召开日期为 2016 年 3 月 23 日的目标公司《2016 第二次临时股东大会决议》，申请人未签字、未盖章，被申请人及其余股东已签署。申请人与被申请人均确认，在此之前，双方磋商了一份协议，但由于在补偿差额等方面未能达成一致，协议未签署，申请人亦未在该股东大会决议上签字盖章。

5. 截至申请人提起本案仲裁之日，目标公司未提交 IPO 申请。

## 四、仲裁庭意见

### （一）是否符合《补充协议》约定的免责条件

首先，对于免责条件的第一点，被申请人提出了不可抗力的抗辩，仲裁庭认为该抗辩不能成立。一方面，虽然 A 股 IPO 因政策原因有过中断，2012 年 11 月 A 股市场 IPO 暂停，到 2014 年 1 月重启 IPO，但 IPO 申报从未中断，其中，证监会在 2013 年受理了 18 家公司提交的创业板 IPO 申请，2014 年受理了 14 家。目标公司未在 2014 年 12 月 31 日之前向中国证监会提出上市申报，也就不存在因政策变化而未接受申报的问题。另一方面，被申请人提出的市场环境恶化导致公司经营业绩下滑、被申请人向公司提供了大量额外支持以及投资方未提供支持等主张，是公司股东对公司经营风险的负担问题，需按照双方对于公司的控制力以及协议约定处理，申请人未提供"政策变化"导致创业板未接受申报的证据。

其次，对于免责条件的第二点，双方确认曾就新三板挂牌方案进行过磋商谈判，但因双方就签署补充协议等事项未能达成一致意见，申请人未在相关决议上签字盖章。被申请人提供的证据，不能证明全体股东一致同意推后申报。

退一步讲,即使申请人在股东大会决议上签字盖章,也仅是发生公司治理方面的效力,并不直接改变股东之间协议约定的权利义务关系。一方面,《增资合同》第14.1条明确约定,投资方投资后,公司章程等文件就有关投资方权利事项的约定与本协议的有关条款不一致的,以本协议为准,除非本协议当事人另行签署补充协议。另一方面,新三板挂牌申报与IPO申报并不必然冲突,即使已经启动新三板挂牌申报工作,亦可以随时暂停或终止,并启动创业板IPO申报工作;除非被申请人能够提交申请人同意推后IPO申报的直接证据,否则不能以申请人同意申请新三板挂牌而必然推导出申请人同意推后IPO申报的结论。总之,即使申请人在股东大会决议上签字盖章,也不必然影响申请人按照协议约定主张股权回购的权利。

(二)是否符合《增资合同》约定的免责条件

根据《增资合同》第11条第(四)项的约定,股权收购的免责条件为:因政策等因素不利于申请上市,或全体股东一致同意推后申报。

通过上面的分析可知,全体股东一致同意推后申报的条件不满足,因此,认定被申请人回购条件是否已成就,关键在于是否满足"因政策等因素不利于申请上市"。"不利于申请上市"是具有一定主观判断色彩的描述,第二被申请人提交的证据证明当时各方曾就此问题进行过讨论,第二被申请人提出的经贸环境恶化、经营业绩下滑、IPO发行暂停等因素不利于申请上市的主张,仲裁庭予以采纳。

仲裁庭认为,申请人按照《增资合同》约定于2011年5月26日向指定账户缴纳了出资款,《补充协议》约定的股权回购条件已成就,不存在回购的免责情形或不可抗力,申请人在法律规定的期限内提出了回购要求,但被申请人未按约定履行回购义务,处于持续违约状态,申请人关于第一被申请人应按合同约定履行收购股权的义务并支付股权收购款的请求,符合合同约定,仲裁庭予以支持。但是,由于第二被申请人不是《补充协议》的签署方,其回购义务应按《增资合同》予以判定,而《增资合同》约定的回购除外情形适用,因此,仲裁庭对于申请人对第二被申请人的请求不予支持。

## 五、裁决结果

1. 第一被申请人收购申请人持有的目标公司 6.67% 的股权,并向申请人支付股权收购款,股权收购款由本金加利息构成,其中,投资款本金为 2500 万元,利息部分按年利率 10% 计算,自 2011 年 5 月 26 日计至实际清偿之日止。
2. 第一被申请人向申请人支付财产保全费和财产保全担保费、仲裁费用。
3. 驳回申请人的其他仲裁请求。

## 六、评析

(一)上市承诺因政策而未能实现的免责抗辩:不可抗力的法定免责还是合同约定免责?

尽管本案被申请人在其答辩意见中并未明确予以区分,但其所提出的上市承诺"因政策"而未能实现的免责抗辩中,实质上是两种类型的抗辩,分别是法定的不可抗力免责抗辩和合同约定的免责抗辩。

1. 不可抗力的适用

不可抗力是法定的免除责任的事由,原《合同法》第 117 条第 1 款规定:"因不可抗力不能履行合同的,根据不可抗力的影响,部分或者全部免除责任,但法律另有规定的除外……"《民法典》第 590 条第 1 款对不可抗力法律效果的规定也是一脉相承的,"当事人一方因不可抗力不能履行合同的,根据不可抗力的影响,部分或者全部免除责任,但是法律另有规定的除外"。由此可见,如果在合同履行过程中,确实发生了当事人所"不能预见、不能避免且不能克服的客观情况",那么被申请人是有可能部分或者全部免除股权回购的义务。

考虑到案涉合同中当事人并未对不可抗力的具体事由进行约定,仲裁庭无法从合同本身考察何种事由属于不可抗力,因此还需结合被申请人的具体主张予以分析。被申请人所主张的不可抗力事由主要有两项:一是 2012 年 11 月至 2014 年 1 月中国股市长时间处于暂停上市阶段;二是因为钓鱼岛问题,目标公司的营业收入和利润大幅下降超过70%,公司的经营情况出现恶化。尽管仲裁庭并未详细分析该两个事由是否属于"不能预见、不能避免且不能克服的客观情况",但对于第一个事项,即便是股权投资领域的专业人员也难以预见、避免或者克服,更遑论一个普通的商事企业,因此该事项确实可以作为不可抗力的事由之一;对于第二个事项,中日关系因为钓鱼岛问题而跌入冰点,导致目标公司面向日本市场出口的主业受到影响,进而营业收入和利润大幅下降,这应当被视为外贸业务中正常的商业风险,而不能作为不可抗力的事由予以适用。

当然,当事人在合同履行过程中如果仅仅因为存在不能预见、不能避免且不能克服的客观情况,是不能直接产生"部分或者全部免除合同责任"的预定法律效果的,其中的核心还在于不可抗力与履行义务受阻之间存在因果关系。① 不可抗力必须是债务履行受阻的最近、唯一和关键原因,不能存在阻断因果关系的其他事由,否则,就不能引起不可抗力规定预定的法律效果。② 对此,被申请人的主张是相当乏力的:首先,双方所约定的触发股权回购的条件是被申请人在2014年12月31日之前未向中国证监会提出上市申报",而国内A股市场因为政策原因有过中断的期间是2012年11月3日至2014年1月7日,政策影响的期间与合同履行之间并无直接冲突,难以证明被申请人是因为上述政策的原因而无法向中国证监会提出上市申报。其次,尽管国内A股市场有过中断的期间,但该期间却从未中断IPO的申报,相反,根据公开信息可以知悉,该期间依然有其他公司提交了IPO申报而被证监会受理,所以被申请人是否提出上市申报的行为与该政策是否存在没有必然关系。因此,被申请人关于不可抗力的抗辩是不能成立的。

2. 合同约定免责的适用

尽管被申请人所提出的法定不可抗力免责抗辩未被仲裁庭认定,但被申请人所提出的合同约定免责的抗辩同样需要予以关注。《增资合同》约定的免责条款为"但届时如因政策等因素不利于申请上市……则上述条款不在其责",而《补充协议》约定的免责条款为"如因政策变化创业板未接受申报……则不在其责,上述收购时限另行商议"。

---

① 参见最高人民法院民法典贯彻实施工作领导小组主编:《中华人民共和国民法典合同编理解与适用(二)》,人民法院出版社2020年版,第818页。
② 参见叶林:《论不可抗力制度》,载《北方法学》2007年第5期。

尽管《增资合同》和《补充协议》是同一天签署的,而且关于股权回购的触发条件(在2014年12月31日之前未向中国证监会提出上市申报)是一样的,但是关于回购义务的免责条款却有着细微而明确的差别。鉴于第一被申请人同时签署了《增资合同》和《补充协议》,第二被申请人仅签署了《增资合同》,结合《补充协议》中关于"收购条款和《增资合同》有关条款不一致的,以本协议约定为准"的约定,第一被申请人应适用《补充协议》中的免责条款,而第二被申请人则适用《增资合同》中的免责条款。

对于第一被申请人而言,"政策变化"是否导致其"创业板未接受申报"?结合上文可知,暂停IPO的"政策"所影响的期间有限,并不直接阻碍目标公司在合同约定的期限届满之前提出上市申报;而受"政策"影响的期间也并未阻碍目标公司申报创业板上市,多家企业的上市申报被证监会予以受理,因此也就更加不存在因"政策变化"而"创业板未接受申报"的问题。综上,第一被申请人关于合同免责的主张不能得到支持。

对于第二被申请人而言,如何认定目标公司是否因"政策等因素"而"不利于申请上市"?仲裁庭在裁决中表示,"不利于申请上市"是具有一定主观判断色彩的描述。而主观的判断必然导致认定的标准存在不确定性,因此对于第二被申请人是否因为适用合同约定的免责条款而不承担股权回购义务是仲裁庭内心确信的范畴,也是仲裁庭自由裁量的范围。这是由合同约定不够明确所导致的,也许正是因为《增资合同》中的免责条款约定不够明确,当事人之间才进一步签署了《补充协议》,对免责条款进一步予以明确。尽管如此,为了公正地裁决案涉纠纷,仲裁庭对于"不利于申请上市"这种没有明确标准的认定也给出了相对客观的理由,包括认可当时各方当事人曾就此问题进行过讨论、IPO发行暂停等事实,并进而采纳第二被申请人的抗辩主张,认为第二被申请人不承担股权回购义务。

尽管可能存在对仲裁庭在裁判中进行主观认定的非议,但根据《深圳国际仲裁院仲裁规则》第51条第(一)项①的规定,在商事仲裁案件中,仲裁庭的目标在于公平合理地作出裁决。结合本案情况,IPO暂停的政策尽管没有对目标公司进行申报造成客观阻碍,但确实对企业申报上市的信心有所影响,也难以认定为"有利于申请上市"的情形,仲裁庭在本案中的认定依然恰

---

① 《深圳国际仲裁院仲裁规则》第51条第(一)项规定:仲裁庭应当基于事实,依据可适用的法律及公认的法律原则,参考商业惯例,公平合理、独立公正地作出裁决。

守了"基于事实"的基本立场,也充分尊重了当事人在合同中所体现的合意。

综上,在本案的免责抗辩中,两被申请人关于法定不可抗力的抗辩并没有得到仲裁庭的采纳,且第一被申请人关于合同约定免责条款的主张也被仲裁庭予以驳回,但对于第二被申请人关于合同约定免责条款的主张则因为仲裁庭在主观上认可了本案中存在"不利于申请上市"的政策等因素,支持了第二被申请人的免责抗辩,从而裁决第二被申请人无须承担股权回购义务。

(二)上市承诺因"全体股东一致同意推后申报"而未能实现,是否可以不承担股权回购义务?

1. 因满足合同约定的免责条款而不承担股权回购义务的情形

在案涉《增资合同》和《补充协议》中均明确约定了被申请人不承担责任的免责条款"全体股东一致同意推后申报",因此,被申请人主张目标公司尽管未于合同约定的期限内提交 IPO 申请,但这是因为全体股东一致同意后形成的结果,被申请人不应承担责任。

仲裁庭在考察被申请人所称"全体股东一致同意申报新三板"的事实时,注意到申请人所委派的代表尽管在表决票中对议案勾选了"同意"并签名,但同时也在签名处手写了"以上议案原则上同意,还需公司审议后生效"的说明。笔者认为,股东按照公司章程的规定对决议事项进行表决,除非公司对于议事方式、表决程序有明确的规定,股东对于决议事项的表决应当不附加任何前提条件。"同意"即是"无条件的同意","反对"也是"无条件的反对",如果股东对于表决的"同意"或者"反对"需要附上任何条件的话,那么股东的投票就应当被视为"弃权"。公司的决议是通过特定议事方式(一般为多数决的方式)而使得部分股东的意见可以代表公司的意思,毕竟如果允许"附条件的同意"存在,那么公司将因为这些"条件"而未能根据议事方式得出明确肯定或者否定的意思,使得公司的意思处于悬而未决的地位。

尽管仲裁庭在审理本案事实时也认可双方确认曾就新三板挂牌方案进行过磋商谈判,目标公司也确实就新三板的工作予以了推进,包括与中介机构签署合同、列出挂牌时间表等,但申请人终究没有在决议中同意目标公司申报新三板挂牌,本案并没有达到"全体股东一致同意"的条件,被申请人所主张的适用合同约定的免责条款也就成了无源之水,自然不能得到仲裁庭的支持。

退一步而言,假设申请人在表决票上没有手写说明,而是直接勾选了"同意",且公司内部也无其他反对声音,是否就符合合同约定的免责条款?仲裁庭对此也予以否定,认为申请人在股东大会决议上签字盖章仅是发生公司内部治理方面的效力,并不直接改变股东之间协议约定的权利义务关系。笔者基本认同仲裁庭的分析,但同时需要指出的是:尽管公司决议仅发生公司内部治理方面的效力,但本案合同明确约定的免责条件是"全体股东一致同意推后申报"这种情形,不论全体股东是在公司内部决议中通过对决议事项的表决来达到这种"一致同意",抑或股东们分别通过单独的情况说明、公开声明等方式来表达其"一致同意",只要能够有证据证明全体股东都同意了目标公司推后申报,则被申请人的股权回购义务应当根据合同约定的免责条款予以免除。

当然,"全体股东一致同意推后申报"与"全体股东一致同意申报新三板"之间依然存在差异,即使本案申请人明确同意了申报新三板,也并不意味着同意推后申报上市,两者之间并非等同的关系。被申请人希冀通过争论申请人在本案中存在"同意"而免除其股权回购的责任,机会仍然比较渺茫。

2. 因合同内容变更而不承担股权回购义务的情形

对于"全体股东一致同意推后申报"而不承担股权回购义务的情形,还可以作出进一步的引申:假设案涉合同并没有约定任何免责条款,当目标公司遇到外部不利因素的影响而希望放弃上市申报,转而申报新三板,则目标公司的全体股东一致同意后,申请人是否还可以依据合同主张被申请人承担回购义务?这个问题的核心在于——投资人以股东身份在目标公司的内部决议中同意申报新三板,是否可以视为当事人通过合意变更了《增资合同》约定的股权回购条件?

为了回应这个问题,需要细致考察内部决议的行为性质。《民法典》第134条第2款规定:"法人、非法人组织依照法律或者章程规定的议事方式和表决程序作出决议的,该决议行为成立。"决议行为是法人或者非法人组织内部的决议事项,原则上仅对法人或者非法人组织发生效力,而双方或者多方民事法律行为则与内部事项无关,对其中的一方当事人而言,从事的民事法律行为都属于对外行为。[①] 因此,决议行为本身的效力就具有特定性和局限

---

① 参见最高人民法院民法典贯彻实施工作领导小组主编:《中华人民共和国民法典总则编理解与适用》(下),人民法院出版社2020年版,第690页。

性,尽管当事人在主体身份上存在重合(同时兼具"公司股东"以及"合同当事人"两种身份),但在决议场合下所发表的"同意"或者"反对"的意见,与对外行为中进行协商而形成的合意存在根本差别,两者不能等而同之,更不可混为一谈。

此外,《增资合同》第14.1条对于合同变更有明确约定,"投资方(申请人)投资后,公司章程等文件就有关投资方权利事项的约定与本协议的有关条款不一致的,以本协议为准,除非本协议当事人另行签署补充协议"。公司内部的决议尽管也是一种书面文件,但其内容主要约束内部人员。投资人以股东身份在决议中对不符合《增资合同》内容的决议事项投票同意并签字的行为,与其作为《增资合同》的当事人签署补充协议的行为应该予以区分,尽管两份文书中都可能有不符合《增资合同》原先约定的内容,但前者仅仅应该视为一种公司内部行为,后者却可以视为对《增资合同》的内容进行了变更。

综上,如果当事人确实有意变更《增资合同》的约定,应当根据法律规定、合同的约定签署补充协议,明确对原约定的内容进行变更,而不应当脱离原有的"合同当事人"身份,在套上"公司股东"身份的场合意图越过内部的效力达到对外行为的法律效果。

(本案例由深圳国际仲裁院陈思维编撰)

# 专题三
## 对赌协议 回购与补偿

그림속
호랑이를
무서워 마라

## 案例 18　上市或挂牌前出具不存在业绩对赌情形的承诺函能否免除对赌义务

**仲裁要点**：投资者为使目标公司通过挂牌审核而出具与目标公司、目标公司股东或任何第三人不存在业绩对赌情形的承诺函，并不能绝对免除融资方在对赌协议项下的现金补偿义务。

### 一、案情概要

2014年4月22日，申请人（A公司）与被申请人（目标公司的实际控制人）签订了《增资扩股协议书》及《补充协议》，由申请人出资2500万元认购目标公司新增的450万元实收资本。被申请人在《补充协议》中对目标公司2014年、2015年的净利润作出业绩承诺，如实际净利润未达业绩承诺金额的90%，则被申请人应以现金的方式对申请人作出补偿。2016年3月18日，会计师事务所出具的《审计报告》显示，2014年、2015年目标公司的净利润均未达到《补充协议》约定的业绩承诺金额的90%。申请人多次向被申请人催要现金补偿，被申请人一直未予理会，申请人遂于2017年6月22日向深圳国际仲裁院申请仲裁，提出如下仲裁请求：

1. 被申请人向申请人支付承诺的补偿款23763269.43元。
2. 被申请人向申请人赔偿逾期付款损失共1217786元（按中国人民银行一年期贷款基准利率计算，暂计至2017年6月21日，要求计算至全部补偿款实际支付完毕之日）。
3. 被申请人承担本案仲裁费、保全费、保全担保费、律师费。

## 二、当事人主张

**(一)关于《补充协议》中业绩承诺条款是否合法有效**

申请人主张《增资扩股协议书》及《补充协议》是双方的真实意思表示,均属合法有效,双方约定的业绩承诺条款亦属合法有效。被申请人之所以作出上述业绩承诺,系因申请人在目标公司增资扩股时,支付2500万元的投资款而仅获得对应注册资本450万元的公司股权。也只有目标公司2014年、2015年的净利润达到了被申请人承诺的业绩数额时,申请人所支付的投资价格才是合理的、公允的。否则按照目标公司2014年度《审计报告》载明的目标公司450万元注册资本对应的净资产仅为6986136.48元,申请人不可能以如此高的价格入股目标公司。申请人认为,在股权投资协议中设置业绩对赌条款、业绩承诺条款是行业惯例,不违反法律、法规的强制性规定,亦不会损害社会公众及第三人的合法权益,且司法实践中许多案例(例如对赌第一案"海富案")表明,在股权投资协议中投资人与实际控制人或控股股东设置的业绩承诺、业绩对赌条款应当是合法有效的。

被申请人未就《增资扩股协议书》及《补充协议》与业绩承诺条款是否合法有效发表意见。

**(二)关于申请人出具的《承诺函》能否免除被申请人的现金补偿义务**

申请人在目标公司申请新三板挂牌时,出具了与目标公司实际控制人(即被申请人)之间不存在利润承诺和业绩对赌的《承诺函》。申请人认为,该份《承诺函》的接收对象并非被申请人,而是为了配合目标公司申请新三板挂牌,应券商及律师事务所的要求出具的。《承诺函》仅载明不存在业绩对赌,并无关于解除《补充协议》或免除被申请人责任的内容,因此该《承诺函》只能说明申请人未将申请人与被申请人存在业绩对赌的事实告知主办券商及律师,但并未解除案涉《补充协议》或免除被申请人的现金补偿义务。并且,被申请人之后又出具了《承诺书》,承诺将继续履行《增资扩股协议书》及《补充协议》项下的现金补偿义务。

被申请人认为,申请人作出了不存在利润承诺和业绩对赌的《承诺函》,律师事务所于2016年4月27日出具的《法律意见书》也根据各股东作出的承诺确认了目标公司的实际控制人(即被申请人)与其他股东不存在业绩对赌情形。关于被申请人之后出具的继续履行《增资扩股协议书》及《补充协议》项下现金补偿义务的《承诺书》,系被申请人迫于压力所签署,应属无效。

(三)关于申请人迟延支付投资款,是否应当承担违约责任

被申请人认为,根据《增资扩股协议书》的约定,申请人的投资款中的1000万元部分未按照约定的时间支付,属违约行为,应承担违约责任。

申请人未就迟延支付投资款发表意见。

## 三、仲裁庭认定的事实

1. 2014年4月22日,申请人(甲方)与目标公司(乙方)、被申请人(丙方1)、案外人B公司(丙方5)及其他投资人签订了《增资扩股协议书》,约定:目标公司先将资本公积1500万元转增实收资本,将实收资本由2500万元增至4000万元。转增完成后,各方一致同意对目标公司进行增资扩股,再增加500万元实收资本,增资完成后,目标公司实收资本增至4500万元。各方同意,其中新增的450万元实收资本由申请人出资2500万元认购,占增资扩股后实收资本总额的10%;剩余50万元由B公司以277.7778万元认购,认购完成后B公司占增资扩股后实收资本总额的10%。在满足本协议第2条约定条件的前提下,申请人出资的首期款1500万元于本协议签署且目标公司实收资本增至4000万元完成工商变更之后15个工作日内转入目标公司银行账户;剩余款项1000万元于2014年9月30日前汇付至目标公司指定账户。

增资完成后,申请人所持目标公司新注册资本的股权比例为:申请人出资450万元,出资比例10%。

2.《增资扩股协议书》签订同日,即2014年4月22日,申请人(甲方)与目标公司(乙方)、被申请人(丙方)签订了《补充协议》。主要内容如下:

……

第二条 业绩承诺

2.1 被申请人承诺:目标公司的2014年净利润、2015年净利润分别不少

于5000万元、8000万元,其中"净利润"指目标公司经由申请人认可的具有证券从业资格的会计师事务所审计的归属于母公司所有者净利润(如目标公司发生非经常性损益,该值为归属于母公司所有者净利润扣除非经常性损益前后孰低数)。

2.2 如果目标公司的2014年、2015年净利润未达到上述业绩承诺金额的90%,被申请人愿以现金对申请人作出补偿,补偿金额计算公式如下:

2014年补偿金额=投资本金2500万元×(1-2014年审计后净利润÷2014年承诺净利润)。

2015年补偿金额=投资本金2500万元×(1-2015年审计后净利润÷2015年承诺净利润)-2014年补偿金额。

其中:2014年、2015年补偿金额系指当且仅当目标公司2014年、2015年净利润小于5000万元、8000万元的90%时,被申请人需返还申请人的现金数额;否则,无补偿义务。

2.3 以上2014年、2015年补偿金额,被申请人需在2014年、2015年年度审计报告完成后30天内向申请人支付。目标公司应保证上一年度审计报告在该年度结束后3个月内出具。

……

3. 申请人于2014年7月18日向目标公司银行账户汇付投资款1500万元;于2014年10月30日汇付投资款400万元及600万元。之后,目标公司完成了相关股权变更登记手续。

4. 2016年4月18日,申请人出具《承诺函》,承诺作为目标公司股东之一:"未与目标公司、目标公司其他股东或任何第三人签署相关含有业绩要求、回购承诺、股权转让限制、反摊薄权(反稀释权)、优先分红权及其他含对赌性质的协议文件或其他承诺性文件,也不存在其他任何有关约定或利益安排。"

5. 2016年4月27日,C律师事务所出具关于目标公司申请股票在全国中小企业股份转让系统挂牌并公开转让的《法律意见书》,其中在"公司股份质押及第三方权利情况"中写明:"根据公司各股东作出的承诺,公司实际控制人与其他股东不存在对赌情形。"

6. 2016年4月28日,被申请人向申请人出具《承诺书》,明确如下事实及承诺:"由于目标公司未能完成2014年、2015年两个年度业绩承诺且差距较大,根据对赌协议,本人应以现金或股权形式向贵企业补偿之间的差额。

但为确保目标公司及各方股东的合法权益,本次目标公司申请全国股权中心挂牌新三板时,应全国股权中心的要求,由贵企业向股权中心出具了贵企业、目标公司及目标公司相关股东之间不存在利润承诺及业绩对赌协议的承诺函等相关法律文件。本人在此郑重承诺如下:本人与贵企业此前入股目标公司时所签订的对赌协议以及此前本人对贵企业所作出的一切承诺仍将有效,本人将按协议内容及所有承诺继续严格履行自身义务,不因贵企业向全国股权中心作出无利润承诺及业绩对赌协议的承诺函而加以抗辩,以此免除或减轻本人所应承担的相应责任,如有违背本承诺,本人愿承担贵企业的一切损失及违约责任。"

7. 根据会计师事务所于2016年3月18日出具的《审计报告》显示,2014年目标公司的净利润为4946910.41元,2015年的利润为3957537.83元。

8. 被申请人未依《补充协议》的约定,向申请人支付补偿款。申请人于2017年4月25日委托律师向被申请人发出律师函,要求其10日内依约支付补偿金23454090.05元。

## 四、仲裁庭意见

(一)关于《补充协议》中"业绩承诺"条款的法律效力问题

《增资扩股协议书》是签约各方当事人在平等、自愿的基础上签订的,所约定内容为各方当事人的真实意思表示,且不违反法律、行政法规的强制性规定及损害目标公司债权人的利益,故为合法有效之合同。《补充协议》中第2条"业绩承诺"条款性质上属于估值调整条款(Valuation Adjustment Mechanism),即私募股权投资中俗称的业绩承诺条款,或对赌条款。该条款的法律效力问题,属本案的焦点问题之一。

私募股权投资以未来股权价值增值而获取投资收益为目标,而非以股利分配为目标。因公司未来收入或者利润是影响其股权未来价值的关键因素,而投资者由于信息不对称等因素对该未来收入和利润难以预测,故在股权投资合同中设定业绩承诺条款或对赌条款,不仅对目标公司业绩及股权价值虚估起到抑制作用,亦能公平适时地调整投资价格,并在一定程度上起到了激励经营者的监控作用。据此,在私募股权投资中,由投资者与目标公司控股股东或实际控制人在交易合同中设定业绩承诺条款或对赌条款已成为行业惯例,其合理性、合法性也已得到司法和仲裁实践的普遍认可。

就本案而言,申请人在目标公司增资扩股时,所支付的投资款为 2500 万元,而获得股权对应出资额仅为 450 万元,若在预期利润大幅减少的情况下,不能依约进行投资价格调整,诸如给予一定的现金补偿等,该交易价格不仅难言公平,也难以为申请人所接受,故双方才自愿在《补充协议》中设立"业绩承诺"条款。而事实上,目标公司 2014 年、2015 年的实际净利润远低于 5000 万元及 8000 万元的预期估计,在这种情况下,由被申请人按协议约定给予申请人一定金额的现金补偿应不失为一种公平、合理的安排。

综上,仲裁庭认为,案涉《补充协议》第 2 条所约定的"业绩承诺"条款符合《合同法》的平等自愿及公平诚信原则,且不违反法律、行政法规的强制性规定和损害目标公司债权人的利益,故其系合法有效条款。被申请人应依该条款约定,向申请人履行现金补偿义务。

(二)关于申请人《承诺函》的法律效力问题

申请人在目标公司申请新三板挂牌时,曾于 2016 年 4 月 18 日出具了与目标公司实际控制人之间不存在利润承诺和业绩对赌的《承诺函》。被申请人据此认为,其支付现金补偿的义务已被免除。

经庭审查明,申请人出具该份《承诺函》的真实目的在于规避全国中小企业股份转让系统有限责任公司的相关规定,使目标公司得以通过全国中小企业股份转让系统挂牌新三板之审核。正如被申请人在随后出具的《承诺书》所确认的那样,被申请人与申请人此前入股目标公司时所签订的对赌协议以及此前被申请人对申请人所作出的一切承诺仍将有效,被申请人将按协议内容及所有承诺继续严格履行自身义务,不因申请人向全国股权中心作出无利润承诺及业绩对赌协议的《承诺函》而加以抗辩,以此免除或减轻被申请人所应承担的相应责任,如有违背本承诺,被申请人愿承担申请人的一切损失及违约责任。

据此,申请人所出具的《承诺函》并不产生解除案涉"业绩承诺"条款的法律效力及免除被申请人对申请人进行现金补偿的义务。被申请人主张其履行现金补偿义务已被免除的抗辩依据不足,仲裁庭不予支持。

被申请人主张,2016 年 4 月 28 日《承诺书》是在受到压力的情况下签署的,故其在法律上是无效的。但被申请人却不能出具受到何等压力的任何证据,也未在法定期间依法诉请对该承诺予以撤销。据此,仲裁庭对被申请人的上述主张不予支持。

(三)关于申请人迟延支付部分投资款的违约责任问题

被申请人认为,根据《增资扩股协议书》的约定,申请人于2014年7月18日汇付的第一笔1500万元投资款是按时支付的,但余下的1000万元投资款,协议书上约定是9月底打款,而实际汇付时间是2014年10月30日,晚于协议约定日期,属违约行为,故应该承担违约责任。

仲裁庭认为,被申请人的上述主张属独立的请求事项。在本案中,被申请人并未依《深圳国际仲裁院仲裁规则》的规定提出反请求及办理相关缴费等手续,故上述主张不属于仲裁庭在本案中所审理的范围,被申请人可另循法律途径解决。

## 五、裁决结果

1. 被申请人向申请人支付业绩承诺补偿款23763269.43元。
2. 被申请人向申请人偿付以23763269.43元为本金,按中国人民银行一年期贷款基准利率计算的逾期付款损失(从2016年4月18日起计至全部补偿款实际支付完毕之日止)。
3. 被申请人向申请人偿付因本次求偿所支出的财产保全费损失、财产保全责任保险费损失以及办理本案所支出的律师费损失。
4. 本案仲裁费由被申请人承担。

## 六、评析

本案涉及两个主要的争议焦点:一是案涉《补充协议》的业绩承诺条款的法律效力;二是申请人出具的《承诺函》能否免除《补充协议》约定的被申请人的现金补偿义务。本案的第二个争议焦点,涉及申请人在目标公司申请新三板挂牌时出具的《承诺函》以及之后被申请人出具的继续履行对赌协议的《承诺书》,这实际上是通常所讲的"抽屉协议"问题。下文将着重针对第二个争议焦点展开探讨。

### (一) 抽屉协议的类型界分

实践中，投资者和融资者为实现利益最大化，大多数目标公司通常都以成功上市或新三板挂牌为目标，而监管部门为了保障公司股权结构稳定和持续盈利能力，进而保护投资者权益，会对对赌条款进行严格监管，目标公司在申报前必须按照监管部门的要求清理对赌协议。[1] 因此，为了满足监管要求，绝大多数目标公司会清理对赌协议，但投资方为了规避风险，仍有可能私下与融资方签订协议，就对赌条款作出其他安排，使得对赌条款仅在表面上被清理实则私下继续保持有效，这类协议即所谓"抽屉协议"。

抽屉协议主要包括附条件恢复效力的抽屉协议和持续生效的抽屉协议两种。附条件恢复效力的抽屉协议，是指在协议中约定了效力恢复条款的抽屉协议，也即约定在协议生效日或向证监会递交材料时中止相关对赌条款的效力，在发生上市重大负面事件时恢复对赌条款的效力，若公司上市成功则彻底终止对赌条款。持续生效的抽屉协议，是指各方约定虽然表面上暂时中止或彻底终止对赌条款，但该对赌条款在各方当事人之间仍持续生效的抽屉协议。本案中，申请人在目标公司新三板挂牌时出具了不存在对赌协议的《承诺函》，而后被申请人又出具了认可原对赌协议有效、被申请人继续履行原对赌协议项下义务的《承诺书》，双方实际上达成了持续生效的抽屉协议。

### (二) 抽屉协议的效力认定

对于附条件恢复效力的抽屉协议来说，对赌条款效力恢复的前提是发生

---

[1] 例如，《首次公开发行股票并上市管理办法》第13条规定："发行人的股权清晰，控股股东和受控股股东、实际控制人支配的股东持有的发行人股份不存在重大权属纠纷。"《创业板首次公开发行股票注册管理办法（试行）》及《科创板首次公开发行股票注册管理办法（试行）》第二章"发行条件"第12条均要求发行人控制权稳定、"不存在导致控制权可能变更的重大权属纠纷"。2019年3月25日中国证券监督管理委员会发布的《首发业务若干问题解答（一）》中"问题5.部分投资机构在投资发行人时约定对赌协议等类似安排的，发行人及中介机构应当如何把握？"的回答："投资机构在投资发行人时约定对赌协议等类似安排的，原则上要求发行人在申报前清理，但同时满足以下要求的可以不清理：一是发行人不作为对赌协议当事人；二是对赌协议不存在可能导致公司控制权变化的约定；三是对赌协议不与市值挂钩；四是对赌协议不存在严重影响发行人持续经营能力或者其他严重影响投资者权益的情形。保荐人及发行人律师应当就对赌协议是否符合上述要求发表明确核查意见……"上述规定均可以表明，监管机构对于对赌协议监管的主要目的在于保持股权结构的稳定。

上市重大负面事件,这也就意味着目标公司基本上无法成功上市,此时对赌条款恢复效力并不违反监管规定。《九民纪要》确定了对赌协议在不存在其他法定无效事由情形下合法有效的裁判原则①,在实践中,存在拟上市公司披露附条件恢复效力协议的过会案例②,说明证监会也认可此类协议的效力。事实上,在我国司法实践中,也可以找到此类抽屉协议被法院认定为有效的案例。

在郭丛军与北京普思投资有限公司与公司有关的纠纷案③中,投资方普思投资公司与目标公司九好集团及其郭丛军等原股东签订增资协议及相关补充协议,其中包含了业绩承诺和股权调整条款。后为了符合参与上市公司重大资产重组的条件,普思投资公司及案外其他投资方与九好集团及其郭丛军等原股东签订了《补充协议(三)》,约定之前签订的协议中关于九好集团的业绩承诺和股权调整条款、上市时间和股权回购条款等均自动失效。同日,普思投资公司和郭丛军另行签订《合作协议》,约定如果九好集团未能在约定期限内成功上市,则当日起之前约定的删除及废止的条款中涉及投资方的条款仍继续执行,郭丛军承诺届时继续履行其在增资协议及相关补充协议项下对投资方的所有义务。郭丛军抗辩称,《补充协议(三)》的签约方包括了九好集团,而《合作协议》的签订主体不包括九好集团,由于九好集团为上市放弃相关承诺的情况向公众披露过,如果股权回购的义务恢复,可能对九好集团产生不利影响并损害其他相关方权益。法院认为,《合作协议》是普思投资公司和郭丛军双方的真实意思表示,九好集团作为股份有限公司,股东可以依法转让持有的股份,《合作协议》不违反法律、行政法规规定,而郭丛军所主张的《合作协议》涉及案外人利益应属无效的主张没有事实和法律依据。

在北京碧海舟腐蚀防护工业股份有限公司等与天津雷石信锐股权投资合伙企业(有限合伙)股权转让纠纷案(以下简称"碧海舟案")④中,投资方与目标公司及其股东签订《协议书》,约定如果目标公司未能在约定时间内

---

① 《九民纪要》中"二、关于公司纠纷案件的审理"之"(一)关于对赌协议的效力及履行"部分规定:"投资方与目标公司订立的'对赌协议'在不存在法定无效事由的情况下,目标公司仅以存在股权回购或者金钱补偿约定为由,主张'对赌协议'无效的,人民法院不予支持。"

② 如广东拓斯达科技股份有限公司、西安铂力特增材技术股份有限公司、中持水务股份有限公司、浙江康隆达特种防护科技股份有限公司等,参见邱琳、刘新波、田古:《对赌争议解决法律实务》,法律出版社2021年版,第241—243页。

③ 参见北京市第三中级人民法院(2018)京03民终3463号民事判决书。

④ 参见北京市第二中级人民法院(2015)二中民(商)终字第12699号民事判决书。

完成首次公开发行上市则投资方有权要求目标公司股东回购投资方持有的目标公司股份。一审法院认为案涉《协议书》及股份回购条款有效,理由如下:(1)虽然证监会《首次公开发行股票并在创业板上市管理暂行办法》第17条要求"发行人的股权清晰,控股股东和受控股股东、实际控制人支配的股东所持发行人的股份不存在重大权属纠纷",但该办法属于证监会制定的规范性文件,而不是法律及国务院制定的行政法规,仅属于部门规章,不能作为认定效力的依据。(2)案涉回购条款约定亦不构成目标公司重大权属纠纷。因为该条款在目标公司上市审批前实际并未发生法律效力,如果目标公司如期上市,回购条款则自然失效,影响上市公司股权稳定的结果也就不会发生;如果公司上市失败,回购条款的履行亦不涉及对证券监管秩序的侵害。因此该条款不存在违反法律法规的情形,依法应当认定为有效。二审法院对于一审法院的认定予以认可。

因此,附条件恢复效力的抽屉协议在不存在其他法定无效事由的情况下应属合法有效。

至于持续生效的抽屉协议,是否同样有效?笔者认为,此时效力问题应当结合具体情况分析。虽然本案中仲裁庭根据申请人与被申请人前后作出的书面承诺,最终认定继续履行原有对赌协议是双方的真实合意,《承诺函》不免除被申请人在《补充协议》中约定的现金支付义务,但这并不意味着当事人这种表面清理对赌协议背地里仍私下合意继续履行对赌协议的行为不存在法律风险。如果在判定持续生效的抽屉协议时,单纯地判定虚伪行为无效,仅判断隐藏行为效力①,也即拟上市公司上报证监会的清理对赌协议的行为为虚伪行为,虚伪行为无效,那么证监会有关对赌条款的监管规定将被架空,这将给国家的资本市场监管体系带来巨大的隐患,对市场经济秩序造成混乱。持续生效的抽屉协议的效力判定,归根结底,还是需要回归到个案本身来判断是否影响国家利益、社会公共利益,从而进行利益之间的衡平与风险之间的分担。

《民法典》第153条规定:"违反法律、行政法规的强制性规定的民事法律行为无效。但是,该强制性规定不导致该民事法律行为无效的除外。违背公序良俗的民事法律行为无效。"从前述碧海舟案可以看到,证监会的相关规

---

① 《民法典》第146条规定:"行为人与相对人以虚假的意思表示实施的民事法律行为无效。以虚假的意思表示隐藏的民事法律行为的效力,依照有关法律规定处理。"

范性文件毕竟属于部门规章而非法律、行政法规的强制性规定,裁判机构无法依据《民法典》第153条第1款的规定认定持续生效的抽屉协议无效。该条第2款则是关于公序良俗的规定,公序良俗原则是民法的基本原则。所谓"公序",就是"公共秩序",是指国家社会的存在及其发展所必需的一般秩序,也即国家利益和社会公共利益;所谓"良俗",就是"善良风俗",是指国家社会的存在及其发展所必需的一般道德,也即社会公德。因此,公序良俗原则要求民事法律主体在进行民事法律行为时不得侵害国家利益和社会公共利益,不得损害全体社会成员的根本利益,同时应当不违反一般道德秩序,例如人权和人格尊严、家庭道德准则等。在判断持续性生效的抽屉协议的效力时,如果放到某一具体案件中认定抽屉协议有效将对市场经济秩序造成重大混乱,那么"违背公序良俗的民事法律行为无效"这一规定很有可能被裁判者作为判断该抽屉协议无效的依据。不过由于公序良俗本身是一个原则性规定,较为抽象,因此裁判者在适用时通常会比较谨慎,往往需要在个案中有确凿的证据足以证明该持续生效的抽屉协议明显违反了公序良俗,只有这样,《民法典》第153条第2款才能作为法律依据适用。

(本案例由深圳国际仲裁院黄瑜和程钦林编撰)

## 案例19　业绩补偿与股份回购能否同时主张

**仲裁要点**：在同时触发业绩补偿条款和股权回购条款时，投资人可选择主张不同的违约责任，在没有提出优先顺序或同时主张的情况下，两种权利存在着相互的排斥性，股权回购条款对应更高程度的违约行为，救济更为根本，排斥性更强，股权回购的请求将优先于业绩补偿请求获得支持。

### 一、案情概要

2012年1月9日，第一申请人A公司、第二申请人B公司、第三申请人C公司（共同作为投资方，以下合称"申请人"）与目标公司第一被申请人D公司、原股东第二被申请人E公司、实际控制人第三被申请人F自然人（以下合称"被申请人"）及其他相关方共同签署了《投资合同书》《协议书》，约定申请人向第一被申请人投资5000万元，合计取得第一被申请人11.7647%的股权，其中第一申请人投资2500万元，认购第一被申请人5.8824%的股权；第二申请人投资1500万元，认购第一被申请人3.5294%的股权；第三申请人投资1000万元，认购第一被申请人2.3529%的股权。第三被申请人作为第一被申请人和第二被申请人的法定代表人，在与申请人签订《投资合同书》与《协议书》时，均代表两家公司签了字。

《投资合同书》签订后，交工商登记部门进行备案登记，目标公司《公司章程》也依照《投资合同书》进行了修改，公司股东名称、股份比例随之作了变更。双方签订的《协议书》没有经工商登记并备案。

《协议书》与本案相关的主要内容如下：

"2. 利润保障：公司、原股东及实际控制人共同承诺：公司2011年、2012年、2013年实现净利润分别不低于2490万元、5150万元、6974万元，否则投资人有权选择由公司原股东或实际控制人无条件补偿投资人现金或股权。计算公式:当年补偿金额=投资人投资额×(当年承诺净利润-当年实际净利润)/当年承诺净利润-以往年度已补偿现金。"

"4.股权回购条款:(1)截至2014年12月31日,公司仍未向中国证监会报送发行上市材料,或者在此之前发生由于公司自身原因导致公司确定不可能在2015年12月31日前成为上市公司的事件;(2)投资完成后,公司新增加的亏损累计达到本协议签订时公司净资产的20%;(3)投资完成后,公司于2011—2013年期间任意两年的年净利润低于利润保障条款约定的保底净利润的50%……则由原股东收购或/和目标公司回购其所持有的全部或部分股权。回购价格为:回购股权对应的投资本金+该投资本金自投入之日起截至回购股权转让工商变更登记完成日按年利率10%计算的年息总和。"

《投资合同书》与本案相关的主要内容如下:

"13.2 各方同意,本合同约定的违约金为甲方的实际投资额的10%。

13.3 一旦发生违约行为(包括违反承诺与保证),违约方应当向守约方支付违约金,并赔偿因其违约而给守约方造成的损失。"

2012年1月18日,G会计师事务所出具了《验资报告》,第一申请人在2012年1月16日、第二申请人和第三申请人在2012年1月17日向第一被申请人缴足出资。

2011年至2013年,第一被申请人均未实现约定的当年应实现的净利润,也未在2014年12月31日前报送发行上市材料。2015年9月15日、2017年11月30日,第一申请人代表第二申请人、第三申请人分别向第二被申请人及第三被申请人发出《关于要求依约履行业绩补偿及回购义务的催告函》。

2018年6月12日,人民法院依法裁定受理对第一被申请人进行破产重整。

申请人认为,第二被申请人及第三被申请人未履行补偿及回购义务构成违约,据此,申请人于2018年7月12日向深圳国际仲裁院申请仲裁,提出如下仲裁请求:

1. 第二、第三被申请人向第一申请人支付现金补偿20539596元及逾期付款利息3601014元(以逾期付款金额为基数,按照中国人民银行同期贷款利率的150%计付,暂计至2018年7月12日,实际计算至逾期付款金额全部清偿之日止)。

2. 第二、第三被申请人向第二申请人支付现金补偿 12323752 元及逾期付款利息 2166670 元(以逾期付款金额为基数,按照中国人民银行同期贷款利率的 150% 计付,暂计至 2018 年 7 月 12 日,实际计算至逾期付款金额全部清偿之日止)。

3. 第二、第三被申请人向第三申请人支付现金补偿 8215834 元及逾期付款利息 1444446 元(以逾期付款金额为基数,按照中国人民银行同期贷款利率的 150% 计付,暂计至 2018 年 7 月 12 日,实际计算至逾期付款金额全部清偿之日止)。

4. 第一、第二被申请人立即回购第一申请人持有的全部第一被申请人股权,并支付回购款 41375000 元(计算公式:回购股权对应的投资本金+该投资本金自投入之日起截至回购股权转让工商变更登记完成日按年利率 10% 计算的年息总和)。

5. 第一、第二被申请人立即回购第二申请人持有的全部第一被申请人股权,并支付回购款 24820833 元(计算公式:回购股权对应的投资本金+该投资本金自投入之日起截至回购股权转让工商变更登记完成日按年利率 10% 计算的年息总和)。

6. 第一、第二被申请人立即回购第三申请人持有的全部第一被申请人股权,并支付回购款 16547222 元(计算公式:回购股权对应的投资本金+该投资本金自投入之日起截至回购股权转让工商变更登记完成日按年利率 10% 计算的年息总和)。

7. 第二、第三被申请人立即向申请人支付违约金 500 万元,分别为第一申请人 250 万元、第二申请人 150 万元、第三申请人 100 万元。

8. 被申请人承担本案的仲裁费。

## 二、当事人主张

(一)申请人主张

1. 关于第一项至第三项仲裁请求

(1)要求第二、第三被申请人支付现金补偿的合同依据为《协议书》第 2 条,计算公式为"当年补偿金额=投资人投资额×(当年承诺净利润-当年实际净利润)/当年承诺净利润-以往年度已补偿现金"。申请人于2015年9月15日发函要求被申请人履行现金补偿及回购义务,但两被申请人未在接函之日60日内支付,因此申请人从2015年11月16日起按法律法规规定的标准,选择按中国人民银行基准贷款利率上浮50%计算逾期利息。

(2)要求第二、第三被申请人承担连带支付责任的合同依据为《协议书》第2条的约定,"公司、原股东及实际控制人共同承诺……否则投资人有权选择由公司原股东或实际控制人无条件补偿投资人现金或股权",即第二、第三被申请人对申请人的现金补偿义务和相应利息应当承担连带责任。

2. 关于第四项至第六项仲裁请求

(1)要求第一、第二被申请人支付股权回购款的合同依据为《协议书》第4条,计算公式为"回购股权对应的投资本金+该投资本金自投入之日起截至回购股权转让工商变更登记完成日按年利率10%计算的年息总和"。

(2)要求第一、第二被申请人承担连带支付责任的合同依据为《协议书》第4条,"投资人有权通过以下方式收回投资本息:由原股东收购或/和目标公司回购其所持有的全部或部分股权",即第一、第二被申请人对股权回购义务和支付回购款应当承担连带责任。

3. 关于第七项仲裁请求

要求被申请人支付违约金的合同依据为《投资合同书》第13.2条及《协议书》鉴于部分第三段,被申请人在申请人多次要求业绩补偿及回购的情况下,均不予理会,违反合同约定,第一、第二、第三被申请人均是违约方,都应当承担合同约定的违约责任。

(二)被申请人主张

1. 申请人无权在第一被申请人重整期间主张回购股权

鉴于第一被申请人目前已经进入重整程序,现有财产无法清偿全部债权,在债权无法获得全部实现的情况下,股东将无权行使其作为劣后顺位的股东权益,即申请人无权在重整程序中基于股东权利要求第一被申请人回购股权。

2. 申请人在重整期间要求第一被申请人回购股权不符合《企业破产法》规定的相关程序

对于第一被申请人而言,申请人要求回购公司股权需履行相关减资程序,系对第一被申请人出资人权益的调整,而出资人权益调整属于重整计划草案的一部分。根据《企业破产法》第 84 条第 1 款、第 85 条第 2 款的规定，重整程序中的出资人权益调整应经过债权人会议和出资人组会议的表决，在各表决组通过后方得以执行。在未对重整计划草案进行表决的情况下，任何主体不得作出包括回购股权在内的出资人权益调整行为。

3. 《协议书》为公司内部协议，不能对抗第三人，其中关于申请人回购公司股权的约定违反法律强制性规定，应属无效条款

《协议书》没有经工商登记并备案，没有对外进行公示，只在公司内部有效，对外没有效力。《协议书》第 4 条关于申请人要求回购的约定"明为投资，实为借贷"，损害了第一被申请人、其他股东以及重整程序中全体善意债权人的合法权益，违反了《公司法》第 20 条关于股东不得损害公司、其他股东和债权人利益的强制性规定，应属无效条款。

4. 被申请人不应就申请人的请求事项承担连带责任

在第二被申请人被认定需承担回购义务的情况下，《协议书》中并未对第一被申请人应就回购款项承担连带责任事宜作出明确约定，要求第一被申请人承担连带责任缺乏事实依据。《协议书》第 2 条没有明确约定第一、第三被申请人对现金补偿承担连带责任，申请人请求第一、第三被申请人承担连带责任无法律依据和合同依据。第三被申请人没有在约定违约金的《投资合同书》上签字，有关违约金的约定对第三被申请人无约束力。

5. 申请人的请求存在重复、重叠、交叉计算的情形，不应支持

申请人在仲裁请求中既请求了股权回购，又请求现金补偿和违约金，这是对同一违约行为以不同形式请求补偿。股权回购的计算公式，约定了较高的利息，已涵盖了申请人应得的全部利润，也涵盖了因被申请人违约给申请人造成的损失。因此，如果申请人的股权回购请求得以确认，所获得的股权回购款足以弥补申请人的损失，违约金及现金补偿就不应得到支持。

## 三、仲裁庭意见

（一）关于本案合同中的约定条款是否可以得到执行

对于本案《协议书》第 2 条利润保障条款和第 4 条股权回购条款，仲裁庭注意到其中约定了不同的组合情形。仲裁庭认为，上述条款是附条件的、组合型甚至复合型的附有选择权的交易安排。各方对未能达成相关条件从而

触发补偿或者回购的事实并无分歧。

其中,关于履行义务内容为补偿现金或者股权的约定,条件成熟时的履行义务主体应当包括目标公司、原股东及实际控制人;关于履行义务内容为股权回购的约定,条件成熟时的履行主体应当为原股东或/和目标公司。仲裁庭认为,上述履行主体、义务及其所对应的履行内容存在不同的排列组合,各项义务的成立与否、履行可能性以及是否能够通过本案裁决得到强制执行,存在有待区分的不同情形。

1. 原股东和实际控制人的补偿义务

申请人提出的关于选择目标公司原股东或者实际控制人无条件补偿投资人现金或股权的仲裁请求,被申请人对合同项下的补偿义务并未提出合理的抗辩。仲裁庭认为,对于原股东和实际控制人而言,补偿义务的履行不涉及法律上的争议问题。

2. 目标公司的补偿和回购义务

对于申请人提出的要求目标公司履行补偿现金义务和股权回购/收购义务,仲裁庭注意到,第一被申请人(目标公司)提出其已经进入破产重整阶段。仲裁庭认为,本案合同项下的回购/收购交易属于附条件的股权转换成债权的情形,补偿则属于申请人的收益补足的情形,无论是补偿还是回购/收购,都属于申请人的债权主张。考虑到第一被申请人所处的法律状态,依据《企业破产法》第32条、第2条第1款的规定,仲裁庭认为,第一被申请人履行本案合同项下的义务,存在着明确的债权人利益保护问题,并且该债权人利益问题对本案而言是切实的、现实的和直接的。

由于第一被申请人已经进入破产重整阶段,意味着公司不存在超出注册资本之外的财务资源,履行申请人依据合同而产生的义务,将会导致公司减资的情形。结合《公司法》和《企业破产法》的相关规定,仲裁庭认为,本案合同项下的第一被申请人义务的履行,存在着法律障碍。申请人并未提供证据和有效论证表明,法律障碍已经消除,对其请求第一被申请人履行义务的主张,仲裁庭认为难以支持。

3. 原股东的回购(收购)义务

对于本案合同项下关于第二被申请人收购申请人所持股权的主张,被申请人提出,申请人关于回购股权的请求,违反了《企业破产法》规定的相关程序,申请人不得在第一被申请人重整期间直接要求回购股权。仲裁庭认为,被申请人对基于重整计划草案限制股权转让的法律制度的理解或解释是不当的。被申请人所援引的《企业破产法》的相关规定,系指对重整计划草案的批准需要出资人会议的表决,同时,此时所谓的出资人权益调整,是针对出资人所集体拥有的对进入破产阶段的公司财产而言的,系针对破产财产的结构,或者为了拯救企业而采取的方案。而本案合同项下的情形,仅仅是原有股东之间的股权收购问题,系在不改变股东人数情形下的内部结构调整,这种情况不属于《企业破产法》第84条、第85条所对应的情形。

### (二) 本案合同中的回购条款和补偿条款的关系

仲裁庭注意到,申请人分别基于本案合同项下的《协议书》第2条利润保障条款主张第一项至第三项仲裁请求,基于第4条股权回购条款主张第四项至第六项仲裁请求。股权方式投资在条件满足的情形下,产生不同的转换为债权的主张,补偿条款和回购/收购条款的交易,实际上存在着不同的目的和交易结果:补偿条款属于申请人继续持有股权却仅对所持股权的价值、收益或者回报进行补偿,而回购/收购条款则属于申请人完全退出第一被申请人并同时获得按照合同约定计算的股权转让款项。尽管两者都体现为申请人获得合同约定的数额,也属于对申请人在股权上所获得的利益的一种结果上的保障,但是两者实际上属于不同的交易模式。如果申请人先行请求回购/收购,则会导致自己所持有的股权转让给合同约定的原股东,而丧失了继续请求利润保障条款的权利。仲裁庭认为,利润保障条款和股权回购条款之间存在着一种替换或者排斥的关系,并非平行或者并列关系。

仲裁庭同时注意到,利润保障条款和股权回购条款之间实际上存在着合同约定的触发条件的差异,前者是以明确的净利润标准作为条件,即各方约定的"2011年、2012年、2013年实现净利润分别不低于2490万元、5150万元、6974万元",后者则以上市、亏损和低于保底利润的50%作为条件。上述条件的不同,也说明各方当事人在签订合同的时候,从真实意思表示上来说,至少在意图、动机层面上,是将两个条款分别对应不同的交易和违约情形的。

在本案中,由于利润保障条款和股权回购条款的条件发生了重叠,第一被申请人已经进入破产重整阶段,因此导致两个条件从申请人的角度均可以适用的情形。申请人在第一次庭审后提交的仲裁申请说明中,认为关于两个约定条款,合同中均有明确的约定,故此一并主张。从合同约定来看,当第一被申请人进入破产重整阶段的时候,已经达到了资不抵债的程度,就上述两个条款的适用条件而言,已经明显超过了利润保障条款中的违约程度,而更明确地指向了股权回购条款中规定的违约程度。

同时,本案合同中约定的利润保障条款和股权回购条款也符合一般所谓的"对赌"情形下的商业或者交易模式。利润保障条款也即业绩补偿条款,是在股东控制公司,作为实际管理者在公司日常运营中,就达到约定的业绩水平所作出的约束条件。如果作为控股股东的管理者未能将公司利润运营在一定水平之上,应当向相应股东进行直接的约定水平的补偿。本案合同项下的利润保障条款也体现了其特点符合这种一般的商业/合同模式。股权回购条款则是在作为管理者的控制股东经营公司,达到严重违约的情形下,而未参与公司管理的股东以退回股权的方式,取得约定的本金加上回购款项,作为对其投资的保障。两者的目的本质上是相同的,但所针对的违约行为水平不同,更为重要的是,两者的后果不同,前者对于未参与公司管理的"对赌"股东而言,在取得约定补偿后,仍然持有公司的股权;而后者则是以行使选择权的方式,将所持有的股权出让给作为管理者的控股股东,导致所持有股权的丧失。这就意味着,在本案合同项下,申请人所提出的这种主张,应当在公司不同的管理业绩水平、不同的阶段上提出。本案中,公司已经进入破产重整阶段,意味着在行使条件上不仅更符合股权回购的情形,也意味着在本案具体的时间点上,在申请人、被申请人并未就之前是否提出过业绩补偿作出证明的前提下,申请人实际上未按照合同约定,在约定利润水平未能达到利润保障条款的情形下及时行使选择权。这导致被申请人的业绩水平持续下降,进入了股权回购的条件约定。

因此,本案合同中的利润保障条款和股权回购条款的关系,取决于两个请求所对应的因素的判断。第一,如何理解被申请人在本案合同项下的违约行为。第二,如何理解本案合同项下的申请人损失。

就第一个问题,由于作为管理者的股东系对经营业绩不同水平的承诺,未能达到相应的承诺而产生两个选择权,如果申请人认为属于两个不同的违约行为,那么申请人并未在第一个违约情形(未能达到利润保障条款约定的利润)出现的时候行使独立的选择权,从而导致第一个选择权所对应的违约行为持续至第二个选择权(股份回购条款)成就。如果两个选择权所对应的违约情形是针对同一个违约行为,那么针对同一个违约行为,不应当出现两个并列的损失计算。这种问题的出现,是与对赌协议的本身特点联系在一起的,这种协议并未具体针对公司的管理行为,而是针对管理业绩水平,即选择权所针对的是行为产生的后果而非行为本身,因此产生了本案中的这种困扰。

就第二个问题,对赌协议中的股权回购条款,属于一种附条件的"股转债",并且虽然属于实际履行的救济,但效果和解除合同是类似的。这与业绩补偿近似于合同存续期内的"担保"业绩的特性存在着根本性的差异。而股权、股份作为转换选择权的合同对价,在市场和公司法的原理中,并不存在可以判断的损失标准,因此只能以合同约定的数额作为损失的判断标准。因此,股权回购条款中的这种情形,决定了在此类交易中,属于最终的、最高的救济标准,如果在这种标准之上继续追加其他的损失,就会导致:或者被申请人因为一个持续的违约行为而遭受两次责任追究,或者被申请人在本案合同项下的损失,超出了其对于股权、股份的合理预期。由于上述特点,在对赌协议中,也会产生利润保障条款对股权回购条款的一定程度的排他性,如果对赌方在之前公司持续经营期间,单独行使了利润保障条款,并取得了利润补偿的话,也属于在股权作为合同标的下的一定程度的违约行为的责任实现,在持续交易关系中获得的补偿,因此在未出现特殊约定的情形下,在之后如果再次提出股权回购请求,按照一般的商业/交易模式,视为股东已经取得的分配,在股权之上的期待利益存在着具体判断标准的前提下,应当予以扣除。因此,仲裁庭认为,就两类条款而言,存在着相互的排斥性,并且股权回购条款对利润保障条款的排斥性更强。

综上,仲裁庭认为,结合合同约定、交易模式,两者之间的关系是清晰的,因此关于并列主张的请求,仲裁庭认为两类请求之间存在着排斥性。由于事实发生的重叠,同时也就意味着违约行为的重合,对重合的违约行为,适用双重合同条款的话,与《民法通则》第122条,《合同法》第5条、第6条、第113条,《民法总则》第6条和第7条等规定相冲突。

同时,仲裁庭注意到,基于前述理由,申请人有权在利润保障条款和股权回购条款的条件均满足的情形,作出对被申请人构成违约而选择不同的违约责任的请求,但申请人没有就两个不同性质的请求提出优先顺序。仲裁庭认为,基于第一被申请人就两个不同程度的违约条件均已经达到,但是回购/收购条款对应的是更高程度的违约行为。同时,仲裁庭考虑到回购/收购的救济更为根本,对前三项仲裁请求更加具有排斥性,且第二被申请人回购并不存在合同效力和履行障碍问题,仲裁庭认为应当以股权收购作为请求中的首要救济,申请人依据第4条股权回购条款的救济应当优先并排斥第2条利润保障条款的救济。故此仲裁庭决定对前三项仲裁请求不予支持。

## 四、裁决结果

1. 第二被申请人回购第一申请人持有的第一被申请人的全部股权,并支付回购款 46347222 元。
2. 第二被申请人回购第二申请人持有的第一被申请人的全部股权,并支付回购款 27804167 元。
3. 第二被申请人回购第三申请人持有的第一被申请人的全部股权,并支付回购款 18536111 元。
4. 本案仲裁费由申请人承担 40%,由第二被申请人承担 60%。
5. 驳回申请人的其他仲裁请求。

## 五、评析

本案是一个非常值得关注和研究的案例,其争议问题涉及的理论层面较多。几个方面的背景,也在一定程度上影响到了本案。首先,在本案作出裁决的时候,《九民纪要》中的对赌协议的审理规则尚未出台,而深圳国际仲裁院对此已经有了许多探索并总结了一定的经验;其次,本案双方当事人对涉及的部分争议并未深入展开讨论,因此对本案的深入研讨具有意义;最后,本案也涉及合同法中的损失和履行的争议,以及与之相关的程序法问题。因此,本案的评析会对这些层面的问题有所扩展,并不仅仅局限于原裁决之中所涉及的争议。

(一)关于明股实债和对赌协议的关系问题

在 2019 年 11 月 8 日最高人民法院公布《九民纪要》之前,对赌协议并非一个正式名称,而只是在投资领域的一种简便称呼。其实"对赌协议"概念本身也并不准确,只是一个约定俗成的说法而已,其内涵、外延也并不统一。《九民纪要》根据主体义务的不同区分了与公司对赌和与股东对赌,延续了"海富案"中的区分思路,也区分了回购和补偿义务内容的不同。这两个区分点在本案中都得到了体现,这是因为本案合同中的对赌条款属于常见类型,并未涉及更多的复杂条件、支付和交易结构。《九民纪要》类似于将对赌协议作为一个"有名合同",因此明确了效力的正当性,从而为仲裁界一直存在着的确认其合法性和正当性的仲裁实践予以了中国式的司法肯定。在此之前,除《九民纪要》所明确主张的既要看合同法又要看公司法的规则——这实际上是对现有公司法上的认缴资本制作为"放松了的法定资本制"的一种尊重——之外,对赌协议本身,通常会被列入涉嫌"明股实债"的范畴。

狭义上的以回购为义务的对赌协议,实际上是附条件的股转债。对赌各方按照约定的条件作为交易转换的区分,在约定条件出现之前,投资者作为公司的股东持有股权,所缴付的出资进入公司,在约定的条件(通常是上市或者业绩水平等)出现后,投资者有权将其转换成股东或者目标公司对其的回购义务,在当下的实践中,通常是按照民间借贷的利率标准或者8%~15%的标准确定回购价格。这种债、股之间的转换,涉及两者之间的定性,而这又涉及公司法上的观念变化和制度变迁。

何为股,何为债,理论上一直存在着争议。"公司融资"(Corporate Finance)这门课程的创始人,著名的经济法、公司法专家、"罗斯福新政"的智囊,哥伦比亚大学的伯勒(Adolf Berle)教授,以及合同法中的商业现实主义者,耶鲁大学的卢埃林(Karl Llewellyn)[1]早在近百年前就主张,股和债的划分会趋向于消失。对公司的不同理解,决定着如何理解股、债的区分。[2] 这一问题中最为著名的美国案例是 Martin v. Peyton 案,该案中,合伙企业的债权人通过合同约定,设定了一系列的保护措施:(1)一定幅度内的固定收益;(2)超过一定幅度后的将债权转换为股权并获得超额收益的权利;(3)对未来合伙权益的期权选择权;(4)获得合伙经营信息的权利;(5)合伙经营的建议权;(6)重大决策的投票权;(7)对合伙管理权的保护机制(不得更换合伙经营者)。这些权利加总之后,实际上和股权的组成没有什么根本区别。当合伙企业进入破产阶段的时候,破产管理人对债权人提出主张,认为债权人

---

[1] See Morey W. McDaniel, Bondholder and Equityholder, Journal of Corporation Law, Vol. 14, 1988, pp. 205-315, 221.

[2] See Peter F. Pope and Anthony G. Puxty, What is Equity? New Financial Instruments in the Interstices Between the Law, Accounting and Economics, Modern Law Review, Vol. 54, 1991, pp. 889-911.

实际上应当属于隐名合伙人,其向公司的借款应当归入合伙的资产。① 该案中,尽管最后法院认为债权人不属于隐名合伙人,但实际上两种认定在公司法理论中都可以成立。因此,股、债之分,如果按照实际权利的构成要素来判断的话,的确存在消失的趋向,而公司理论日趋实体化,更加在公司法上形成了困扰。

从公司融资的角度而言,无论是股还是债,只要公司遵守了相应的治理程式,有充分的事前信息披露,并不会对利益攸关者造成损害。因此,这一融资上的法律困境更多集中于公司法内的治理的解决。但是由于中国存在着独特的监管模式,并且公司治理处在转轨和起伏之中,导致这一问题较为突出。从1979年的《中外合资经营企业法》开始确立外资监管制度,股、债区分涉及不同的外汇使用制度,从而提高了对这一问题的敏感度;1995年《商业银行法》确立了银证分离制度,同时因为历史上的"三角债"问题,采取了限制企业间相互借贷的政策,并得到了司法政策的支持;而之后开始的国有企业改制,在公司治理发展不充分的背景下,股、债二分对防止员工等利益攸关者在"资本运营"之中遭受损失具有意义。所有这些因素加起来,形成了一个中国法上的独特概念,即"明股实债",或"名股实债",而随着2016年之后的供给侧结构性改革,在降低总体负债水平的目标下产生了"穿透式监管",更加推动了这种术语的流行。

如前所述,中国的公司法理论发展迅速,法定资本制也在2013年随着对外资公司认缴制度的借鉴而得到了改变,私人融资领域出现了多种多样的创造。过去百年的公司法进化历史,表现出法律在区分股权和债权投资上并无有效的实质判断的标准、规则和制度,而中国的资本市场和公司监管又在特定的时候需要进行区分,因此造成了这样的局面:在公众舆论、司法政策乃至个别的司法判例中存在,但并无明确的法律理论予以支持,并且在法律和行政法规之中也并不存在:第一,直接认定名/明为投资、实为借贷的区分规则;第二,直接界定何为股的定性规则;第三,直接界定何为债的规则。这种界定在非法律、行政法规的层面上,或者说这种界定停留在行政规章层面上。

---

① Martin v. Peyton, 219 A. D. 297, 220 N. Y. S. 29 (1927), aff'd, 246 N. Y. 213, 158 N. E. 77 (1927). 较为详细的阐释,参见 William A. Klein, The Story of Martin v. Peyton: Rich Investors, Risky Investment, and the Line Between Lenders and Undisclosed Partners, in J. Mark Ramseyer, ed., Corporate Law Stories, Foundation Press, 2008, pp. 77-104.

停留在行政规章层面的例子,比如2006年7月11日,由建设部、商务部、发改委、中国人民银行、工商总局和外汇管理局共同颁布的《关于规范房地产市场外资准入和管理的意见》(建住房〔2006〕171号),其中规定,"外商投资房地产企业的中外投资各方,不得以任何形式在合同、章程、股权转让协议以及其他文件中,订立保证任何一方固定回报或变相固定回报的条款"。又如,2007年5月23日,商务部、国家外汇管理局颁布的《关于进一步加强、规范外商直接投资房地产业审批和监管的通知》(商资函〔2007〕50号)中规定:"境外投资者在境内从事房地产开发或经营业务,应当遵守商业存在原则,依法申请设立外商投资房地产企业,按核准的经营范围从事相关业务。外商投资房地产企业的中外投资各方,不得以任何形式订立保证任何一方固定回报或变相固定回报的条款。"但是上述类似规则不仅已经因为外商投资监管制度的变化而失效,实际上也并未提供区分的标准。

而停留在司法解释层面的例子,则是《联营合同纠纷解答》,其中对所谓的联营合同中的"保底条款"有相应的规定:"(一)联营合同中的保底条款,通常是指联营一方虽向联营体投资,并参与共同经营,分享联营的盈利,但不承担联营的亏损责任,在联营体亏损时,仍要收回其出资和收取固定利润的条款。保底条款违背了联营活动中应当遵循的共负盈亏、共担风险的原则,损害了其他联营方和联营体的债权人的合法权益,因此,应当确认无效。联营企业发生亏损的,联营一方依保底条款收取的固定利润,应当如数退出,用于补偿联营的亏损,如无亏损,或补偿后仍有剩余的,剩余部分可作为联营的盈余,由双方重新商定合理分配或按联营各方的投资比例重新分配。(二)企业法人、事业法人作为联营一方向联营体投资,但不参加共同经营,也不承担联营的风险责任,不论盈亏均按期收回本息,或者按期收取固定利润的,是明为联营,实为借贷,违反了有关金融法规,应当确认合同无效。除本金可以返还外,对出资方已经取得或者约定取得的利息应予收缴,对另一方则应处以相当于银行利息的罚款。(三)金融信托投资机构作为联营一方依法向联营体投资的,可以按照合同约定分享固定利润,但亦应承担联营的亏损责任。"这一实际上过时的司法解释在"海富案"中被再次援引,从而得到了业界的扩展解读。但实际上这一司法解释的适用领域非常狭窄,其中存在着诸多的限定条件。

因此,本案中的合同无效的观点,也是在《九民纪要》出台颁布规则之前的诸多案例中不断反复出现的主张,体现在本案的被申请人抗辩之中。但被申请人所援引的公司法规则并非是针对对赌协议的。事实上,这些规范有些在1993年发布的《公司法》中就存在,有些是在2005年修订后的《公司法》中加入的,而不可能解释股、债二分问题。这类合同的合法性争论,在其他的类似案件中,也会引申到诸如股东平等、损害小股东利益(公司回购)等主张,也均难以得到支持。由于存在着种种不同的主张、抗辩等,《九民纪要》中的规则明确了对赌协议的效力,可以看成是有针对性地解决了对赌协议的问题。

不过,从总体来说,采用《九民纪要》的有名合同方式,只是采用了类型化方法去合法化一个争议性的交易类型,但并没有解决,也不可能解决股权和债权的二分问题。同样,名/明股实债也不可能从监管政策转化成公司法中的规则。这种不对称的投资合同局面,其实背后的理论背景原因是众多的。

(二)关于股权回购与现金补偿同时主张问题

对赌协议中常见的履行义务包括股权回购、业绩补偿两种,从商业的逻辑而言,这是常见的情形,违约程度较轻的、时间较短的经营水平采用业绩补偿的方法,违约程度较重的、时间较长的,甚至构成合同目的丧失或者根本性违约的,采用股权回购的方法。之所以这么说是因为当股权根据条件转换成债权的时候,一方面股权的投资目的丧失了,投资人只能从保护自己利益的角度,取得借贷水平,并且通常是低于借贷水平的利率;另一方面,也是这类合同的特性,在条件出现时候的合同履行实际上由于回购的出现,而产生与合同终止相同的效果。

在对赌协议中的约定期限足够长的情形下,业绩补偿的条件出现通常较早,业绩补偿条件作为一个选择权(option)可以在合同履行之中得到实现,从而出现投资人的部分损失得到补偿,或者出现股权比例调整,甚至在一些案件中出现了控制权力转移的复杂情形。业绩补偿条款得到履行之后,如果股权回购的条件随着经营情况未能得到改善而出现的时候,则产生股权回购的相应义务。因此,当合同中的约定得到严格履行的情况下,业绩补偿的选择权应当是发生在合同持续履行过程之中,而股权回购则属于附条件股转债的义务履行,该义务的履行将会导致合同的终止(《合同法》第91条、《民法典》第557条)。

同时,换一个角度而言,如果仅有业绩补偿条款,这类合同交易在惯例上并不属于"对赌",只有存在着"股权回购"(实际上是股权转让,回购原本具有特定的含义,是指公司对股权的回购,但这一概念已经在现实中被不严谨的法律实践改变),才构成"对赌",从这个意义上来说,股权回购是这类合同的典型特征,或者说是"决定属性的特征"。以股权回购的条件作为分界点的话,对赌协议可以分为两个交易阶段,分别构成两个不同属性的交易,前者系股权投资,包括入股、持股、分配和对股权比例或者定价的调整;而后者属于债权转换,股权转让给公司或者负有回购义务的股东。当然,业绩补偿条款有时候也会采用股权作为支付对价,形成部分比例的股权转让,因此也会发生与股权回购条款的重叠,在这种情况下,股权回购条款通常可以理解为全部股权回购。从这个意义上来说,业绩条款的选择权和股权回购的选择权,一方面是时间顺序上的区别,另一方面是履行水平或者程度上的区别,后者对于合同的定性具有决定性的意义。但是在商业实践中,各方在起草合同的时候,并没有这样的明确区分,既没有对这两种选择权的行使时间作出区分,所约定的触发条件也会发生重叠,这样就会产生诸如本案项下的争议。

　　本案项下的申请人根据合同的约定条件,同时提出了两类仲裁请求,并且主张两者根据合同约定是可以并存的。由于各方在合同履行过程中,并未按照合同的约定,在合同的持续履行之中,先进行相应的业绩补偿,各方并没有通过合同的实际履行而改变合同约定,而是在仲裁程序中一并提出了主张,导致相应的争议。本案的争议观点,在理论上分为两类:一类是尊重当事人意思自治,即合同如何约定就按照合同进行裁判;另一类是双方当事人发生了合同解释上的争议,应当按照合同的性质和交易特性来进行判断。

　　如果采用第一种方案,同时支持业绩补偿和股权回购,会遇到合同法中的违约行为和责任的性质问题。本案双方代理人并未在这一层面完全展开阐释,被申请人仅仅是主张了重复计算问题,并未就具体的合同原则进行阐释。作为对合同的法律救济而言,其上限是合同中的期待利益,体现在《合同法》第113条第1款、《民法典》第584条的规定中,即当事人一方不履行合同义务或者履行合同义务不符合约定,造成对方损失的,损失赔偿额应当相当于因违约所造成的损失,包括合同履行后可以获得的利益;但是,不得超过违约一方订立合同时预见到或者应当预见到的因违约可能造成的损失。就对赌协议而言,实际上是一个损失风险对冲的交易安排,在投资人持有股权的情形下,股权上的收益可能会超出甚至远远超出合同中的约定底限,但这种收益并非基于合同而产生的,而是基于股权的特性所产生的。如果各方当事人在合同履行过程中履行了业绩补偿,则实际上因为可能改变了股权比例而改变了期待利益的上限,但是如果没有这样的履行,而是一次性在仲裁之中提出,则会受到这种期待利益上限的约束。尽管当事人并未提出类似主张,因而仲裁庭未在裁决中对此展开论述,但这些法律内在的原则和规则仍是需要考虑的。在本案中,裁决中对两种请求的合同约定、违约行为进行了明确识别和论述,强调了合同约定和条件的重叠性,实际上隐含了对这一损失原则的解释。另外,尽管在我国法律中没有明确的规则,但存在着公认的民事赔偿的原则,即一个人不应当因为一个过错承担两次赔偿,即被申请人所主张的重复计算问题。这一主张在法理上是成立的,也通常会进入裁判者的考量范围。当然重复计算的主张,其实和前述的损失上限在逻辑上也是一致的。

如果两类仲裁请求不能并存的话,接下来的逻辑问题是:应当由当事人选择还是由仲裁庭选择,以及仲裁庭的选择标准是什么?在本案裁决中可以看出,对这一问题仲裁庭是释明的,而申请人坚持并存,不作出选择。这一问题实际上也涉及仲裁请求的特性问题,尽管不存在明确的规则,但是根据民事诉讼原理,在我国的法律实践之中,法院和仲裁机构一般只接受预备性的,或者称为防御性的仲裁请求,而不支持选择性的仲裁请求。在本案之中,是否属于选择性的仲裁请求,在立案的时候并不能作出明确的判断,而需要仲裁庭结合实体审理才能确定。但是当仲裁庭经过判断构成选择性的仲裁请求,而申请人并不作出选择的情况下,理论上仲裁庭可以全部驳回,当然也可以如同本案一样,由仲裁庭作出判断和选择。在这种情况下,有两个因素决定了仲裁庭的选择:一个是本案的仲裁请求属于非对称性的排斥,即回购请求根本上排斥补偿请求,而补偿请求并不排斥回购请求;另一个是本案中的公司已经进入破产程序,破产管理人作为第一被申请人的代理人参与了本案审理,而本案的裁决结果对破产债权的范围有明确的影响。因此,如果没有第二个因素,本案可以通过仅支持业绩补偿后,合同再次回归到当事人履行层面,可能经过一段时间之后,申请人再次起诉主张回购请求,当然这仅仅是一种理论上的可能;但是由于公司已经进入破产程序,而申请人并未明确选择仲裁请求的顺序,在这种情况下,当事人所提出的两类仲裁请求,仲裁庭根据对合同履行水平、程度最重要的仲裁请求作出裁决,属于对本案合同特性的正确理解和适用。

### (三) 关于破产界限后的股份回购问题

在本案裁决作出之时,《九民纪要》尚未出台,其中所涉及的公司法规则并未得到明确。①与公司的对赌,形式上可能是与法定资本制冲突的,因为公司法存在着明确的相应规则,这在本案裁决中也得到了体现和论述,但实际上的理论层面或者利益层面的原因,是对赌协议可能会导致公司的债权人受损。由于公司的资本减少而导致债权人的债权损害,在一般情况下并不是确定的,这是一个事实问题,通常在合同法上需要符合"实际的""迫切的""必然的"的事实要求。但是,在本案中,由于公司已经进入破产程序,那么就属于法定情形而非合同中的待证事实了。在这种情况下,本案的裁决和《九民纪要》的逻辑是一致的,符合不损害利益攸关者的公司法原则。只是本案裁决和《九民纪要》所采用的都是在现行法条的结构下进行的表述。

除上述裁决所涉及的问题之外,本案也揭示了对赌协议作为合同,与公司法、企业破产法和强制执行程序之间的制度和理论层面的问题。

在当时的《公司法》规则下,因公司已经进入破产程序,回购的主张未获支持。但是随着《九民纪要》的出台,在现行法上采用了将公司回购义务置于公司法下的处理方案。那么在公司进入实际的破产程序,即"资不抵债"或者"不能清偿到期债务",而尚未进入正式破产程序的时候,如何考量呢?在企业破产法上,是否破产管理人可以请求撤销?

如果注意到 Martin v. Peyton 案发生在破产阶段,而破产法院在美国实际上属于衡平法院,衡平法院虽然不能推翻或否定普通法院所确认的判决,但是可以优先或者推迟其权利/利益的实现。著名的"深石原则",即控

---

① 现在适用的《九民纪要》规则是"二、关于公司纠纷案件的审理"中的"(一)关于'对赌协议'的效力及履行"中的第 5 条:"投资方与目标公司订立的'对赌协议'在不存在法定无效事由的情况下,目标公司仅以存在股权回购或者金钱补偿约定为由,主张'对赌协议'无效的,人民法院不予支持,但投资方主张实际履行的,人民法院应当审查是否符合公司法关于'股东不得抽逃出资'及股份回购的强制性规定,判决是否支持其诉讼请求。投资方请求目标公司回购股权的,人民法院应当依据《公司法》第 35 条关于'股东不得抽逃出资'或者第 142 条关于股份回购的强制性规定进行审查。经审查,目标公司未完成减资程序的,人民法院应当驳回其诉讼请求。投资方请求目标公司承担金钱补偿义务的,人民法院应当依据《公司法》第 35 条关于'股东不得抽逃出资'和第 166 条关于利润分配的强制性规定进行审查。经审查,目标公司没有利润或者虽有利润但不足以补偿投资方的,人民法院应当驳回或者部分支持其诉讼请求。今后目标公司有利润时,投资方还可以依据该事实另行提起诉讼。"

股股东债权请求权延迟制度①,正是在这种背景下产生的,形成了对"萨洛蒙诉萨洛蒙公司"案的否定。② 对此中国法上并没有直接采纳,而仅仅是采用了更加形式主义的做法,对撤销权的时间进行了限制,但并未解决撤销的依据问题。这就使得实质公平的判断突出出来,这可能是将来类似案件仍然需要关注和研究的问题。

对于被申请人所提出的,公司进入破产程序之后,股权不能变动存在着明确的限制性规定的情形,在本案裁决作出之后,其实也是一个理论上值得推敲和研究的地方。对赌协议的约定通常是由其他负有义务的股东收购拥有权利的股东的股权,那么在公司进入破产程序之后,这种以执行仲裁裁决项为表现特征的交易是否可以得到执行?尽管在本案的审理中,被申请人所提出的主张并不成立,因为这种限制并非必然,同时,仲裁庭也不应当在本案中考量将来裁决作出之后可能存在的法律障碍,从而作出不予支持的裁决,但这一问题在整个法律制度的运作中是存在的。一种可能的方案是现在有些仲裁机构以及当事人所采用的方案,只请求支付股权回购款,但是股权的处理问题,其实有多种方案,事实上在进入破产程序之后,股权的持续持有并不再具有意义,而股权意义本身可能属于资产处置的分配依据,并无持续经营下的股权价值,当事人可以采用注销甚至抛弃的方式予以处置。但是这只意味着对对赌协议中的股转债处理了一半,如果付款之后的义务股东强行主张股权转让呢?因此,对于这类问题,仍然需要法律进行相应的定性和处理。

本案被申请人提出"股东推卸责任"的主张,貌似强词夺理,但其实并非完全不着边际的抗辩。一旦公司进入破产程序,股权的意义究竟是什么?假如股权已经不再具有意义,那么在合同中强制执行股权回购的交易目的何在?这恐怕是对赌协议在公司进入破产阶段之后本身所具有的合同法问题。这类问题恐怕在学理上还有非常值得推敲的地方,尽管现在的规则对此并没有讨论。

本案是为数不多的特殊案例,引发的各种层面的问题较多,引人深思的地方也非常之多,当然这并不是一纸裁决能完全解决的。

(本案例由深圳国际仲裁院仲裁员邓峰和深圳国际仲裁院孟伟编撰)

---

① 参见邓峰:《普通公司法》,中国人民大学出版社2009年版,第220页。
② 参见邓峰:《普通公司法》,中国人民大学出版社2009年版,第176页。

## 案例 20　现金补偿义务的认定和抗辩

**仲裁要点**：投资人与目标公司股东以目标公司的业绩目标对赌，当目标公司未能完成约定的业绩承诺时，投资人有权要求目标公司股东承担相应的业绩补偿义务(现金补偿义务)。

### 一、案情概要

2016年11月22日，A合伙企业(申请人)与B自然人(被申请人)、案外人甲、案外人乙以及目标公司共同签订了《股东协议书》，约定了申请人成为目标公司的股东后，目标公司2016年、2017年、2018年、2019年实现的净利润应达到一定的目标。若目标公司业绩未达到所约定的净利润承诺标准，则被申请人应按照估值补偿模式就当期业绩差额对申请人进行补偿。此外，如果任何违约未在履约方发出纠正通知后30日内得到完全补救和改正，违约方应支付相当于申请人股权认购款10%的违约金。

在完成增资入股后，目标公司在2017年度的净利润为-56315191.55元，未能完成《股东协议书》所约定的业绩目标，故此申请人主张被申请人履行业绩补偿义务。对于该义务的履行，双方发生争议，被申请人未能按约履行业绩补偿义务并支付违约金，协商未果后，申请人于2018年7月19日向深圳国际仲裁院申请仲裁，提出如下仲裁请求：

1. 被申请人立即向申请人支付《股东协议书》项下业绩补偿金额149911026.20元及违约金2200万元。

2. 被申请人承担本案的全部仲裁费用及申请人因本案支付的全部费用，包括但不限于律师费、财产保全费、担保费等费用。

## 二、当事人主张

### (一)申请人主张

被申请人应当按照《股东协议书》的约定履行一次性支付业绩补偿款的义务,并支付相当于股权认购款10%的违约金。此外,被申请人还应当承担申请人为本案支出的所有仲裁费用,包括但不限于仲裁费、律师费、担保费等。

### (二)被申请人主张

1. 案外人丙为目标公司的实际控制人,被申请人作为案外人丙的隐名代理人签订《股东协议书》,申请人知道被申请人与案外人丙之间的代理关系,故应由案外人丙承担《股东协议书》项下的责任。

2. 申请人通过其合伙人抽逃《股东协议书》及《投资协议》项下出资,未完成出资义务,被申请人无须支付业绩补偿款。

3. 因申请人关联企业拖欠货物导致目标公司业绩未达《股东协议书》的约定,被申请人无须承担业绩补偿责任。

4. 申请人已发函要求被申请人回购股权,准备退出目标公司,无权再要求被申请人就目标公司业绩事宜进行补偿。

5. 申请人主张的业绩补偿计算方式不符合《股东协议书》的约定,在目标公司净利润为负数时,"截至当期期末累计实现净利润数"应以0元计。

6. 申请人所主张的业绩补偿、违约金以及提起本案仲裁后另行要求被申请人进行股权回购,均属于要求被申请人承担违约责任的形式,上述违约责任过重,应予调低。

## 三、仲裁庭认定的事实

1. 2016年11月22日,申请人与被申请人、案外人甲、案外人乙以及目标公司共同签订了《股东协议书》和《投资协议》,约定由申请人作为新股东以现金方式对目标公司进行增资,增资金额为22000万元。

(1)《股东协议书》第2.13.1条约定:目标公司及被申请人向申请人确认:目标公司2016年、2017年、2018年、2019年(以下简称"业绩承诺期")实现的扣除非经常性损益后归属于母公司股东的净利润(以下简称"净利润")应达到如下目标:其中2016年实现的净利润不低于500万元,2017年实现的净利润不低于3000万元,2018年实现的净利润不低于4000万元,2019年实现的净利润不低于5000万元……

(2)《股东协议书》第2.13.2.1条约定:业绩目标确认应以由申请人认可的具有证券从业资格的会计师事务所出具的当期审计报告为准。如目标公司业绩未达到本协议第2.13.1条约定的业绩承诺期内净利润承诺标准,则被申请人应按照估值补偿模式就当期业绩差额对新股东进行补偿。

为避免疑问,本款所称"估值补偿模式"指:补偿金额以公司100%股权投后估值为参数计算:当期净利润承诺应补偿总金额=[(截至当期期末累积承诺净利润数-截至当期期末累积实现净利润数)÷承诺期限内各年的承诺净利润数总和]×本次交易合计支付的对价-已补偿金额。

(3)《股东协议书》第2.13.2.4条约定:如目标公司未能实现本协议第2.13.1条约定的业绩承诺导致目标公司原股东(被申请人)履行本条约定的业绩补偿义务的,新股东(申请人)应在目标公司业绩承诺期专项审核报告披露后向目标公司及目标公司原股东发出书面通知(书面通知应包含具体补偿金额),新股东及原股东对通知内容确认无误后,公司原股东在收到申请人书面通知后(含当日)的15个工作日内应按照本条约定履行业绩补偿义务,由其以现金形式补偿,但累计最高应补足的金额以本次交易申请人应支付的现金对价总额为限。

(4)《股东协议书》第8.1条约定:各方应严格遵守本协议。若出现违反本协议的情况,违约方应对履约方由于违约方违反本协议而引致的损失负责。除本协议另有约定外,如果任何违约未在履约方发出纠正通知后30日内得到完全补救和改正,违约方应向履约方支付相当于股权认购款10%的违约金。

(5)《股东协议书》第9.3条约定:所有仲裁费用,包括律师费应由败诉方承担。

2. 2016年11月24日,申请人向目标公司支付了认购款22000万元。

3. 2016年12月20日,目标公司办理工商变更登记,申请人成为新股东。

4. 2017年10月25日,申请人向被申请人、目标公司分别寄送了《〈股东协议书〉业绩补偿条款提示函》,函告被申请人为履行《股东协议书》约定的业绩补偿义务做好相应资金应对准备。

5. 2018年1月,目标公司、申请人作为共同委托人与C会计师事务所签署《审计业务约定书》,委托C会计师事务所对目标公司2017年度财务报表进行审计。2018年3月19日,C会计师事务所出具的2017年度《目标公司审计报告》(以下简称《2017审计报告》)显示,目标公司在2017年度净利润为-56315191.55元。

6. 2018年6月20日、2018年6月29日,申请人分别两次向被申请人及目标公司寄送了《关于限期履行业绩补偿义务的函》,要求被申请人承担业绩补偿义务。

## 四、仲裁庭意见

(一)关于被申请人提出的股权代持、抽逃出资的主张

1. 股权代持

被申请人主张,被申请人系代他人持有目标公司股权,并非真正股东,故应由隐名股东而不是被申请人承担业绩补偿责任。仲裁庭对此主张不予采信,原因有二:首先,仲裁庭从证据层面否认了被申请人证据的证明力,被申请人有关股权代持的证据主要来源于微信对话截图,该等证据无论是形式上或是内容本身,均无法满足证明股权代持事实的要求;其次,仲裁庭从实体层面否认了股权代持与对赌责任之间的相关性,在《处罚告知公告》中虽然监管部门认定隐名股东控制了目标公司,但不能据此免除被申请人依据《股东协议书》和《投资协议》对申请人应当承担的责任。

2. 抽逃出资

被申请人主张,申请人通过其合伙人抽逃出资、逃避出资责任,并且其中一合伙人的全资子公司(以下简称D公司)拖欠目标公司价值为1.48亿元的货物,这是造成目标公司业绩未达预期的主要原因,因此被申请人无须对此承担业绩补偿责任。仲裁庭对此主张不予采信,原因有二:首先,仲裁庭否认了被申请人证据的形式证明力,被申请人主张申请人指令被申请人参与虚假交易的证据主要来源于微信对话截图,该等证据无论是形式上或是内容本身,均无法满足证明虚假交易事实的要求;其次,仲裁庭否认了被申请人证据的实质证明力,被申请人提交的部分证据虽能反映出目标公司与D公司等

四家公司存在货物买卖、款项支付的事实,根据目标公司分别向上述四家公司发出的《催告函》,目标公司也仅认为上述四家公司欠交货物或货款,并未主张交易为虚假的,既无法证明该等交易为虚假交易,也无法证明受申请人指令所为,无法证明该等交易与本案存在关联关系。其中《催告函》还显示,目标公司与 D 公司的部分交易始于 2015 年,早于申请人入股目标公司时间,难以证明虚假交易的事实。

### (二)关于申请人业绩补偿仲裁请求和回购要求是否重复或违约责任过重问题

**1. 业绩补偿与股权回购重复主张**

被申请人主张,申请人已经发函要求被申请人回购其目标公司股权,准备退出目标公司,已无权再要求被申请人就目标公司业绩进行补偿。仲裁庭对此主张不予采信,原因在于:《股东协议书》约定了业绩不完成情况下被申请人的补偿责任和在一定条件下的回购责任,申请人在本案中仅请求被申请人承担业绩补偿及相应的违约责任,并未主张被申请人的回购请求,仲裁庭无权审理申请人未提出的仲裁请求事项。

**2. 违约责任过重**

被申请人主张,申请人在本案所主张的业绩补偿、违约金与本案仲裁后另行要求的股权回购,均属于要求被申请人承担违约责任的形式,这些违约责任过重,应予调低。仲裁庭对此主张不予采信,原因在于:申请人提出被申请人承担业绩补偿及其违约金责任的仲裁请求符合双方签署的《股东协议书》的约定。

### (三)关于业绩补偿计算方式

被申请人主张,目标公司 2016 年、2017 年实现净利润亏损 50176719.43 元,该等数值应当取大于等于零为基数,否则目标公司亏得越多,被申请人补得越多,有违诚实信用和公平原则。仲裁庭对此主张不予采信,原因在于:目标公司净利润为负数时,是否应当取零作为基数,或者按照实际亏损计算补偿金额是否会违反诚实信用和公平原则,应当从双方当事人业绩承诺约定的目的来考察。本案中,申请人投入资金 22000 万元,取得目标公司 17080745 元的出资额,剩余 202919255 元进入目标公司的资本公积金,由全体股东按照持股比例共享。申请人的投资,增加了目标公司净资产,提高了其盈利能力。相反,当目标公司出现亏损时,必定降低了目标公司的净资产,损害了其盈利能力。如果目标公司出现亏损后,均按照零作为计算基数,则目标公司亏损1元和亏损1亿元,对业绩承诺承担方来说都是一样的,这种理解必定损害投资人的利益,也不符合双方真实意思表示和行业惯例。

## 五、裁决结果

1. 被申请人向申请人支付补偿金149911026.20元,违约金2200万元。
2. 被申请人向申请人偿还律师费用、保全费、保全担保费和仲裁费。

## 六、评析

本案中涉及目标公司未达到业绩目标情况下股东的业绩补偿义务(现金补偿义务),一定程度上也涉及现金补偿义务和股权回购义务同时主张的问题。申请人提起仲裁时要求被申请人承担现金补偿义务并支付违约金;在案件开庭审理之前,申请人向被申请人发出《关于限期履行股权收购义务的通知函》,要求被申请人回购其在目标公司的股权。对于金钱补偿义务和回购义务的同时主张,是被申请人在答辩意见中争论的观点之一,也是对赌协议商业实践和司法实践中歧见迭出的问题,值得进一步讨论。

《九民纪要》中对对赌协议的效力及履行作出了原则性的规定:"从订立'对赌协议'的主体来看,有投资方与目标公司的股东或者实际控制人'对赌'、投资方与目标公司'对赌'、投资方与目标公司的股东、目标公司'对赌'等形式。人民法院在审理'对赌协议'纠纷案件时,不仅应当适用合同法的相关规定,还应当适用公司法的相关规定;既要坚持鼓励投资方对实体企业特别是科技创新企业投资原则,从而在一定程度上缓解企业融资难问题,又要贯彻资本维持原则和保护债权人合法权益原则,依法平衡投资方、公司债权人、公司之间的利益。对于投资方与目标公司的股东或者实际控制人订立的'对赌协议',如无其他无效事由,认定有效并支持实际履行,实践中并无争议。"

本案中,对赌仅涉及投资方与目标公司股东的对赌,而不涉及与目标公司本身的对赌,且《股东协议书》本身不存在无效事由,申请人与被申请人也未就该协议的效力问题有所争论。因此,仲裁庭径行认定《股东协议书》中关于业绩目标对赌的条款有效,并在此基础上讨论该条款是否得以触发,或是否存在阻碍该条款触发的情形。

### (一) 是否支持申请人的业绩补偿(现金补偿)请求

《股东协议书》第 2.13.1 条约定了业绩对赌方案,目标公司的业绩承诺目标;第 2.13.2.1 条约定了业绩对赌的估值补偿模式和计算方法;第 2.13.2.4 条约定了业绩补偿义务的前置程序即书面通知程序,并约定了业绩补偿义务的履行期。根据仲裁庭认定的事实,本案《股东协议书》有关对赌失败后业绩补偿请求的约定简洁、清晰、明确,争议空间较小,双方当事人及仲裁庭也未在此着墨过多。

被申请人就业绩补偿义务的触发提出几项异议,即补偿义务人应为隐名股东而非显名股东(被申请人),业绩承诺目标不达系因申请人抽逃出资、虚假交易,等等。被申请人的答辩意见绝大部分被仲裁庭以证据不足为由驳回,几乎没有从实体层面加以论述,直接认定业绩补偿请求符合《股东协议书》的约定,支持了其仲裁请求。笔者认为,由于业绩补偿义务的生效条件为某项具体的、综合的结果,即当目标公司的业绩或利润未能达到预期水平时,便触发该义务;至于目标公司的业绩或利润究竟缘何未能实现预期目标,可能牵涉目标公司生产经营状况、商业策略、市场环境等多方面的因素,难以将单个因素剥离出来独立看待,徒增业绩评估和利润计算上的困扰。

但是,被申请人所提出的抗辩理由并非全无道理。如果投资人在增资入股进入目标公司后,通过不正当手段(例如虚假交易、抽逃挪用公司资本等)损害公司利益,恶意阻碍公司正常生产经营,导致公司未能实现预期的利润和业绩承诺目标,则可能适当考虑此种情形,认定业绩补偿义务未能触发。笔者认为,对赌协议本质上是附条件的金钱补偿协议或股权回购协议,其所附条件即为业绩承诺目标。《民法典》第 159 条规定:"附条件的民事法律行为,当事人为自己的利益不正当地阻止条件成就的,视为条件已经成就;不正当地促成条件成就的,视为条件不成就。"若投资人确实存在搅扰公司经营的不当行为,可视为"不正当地促成(金钱补偿义务)条件成就",此时应认定条件不成就,从而否认投资人的金钱补偿请求。

## (二)是否支持申请人同时主张业绩补偿(现金补偿)和股权回购的请求

本案申请人的仲裁请求为裁决被申请人承担业绩补偿义务,未在仲裁请求中主张被申请人回购其所持有的目标公司股权,而在提起仲裁至开庭审理的这段时间内,申请人另行发函要求被申请人回购股权。被申请人认为申请人同时主张金钱补偿和股权回购构成重复,且由于股权回购请求的存在,说明申请人意欲退出目标公司的经营和管理,本案中的金钱补偿请求便不应得到支持。

仲裁庭实际回避了这一问题,仲裁庭认定,"尽管申请人在函件中提出了回购主张,其在本案中仅请求业绩补偿,仲裁庭仅就其仲裁请求作出审理,对申请人另行提出的主张仲裁庭无权处理",故对于股权回购相关的一应主张均未作实体审理。事实认定部分对此也有体现,申请人表示其回购股权的主张系基于《股东协议书》中约定的股权回购相关条款,但仲裁庭并未查明或认定该条款的具体文义,也未披露函件的主要内容。

笔者认为,金钱补偿义务和股权回购义务能否并行主张,不能一概而论,应考察相关条款的表述和具体约定(例如能否并行主张、是否有顺位之分),以及金钱补偿和股权回购的金额和计算方式等。例如,若对赌协议中明确表示投资人可以并行主张金钱补偿和股权回购,并且二者的金额之和能够大致弥补投资人的亏损,那么允许两项义务同时主张也未尝不可。

对赌实践中,投资人与对赌义务人在对赌协议中同时约定金钱补偿义务和股权回购义务的情形并不罕见,因其可起到"双重保障"的作用,保证投资人的投资收益。司法实践中,对于能否同时主张业绩补偿请求和股权回购请求存在两种对立的观点,笔者总结如下:

1. 金钱补偿义务和股权回购义务可以同时主张

支持说的观点主要有二:首先,对赌协议同时约定业绩补偿和股权回购,系双方当事人的真实意思表示,不违反法律、行政法规的强制性规定[①];其次,二者属于不同的法律关系,与股份回购并非同一事项,在条件均成就的情况下可以同时得到支持,而且投资方要求目标公司实际控制人支付现金补

---

① 参见佛山市优势集成创业投资合伙企业、潘远来合同纠纷案,广东省佛山市中级人民法院(2019)粤06民终187号民事判决书。

偿款不存在股东身份的障碍。① 但也有法院在支持二者并行的基础上认为现金补偿义务系违约金性质，可依据公平原则予以调整。②

2. 金钱补偿义务和股权回购义务不能同时主张

反对说的观点有三：首先，投资人要求对赌义务人承担股权回购义务的实质效果是使投资人退出目标公司，不再具有股东身份，而投资人要求对赌义务人承担金钱补偿义务的前提恰恰是投资人具有目标公司的股东身份，由此观之，二者存在矛盾，因此投资人在主张股权回购的同时即丧失了要求对赌义务人进行金钱补偿的权利。③ 其次，有法院认为股权回购和金钱补偿均具有因违约行为承担损害赔偿责任的性质，应当综合进行考量，如果股权回购款的计算方式已经充分考虑了违约行为给投资人投资造成的损失的弥补，那么金钱补偿就不应重复支持。④ 最后，对赌协议的主要目的在于通过股权估值调整机制督促并激励目标公司的经营、发展和壮大，从而实现投资人的预期回报，而投资人不应从对赌协议中获得绝对的保障和超额的投资回报，如若同时主张金钱补偿义务和股权回购义务将造成投资人"双重受益"，那么裁判者不应允许此种不公平的结果出现。⑤

综上，判断金钱补偿义务和股权回购义务能否同时主张，应当考虑对赌协议条款的具体约定、此种主张是否会损害目标公司的利益、现金补偿义务和股权回购义务的性质、公平原则等多种因素综合确定。

（本案例由北京大学法学院硕士研究生徐士雯编撰）

---

① 参见王大民、王艳丽股权转让纠纷案，江西省高级人民法院（2017）赣民终159号民事判决书。
② 参见宋学兵与上海赞道资产管理中心、李向东等合伙协议纠纷案，江苏省苏州市中级人民法院（2019）苏05民终9001号民事判决书。
③ 参见深圳前海盛世圣金投资企业（有限合伙）与徐茂栋等股权转让纠纷案，北京市第一中级人民法院（2017）京01民初814号民事判决书。
④ 参见宁波金投股权投资合伙企业与赵天学、陈振宇等其他与公司有关的纠纷案，上海市浦东新区人民法院（2018）沪0115民初45869号民事判决书。
⑤ 参见深圳前海盛世圣金投资企业（有限合伙）与徐茂栋等股权转让纠纷案，北京市第一中级人民法院（2017）京01民初814号民事判决书。

## 案例21 现金补偿义务是否因上市或被并购而消灭

**仲裁要点**：1. 投资方与目标公司股东签订的对赌协议中约定了业绩差额补偿条款且已被触发的，即使目标公司已经成功上市或被收购，使得投资方取得较高投资回报而实现退出，也不导致业绩补偿条款自动失效。

2. 若投资方与股东未在对赌协议中明确约定业绩差额补偿条款的终止条件且后续也未签订补充协议予以明确，则根据意思自治和诚实信用原则，如果差额补偿条件成就，即使投资方已经退出目标公司，股东仍然应当支付对赌协议中约定的业绩补偿款。

## 一、案情概要

2011年7月20日，A公司（申请人）与B公司（目标公司）的三位自然人股东（分别为第一、第二、第三被申请人，以下合称"被申请人"）签订《增资协议》及《补充协议》。根据协议，申请人对目标公司投资2400万元，认购目标公司新增注册资本3137255元，被申请人承诺目标公司2011年净利润达到2700万元，2012年净利润达到3700万元，否则将对申请人进行现金补偿。经审计，目标公司2011年、2012年净利润均未能达到上述业绩承诺。按照协议约定的计算方式，被申请人应补偿申请人的金额合计1131万元。后被申请人至2017年仍未履行支付现金补偿款的义务，申请人认为已构成根本违约。故申请人依据仲裁条款于2017年10月13日向深圳国际仲裁院申请仲裁，提出如下仲裁请求：

1. 被申请人立即向申请人支付业绩补偿款本金1131万元及违约金（违约金暂计至2017年10月8日为2372168.83元，之后则以1131万元为基数，按照中国人民银行规定的金融机构计收逾期贷款利息的标准，计至业绩补偿款实际清偿之日止)。

2. 请求裁决被申请人承担本案受理费、保全费等全部仲裁费用。

庭审中,申请人进一步明确上述仲裁请求是指由被申请人"共同连带承担所请求的全部款项"。

## 二、当事人主张

(一)关于现金补偿及其支付条件的问题

申请人认为,根据《补充协议》第1.3条的约定,应补偿的金额计算方式为:(1)2011年净利润不足2700万元,则按如下方式向投资人返还现金(单位:万元):[(2700万元-2011年实际完成净利润)/2700万元]×2400万元;(2)2012年净利润不足3700万元,则按如下方式向投资人返还现金(单位:万元):[(3700万元-2012年实际完成净利润)/3700万元]×2400万元-上一年应现金补偿的金额。此后,根据目标公司提供的会计师事务所出具的2011年、2012年审计报告,目标公司2011年、2012年扣除非经常性损益后归属于母公司股东的净利润分别为1790.06万元、1954.86万元,未能达成上述业绩承诺,已经触发了现金补偿条款。

被申请人认为,其未曾取得过分红,按协议无须进行现金补偿。根据《补充协议》的约定,申请人请求差额补偿的前提条件是被申请人从目标公司取得分红,以实际取得分红款项为限根据持股比例对申请人实施现金补偿。目标公司自申请人入股至各方转让股权退出均未进行过股东分红,申请人亦未在指定期限内要求目标公司对被申请人进行分红,并且自2014年10月17日起申请人、被申请人已不再是目标公司股东,申请人请求差额补偿之前提条件业已消灭。

(二)关于现金补偿约定是否还需要执行的问题

**被申请人认为:**

1. 2014年4月,目标公司于新三板挂牌上市,《补充协议》自目标公司挂牌上市之日起即自动失效。

2. 各方当事人已经达成一致不再执行《补充协议》的约定,申请人无权再要求被申请人支付差额补偿。申请人于2014年3月作出说明,明确在对目标公司投资(增资)过程中,申请人与目标公司等签订的《增资协议》中未包括任何业绩承诺、固定收益、差额补偿、股份回购等内容的对赌约定,这相当于各方当时已同意不再执行《补充协议》的相关约定。

3. 2014年10月,申请人将其持有的全部目标公司的股权转让给T公司,以向第三方出售股权的方式退出,自股权转让完成之时,被申请人和申请人基于《补充协议》的全部权利义务业已履行完毕,合同终止。

4. 另外,申请人已获得巨大投资收益,主张现金补偿不合理、不公平。申请人于2014年10月转让目标公司股权,取得了相应交易对价,获得巨额投资回报并实现退出。因此,申请人之投资利益并未受到任何损失,无权依据《补充协议》的约定请求差额补偿。

5.《补充协议》关于股权回购的约定违法无效,并且申请人的仲裁请求已超过法定的诉讼时效。《补充协议》约定,目标公司应当对申请人股权回购的要求承担连带责任。该约定明显违反《公司法》关于公司回购股东股权的强制性规定,违反风险共担的原则,应当无效。同时,申请人的仲裁请求业已超过法定的诉讼时效,申请人的主张已经丧失了胜诉权。

(三)关于被申请人是否应承担连带补偿责任的问题

被申请人认为其不应对现金补偿承担连带责任。根据《补充协议》的约定,如目标公司2011年、2012年净利润未达到约定之承诺的,被申请人仅按照其持有的目标公司的股权比例对申请人进行补偿。《补充协议》中未约定被申请人就本案的现金补偿承担连带支付义务,申请人请求被申请人承担连带责任没有合同依据。此外,被申请人于2014年10月16日签收《现金补偿通知书》,仅表示收到了该通知,并不构成对支付现金补偿金的确认和同意履行。

## 三、仲裁庭认定的事实

2011年7月20日,申请人与被申请人及目标公司签订《增资协议》及《补充协议》。根据协议,申请人对目标公司投资2400万元,认购目标公司新增注册资本3137255元,被申请人承诺目标公司2011年净利润达到2700万元,2012年净利润达到3700万元,否则被申请人将对申请人进行现金补偿。根据《补充协议》第1.3条的约定,应补偿的金额计算方式为:(1)2011年净利润不足2700万元,则按如下方式向投资人返还现金(单位:万元):[(2700

万元-2011年实际完成净利润)/2700万元]×2400万元;(2)2012年净利润不足3700万元,则按如下方式向投资人返还现金(单位:万元):[(3700万元-2012年实际完成净利润)/3700万元]×2400万元-上一年应现金补偿的金额。此后,根据目标公司提供的会计师事务所出具的2011年、2012年审计报告,目标公司2011年、2012年扣除非经常性损益后归属于母公司股东的净利润分别为17900600元、19548600元,未能达到上述业绩承诺,触发了现金补偿条款。按照上述计算方式,被申请人应补偿给申请人的金额合计为1131万元整。

2014年4月24日,目标公司在全国中小企业股份转让系统(新三板)挂牌。挂牌之后,申请人与被申请人于2014年5月14日签署了《补充协议书(二)》,确认被申请人应补偿给申请人的现金补偿金额为1131万元整;付款时间为被申请人所持目标公司新三板挂牌股票于2015年10月24日限售期满后,由申请人签发书面通知之日起3个月内付清。同时约定了限售期内被申请人股份质押银行贷款,以及目标公司在主板、中小板、创业板转板上市情形下提前支付该现金补偿款的具体安排。

2014年10月17日,上市公司T公司与申请人、被申请人及目标公司其他股东签署《关于T公司发行股份及支付现金购买资产协议书》,T公司以向申请人、被申请人及目标公司其他股东非公开发行A股股份并支付现金的方式收购目标公司100%股权。

并购之前,被申请人于2014年10月16日收到申请人发出的《现金补偿通知书》,《现金补偿通知书》中要求被申请人根据《补充协议》的约定,按照其持股比例对申请人进行补偿,应支付的现金补偿金额合计1131万元整,自收到申请人"要求其进行补偿的通知之日起30日内"进行现金补偿。

因被申请人一直未按《现金补偿通知书》的要求支付补偿款,2017年2月16日,申请人向被申请人发出《律师函》,要求被申请人支付业绩补偿款1131万元。

## 四、仲裁庭意见

(一)关于现金补偿及其支付条件

仲裁庭认为,《补充协议》第1.4条约定,在发生需予以补偿的情形时,被申请人应以从目标公司取得的分红向申请人实施补偿。目标公司于 2012 年、2013 年、2014 年期间均未进行过股东分红。但是，申请人与被申请人经反复磋商，于 2014 年 5 月 14 日签署的《补充协议书（二）》中明确了目标公司 2011 年、2012 年业绩不符合约定，未能在 2013 年 12 月 31 日前实现境内公开发行上市的事实，明确了被申请人需按照《补充协议》的约定执行现金补偿，并确定了具体补偿明细、金额、付款时间等内容。申请人于 2014 年 10 月 16 日向被申请人发出的《现金补偿通知书》，也明确了具体补偿金额和支付期限。

根据查明的事实，仲裁庭认为，申请人对于现金补偿的意思表示是明确的，从投资入股目标公司至转让股权退出，一直通过协议、通知的方式明确提出。《补充协议》第 1.4 条约定了给予的现金补偿以取得的分红为限，但对于在未取得分红的情况下是否需要进行补偿则未予以明确。在补偿前提条件不够明确的情况下，被申请人仍然签署了《补充协议书（二）》并签收《现金补偿通知书》，仲裁庭认为，被申请人应当承担相应的法律后果。

（二）关于现金补偿的约定是否还需要执行

1. 仲裁庭认为，申请人于 2014 年 3 月作出的说明，是根据目标公司新三板挂牌申请需要、就目标公司与申请人之间是否存在对赌约定而作出的说明，说明中未涉及目标公司的股东之间即申请人与被申请人之间是否存在对赌约定，其内容也不能证实申请人已经免除被申请人的补偿责任。从申请人追索现金补偿的过程来看，目标公司经营业绩达不到约定标准是确定的，申请人对于现金补偿的意思表示是明确的。事实上，目标公司在新三板挂牌之后，申请人即与被申请人签署了《补充协议书（二）》；目标公司被实施并购之前，申请人又向被申请人发出《现金补偿通知书》，其一直通过协议、通知的方式明确提出请求，被申请人亦签署《补充协议书（二）》并签收了《现金补偿通知书》。根据查明的事实，仲裁庭认为，被申请人应当承担相应的法律后果。

2. 仲裁庭认为，申请人与被申请人签订的《补充协议》及《补充协议书（二）》，是各方当事人经反复磋商后达成的一致意思表示，协议中有关现金补偿的内容没有违反法律法规的强制性规定，应当得到遵守。申请人投入资金资助被申请人，夯实目标公司发展基础，在不实际掌握公司具体经营管理、资本市场发行环境及企业上市前景不确定的情况下，与作为目标公司实际控制人的被申请人就目标公司未来营利估值达成补偿约定,该约定是公平的,是实际经营者对财务投资者信息不对称性的合理弥补,是大股东对小股东地位不对等性的自愿补偿。除非另有约定或者权利人明确予以放弃,事后不能以各方当事人均已转让股权、都通过资本市场取得了巨额回报为由予以推诿,这也是诚实信用法律原则的基本要求。

3. 仲裁庭认为,被申请人和申请人于2014年5月14日签署《补充协议书(二)》后,又于2014年10月16日签收《现金补偿通知书》,没有证据证明其向申请人提出过异议。2017年2月16日,申请人向被申请人发出《律师函》进行催款。因此申请人从投资入股目标公司至转让股权退出,其对于现金补偿的意思表示一直都是明确的,其于2017年10月13日提出仲裁申请,并未超过法定诉讼时效。

(三)关于连带补偿责任

仲裁庭认为,《补充协议》第1.3条明确约定了被申请人按照各自的持股比例进行补偿,未明确在发生需予以补偿的情形时,被申请人之间是否需要承担连带支付责任;明确约定了被申请人对逾期违约金互相承担连带支付责任,但并未明确被申请人之间对现金补偿款本金是否需要承担连带支付责任。除逾期违约金外,《补充协议书(二)》并未改变《补充协议》这一约定,申请人随后正式出具的《现金补偿通知书》亦未改变《补充协议》这一约定。根据查明的事实,仲裁庭认为,申请人与被申请人之间按照各自的持股比例进行补偿的约定应当得到遵守。

(四)关于其他责任和费用分担问题

仲裁庭认为,鉴于申请人并没有提出证据证明其实际损失,亦未说明其违约金计算依据和过程,结合本案各方当事人均已实现较高投资回报等实际情况,统一调整为按照中国人民银行规定的同期贷款利率计算逾期违约金为宜。根据前述庭审调查确认的事实,逾期期间以被申请人2014年10月16日收到《现金补偿通知书》之日起30日后起算,即自2014年11月16日起计算逾期支付违约金。

考虑到前述关于申请人提出仲裁请求及举证方面存在的问题,结合本案中各方当事人均已实现较高投资回报、未出现实际损失等情况,仲裁庭认为,申请人与被申请人应当平均分担本案仲裁费。此外,对于申请人请求的保全费等其他仲裁费用,申请人未提出证据证明实际发生该等费用,仲裁庭不予支持。

## 五、裁决结果

1. 第一、第二、第三被申请人分别按照40%、30%、30%的比例,向申请人支付补偿款合计1131万元。

2. 第一、第二、第三被申请人分别以其需要承担的补偿款金额(第一被申请人以4524000元为基础、第二被申请人以3393000元为基数、第三被申请人以3393000元为基数),从2014年11月16日起至实际清偿之日止,按照中国人民银行规定的同期贷款利率向申请人支付违约金。

3. 本案仲裁费由申请人与第一、第二、第三被申请人各自承担25%。

4. 驳回申请人的其他仲裁请求。

## 六、评析

本案最值得关注的焦点问题是目标公司成功上市或被并购之后投资方与股东的业绩补偿协议是否还应当继续履行的问题。

(一)概述

本案较为特殊之处在于,目标公司顺利在新三板挂牌,并且之后目标公司被上市公司收购,使得投资者的原始股权获得极大溢价,投资者通过将股权出售给第三方后顺利退出,事实上获得较高投资回报。但是,目标公司在新三板挂牌之前,又确实未完成约定的业绩承诺,导致协议约定的股东向投资者支付现金补偿的条件已经触发。在此种情况下,投资者是否还能要求股东向自己支付对赌协议约定的现金补偿,就是本案件引发争议的根源所在。

在实践中,投资者与股东在签订对赌协议时,大部分情况下会作出明确约定,一旦公司上市,现金补偿条款自动失效,或者取消公司上市当年的现金补偿。就拟上市公司而言,按照目前上市的监管要求,目标公司在上市申报前,需按照监管部门的要求清理对赌协议。因此,一般情况下,投资者与拟上市公司股东在上市前会对现存有效的对赌协议作出相应的清理安排,通常有两种处理模式:第一种是约定"效力恢复条款",即对赌条款效力于申报时中止,若发生未上市成功的情形则对赌条款恢复效力,若公司成功上市则对赌条款永久失效;第二种是签署补充协议,协商一致彻底终止对赌条款。①

但是,若公司在新三板、科创板等板块上市,由于这些板块对对赌协议的监管更为宽松,且随着监管对对赌协议的宽容度不断提高,已经不要求公司在上市前必须清理诸如投资人与股东对赌的对赌协议②,因此还是可能出现投资者就业绩承诺的现金补偿条款与股东之间没有对该条款何时失效或解除进行约定,导致投资方在目标公司成功上市或被并购后仍然以之前的业绩承诺条款为依据要求股东支付补偿的情形。

不难看到,仲裁庭意见的核心是尊重合同自由与当事人的意思自治,以及贯彻诚实信用原则。投资者与股东之间的对赌协议明确约定了业绩增长目标以及达不到业绩增长目标需要支付的现金补偿,该业绩增长目标仅以净利润为基准,并未包含目标公司在新三板挂牌上市或被上市公司收购等其他的业绩标准,因此在判断现金补偿条件是否成就时应严格依据经双方合意形成的协议文本中的条件与标准,裁判者不应该实质介入其背后复杂的交易因素。而且,双方当事人也并未明确该现金补偿条款是否因目标公司在新三板挂牌上市或被收购而失效或解除,因此在该合同约定系双方当事人真实意思表示且不具备法定无效情形的情况下,不能因一方当事人主观认为其不公平而否认其拘束力,否则有违诚信原则。因此,仲裁庭对于此问题的处理仍以双方达成的合同约定和私法自治为依归。

需要探讨的是,在本案情形中,是否成立情势变更或满足违约金调减的规则,使得申请人要求的现金补偿可能得不到支持?

---

① 参见邱琳、刘新波、田古等:《对赌争议解决法律实务》,法律出版社2021年版,第241—246页。

② 参见中国证监会《首发业务若干问题解答》(2020年修订):"问题5.部分投资机构在投资发行人时约定对赌协议等类似安排的,发行人及中介机构应当如何把握? 答:投资机构在投资发行人时约定对赌协议等类似安排的,原则上要求发行人在申报前清理,但同时满足以下要求的可以不清理:一是发行人不作为对赌协议当事人;二是对赌协议不存在可能导致公司控制权变化的约定;三是对赌协议不与市值挂钩;四是对赌协议不存在严重影响发行人持续经营能力或者其他严重影响投资者权益的情形……"

## (二) 情势变更

中国证券市场长期实行核准制,目标公司上市难度极大,这使上市作为私募投资的退出机制不具有明显的吸引力①,在目标公司上市难度极大、充满不确定性的情况下,投资方营利目的的实现主要依赖于业绩补偿和股权回购。那么,是否可以认为,由于目标公司上市与否的决断权来自证监会而非协议相对方,因此以上市为条件的对赌约定的履行后果是不可预见的,需取决于中国证监会的审批结果,故而目标公司未能上市非属可归责于投融资方之原因,相应对赌补偿条款可适用合同法之情势变更规则,不再予以履行?

遗憾的是,无论是从《合同法解释(二)》第 26 条到《民法典》第 533 条的解释论视角,还是实务中已经基本确认的共识,都不能认可此等情况下情势变更规则有适用的余地。情势变更的适用有较为严格的构成要件,具体而言:(1)需有情势变更的事实,即不属于商业风险的合同基础或环境在客观上的异常变动;(2)情势变更需发生于合同成立以后、履行完毕之前;(3)需情势变更的发生不可归责于当事人,即不为受不利影响的一方当事人所控制;(4)需情势变更是当事人缔约时所不可预见的;(5)需情势变更使履行原合同显失公平或不能实现合同目的。②

据此,情势变更规则的适用要义在于:不可预见之客观情形显现于合同成立后;该客观情形既非可归责于当事人的事由,亦非商业风险要素;继续履行明显不公或不能实现合同目的。③ 首先,在目标公司被并购的情形下,由于投融资方就并购事宜必然与拟收购的第三方进行磋商谈判并达成一致的交易安排,因此完全是当事人意思控制下的商业行为,情势变更规则无适用空间。其次,就目标公司上市情形,其条款内容与情势变更规则的适用所需达到的情形亦相去甚远。对赌协议乃对目标公司上市以及若未能上市之后果提前作出的预设安排,虽然证监会是否核准目标公司上市属于其依职权决定的事项,但投融资方在缔结对赌协议时,对目标公司可能存有无法获得证监会审批的客观情形是明知的,双方约定的补偿条款显然表明已对可能出现的上市失败后果进行了预先调整安排,即是否成功上市完全属于当事人可以

---

① 参见沈伟:《中国公司法真的能"孵化"私募投资吗?——一个基于比较法语境的法经济学分析》,载《当代法学》2014 年第 3 期。
② 参见韩世远:《合同法总论》(第四版),法律出版社 2018 年版,第 504—507 页。
③ 参见任湧飞、丁勇:《估值调整协议的法律适用》,载《人民司法》2019 年第 4 期。

预见的范畴,这也正是这种创新性投融资工具能促进交易和控制风险的价值所在。实务中对赌协议的签订一般均经过前期尽职调查等一系列审慎评估工作。故投融资双方在经过充分利益和风险评估权衡后,所开展的投融资行为并非盲目进行,而是有明确预见、甘愿承担的投资风险。[①]另外,中国证监会对公司上市发行股票有着明确的发行条件、发行程序、信息披露等要求,其作出核准或不予核准公司上市的审批有迹可循,并非盲目决定的。[②]由此可知,当投融资方以目标公司上市为对赌条件时,对目标条件设定及未成就条件之自治安排,均系建立在一般行为人达成或实现同等目标的最低预见性及最低可能性基础之上,则相应目标条件设定具有期待可能性[③],不能得出成功上市与否系当事人不能预见事由的结论。

(三)违约金调减

从《合同法》第 114 条、《合同法解释(二)》第 29 条到《民法典》第 585 条第 2 款,都规定了补偿性违约金的调减规则。是否可以借助该规则对业绩补偿金进行调减,取决于是否将业绩承诺认定为一项合同义务。

虽然实务中也存在将业绩补偿金视为违约金的判例[④],但是目前较为主流的观点认为现金补偿并非违约金,而是合同义务,业绩承诺是合同义务发生的条件。如最高人民法院在(2015)民申字第 2593 号裁定书中认为,业绩补偿条款在性质上不是违约金条款,法院一般不予调整。"案涉业绩补偿条款非基于违约产生,其性质并非违约金。"[⑤]其他法院也有类似意见:业绩承诺中"承诺"一词的含义,其并不意在设定实现净利润的合同义务,而是为合同履行中确定股东承担付款义务的情形设定一个判断标准,俗称"业绩对赌目标"。[⑥]

业绩补偿不是合同义务、现金补偿并非违约金的主要理由是:基于合同约定及交易惯例,业绩承诺约定与现金补偿约定具有不可分割性。业绩承诺

---

① 参见俞秋玮、夏青:《以上市为条件的"对赌"协议的效力评价》,载《人民法院报》2015年 3 月 25 日,第 7 版。
② 参见中国证监会《首次公开发行股票并上市管理办法》。
③ 参见任涌飞、丁勇:《估值调整协议的法律适用》,载《人民司法》2019 年第 4 期。
④ 参见广东省高级人民法院(2016)粤民申 2202 号民事裁定书。
⑤ 最高人民法院(2015)民申字第 2593 号民事裁定书。
⑥ 参见湖北省武汉市中级人民法院(2014)鄂武汉中民商初字第 00304 号民事判决书。

约定并不旨在设立一项实现净利润的合同义务,而是为现金补偿义务之产生设定判断标准。将业绩承诺解释为合同义务,进而将现金补偿解释为违约责任,割裂了前述两项约定的有机联系。业绩承诺于此有双重功能:首先,业绩承诺是股权预估价格(以及公司预估价值)的计算基准;其次,业绩承诺之违反将导致现金补偿即估值调整。若将现金补偿约定视为违反业绩承诺之违约金,其就可能被调减,无法实现足额返还,现金补偿约定的估值调整之合同目的就有落空之虞。① 值得注意的是,本案中仲裁庭在支持申请人请求支付现金补偿的同时,也以"本案中各方当事人均已实现较高投资回报、未出现实际损失等情况"为由调减了申请人另行提出的违约金,这说明仲裁庭亦认可业绩补偿不是违约金的观点。

### (四) 尊重合同自由作为商法的基本原则

有观点认为,在我国,上市成功必然意味着投资方的原始股权巨额增值,因此,事后来看,出资交易中的股权价格肯定未被低估。基于估值调整之理念,投资方应无权请求估值调整即现金补偿。基于现金补偿约定的估值调整之合同目的,应将其适用范围限缩解释为公司未曾上市时,以免公司和股权的实际价值在上市场合明明很高,无估值调整之余地,但公司和股东却仍需向投资方支付现金补偿之矛盾情境。一旦公司上市,除非另有约定,现金补偿约定即自动失效,尚未支付的现金补偿无须支付,已经支付的应予返还。② 该见解存在较为笼统的弊端,因为并非所有上市都会使投资者股权获得足够的溢价,使其能够抵消业绩未达承诺所带来的估值需要进行调整的幅度,在现实情境中完全可能出现虽然目标公司成功上市或者被并购,但是仍然有估值调整余地的情形,前述一概自动失效的观点反而会造成过于干预当事人意思自治的潜在问题,阻却了当事人可能在协议中作出更好的交易安排,也影响了裁判机构在个案判断中的自由裁量余地。

实务中,被告以实际利益失衡,显失公平为由辩称不应该履行对赌协议中的现金补偿条款,法院的典型意见如:当事人双方都有大量商事活动的经验,其缔约时往往依据自身的商业判断,对当事人在商事活动中法律限度内的意思自治法院应予尊重。在不存在合同无效或依法主张可变更、可撤销事

---

① 参见贺剑:《对赌协议中的违约金调整与利息管制》,载《人民司法》2020 年第 16 期。
② 参见贺剑:《对赌协议中的违约金调整与利息管制》,载《人民司法》2020 年第 16 期。

由的情形下,被告仅以补偿条款中对业绩的约定脱离企业经营实际、脱离行业整体平均利润率和整体经济走势致合同履行后利益失衡为由请求法院干预合同,不应得到支持。①

上述意见体现了裁判者的谦抑立场以及对当事人商业判断的尊重,无须深度介入股权融资协议的复杂交易,符合尊重商事自治的主流裁判价值观,值得借鉴。具体而言,在契约法层面,秉持尊重合同自治的形式审查立场。对赌协议属于高度商事化、金融化的商事合同,当事人"是势均力敌的理性经济人"②,当事人各方都具备完全理性认知能力,实力对等,意思完全自治。因此商事合同各方当事人都被默认为具有较强的缔约能力,也应当受合同拘束、承担合同义务与责任,以符合诚信原则的要求。所以对于业绩补偿标准是否合理、对赌条款是否显失公平等实务中经常出现的争点,法院和仲裁机构一般不应作实质性介入,而应倾向于对对赌条款作有效认定,即使其中的对赌条款对目标公司及其股东而言并不公允,一般也作有效认定并严格依据合同约定作出裁决。这样的立场体现了商业判断原则,在法律允许的限度内尽量不干涉商事主体的契约自治,激励商事主体妥善管控自己的风险。

另外,如果全面考虑本案的事实,仲裁庭作出上述裁决在事实层面亦是合理的。支持作出此等裁决的关键事实是投资方与股东在目标公司上市后签订了《补充协议书(二)》,确认了股东对投资方负有现金补偿款的给付义务,而且股东对投资方之后向其发出的《现金补偿通知书》予以签收且未提出异议。此等事实构成了股东的债务承认,因此仲裁庭基于股东此前作出的债务承认而支持投资方的仲裁请求是妥当的。

(本案例由北京大学法学院硕士研究生董行编撰)

---

① 参见湖北省武汉市中级人民法院(2014)鄂武汉中民商初字第00304号民事判决书。
② 参见杨姗:《新型商事合同效力认定的裁判思维——以融资合同为中心》,载《法学》2017年第8期。

# 案例22  股份补偿是否应有极值限制

**仲裁要点**：在以利润作为业绩承诺的对赌协议中，如果目标公司在承诺期内出现亏损，是否可以套用负值利润计算公式得出"负负得正"的股份补偿结果是一个复杂的问题，需要结合投资金额、目标公司估值等多重因素考量。

## 一、案情概要

本案申请人为A合伙企业，第一被申请人B与第二被申请人C为夫妻，二人均为第三被申请人目标公司D公司的创始股东。此外，第一被申请人和第二被申请人同时为申请人A的合伙人。

2016年5月21日，申请人与第一、第二、第三被申请人（以下合称"被申请人"）签订《投资协议》。根据该协议第2.2条的约定，申请人向第三被申请人投入980万元，其中1455446元作为新增注册资本，剩余8344554元作为资本公积金。增资完成后，申请人获得第三被申请人32.67%的股权。《投资协议》生效后，申请人按照约定向第三被申请人支付投资款共计980万元。同时，申请人还依据《投资协议》第2.3条的约定向第三被申请人提供了股东贷款共计490万元。

此外，《投资协议》第8.1条约定了第三被申请人的业绩目标，被申请人共同承诺，第三被申请人2017年度经审计后的税后净利润不应低于800万元，2018年度经审计后的税后净利润不应低于1300万元。如果第三被申请人未能达成上述业绩目标，则申请人有权要求第一被申请人及第二被申请人通过现金补偿、股权补偿或者股权回购等方式对申请人进行补偿。

根据会计师事务所出具的《2017年度审计报告》，第三被申请人2017年度经审计后的税后净利润为亏损 4010639.08 元,第三被申请人未能达成《投资协议》第 8.1 条约定的业绩目标。

根据《投资协议》中约定的仲裁条款,申请人于 2020 年 7 月 1 日向深圳国际仲裁院申请仲裁,提出如下仲裁请求:

1. 确认第一被申请人及第二被申请人共同连带地向申请人过户所持有的第三被申请人 49.05% 的股权,并共同连带地承担因股权过户而可能发生的税费及其他费用。其中,先由第一被申请人将其持有的第三被申请人 44.95% 的股权过户给申请人,如果不能过户或者实际过户不足 49.05%,要求从第二被申请人持有的第三被申请人股权中过户。

2. 请求第三被申请人就上述股权过户事宜变更股东名册,并向 S 市市场监督管理部门办理股权变更登记手续。

3. 请求被申请人连带赔偿申请人为提起本案仲裁而支出的律师费。

## 二、当事人主张

### (一) 被申请人主张

1. 《投资协议》内容违反了共负盈亏、共担风险的原则,应属无效合同

第一,根据最高人民法院《联营合同纠纷解答》第 4 条之规定,本案所涉《投资协议》应当确认为无效合同。本案中,《投资协议》约定申请人需投资 980 万元给第三被申请人,但并未约定申请人参与共同经营目标公司,其也不承担公司的风险责任。同时,结合《投资协议》第 8.1 条关于第一和第二被申请人承诺在未完成 2017 年 800 万元、2018 年 1300 万元纯利润目标时,第一和第二被申请人需要以现金补偿、股权补偿或者股权回购等方式向申请人补偿的约定,申请人在第三被申请人亏损时仍可要求第一、第二、第三被申请人补偿,该保底条款违反了共负盈亏、共担风险的原则,违反了金融法规,应当确认合同无效。

第二,由于《投资协议》中没有约定目标公司如果达到约定业绩目标获得利润后的利润分配问题,该《投资协议》不属于对赌协议。"对赌协议"的双方当事人需有一致的利益,即达到约定的业绩,实现双赢。然而,本案《投资协议》没有约定"双赢",只约定申请人"必赢",作为原始股东的第一被申请人和第二被申请人在达到约定业绩目标后没有相应利益,因此,该协议不

符合"对赌协议"的约定。

2. 即使《投资协议》有效,其实质也应为借贷合同

本案申请人不参与经营管理,并获得固定的业绩承诺补偿,并不承担经营风险,因此,双方之间的关系是名为投资、实为借贷,双方之间形成民间借贷法律关系。因此,申请人无权请求第一和第二被申请人将其名下的第三被申请人股权转让过户。

(二) 申请人主张

1.《投资协议》合法有效。

《投资协议》是由各方当事人基于真实的意思共同签署,已经依法成立并发生法律效力。第一和第二被申请人未提供任何证据证明《投资协议》存在《民法总则》第153条或者《合同法》第52条规定的无效事由。

《投资协议》关于未完成业绩承诺第一和第二被申请人对申请人以现金补偿、回购或者股权补偿的约定,属于投资方与目标公司股东所达成的对赌约定,该约定合法、有效。第一和第二被申请人以《投资协议》补偿的约定违反《联营合同纠纷解答》为由主张投资协议无效,其主张不满足《民法总则》第153条或者《合同法》第52条关于无效的规定,且其主张已经被多年的司法实务认定不能成立。

2. 在计算股权补偿比例时,《投资协议》第2.2条及附件1均列明了申请人增资完成后持有第三被申请人的股权比例为32.67%,因此《投资协议》其他条款提及申请人持股比例时指向的即是32.67%这一固定数值。在申请人增资之后,第一被申请人擅自引入其他股东对第三被申请人进行增资,导致申请人持股比例下降至31.16%。如果选取31.16%作为计算股权补偿比例的基数,不仅不符合《投资协议》的约定,也对申请人明显不公平。

3. 由于第一、第二被申请人应当以连带责任形式承担合同义务,故申请人有权选择股权补偿的顺序。

第一被申请人持有第三被申请人44.95%股权,第二被申请人持有第三被申请人12.84%股权。第一和第二被申请人是夫妻关系。《投资协议》将第一和第二被申请人共同视为"创始股东",《投资协议》明确约定由创始股东承担现金补偿、回购或者股权补偿等合同义务,即第一和第二被申请人被视为不可分割的主体,第一和第二被申请人应当以连带责任的形式承担合同义务。因此,申请人请求仲裁庭确认第一被申请人及第二被申请人共同连带地向申请人

过户所持有的第三被申请人 49.05%股权,其中,先由第一被申请人将其持有的第三被申请人 44.95%股权过户给申请人,如果不能过户或者实际过户不足 49.05%,要求从第二被申请人持有的第三被申请人股权中过户。

## 三、仲裁庭认定的事实

1. 2016 年 5 月 21 日,申请人与被申请人签订《投资协议》,仲裁庭确认《投资协议》的真实性、合法性和关联性。

2. 在 2016 年 6 月 7 日至 2017 年 4 月 19 日期间,申请人分 11 次向第三被申请人账户支付合计 14773000 元,支付明细记载为"投资款"。仲裁庭确认申请人已经履行《投资协议》第 2.2 条约定的支付增资价款 980 万元及第 2.3 条约定的支付股东贷款 490 万元。

3. 根据会计师事务所提交的《2017 年度审计报告》,第三被申请人 2017 年度税后净利润为亏损 4010639.08 元。第一和第二被申请人认为,《2017 年度审计报告》是由申请人单方委托,审计报告作出的依据是根据申请人提供的资料进行评估,不具备客观性。鉴于第一和第二被申请人对其主张未提出任何具体的异议意见和证据证明,且未提出重新审计的鉴定申请,仲裁庭对其主张不予采纳,对该《2017 年度审计报告》予以确认。

4. 根据 2020 年 6 月 23 日的 S 市市场监督管理部门商事主体登记及备案信息查询单(网上公开),第三被申请人的股东信息中,第一被申请人持股比例为 44.95%,第二被申请人持股比例为 12.84%,申请人持股比例为 31.16%。仲裁庭予以确认。

## 四、仲裁庭意见

(一)关于申请人的仲裁主体资格

第一和第二被申请人既是第三被申请人的创始股东和实际控制人,也是申请人份额占比 56%的有限合伙人。按照申请人《合伙协议》记载,共计四位合伙人,认缴出资总计 900 万元,第一和第二被申请人认缴 500 万元,占比 56%。庭审证据认定,第一和第二被申请人实际出资 660 万元(如果加上第三人代持实缴 110 万元,则为 770 万元),对申请人实缴出资比例较高。申请人《合伙协议》第 12 条约定,申请人的利润由合伙人按照实缴出资比例分配,因此,即便第一和第二被申请人履行股份补偿义务,使得申请人成为第三被申请人的控股股东,第一和第二被申请人仍然可按照实缴出资比例间接分享第三被申请人的经营利润。如果认为申请人的执行事务合伙人非法控制申请人而损害其利益,第一和第二被申请人依法可通过其他法律途径寻求救济。因此,仲裁庭认为,申请人提起本案仲裁申请属于履行法定义务的合法行为,该行为有利于保全、维护和增加申请人的权益,申请人有权提起本案仲裁申请。

(二)关于《投资协议》效力

仲裁庭认为,根据《投资协议》约定的权利义务以及本案查明的事实,本案申请人投入 980 万元增资款给第三被申请人属于投资关系,与借贷关系差别非常明显,第一和第二被申请人关于"名为投资、实为借贷"的主张,仲裁庭不予支持。首先,协议各方在《投资协议》中以及合同履行中从未有过借贷关系的意思表示。其次,借贷关系需要有固定利率利息的约定,投资人按照《投资协议》对赌条款获得业绩承诺补偿,仅仅是其增资入股价格因公司经营业绩未达到合同预期而进行的一种下调,并不能使得投资人获得固定利息回报,两者有本质区别。最后,借贷关系的出资人并不参与公司经营管理,但是,股权投资的出资人通常会通过董事会、股东会等方式参与公司经营管理,如本案申请人按照《投资协议》约定委派一名董事参与第三被申请人的董事会。故此,仲裁庭认定本案《投资协议》不属于"名为投资、实为借贷"的情形,而是一种常见的增资类型的股权投资。

(三)关于股权补偿计算基数

因目标公司引进其他投资人增资导致申请人持股比例被摊薄(由 32.67%降至 31.16%),《投资协议》中约定的股权补偿计算基数"投资人所持股权比例"以何为准? 仲裁庭同意申请人的观点,认为应当将《投资协议》中约定并且申请人实际完成履约时所持有的股权比例 32.67%作为股权补偿的计算基数。《投资协议》列明了申请人增资完成后持有第三被申请人的股权比例为32.67%,因此《投资协议》其他条款提及"投资人所持股权比例"时指向的即是 32.67%这一固定数值。在申请人完成增资之后,因引入其他股东对第三被申请人进行增资而导致申请人持股比例下降至 31.16%。如果选取 31.16%作为计算股权补偿比例的基数,不仅不符合《投资协议》的约定,也对申请人明显不公平。

**(四)业绩为负数的情况是否影响股权补偿计算公式的适用**

《投资协议》约定,如果申请人要求股权补偿的,则股权补偿比例=(1-目标公司年度实际净利润÷该年度业绩目标)×申请人所持股权比例。在以利润作为业绩承诺的对赌协议中,如果目标公司在承诺期内出现亏损,股权补偿是否可以套用负值利润计算公式得出"负负得正"的结果?综合分析之后,仲裁庭认为在目标公司经营业绩为负数的情况下,本案《投资协议》约定的股权补偿计算公式仍然应当适用,具体分析如下:

仲裁庭认为,当事人在合同中的意思表示应当得到尊重和支持。首先,《合同法》第60条第1款规定,当事人应当按照约定全面履行自己的义务。因此,仲裁庭支持按照《投资协议》约定来计算股权补偿额。其次,《投资协议》第8.1条之(2)(b)中表述的"目标公司实际净利润"一词解释上是仅仅指营利正值,还是也可以包括亏损负值?《合同法》第125条第1款规定,应当按照合同所使用的词句、合同的有关条款、合同的目的、交易习惯以及诚实信用原则,确定该条款的真实意思。仲裁庭认为,在与其他原则无明显违背以及有相反证据支持的情况下,文义解释应当优先考虑,因此,按照通常文义解释或者财务专业上的解释,"目标公司实际净利润"应包括亏损负数值。

《合同法》第113条规定,违约损失赔偿额不应超过订立合同时所预见到或者应当预见到的因违反合同可能造成的损失;第110条规定,在出现事实上不能履行的情况下,非违约方不可要求实际履行。综合分析,仲裁庭认为,在业绩亏损计算股权补偿比例的时候,应当以补偿义务人所持股权总额为限,超过部分由于事实上不能履行以及较大可能超过当事人订立合同时的预期应当不再计算。

根据会计师事务所出具的《2017年度审计报告》,第三被申请人2017年度净利润为亏损4010639.08元,《投资协议》约定2017年目标公司经审计后的税后净利润不低于800万元。按照《投资协议》第8.1条之(2)(b)的约定,申请人有权获得的股权补偿比例=[1-目标公司年度实际净利润(-4010639.08元)÷该年度业绩目标(800万元)]×申请人所持股权比例(32.67%)=49.05%,该49.05%未超过第一和第二被申请人合计持股比例,因此仲裁庭对申请人要求两被申请人过户其49.05%目标公司股权的仲裁请求予以支持。

(五)申请人是否有权选择股权补偿的顺序

《投资协议》中将第一被申请人和第二被申请人合称为创始股东并在合同条款中采用创始股东的表述方式来约定权利义务,并未区分两人在《投资协议》中的权利义务份额,并且,考虑到第一和第二被申请人系夫妻关系,仲裁庭认为,第一和第二被申请人对《投资协议》所约定的股权补偿义务承担连带责任。按照连带责任债权人有权选择履行义务债务人的原则,对于申请人要求先由第一被申请人将其持有的第三被申请人44.95%股权过户给申请人,如果不能过户或者实际过户不足49.05%,再从第二被申请人持有的第三被申请人股权中过户的仲裁请求,仲裁庭予以支持。

## 五、裁决结果

1. 第一被申请人及第二被申请人共同连带地将其持有的第三被申请人49.05%的股权过户至申请人名下,先由第一被申请人将其持有的第三被申请人44.95%股权过户给申请人,如果不能过户或者实际过户不足49.05%,再从第二被申请人持有的第三被申请人股权中过户。

2. 第三被申请人就上述股权过户事宜变更股东名册,并向S市市场监督管理部门办理股权变更登记手续。

3. 被申请人共同连带地赔偿申请人为提起本案仲裁而支出的律师费。

4. 本案仲裁费由被申请人共同连带承担。

5. 驳回申请人其他仲裁请求。

## 六、评析

本案是有关私募股权投资对赌安排的纠纷,其中案涉投资交易的性质(投资或借贷)以及对赌安排的法律效力等问题是此类纠纷中常见的争议问题,应该说,在本案中,仲裁庭就这些问题以及其他一些法律性问题的认定和处理都是恰当且正确的。本案最核心的问题是股权补偿的具体认定和处理问题,就此,结合本案情况探讨如下。

### (一) 关于股权补偿的极限值

对赌安排在目前私募股权投资实践中被广泛采用,广义的对赌安排既包括业绩补偿,也包括股权回购。业绩补偿的触发条件通常仅是目标公司业绩(多为利润指标)未达标,而股权回购的条件则多种多样。就业绩补偿而言,补偿的方式有现金补偿和股权补偿两种基本情形,其他情形比较少见。无论补偿计算公式在具体投资协议中如何表述,其本质都是基于承诺业绩指标(当初投资估值的基础)和实际实现业绩情况的比较,就其两者之间的偏差值而对当初的投资价格进行事后的计算调整,即补偿投资人当初投资贵了的那部分价值(为讨论方便,不考虑双向对赌安排情形)。本案中约定了现金补偿和股权补偿两种补偿方式,申请人选择了股权补偿方式,计算股权补偿的公式是:股权补偿比例=(1-目标公司年度实际净利润÷该年度业绩目标)×申请人所持股权比例。这是实践中常见的标准公式。然而,这个公式的实际运用则可能并非如此简单,特别是当目标公司不仅仅是没有实现承诺的利润指标而是实际出现亏损的情形时。本案情况就是如此。

具体而言,在采用现金补偿的情况下,补偿的极限值是投资人当初的全部投资本金。[①] 即按照现金补偿公式,补偿金额=(1-目标公司年度实际净利润÷该年度业绩目标)×投资人投资本金,当目标公司亏损即实际净利润为负数时,代入公式的数值应为0,而不是负值数。不然,若在计算时代入的是实际亏损值(即负数值),负负得正,就会出现补偿金额超过投资人全部本金的情形,而且目标公司亏得越多,投资人获得的补偿就越多,这就背离了补偿的本质属性(即仅是补偿/退还投资贵了的那部分价款),显然不合理。所以,现金补偿的极限值只能是投资人的全部投资本金,而且不应考虑投资人的资金成本。[②]

那么,就本案而言,在股权补偿时,又应如何运用协议约定的补偿公式计算补偿股权比例?补偿股权的比例是否也应有一个极限值?这都是非常值得探讨的问题。

---

① 参见陶修明:《投资对赌协议纠纷裁判处理的定性和定量问题分析》,载北京仲裁委员会/北京国际仲裁中心主办:《北京仲裁》(2020年第1辑),中国法制出版社2020年版,第54页。
② 参见陶修明:《投资对赌协议纠纷裁判处理的定性和定量问题分析》,载北京仲裁委员会/北京国际仲裁中心主办:《北京仲裁》(2020年第1辑),中国法制出版社2020年版,第56页。

本案中,仲裁庭在计算时直接在公式中代入负数值并得出应补偿股权比例,即股权补偿比例=[1−目标公司年度实际净利润(−4010639.08元)÷该年度业绩目标(800万元)]×申请人所持股权比例(32.67%)=49.05%。这个比例实际略低于第一、第二被申请人持有目标公司的股权比例之和57.79%(即44.95%+12.84%),也就是说,两被申请人的持股比例足以补偿上述计算所得应补偿的股权比例部分。尽管仲裁庭认定"在业绩亏损计算股权补偿比例的时候,应当以补偿义务人所持股权总额为限,超过部分由于事实上不能履行以及较大可能超过当事人订立合同时的预期应当不再计算"。这在事实上具有一定的合理性和可行性,但是应该说,这只是本案中出现的巧合情况支持了仲裁庭这样认定的合理性,并不代表这样运用计算补偿公式的正确性或始终的妥当性。具体分析如下:

基于补偿的基础原理是补偿/退回投资人超额投资的那部分对价,因此现金补偿以投资人自身支付的全部投资对价即投资本金为极限是合理的,那么股权补偿(应基于同样的逻辑)的极限应该是什么?如果以补偿义务人持有的股权比例为限,则容易出现这样不合理的现象:假定两个目标公司的基本情况(包括业务、总股本、估值和各项财务业绩指标等)完全相同,仅是补偿义务人的持股比例不同,若以补偿义务人持有的股权比例为限,那么实际补偿比例将因此而不同,这样的结论或逻辑肯定是有问题的,也背离了投资补偿的基本原理。此外,在目标公司出现亏损时,代入公式的数值是0或是负值数,所得补偿股权比例或补偿极限的触及效果显然也是不一样的。因此,尽管以补偿义务人的持股比例为限看上去似乎是合理的(特别是在投资人以受让股权方式进行投资且合同双方明确约定以持股比例为限的情况下),但在实践中,往往并不如此简单,相反会出现很多不合理的情形,值得关注。

理论上讲,如果投资采用的是增资目标公司的投资方式,严格意义上,若基于估值,当目标公司实际业绩低于预期业绩时,合适的做法是基于实际业绩对照当初的估值标准计算,调增投资占股比例,相当于同比例稀释所有现有其他股东(包括原始股东)的股比,这才是真正均衡的补偿,才是经济意义上的股权补偿比例的正确计算方式,实质相当于投资人按照事后的实际业绩直接计算其投资所占股比。当然,实践中,此类安排很少用于事后的股权补偿事宜。

总之,在股权补偿情况下,以补偿义务人的持股比例为限(而不是投资人的投资本金为限)是有局限的,甚至有时是不妥的,裁判时需要考虑更多的因素。

(二)对补偿股权进行估值的必要性

现金是价值最确定的补偿品,补偿的现金就是补偿的价值本身,相比于现金补偿无须估值、无须考虑价值变化的特征,股权补偿则存在估值(以及估值时点如何选择)和价值波动的问题。换言之,由于股权不是等价物,其在作为交易标的、补偿对价时,并不单纯是比例问题,实质必然涉及补偿股权的价值及价值评估问题。况且,对投资于高科技或高成长性企业的股权投资而言,亏损绝不表示目标企业没有价值,相反市场可能仍然给予很高的估值,当今在科创板上市的公司就是最好的例证。

可见,尽管股权补偿和现金补偿的基础原理相同,但两者实际履行的情况差异很大。对股权补偿以及补偿公式的具体运用,需要考虑补偿股权的实际价值这一因素。换言之,在处理股权补偿、计算补偿股权比例时,有必要引入估值机制,而不是一味依赖股权补偿公式进行计算,如此才能真正实现各方利益平衡,以合理应对或避免补偿股权的实际价值超出甚至远远超出投资人当初投资本金的情形。遗憾的是,投资市场的交易文本中通常缺乏这样的安排或约定,但尽管如此,并不排除裁判机构可以在计算公式之外考虑引入市场第三方对目标公司及其股权价值进行估值的安排,这样安排的效果相当于把补偿股权折算为金钱,间接金钱化。

当然,由于估值调整机制本身只是一个交易概念和交易安排,并非具有确定内涵的法律概念,因此,也不能排除交易相关方在约定股权补偿时,其核心目的并不在于价值补偿(即补偿超过投资对价部分,且以投资本金为极限),而在于纯粹的股权比例补偿。如此,从交易角度看,仅对照一个年度(而非一个合理长的时期内)的业绩进行考察,就容易出现不合理的结果。

因此,什么是股权补偿的极值,这确实是一个复杂的投资实践问题,为了妥善处理此类纠纷,需要结合个案情况进行具体判断和权衡。

(三)关于应否考虑股权稀释的因素

本案中,在申请人投资之后,目标公司引进其他投资人增资导致申请人持股比例被摊薄(由32.67%降至31.16%)。这种情况下,应如何看待《投资协议》中约定的股权补偿计算基数即"投资人所持股权比例",是投资人投资当初的比例(32.67%)还是被稀释后的比例(31.16%)。仲裁庭认为,"如果选取31.16%作为计算股权补偿比例的基数,不仅不符合《投资协议》的约定,也对申请人明显不公平"。笔者认为,这与公平问题无涉,是一个计算问题,实际应该考虑后续其他投资人增资并稀释先前股东持股比例的因素,因为静态看稀释并不影响各股东的持股价值,也即在不考虑其他因素的情况下,稀释前后的股权比例不同,价值应是相同的。而且,假定股权补偿发生在后续其他投资人增资前(相当于计算基数就是初始股权占比),也自然会因为后续投资人的增资行为而导致申请人获得补偿后的股权比例(含原先持股比例和补偿股权比例)被同比例稀释,同样,在后续其他投资人增资后进行股权补偿,自然是先同比例稀释股权而后以此为基数计算补偿比例,否则,就存在超额补偿的问题。

(四)股权补偿的顺序问题

此外,本案中申请人主张,第一、第二被申请人是夫妻关系,因而需承担连带股权补偿责任,而且申请人还要求先由第一被申请人将其持有的44.95%股权过户给申请人,如果不能过户或者实际过户不足49.05%,再从第二被申请人持有的股权中过户。仲裁庭对申请人的这一主张和仲裁请求予以了支持,其理由是,《投资协议》中将第一被申请人和第二被申请人合称为创始股东并在合同条款中采用创始股东的表述方式来约定权利义务,并未区分两人在《投资协议》中的权利义务份额,并且,考虑到第一和第二被申请人系夫妻关系,因此第一和第二被申请人对《投资协议》所约定的股权补偿义务承担连带责任。笔者认为,这样认定和处理值得进一步思考。其一,如果严格根据合同约定的创始股东关系来认定第一、第二被申请人的补偿责任,在合同没有明确约定连带责任的情况下,按份(共同)即同比例承担股权补偿义务可能更合理;其二,夫妻关系不当然导致相互之间的连带责任关系(除非本案《投资协议》有明确约定);其三,就补偿顺序而言,从控股股东或最大持股股东开始,有可能导致不必要的或更容易触发目标公司控制权产生变更的情形,这在实践中可能衍生出诸多问题,比如贷款的加速到期、股权回购条件的触发等,更重要的是,控股权是有特殊意义和价值的,投资人不能因为股权补偿具体实施方式的不同而获得补偿之外的利益,因此,即使认定第一、第二被申请人需要承担连带补偿责任,更合理的做法也应该是裁决占比较少的股权优先补偿。当然，就本案情况而言，并不会仅仅由于仲裁庭目前的处理而发生前述讨论的不妥结果，因此，这里纯粹作为一个问题讨论而已。

（本案例由深圳国际仲裁院仲裁员陶修明和深圳国际仲裁院陈宇明编撰）

## 案例23 原股东退出目标公司后是否继续承担回购责任

**仲裁要点：**对赌协议签订后，回购义务人的股权转让与对赌回购是两个不同的法律关系，在没有征得投资方同意实现债务转移的情形下，股权转让法律关系不能影响对赌协议当事人的权利义务。因此，通常情形下，对赌协议签订后回购义务人全部转让其股权（退出目标公司）并不能豁免其对赌协议项下的回购义务。

### 一、案情概要

2015年2月12日，包括申请人A投资公司在内的六家专业机构投资者与目标公司、第一被申请人B公司（目标公司控股股东）以及第二被申请人自然人C（目标公司实际控制人，以下与第一被申请人合称"被申请人"）签订了《增资扩股协议》和《补充协议》。协议签订后，申请人分别于2015年3月3日和4月3日向目标公司各出资1亿元，合计出资2亿元，其中3200万元作为目标公司的注册资本，16800万元计入目标公司的资本公积。在目标公司的该次增资扩股后，第一被申请人在目标公司的持股比例由100%降为62.5%，申请人持有目标公司5%的股权。目标公司此次增资于2015年6月完成工商登记。

2015年11月后，目标公司继续引入新的投资人，第一被申请人继续出让自己所持有的股权。2016年2月，第一被申请人持有目标公司的股权已经降至30.426%，申请人持有目标公司的股权比例下降至3.7369%。2016年7月，第一被申请人将其持有的目标公司全部30.426%的股权分别转让给新股东D公司、E公司，第一被申请人彻底退出目标公司。同月，申请人以2亿元转让其持有的目标公司1.8825%股权给目标公司另一股东，申请人持有目标公司的股权比例下降至1.8544%。由于新股东增资入股，2016年12月，申请人持有目标公司的股权比例继续下降至1.4392%。

2017年3月31日，目标公司改制为非上市股份有限公司。2017年7月，第二被申请人被免去目标公司董事长职务。2017年11月，第二被申请人被免去目标公司法定代表人职务。

《补充协议》第3.1条约定，当出现以下情况时，申请人有权要求被申请人及其控制的企业根据本协议第3.2条的约定回购申请人因本次投资所取得目标公司的股权：(1)目标公司在增资登记日后36个月内不能完成首次公开发行并上市或被上市公司并购(含借壳)，或公司首次公开发行并上市或被上市公司并购(含借壳)存在或出现重大障碍且无法消除；(2)……截至2018年7月，增资期限已经届满36个月，在此期限内目标公司未能完成首次公开发行并上市或被上市公司并购(含借壳)。

《补充协议》第3.2条约定，上述股权回购价格为申请人为在本次投资过程中为取得目标公司的股权所支付的出资款以及以该等投资款为基数按照每年12%的收益率计算的投资收益，具体计算公式为：应支付的回购款＝申请人在本次投资过程中取得目标公司的股权所支付的出资×(1＋12%×申请人支付出资款之日至取得回购款之日的天数/365)－申请人累计收到的业绩承诺补偿金。至提起本案仲裁时止，申请人未收到任何业绩承诺补偿金。

申请人认为本次投资已触发回购条件，据此于2019年4月24日向深圳国际仲裁院申请仲裁，提出如下仲裁请求：

1. 被申请人向申请人支付回购款147278652.84元(暂计至2019年4月15日)，并支付自2019年4月16日起按照99248039.82元为基数，以12%/365为日收益率计算至实际支付日止的回购款。

2. 请求裁决被申请人向申请人支付财产保全费、财产保全担保费、律师费共计1741407.62元。

3. 请求裁决被申请人承担本案全部的仲裁费用。

## 二、当事人主张

第二被申请人经合法通知无正当理由未到庭，亦未提交任何书面答辩意见或证据。以下为申请人和第一被申请人的主要争辩点。

## (一)关于第一被申请人对外转让股权是否影响其承担回购义务

**申请人主张：**

1. 申请人对第一被申请人对外转让股权虽然没有提出过异议，但从未放弃过要求其继续承担回购义务的权利，申请人也从未以任何形式表示过允许第一被申请人不再承担回购义务。

2. 被申请人是涉案《增资扩股协议》和《补充协议》确定的回购义务方，协议中并未约定承担回购义务以作为实际控制人或大股东为前提，也未约定第一被申请人对外转让股权后就不再承担回购义务。

3. 第一被申请人在2016年7月将所持目标公司28.5969%和1.8295%的股权分别转让给D公司、E公司，该两公司均为第二被申请人所实际控制的公司或其关联公司。如果第一被申请人向其关联方对外转让股权即可不承担回购义务，将严重损害申请人因此次股权投资而享有的权利，有悖于公平和正义。

**第一被申请人主张：**

1. 目标公司能否在约定期限内上市已非被申请人所能影响

从目标公司股东、持股数量和管理层变化情况来看，在申请人入股目标公司的第13个月（即2016年7月），第一被申请人已经不是目标公司的股东。第二被申请人所控制的第一大股东D公司也不是目标公司的控股股东，第二被申请人丧失了目标公司实际控制人的地位。

在自然人F成为目标公司第二大股东后，与持有目标公司25.9895%股权的第一大股东D公司之间展开了公司控制权之争夺。自然人F在实际控制目标公司后就暂停了目标公司上市的进程。上述变化属于《补充协议》成立以后，客观情况发生了当事人在订立合同时无法预见的、非不可抗力造成的不属于商业风险的重大变化，可以被认定为情势变更。有鉴于此，目标公司能否在约定期限内上市，已非被申请人客观上所能影响或控制。

2. 《补充协议》已然因参与对赌主体特定身份关系的根本性变化而失效

《补充协议》的各主体身份是特定的，和六家专业机构投资人对赌的主体是目标公司的控股股东（即第一被申请人）和实际控制人（即第二被申请人），而非其他一般主体。在申请人入股目标公司的第13个月（即2016年7月），第一被申请人已经完全退出目标公司，第二被申请人也已经丧失了目标公司的实际控制人地位。目标公司能否在后续的23个月内上市已经完全与第一被申请人无关,也非第二被申请人个人意志所能左右。由于发生了情势变更,《补充协议》所涉及的主体在目标公司的股东地位和实际控制人已经发生根本实质性变化,被申请人早已不是对赌目标公司是否上市或履行股份回购义务的适格主体。各主体签订《补充协议》的前提身份基础已经不复存在,《补充协议》在任一协议主体不具备特殊身份基础条件下已经失效。

(二)关于《补充协议》中约定的回购条件是否成就

**申请人认为:**

1.《合同法》第125条第1款规定,当事人对合同条款的理解有争议的,应当按照合同所使用的词句、合同的有关条款、合同的目的、交易习惯以及诚实信用原则,确定该条款的真实意思。本案中,从《补充协议》第3.1条关于"当出现以下情况时"所使用的词句字面来看,"当出现以下情况时"应当理解为第3.1条所列的任一情况出现,被申请人的回购条件即被满足。

2. 从第3.1条所列五种情况的逻辑关系来看,这五种情况或者相互之间存在矛盾关系,或者相互之间存在包含关系,同时满足上述五种情况不仅在实践中极难发生,在条款设计时也没有必要重复罗列。

3. 从合同的目的和交易习惯来看,在增资过程中加入"对赌协议",是在股权性融资协议中通过股权回购或者现金补偿等对未来不确定事项进行的交易安排。在合同条款设计时要求"需要同时满足所列情形才能触发的回购条款"不符合合同的目的,也不符合一般的商业惯例和交易习惯。因此,该条款的真实意思只能是第3.1条所列的任一情况出现,被申请人的回购条件即被满足。

第一被申请人认为《补充协议》约定的回购条件尚未全部成就。其理由是《补充协议》第3.1条并未明确约定只要具备该条所列五种情形中的一种,就可触发回购条件。根据第3.1条的约定,应当是具备所列的五种情形,才触发回购条件。本案中,目标公司在增资登记后36个月内不能上市只是上述所列五种情形中的第一种情形,申请人仅以第3.1条中的第一种情形作为已经触发回购的条件而提起回购股权之请求,显然与《补充协议》第3.1条的约定相悖。

(三)关于申请人转让部分股权如何影响回购款项的界定问题

申请人认为,其在2016年7月将其所持目标公司1.8825%的股权对外转让,在计算被申请人应支付的回购款金额时,申请人已将上述股权所对应的出资金额予以扣除。申请人对外转让所持目标公司股权并获得相应的对价是申请人的一项当然权利,这种权利的存在以及获得对价的多寡与被申请人对剩余股权所应支付的回购款金额无关。

第一被申请人认为申请人提起仲裁请求的回购款的计算方式没有合同依据或法律依据。其理由是申请人总共出资2亿元,2016年7月31日因转让部分股权申请人已全额收回2亿元投资本金。申请人将其所持目标公司部分股权转让给案外第三方而收回的2亿元投资本金排除在《补充协议》第3.2条约定的"应支付的回购款"计算公式之外,实际上是违背了协议的双方当事人在订立"对赌条款"时各方认可的回购义务人对投资方投资本金保本和按年12%支付投资收益的一致意思表示。鉴于申请人已全额收回投资本金2亿元,因此,回购义务人只要按年12%的收益率向申请人支付该笔2亿元投资款实际使用期间的资金占用利息32909589.04元。

## 三、仲裁庭意见

### (一) 第一被申请人退出目标公司是否影响其承担回购义务

本案合同名为"增资扩股协议"及"增资扩股协议的补充协议",目前投融资实践中常见的要求目标公司的控股股东和实际控制人承担回购义务的所谓"对赌协议"只是增资扩股协议的一种特殊类型。第一,本案中,两份协议的开头"鉴于"部分表明了签约各方的基本情况,但两份协议均未明确约定该协议包括回购条款的签订及生效是以被申请人是目标公司实际控制人或大股东为前提。因此,第一被申请人退出目标公司以及第二被申请人在目标公司中控制地位的变化只是改变了它们在目标公司作为股东或实际控制人的身份,并没有改变其作为合同当事人的身份。第二,仲裁庭注意到,《补充协议》第8.5条约定:"一方当事人没有或延迟行使本协议项下的任何权利或救济不构成对该权利的放弃,任何权利的放弃必须以书面形式正式作出。"本案中,尽管申请人对被申请人对外转让股权没有提出异议,但申请人从未以任何形式表示放弃要求被申请人承担回购义务。第三,第一被申请人退出目标公司是由其自己意志支配对外转让股权所导致的,由此引发的目标公司控制权的变化不属于《合同法》上的情势变更。《合同法》上的情势变更是指合同有效成立后,因不可归责于双方当事人的原因发生情势变化,致合同之基础动摇或丧失,若继续维持合同原有效力显失公平,允许变更合同内容或者解除合同。本案中,被申请人通过股权转让退出目标公司完全是按照自己的意愿或计划去安排实施的,不属于《合同法》上情势变更之范畴。事实上,倘若认同被申请人通过股权转让随意变更自己的股东身份或实际控制人身份进而不受合同约束,将严重损害合同的严肃性,有悖于诚信与公平。因此,第一被申请人在庭审、答辩、代理意见中,采用多种观点来支持其主张,这些观点有悖法理,不符合诚实信用原则,也不符合司法实践和商业实践之运行逻辑。综上,仲裁庭认为,不管被申请人在目标公司的身份如何变化,《补充协议》仍然具有明确的约束力。依据申请人的主张、理由和仲裁庭查明的事实,目标公司未能达到合同约定的情形,触发回购条件的,被申请人应当依照合同承担回购义务。

(二)《补充协议》中约定的回购条件是否成就

仲裁庭认为,对于回购条件是否成就的理解,应当根据本案合同对应的交易结构,判断各方在签订合同文本时候的真实意思表示,并且结合合同的目的、交易习惯以及诚实信用原则等作出判断。仲裁庭注意到,《补充协议》第3.1条并未明确约定五种情况同时满足时,被申请人才承担回购义务。事实上,实践中五种情况不可能同时满足。从合同文本、交易内容及商业惯例来看,仲裁庭不认可被申请人对合同文本的解读。鉴于申请人的解释具有合理性,仲裁庭认可申请人的主张。

(三)关于回购款的界定

仲裁庭注意到,《补充协议》第3.1条约定,当出现以下情况时,申请人有权要求被申请人及其控制的企业根据本协议3.2条的约定回购申请人因本次投资所取得目标公司的股权。《补充协议》第3.2条约定,上述股权回购价格为申请人在本次投资过程中为取得目标公司的股权所支付的出资款以及以该等投资款为基数按照每年12%的收益率计算的投资收益。仲裁庭认为,《补充协议》并未禁止申请人在投资入股目标公司后再部分或全部转让其股权,仅强调"上述股权回购价格为申请人在本次投资过程中为取得目标公司的股权所支付的出资款以及以该等投资款为基数按照每年12%的收益率计算的投资收益"。从法律关系来看,申请人向他人转让自己股权并取得收益与本案合同无关,申请人向他人转让自己股权只是使自己在目标公司所持有的股权减少,而申请人以自己在目标公司剩余股权所对应的出资金额要求被申请人履行回购义务具有合同上的依据。因此,仲裁庭认为第一被申请人所提出的抗辩理由不能成立。

由于申请人将其所持目标公司1.8825%的股权对外转让后,申请人在目标公司剩余股份1.4392%股权对应的出资金额是99248039.82元,申请人主张被申请人支付回购款147278652.84元(暂计至2019年4月15日),并支付自2019年4月16日起按照99248039.82元为基数,以12%/365为日收益率计算至实际支付日止的回购款,仲裁庭认为上述计算于合同有据,与仲裁庭查明的事实一致,应当予以支持。关于律师费用165万元,实际包含两部分,对于已经支付的46万元律师费仲裁庭予以支持,至于风险代理费,由于其发生与否具有不确定性,仲裁庭不予支持。

## 四、裁决结果

1. 第一、第二被申请人向申请人支付回购款147278652.84元,并支付自2019年4月16日起按照99248039.82元为基数,以12%/365为日收益率计算至实际支付日止的回购款。

2. 第一、第二被申请人向申请人支付财产保全费、财产保全担保费、律师费。

3. 本案仲裁费由第一、第二被申请人承担。

## 五、评析

本案是目前投融资实践中常见的要求目标公司控股股东和实际控制人(即"回购义务人")承担回购义务的股权回购型对赌案例。其争议的焦点问题是原股东转让股权退出目标公司后应否继续承担回购责任,回购责任是否因回购义务人股东资格或者实际控制人身份的丧失而消灭。

从本质上说,对赌协议是投资方与目标公司原股东或利益相关人之间的特定化交易。尽管实践中对赌协议的类型及交易结构丰富多样,但投资方如何确保收回投资并获取收益与目标公司及原股东如何避免承担回购义务却是贯穿对赌协议始终的核心诉求。鉴于我国司法实践倾向于在认可投资方与目标公司对赌协议的效力之后，又把目标公司履行对赌协议项下的股权回购义务与目标公司完成减资程序相捆绑①，致使投资方的诉求因目标公司回购义务的可履行性问题变得不确定。② 因此，实践中投资方大多放弃目标公司而直接选择目标公司的原股东作为回购义务人，目标公司的原股东也成为实质意义上的对赌对象。而目标公司的原股东较多采用部分或全部转让股权的方式作为避免承担回购义务的"护城河"。推究这种方案的选择，当事人或出于各种客观情势而不得已为之，但也有很多是当事人有意采取的作为免予承担回购义务的防御措施。这种措施的效果如何，能否作为豁免回购义务的有效机制，需要法理上的依据与实践效果的考量。

(一) 实践中对赌协议签订后回购义务人转让股权的主要情形

对赌协议签订后回购义务人转让股权的情形主要可以从受让方与转让股权数量两个维度作为划分标准。

从受让方角度看，主要有两种情形。一种情形是回购义务人选择向公司内部其他股东转让其所持有的股权；另一种情形是回购义务人选择向公司外部投资人转让其所持有的股权。

从转让股权数量角度看，也可以分为两种情形。第一种情形是回购义务人一次性或分次全部转让其所持有的股权并最终丧失其目标公司原股东身份；第二种情形是回购义务人部分转让其所持有的股权，这种部分转让可能使其丧失控股股东身份，但仍保有目标公司原股东的身份。

从仲裁实务来看，最常见的股权转让是回购义务人向与其有关联的外部投资人全部转让股权，其本意无疑是追求金蝉脱壳的外观效果，而实质上又未丧失对目标公司的实际控制权。当然，还有的是作为回购义务人的原始小股东将自己的股权转让给同为回购义务人的目标公司的控股股东，这种情形

---

① 2019年11月最高人民法院印发的《九民纪要》第5条第一段改变了此前审判实践中所持的投资方与目标公司对赌无效的立场，认定双方之间的对赌协议原则上有效，但与此同时，《九民纪要》基于保护目标公司债权人利益的意旨，就对赌协议的可履行性（即投资方可否主张实际履行）施加了相应限制。针对股权回购型对赌，《九民纪要》第5条第二段规定，目标公司应当完成减资程序，否则将驳回投资方的回购请求。

② 参见张保华：《对赌协议下股份回购义务可履行性的判定》，载《环球法律评论》2021年第1期。

多是源于作为回购义务人的原始小股东要离职等事由。

(二)回购义务人转让股权能否豁免其回购义务的一般与例外

针对上述种种可能出现的回购义务人转让其股权的情形,投资方为确保自己的利益,也会在对赌协议中未雨绸缪。常见的情形是在对赌协议中明确约定回购义务人的股权转让不影响其应该履行的回购责任。当然,也有相当一部分对赌协议对回购义务人股权转让是否影响其回购义务的履行未作约定。

在对赌协议事先明确约定回购义务人的股权转让不影响其回购义务的情形下,对类似本案中的争议问题就不易产生分歧,但在对赌协议并未事先明确该问题的情形下如何处理就需要仔细甄别。一般而言,即便在未予明确约定的情形下回购义务人全部转让其股权也不影响其继续按对赌协议承担回购义务,但也存在例外情形。

通常的情形是,对赌协议在开头"鉴于"部分会表明签约各方的基本情况,从而明确回购义务人的原股东身份。但正如本案中的情形一样,不论《增资扩股协议》还是相配套的《补充协议》均未明确约定该协议的签订及生效是以被申请人(回购义务人)系目标公司的原股东和实际控制人为前提。因此,回购义务人退出目标公司或者在目标公司中控制地位的变化只是改变了其在目标公司作为股东或控股股东的身份,并没有改变其作为对赌协议当事人的身份,因而其股权的部分或全部转让不影响其继续履行对赌协议约定的回购义务。

至于例外的情形是指回购义务人在转让其股权时与受让方约定其回购义务也一并转移,并且该回购义务的转移同时征得投资方的明确同意。具体而言,这种例外情形需要满足两个条件:一是后续的股权受让方与出让方(目标公司原股东)对回购义务的转让协商并达成一致。如果股权转让合同中对回购义务的继受未予明确,则通常情形下受让方获得受让股权从而成为目标公司的股东,其仅享有目标公司普通股东的权利。至于回购义务,实际上是回购义务人作为原股东特殊身份而与投资方签订的特殊义务,这种特殊义务并非当然地属于继受股东应该承担的义务。事实上,后续受让方接受股权转让是否包括承受原股东的回购义务,势必对股权转让价格产生重大影响。二是回购义务转移给继受方必须征得对赌协议投资方的明确同意。在合同法视角下,对赌回购义务的实质是以支付股权回购款为内容的金钱给付之债。尽管《九民纪要》第 5 条第二段使用了投资方"请求目标公司回购股权"的表述,但在司法实践中,投资方的诉讼/仲裁请求往往包含甚至仅仅要求支付具体的回购款项。因此,这种回购义务转移给继受方在民法上属于债务的承担,指由第三人即承担人替代债务人的地位,原债务人完全脱离债务关系。当然,如果是第三人加入债的关系,与债务人共同承担债务,原债务人并不脱离债的关系,而与第三人构成连带债务人。从法理上说,因债权的实现需依赖债务人的资力或其他能力,而不同债务人有不同的资力与能力,所以债权人的利益如何不因债务承担而受到损害,是债务承担的根本问题。① 在对赌协议中,投资方愿意出资成为股东,主要基于两点考虑:一是对目标公司未来经济价值的认可;二是对"对赌"另一方目标公司原股东的信任。该信任不仅仅是完全的商业判断,还有基于对"对赌"另一方多是可以实际控制目标公司的股东或其他关联方的身份因素的认可,并进而希望基于"对赌"另一方特有的能力对公司的有效的经营管理而获得经济上的收益。②

从比较法看,债务承担需以债权人的同意为条件,是各国或地区的共同做法。就我国而言,为保护债权人的利益,《民法典》第 551 条规定了免责的债务承担,债务人将债务的全部或者部分转移给第三人的,应当经债权人同意。债务人或者第三人可以催告债权人在合理期限内予以同意,债权人未作表示的,视为不同意。适用到本案中,股权受让方与原股东(被申请人)订立的债务承担合同,非经投资方(申请人)的同意,不能对投资方发生效力,投资方仍可向回购义务人主张债权。

实践中还可能出现的情形是,投资方成为目标公司股东后,回购义务人作为目标公司的控股股东或公司高管身份,其减持或全部转让股权时应当向目标公司申报其所持股权变动情况,而投资方明知回购义务人对外转让股权却并未对此表示异议,据此是否可以认为投资方对回购义务人转让股权进而免予承担回购义务表示同意或认可? 对此,应该认识到,投资方作为股东在公司诸如股东会上发表意见与投资方作为对赌协议一方当事人与回购义务人签订对赌协议是两个不同的法律关系。投资方作为小股东在股东会的表决意见中没有对回购义务人对外转让股权提反对意见,不意味着投资方同意

---

① 参见朱广新:《合同法总则研究》,中国人民大学出版社 2018 年版,第 497 页。
② 参见徐冰清:《对赌行为的秩序价值和交换正义——兼评〈九民纪要〉中对赌协议的效力及履行》,载《审判研究》2019 年 12 月 16 日。

回购义务人将回购义务转移给他人,也不意味着投资方同意回购义务人不再履行对赌协议约定的回购义务,或者放弃对回购义务人因违反对赌协议约定义务的违约责任的追究。总之,回购义务人回购债务的转移必须充分遵循合同法债务承担的一般规范,必须征得作为债权人的投资方的明确同意,否则不影响回购义务的继续履行。

### (三) 回购义务人退出目标公司是否构成情势变更

本案中,回购义务人认为自己退出目标公司是由其自身意志支配之外因素所导致的,由此引发的目标公司控制权的变化属于《合同法》上的情势变更。《民法典》在此前《合同法解释(二)》第 26 条规定的基础上对情势变更制度作了修改和完善。①《民法典》第 533 条第 1 款规定:"合同成立后,合同的基础条件发生了当事人在订立合同时无法预见的、不属于商业风险的重大变化,继续履行合同对于当事人一方明显不公平的,受不利影响的当事人可以与对方重新协商;在合理期限内协商不成的,当事人可以请求人民法院或者仲裁机构变更或者解除合同。"据此,判断是否构成情势变更的要件有三:一是发生了当事人在订立合同时无法预见的、不属于商业风险的重大变化;二是情势变更不可归责于当事人双方,即当事人双方都没有过错;三是继续履行合同对于当事人一方明显不公平。其中,就情势变更与商业风险相比较,商业风险属于从事商业活动所固有的风险,符合商事交易规律的变化,并且作为合同成立基础的客观情况的变化没有达到异常的程度。对商业风险,法律推定当事人有所预见、能预见;对情势变更,当事人未预见到也不能预见。此外,商业风险带给当事人的损失,从法律的观点看可归责于当事人;而情势变更造成的损失则不可归责于当事人。② 本案中,回购义务人(被申请人)通过股权转让退出目标公司完全是按照自己的意愿或计划去安排实施的,并非不能预见,也是可归责于被申请人的,故股权转让显然不属于情势变更之范畴。

归结起来,通常情形下,对赌协议签订后回购义务人全部转让其股权并

---

① 《合同法解释(二)》第 26 条规定:合同成立以后客观情况发生了当事人在订立合同时无法预见的、非不可抗力造成的不属于商业风险的重大变化,继续履行合同对于一方当事人明显不公平或者不能实现合同目的,当事人请求人民法院变更或者解除合同的,人民法院应当根据公平原则,并结合案件的实际情况确定是否变更或者解除。

② 参见崔建远:《情事变更原则探微》,载《当代法学》2021 年第 3 期。

不能豁免其对赌协议项下的回购义务。究其原因,对赌协议签订后回购义务人的股权转让与对赌回购是两个不同的法律关系,投资方与回购义务人、股权转让方与股权受让方是在不同的合同框架下履行不同的权利义务。在没有征得投资方同意实现债务转移的情形下,股权转让法律关系不能影响对赌协议当事人的权利义务关系。实践中,如果对赌协议签订后回购义务人转让股权就能豁免其回购义务,则势必造成投融资实践中巨大的道德风险。事实上,倘若认同回购义务人通过股权转让随意变更自己的股东身份进而不受对赌协议的约束,那将严重损害对赌协议的严肃性,侵害投资方的正当权益,有悖于商事交易的诚信与公平。因此,除非征得投资方的明确同意,将回购义务转移给后续的股权受让方,否则不能豁免丧失股东身份的回购义务人的回购义务。而这种回购义务的转移,已经属于对赌协议的变更或转让。

(本案例由深圳国际仲裁院仲裁员陈洁和深圳国际仲裁院孟伟编撰)

Topic 4

专题四
对赌协议纠纷
其他争议要点

# 案例 24　目标公司可否向投资人主张业绩奖励

**仲裁要点**：如果对赌协议约定了完成业绩承诺后的奖励条款，则被奖励方有权向投资者主张奖励，但被奖励方为目标公司管理层的情况下，如未获管理层授权，目标公司无权代其向投资人主张。

## 一、案情概要

2012年1月10日，申请人A公司（目标公司）与被申请人B公司（投资方）、案外人四位自然人（即申请人原股东方）共同签订《增资协议》。《增资协议》约定由被申请人向申请人投资1600万元，对应享有申请人16%的股权，还约定了双方的其他权利义务以及违约责任等问题。

其中，《增资协议》第7条第1款第(7)项约定："申请人及原股东共同承诺：经三方认可的会计处理方式确认申请人的交易量后，申请人2011年的交易量不少于1亿元，2012年的交易量不少于2.5亿元。"第7条第2款第(3)项约定："当2012年审计后的交易量比上述条款承诺之交易量高40%以上的，对申请人的管理层启动奖励行动。奖励股权=（2012年实际审计后交易量−2012年承诺交易量×140%）/2012年承诺交易量×2012年被申请人所占股权，该奖励股权比例以届时被申请人所占申请人的股权之5%为上限。"

在《增资协议》履行过程中，双方发生争议，申请人认为被申请人应按照双方确认的申请人2012年度市场估值及《增资协议》约定，支付申请人相应的股权奖励。被申请人则表示因申请人存在违约行为，导致其无法进行股权奖励，申请人应自行承担由此引起的不利后果。经协商未果后，申请人依据《增资协议》中的仲裁条款于2014年3月7日向深圳国际仲裁院申请仲裁，提出如下仲裁请求：

1. 判令被申请人支付对赌奖励股权124.4万元。
2. 判令被申请人支付本案的仲裁费、律师费、评估费。

被申请人提出如下仲裁反请求：
1. 裁决申请人承担被申请人因本案支付的律师费。
2. 裁决由申请人承担本案的全部仲裁费。

## 二、当事人主张

(一) 申请人主张

申请人主张根据《增资协议》关于奖励股权相关条款的约定以及经申请人与被申请人确认，申请人2012年审计后的交易量比2.5亿元高40%以上的，被申请人应对申请人的管理层启动奖励行动，其中奖励股权比例应为0.8%（注：申请人当庭变更将奖励比例由1.8%变更为0.8%），对应应支付申请人的对赌奖励股权为124.4万元。

(二) 被申请人主张

1. 申请人并非本案的适格当事人。被申请人主张依据《增资协议》关于奖励股权相关条款的约定，《增资协议》的相对方是原股东，启动奖励机制的主体应为申请人的管理层人员，申请人作为目标公司并无任何权利要求被申请人予以奖励。

2. 奖励标的应为股权，而非现金。被申请人主张依据《增资协议》关于奖励股权相关条款的约定，已明确约定奖励标的为股权，申请人要求将股权折现的请求没有合同依据。另外，2012年，被申请人所占申请人的股权比例为16%，根据《增资协议》的约定，即"奖励股权=（2012年实际审计后交易量-2012年承诺交易量×140%）/2012年承诺交易量×2012年被申请人所占股权，该奖励股权比例以届时被申请人所占申请人的股权之5%为上限"，被申请人给予的股权激励上限应为0.8%，而非1.8%。

3. 被申请人未进行股权奖励系因申请人拒不提供管理层人员名单及基本信息所致，申请人应当自行承担由此引起的不利后果。被申请人主张在申请人2012年交易量超过承诺交易量40%后，已多次要求申请人提供管理层人员名单，以便进行股权奖励，但申请人既不提供管理层人员名单，也不组织管理层人员配合被申请人办理股权过户,申请人的不作为违反了全面、适当、即时履行义务的约定,导致被申请人无法完成《增资协议》约定的股权奖励义务,应承担被申请人的律师费损失等其他不利后果。

## 三、仲裁庭认定的事实

2012年1月10日,申请人、被申请人与申请人原股东方签署《增资协议》。《增资协议》约定被申请人以1600万元对申请人增资,成为申请人的新股东,增资后,被申请人持有申请人16%的股权。

《增资协议》第7条第2款第(3)项约定:如申请人2012年审计后的交易量比上述条款承诺之交易量高40%以上的,对申请人的管理层启动奖励行动。奖励股权=(2012年实际审计后交易量－2012年承诺交易量×140%)/2012年承诺交易量×2012年被申请人所占股权,该奖励股权比例以届时被申请人所占申请人的股权之5%为上限。

申请人与被申请人对《增资协议》所约定的增资义务以及股权变更登记义务的履行均无异议,双方当事人均未提供证据证明申请人2012年交易量及市场价值,且均未申请对此进行评估。

## 四、仲裁庭意见

(一)申请人是否有权获得对赌奖励股权

仲裁庭认为,依据《增资协议》中"当2012年审计后的交易量比上述条款承诺之交易量高40%以上的,对申请人的管理层启动奖励行动……"之约定,有权获得奖励股权的主体为申请人的管理层而非申请人本身。申请人未能提供证据证明申请人的管理层已将获得奖励股权的权利转让给申请人,因此,申请人不是有权获得奖励股权的适格当事人,申请人无权获得对赌奖励股权。

(二)被申请人反请求主张律师费的依据

仲裁庭认为,被申请人提出此项反请求的依据是《增资协议》中"任何一方违反本协议,致使其他方承担任何费用(包括但不限于……律师费等),违约方应就该费用赔偿守约方……"的约定,而申请人未提供2012年度申请人的管理层人员名单、导致被申请人无法履行奖励股权过户登记的行为构成违约,被申请人作为《增资协议》的守约方因本案所支出的律师费,应当由违约方即申请人承担。

(三)关于被申请人请求仲裁庭责令申请人提供管理层人员名单、召集管理层出席庭审、配合办理股权过户的申请

仲裁庭认为,有权请求被申请人履行案涉奖励股权的申请人的管理层并未提出仲裁请求,申请人的管理层亦未将该权利转让给第三方,且申请人的管理层不是本案的当事人,召集其出席庭审于法无据。关于要求配合办理案涉奖励股权过户的申请,因被申请人未就该事宜提出书面仲裁反请求,故仲裁庭不予审理。

## 五、裁决结果

1. 驳回申请人的全部仲裁请求。
2. 申请人向被申请人支付被申请人因本案所实际支出的律师费。
3. 本案本请求仲裁费、反请求仲裁费由申请人承担。

## 六、评析

通常而言,目标公司如果完成约定的业绩目标,投资方将会对融资方进行鼓励,增加投入的资金或者股权,但目标公司如果没能完成对赌业绩目标,就需要履行对赌义务,补偿投资方定额货币或者以约定的价格回购公司股权。对赌协议是私募股权融资领域重要的投资手段,目标公司通过对赌协议进行融资招资以促进公司更好地发展,投资者适用对赌协议以获得预期的投资收益,最终实现互利共赢。笔者将从两个方面对本案予以评析:一是对对赌协议的三种重要类型进行梳理,并分析其存在的价值和作用;二是当目标公司完成对赌目标时,对履行股权奖励条款的主体的认定。

(一)对赌协议的类型化分析

为了能够更好地满足投资方与融资方的需求,适应资本市场为追寻经济

发展对投资工具的要求和不同企业之间各自的风险特点,对赌协议在投资领域的适用不断增多,也发展出了多种协议类型,其中具有代表性和实践意义的有三大类,分别是:现金对赌型对赌协议、股权对赌型对赌协议以及股权回购型对赌协议。其中,现金对赌型对赌协议较为常见,即当约定的对赌条款被触发时,协议一方给予另一方约定的定额货币作为补偿,一般不会涉及股权的变动。与现金对赌型对赌协议不同的是,股权对赌型对赌协议的表现形式是,当约定的对赌条款被触发时,协议的一方有权要求对方无条件或者低价转让一定数量的股权,按照常理,如果是投资方转让股权给融资方,则是对融资方完成对赌目标的一种奖励,具有激励作用;如果是融资方向投资方转让股权,大多数情况是融资方未完成对赌目标而给投资方造成了损失,融资方通过约定的低价或者无偿转让一定数量的股权作为对投资方的补偿和权益保障。股权回购型对赌协议是在股权对赌型对赌协议的基础上进一步演变发展而来的,协议的签订主体多为投资方、目标公司与股东三方,履行方式为当约定的对赌条款被触发时,由目标公司或股东回购投资方所持有的目标公司的股权,与股权对赌型对赌协议不同的是,股权回购型对赌协议对于投资价格和回购价格的约定均相对较高,从多方面对投资方提供收益保障,减少投资风险带来的巨额损失。

作为我国私募投资市场广泛应用的新型金融工具,股权对赌型对赌协议的适用对投融资双方都具有重要意义。

对于投资方而言,对赌协议的签订是尽职调查等估值方式的有益补充,尽职调查往往只能反映目标公司在某一时段的经营情况、可能存在的风险以及静态的企业价值,而目标公司为了保护自身的利益,可能会出现抬高公司估值、管理层人员不提供真实详尽的经营信息等情形,导致投资方因无法掌握全面、平等、及时更新的信息,而在投资项目上遭受巨额损失,或者因有限的市场信息,而无法预估企业的动态价值,而错失了追投良机。对此,股权对赌型对赌协议能够在一定程度上维护投资方的经济利益,在不退出目标公司的前提下,以"多退少补"的形式确保投资方即便不能随时了解目标公司的经营状态,也能在其未达到预期投资目的时获得一定的股权或者其他经济或权利性补偿,提高了投资的效率。①

---

① 参见华忆昕:《对赌协议之性质及效力分析——以〈合同法〉与〈公司法〉为视角》,载《福州大学学报(哲学社会科学版)》2015年第1期。

对于融资方而言,在对赌协议还没有进入私募投资领域时,融资模式基本上都是商业银行贷款或传统的民间借贷,但因银行对于贷款主体的还款能力、信用程度等的审查要求往往十分严苛,导致很多中小企业在申请环节就被迫放弃,加之民间借贷的利率往往随着投资成本的增加而水涨船高,大大加重了企业的负担,而对赌协议的签订,很大程度上帮助企业减少融资成本,在短时间内扩大生产规模,抓住市场机遇,实现发展目标。而对于轻资产和成长性公司而言,对赌协议中的动态评估方式有利于利益获取的最大化,合理体现了公司的真实价值。①

## (二)谁有权向投资方主张股权奖励,投资者与目标公司的义务是什么

实践中大部分对赌协议往往是投资方与融资方的单向对赌,如常见的股权回购条款,即在触发了回购条件时,投资方要求目标公司/目标公司股东/目标公司实际控制人对其所持有的股权进行回购,以实现退出目标公司的同时达到保障投资收益的目的。而本案涉及特殊的反向对赌模式,即投资方与融资方约定,当目标公司实现对赌协议所约定的业绩承诺时,投资方对目标公司股东/目标公司实际控制人/目标公司管理层进行奖励,奖励的方式包括现金及股权。本案是比较少见的目标公司与投资人进行对赌要求股权奖励的案例,最大的争议在于目标公司是否为有权获得对赌奖励股权的适格主体。

本案中,目标公司依据《增资协议》对奖励股权相关条款的约定以及2012年审计后的交易量超过该协议设定的标准,要求投资人对其进行股权奖励。投资人对此有三点主要抗辩理由:(1)申请人主体不适格,其原因是《增资协议》明确约定股权奖励对象是目标公司的管理层人员而非目标公司自身;(2)《增资协议》已明确约定奖励标的为股权而非现金;(3)投资人未进行股权奖励系由目标公司拒不提供管理层人员名单及基本信息所致。本案仲裁庭在认定申请人是否为获得股权奖励的适格主体时,从《增资协议》相关条款明确约定股权奖励的对象是"申请人的管理层"的角度出发,认为目标公司本身不是符合合同约定的获得奖励股权的对象,目标公司无权获得奖励股权。虽然仲裁庭认定了目标公司管理层是获得奖励股权的主体,但是仲裁庭并没有进一步认定哪些主体是目标公司管理层。仲裁庭在对被申请人反请求进行审

---

① 参见杨明宇:《私募股权投资中对赌协议性质与合法性探析——兼评海富投资案》,载《证券市场导报》2014年第2期。

查时,认为目标公司负有向投资者提供管理层名单的义务,因目标公司未提供管理层名单导致投资者无法履行奖励股权的过户登记义务,因此目标公司的行为构成违约。

从当事人的抗辩理由来看,目标公司在本案中提出要求投资人履行对赌奖励股权的义务,所援引的合同依据是《增资协议》第7条第2款第(3)项。该条中明确约定了投资人奖励股权的对象是目标公司的管理层,而管理层往往是公司的员工,设置该条款的目的也是为了激励公司员工为公司创造更高的效益,而当目标公司达到约定的奖励条件时,公司管理人员理所应当获得相应奖励。目标公司自行将奖励股权换算成现金向投资者进行主张没有合同依据,而且目标公司替代管理层人员直接向投资者进行主张亦不符合设置该条的目的。

从当事人是否违约的角度分析,虽然《增资协议》约定的股权奖励条款是投资人的义务,但是股权的过户登记是行政管理部门的职能,投资者只能协助配合目标公司管理层办理相关工商变更登记手续,目标公司在这一过程中也应该积极协助与配合。本案中,在公司管理层不是《增资协议》的当事方、投资人也无法获得具体的管理层名单的情况下,目标公司是否向投资人提供了管理层名单直接关系到投资者股权奖励能否顺利进行。从这个角度来说,是目标公司没有履行积极协助与配合的义务,而不是投资者不履行合同义务。当然,在司法实践中也有其他投资者未尽义务或者履行义务瑕疵的抗辩,例如涉及投资者是否有义务配合实现回购条件的青岛中金实业股份有限公司与青岛中金渝能置业有限公司、中铁置业集团有限公司、青岛荣置地顾问有限公司投资合作协议纠纷案①,以及投资人未按协议约定出资是否构成违约的南京誉达创业投资企业(有限合伙)诉上海超硅半导体有限公司股权转让纠纷案②等。

总之,为了促进投资交易的良好合作,投融资双方都应对对赌协议中双方权利义务的约定和具体的履行等事宜尽到谨慎和合理注意的义务,平衡好投资收益和风险管控。

(本案例由深圳国际仲裁院伊然和黄吴一秀编撰)

---

① 参见最高人民法院(2011)民二终字第108号民事判决书。
② 参见上海市第一中级人民法院(2015)沪一中民四(商)终字第1712号民事判决书。

## 案例 25　增资协议中的投资退出与合同解除

**仲裁要点**：增资协议兼具民事合同和商事合同之属性。对于增资协议的效力，应对比是否具有合同无效的法定情形予以判断；对于增资协议解除的适格主体，应根据合同的相对性原则进行确定；对于增资协议解除后的法律效果，应按公司法上的有关规定履行法定减资程序。

### 一、案情概要

2016年2月1日，包括申请人（A合伙企业）在内的四个投资人作为投资方与第一被申请人（目标公司B有限公司）及包括第二被申请人（C自然人，以下与第一被申请人合称"被申请人"）在内的三个创始股东签订了《增资协议》。该协议第2.1.2条约定，申请人以现金方式出资2000万元认购第一被申请人的新增注册资本，其中270516元作为新增注册资本计入第一被申请人的注册资金，剩余19729484元计入第一被申请人的资本公积金。同日，上述合同主体共同签署了《股东协议》（前述《增资协议》《股东协议》以下合称"B轮协议"）。

B轮协议签订后，第一被申请人于2016年2月2日通过邮件的方式向申请人发送了《付款通知》，邮件中明确表示"公司（第一被申请人）已经满足本次交易中的首期增资条件"，申请人认为《增资协议》中约定的交割条件已经成就，于2016年3月4日一次性转账2000万元作为投资款。

2016年7月底，上述合同主体对第一被申请人进行估值调整后，签订了《补充协议》，将申请人的投资款调整为17082000元。

2016年12月，B轮协议中第一被申请人的另一投资人D公司未能完全出资，申请人对D公司提起仲裁，要求其履行出资义务。在该仲裁案件中，D公司提交了一份由第一被申请人2017年2月9日出具的《承诺函》，该函确认了《增资协议》约定的交割条件未成就。申请人认为，由于被申请人恶意欺瞒了前述事实，导致申请人误以为交割条件已满足而向第一被申请人支付了全部投资款。

《增资协议》第9.3.1条第(1)项约定："如果在本协议签署后的90日内本次投资的交割条件未能实现，投资方可终止本协议并放弃本协议拟议的交易。"第9.3.1条第(3)项约定："如果创始股东或第一被申请人严重违反本协议的任何规定或者其他的任何交易文件且在投资方发出违约通知后30日内未作出补救，则投资方可终止本协议并放弃本协议拟议的交易。"第9.3.4条约定，如果根据协议第9.3.1条提前终止本协议，第一被申请人应在合理可行的时间内尽快将投资方汇入其账户中的所有投资款及该投资款所产生的利息汇入投资方指定的账户。

综上，申请人认为，鉴于《增资协议》的交割条件未能成就，第一被申请人应该按该协议第9.3条的约定终止《增资协议》，并向申请人返还所有的投资款，同时支付相关利息。申请人还认为，《增资协议》交割条件未成就的主要原因是第二被申请人严重违反了《增资协议》及其附件四的约定，并故意隐瞒了上述事实，故第二被申请人应对此承担连带责任。

据此，申请人于2017年4月26日向深圳国际仲裁院申请仲裁，并提出如下仲裁请求：

1. 第一被申请人返还申请人16811000元投资款，并支付该笔投资款从2016年3月4日开始计算的利息（按照中国人民银行同期贷款利率每年4.35%计算，实际计算至第一被申请人全部实际返还投资款之日）。
2. 裁决由第一被申请人承担本案的律师费。
3. 裁决由第一被申请人承担本案的担保费、保全费。
4. 裁决由第一被申请人承担本案的仲裁费。
5. 裁决第二被申请人对申请人的上述仲裁请求承担连带责任。

## 二、当事人主张

(一) 申请人主张

1. 基于《增资协议》交割条件不成就的事实，第一被申请人应按《增资协议》第9.3条的约定返还申请人已支付的投资款并支付该笔投资款产生的利息。除此，由于第二被申请人恶意隐瞒上述重大事实，且严重违反《增资协议》中约定的"不竞争承诺"之约定，第二被申请人应向申请人承担连带责任。

2. 关于合同终止与合同解除的法律关系，根据《合同法》第91条的规定，合同终止是合同解除的上位概念，合同解除是合同终止的诸多情形之一。因此，以合同解除的方式，可以终止合同。申请人认为，《增资协议》第9.3条中约定了四个明确、具体、可操作条款，即：于第9.3.1条约定了合同终止的认定条件，于第9.3.2条约定了单方终止合同的情形，于第9.3.3条约定了单方终止合同的效力，于第9.3.4条约定了单方终止合同的后果。这表明，按照《增资协议》的约定，申请人作为一方或单方，是可以提出合同终止请求的。

另外，申请人主张其请求终止的是申请人与第一被申请人在《增资协议》项下的法律关系。申请人认为，特定权利义务人之间合同关系的终止，并不推及至全部《增资协议》的终止。申请人有权单方终止与第一被申请人之间的合同关系，但并不影响其他投资方继续认可并履行《增资协议》。

3. 申请人认为，商事仲裁应高度重视商业惯例，并保护投资契约。根据中国贸仲京裁字第0056号《裁决书》，该案中，仲裁庭认定："本案项下支付投资补偿款不构成《公司法解释（三）》抽逃出资的认定，系争协议的全部当事方、利益关联方都是平等利益主体，不涉及国家利益或公共利益，没有需要法律特殊保护的利益方，也不构成损害公司、债权人利益。因此，仲裁庭认为第一被申请人承诺补偿条款具有经济上的合理性，而且不违反法律强制性规定，合法有效。"据此，申请人认为，在不违反《公司法》中抽逃出资等强制性规定的情况下，本案纠纷解决应优先适用《合同法》，其有权要求被申请人返还注册资本之外的投资款。

（二）被申请人主张

1. 关于交割条件。事实上，申请人在签订《补充协议》前就已经知悉交割条件未成就，且同意豁免交割条件。被申请人引用了申请人与D公司纠纷案《裁决书》中的内容："如上所述，签署《补充协议》时各方已然知晓交割条件尚未成就……"除此，第一被申请人交割条件未完成系因申请人未在《债务清偿或债务担保的说明》上签字，致使变更登记不能继续进行。申请人阻却交割条件成就的行为,应视为交割条件已经成就。

2. 关于《增资协议》的解除。《增资协议》约定的是投资方整体与第一被申请人间直接的权利义务,并非单个投资方与第一被申请人间的权利义务,仅赋予投资方解除合同的权利,并未约定单个投资方享有解除合同的权利。若支持申请人单方解除《增资协议》,其他投资方的权益将受到侵害,这将影响到其他股东增资的合法性及第一被申请人公司资本的恒定。

3. 申请人已向第一被申请人实际履行了增资义务,且经 S 市市场监督管理部门登记为第一被申请人的股东,其增资行为已完成,该《增资协议》不具有可解除性。此外,无论是注册资金还是资本公积金,均属于公司资本。公司以资本为信用,公司资本的确定、维持和不变,是保护公司经营发展能力,保护债权人利益以及交易安全的重要手段。申请人请求第一被申请人返还投资款,实质上将减少第一被申请人的资本,违反了公司资本维持原则,与《公司法》第 35 条的规定相悖,应予以驳回。

4. 从《增资协议》第 9.3.1 条第(1)项的约定来看,投资方在签署《增资协议》时知悉交割条件未成就,仍享有 90 日的宽限期。即便申请人享有解除权,其行使解除权的合理期限确定为 90 日较为合理,但本案申请人于 2017 年 5 月 18 日才主张终止合同,已超过解除权的合理期限,解除权消灭,不应予以支持。

## 三、仲裁庭认定的事实

1. 2016 年 2 月 1 日,申请人等四个投资人共同作为投资方与第二被申请人等三个创始股东以及第一被申请人共同签订了《增资协议》,约定:申请人向第一被申请人进行增资,申请人的投资款为 2000 万元,持股比例为 2.92%,其中 270516 元作为新增注册资本计入第一被申请人的注册资本,剩余 19729484 元计入第一被申请人的资本公积金。

《增资协议》第 9.3.1 条第(1)项约定:"如果在本协议签署后的 90 日内本次投资的交割条件未能实现,投资方可终止本协议并放弃本协议拟议的交易。"第 9.3.1 条第(3)项约定:"如果创始股东或第一被申请人严重违反本协议的任何规定或者其他的任何交易文件且在投资方发出违约通知后 30 日内未作出补救,则投资方可终止本协议并放弃本协议拟议的交易。"第 9.3.4 条约定,如果根据协议第 9.3.1 条提前终止本协议,第一被申请人应在合理可行的时间内尽快将投资方汇入其账户中的所有投资款及该投资款所产生的利息汇入投资方指定的账户。同日,各方签署了《股东协议》。

2. 2016年2月2日,第一被申请人以电子邮件形式向申请人发送《付款通知》,明确表示"公司(第一被申请人)已经满足本次交易中的首期增资条件"。

3. 2016年7月30日,B轮协议签署方签订了《补充协议》,对第一被申请人的B轮协议估值从65800万元下调为58500万元,并由此调整各投资人的出资数额。其中,申请人已经完成的出资额2000万元下调为17082000元,持股比例不变。同时,该《补充协议》还约定,将第一被申请人吸收合并E公司和获得F合伙企业域名等关键两项作为交割条件。同日,第一被申请人全体股东召开股东会,签署了《2016年第二次股东会决议》,决议确认上述《补充协议》的内容。

4. 申请人在2016年3月4日向第一被申请人实际缴纳了2000万元投资款,各方当事人均对此事实予以认可。

5. 2016年8月15日,第一被申请人完成公司股东工商登记,各投资人均合法登记为第一被申请人的股东。

6. 在申请人与D公司纠纷的仲裁过程中,D公司提交了由第一被申请人于2017年2月9日出具的《承诺函》,确认《增资协议》约定的交割条件未成就。

7. 第一被申请人未能根据《增资协议》第4.7条及附件四《承诺函》的约定,完成对E公司的吸收合并,亦未完成对F合伙企业网址的ICP备案的转移,《增资协议》约定的交割条件未成就。

8. 2017年5月18日,由于第一被申请人未在约定时间内完成交割条件,且第一被申请人及创始股东未全部履行《增资协议》及附件四《承诺函》约定的相关义务,违反了《增资协议》及其他本次交易文件,申请人向第一被申请人、所有投资方发出书面违约通知,称《增资协议》在该通知到达各投资方时终止。

9. 获得SP证(即第二类增值电信业务经营许可证)是第一被申请人的全网合法经营的必要证书,但第一被申请人未能依约在2016年6月30日前取得经营所需的增值电信业务经营许可证,即SP证。

10. 申请人因本案支出了律师费及担保费、仲裁费,上述费用有申请人提交的《民事委托代理合同》及相关缴费发票为证。

## 四、仲裁庭意见

### (一) 第一、第二被申请人是否存在恶意欺瞒

1.《增资协议》第2.2.1条约定:"第4条所述的交割条件得以满足或被投资方豁免后的7个工作日内,申请人将其全部投资款2000万元⋯⋯转入目标公司的增资账户。"如按申请人所言,将《增资协议》签署次日第一被申请人向申请人通过邮件发送《付款通知》的行为理解为《增资协议》第2.2.1条指向的"在第4条所述的交割条件得以满足"的书面确认,则相当于在协议签署日,交割条件就已经满足,仲裁庭认为,这并不符合商业交易的常识和逻辑。

2. 主观上,仅凭申请人提供的现有证据,不足以证明《付款通知》发出之时第一、第二被申请人就存在"恶意欺瞒"违约的主观动机或意图。

3. 2016年7月,合同主体签署了《补充协议》,并在其中约定了吸收合并E公司和F合伙企业域名变更转让两项重要交割条件。仲裁庭认为,该约定是基于包括申请人在内的各合同主体一致意思表示而达成,系各方对交割条件的承诺事项尚未实现的确认。

综上,仲裁庭认为,《增资协议》签署和《付款通知》发出时,第一、第二被申请人不存在主观故意的恶意欺瞒,故仲裁庭对申请人该项主张不予支持。

### (二) 第一被申请人是否存在违约行为

1. 申请人认为第一被申请人未按照《增资协议》的约定对拟吸收合并E公司的相关信息进行合理披露和处理,对此第一被申请人辩称,吸收合并E公司未能完成的主要原因系由于申请人未在《债务清偿或债务担保的说明》上签字,致使变更登记不能继续进行。对此,仲裁庭认为,即使吸收合并事宜需要第一被申请人全体股东签署《债务清偿或债务担保的说明》等文件,第一被申请人在2017年5月的股东会上才向各股东提出,该日期已超过《增资协议》的约定和承诺实现的时间,就此而言,第一被申请人已构成违约。

2. 申请人另主张第一被申请人存在其他违约行为,包括第一被申请人未能如约履行其合同义务取得增值电信业务许可证和第二类增值电信业务经营许可证;第一被申请人设立关联公司并向该关联公司提供承租办公场

所,且该行为并未经第一被申请人股东大会或董事会审议,亦未通报公司股东。对此,仲裁庭认为,申请人提交了相应证据予以佐证,而被申请人未提出对该违约行为的有效抗辩,故仲裁庭认可被申请人存在违约行为,并应对其违约行为承担法律责任。

(三) 关于申请人请求终止特定的合同权利义务以及第二被申请人的连带责任

《增资协议》第9.3.1条约定:"尽管本协议或其他合同的任何条款有任何相反规定,在以下情况下可终止本协议并放弃本协议拟议的交易:(1) 如果在本协议签署后的90日内本次投资的交割条件未能实现,投资方可终止本协议并放弃本协议拟议的交易;(2)经过各方的一致书面同意;(3)如果创始股东或第一被申请人严重违反本协议的任何规定或者其他的任何交易文件且在投资方发出违约通知后30日内未作出补救,则投资方可终止本协议并放弃本协议拟议的交易;(4)如果本协议签署后,第一被申请人发生重大不利变化,投资方可终止本协议并放弃本协议拟议的交易。"

《增资协议》第9.3.2条约定:"终止的程序如果出现本协议单方终止的情形,有权一方应立即向其他各方发出书面通知,并且,本协议应在通知到达其他各方时终止。"

据此,仲裁庭认为,首先从《增资协议》第9.3.1条和第9.3.2条的表述方式看,前半句约定的是条件句,后半句为权利和权利行使主体。首先,如果按照申请人的理解,"单方"表示投资人中的任何一方,《增资协议》中则明显缺少类似第9.3.1条中的条件句与之对应,也即《增资协议》通篇都未约定"单一一方终止的情形",故《增资协议》第9.3.1条中的"投资方"应是指投资方全体,而非其中的一方或单方。其次,《增资协议》第9.3.2条虽然使用了"单方"这一术语,但这其实是区别于协议方式(双方或多方)终止的情形,因此,该"单方"并非投资人中的任何一方或每一方,应是指第9.3.1条中的投资方全体。

综上,仲裁庭认为申请人并不具有"单方"终止合同的权利。除此,仲裁庭认为,申请人请求仅解除其与第一被申请人之间的权利义务关系欠缺合同依据和法律依据,因此其请求返还已付资本公积和利息的请求,仲裁庭不予支持。在此前提下,针对第二被申请人的连带责任的请求,仲裁庭亦不予支持。

### (四) 关于申请人主张的律师费、仲裁费等相关费用的承担

根据上述分析,仲裁庭不予支持申请人的各项仲裁请求,对于本案律师费、仲裁费等相关费用的请求,仲裁庭亦予以驳回,由申请人自行承担。

## 五、裁决结果

1. 驳回申请人的全部仲裁请求。
2. 本案仲裁费由申请人自行承担。

## 六、评析

### (一) 案涉纠纷类型之辨析

本案中,申请人将其合同终止的请求限定在特定的权利义务方,也即请求解除其与第一被申请人之间的权利义务关系并返还资本公积金,申请人还提出本案的审理应参照司法和仲裁实践在业绩对赌方面的审判原理,对此,被申请人从合同解除权无效和请求返还资本公积金违反《公司法》的角度,就对赌纠纷的法律适用提出了相应观点。对于本案纠纷是否属于对赌纠纷范畴,笔者简要分析如下。

"公司对赌",法律上并无确切定义,其本质含义是指投资方与融资方在达成股权性融资时,为解决交易双方对目标公司未来发展的不确定性、信息不对称以及代理成本而设计的包含了股权回购、金钱补偿等对未来目标公司的估值进行调整的协议。① 更贴近投资实践的表述,应为因业绩承诺而导致被投资公司价值重估,如果负有经营义务的当事人(包括目标公司、创始股东以及某些负有特定义务的公司高级管理人员)承诺一定时期的经营业绩未能达到约定标准,意味着目标公司市值下调,承诺方将以股权回购或其他合法方式对投资人作出适当补偿;而当经营业绩超过约定标准时,投资人将以股权激励等合法方式对经营者作出适当奖励。本案中,申请人并未以经营业

---

① 参见最高人民法院民事审判第二庭编著:《〈全国法院民商事审判工作会议纪要〉理解与适用》,人民法院出版社 2019 年版,第 112 页。

绩达标与否或约定事项是否实现为由请求估值调整和补偿,也未依《股东协议》第6条"投资方的特别权利"中"股权补偿权""回购权"等约定提出其仲裁请求。申请人以违约和重大不利变化为由提起仲裁,请求返还投资款和利息,继而变更请求为返还资本公积金部分和利息。就本案争议和仲裁请求而言,申请人并未提出直接有关"对赌"或"补偿""回购"的事实和争议,其提出参照司法实践和仲裁实践在业绩对赌方面的审判原理对本案加以审理和确定法律适用的理由,与本案实际上并无实质关联。但本案有关申请人作为投资人的投资退出权利问题,仍然是此类纠纷的重点,本文对此予以相应讨论。

### (二)增资协议效力之判定

增资协议是指投资人与目标公司之间就目标公司向投资人增发股份所达成的协议。投资人通过向目标公司增资而取得部分股权,获取股东资格;目标公司因投资人出资而资本增加。增资协议的基础在于各方当事人的意思自治,故应受到民事法律规范的调整。同时,增资行为亦是一种常见的商事行为,应受到《公司法》上有关法定增资程序的规制,例如该法第43条第2款规定,关于公司增资或减资的股东会决议须经代表2/3以上表决权的股东通过。但在风险投资实践中,不乏投资人未按《公司法》规定履行法定增资程序而签订增资协议的情况,此时增资协议的效力如何值得探讨。

部分观点认为,增资协议是由目标公司对外签订,按《公司法》的规定应由代表2/3以上表决权的股东表决,如未能形成有效股东会决议,公司的签署行为即欠缺权利基础,构成无权代理,所签订的增资协议并非当然有效。另有观点认为,增资属于公司的内部行为,未形成有效股东会决议仅导致增资结果未发生,但并不必然导致增资协议无效。合同效力的有无,还是应依据实际具备《合同法》上规定的无效情形而判定。

笔者认同第二种观点。首先,从法律规定的角度出发,增资协议本质上属于无名合同,其理应受到民事法律规范的调整。而合同法领域已有对合同无效情形的明确规定。未履行增资程序并不构成法定无效事由,故应为有效。《九民纪要》中对于对赌协议的效力判断,亦采此观点。[①] 其次,从资本市场的角度出发,商事投资领域的主体往往重视交易效率、交易安全以及交

---

① 参见张保华:《对赌协议下股份回购义务可履行性的判定》,载《环球法律评论》2021年第1期。

易秩序。如轻易否定增资合同的效力,则可能导致交易流转速度变缓、交易秩序混乱等不利后果,故不宜因未履行增资程序而扩大合同无效的情形认定。

(三)增资协议解除之主体及法律效果

1. 增资协议的解除主体。风险投资领域中,投资人会在增资协议中约定一方当事人的单方解除权。作为无名合同,司法审判中以合同法的规定来裁判增资协议解除一般不存在争议,但对于合同解除的适格主体,却做法不一。究其原因,主要由于实践中当事人经常会在增资协议中一并约定股东事项。故有观点认为,从增资协议实际产生的法律效果来看,增资行为是股东行使权利的结果,体现股东意志,股东作为权利的来源,自然有权解除协议。另有观点认为,增资协议需遵守合同相对性的基本原则,有权解除协议的主体应为合同签订的主体。对此,笔者赞同第二种观点。增资协议的合同属性不容否认,从合同相对性的角度出发,只有签订合同的主体,方得行使合同的解除权。在本案中,仲裁庭亦支持了第二种观点。仲裁庭认为,订立合同的主体之一是投资方,虽然申请人是投资方的成员之一,但结合合同上下文语义解释可知,合同主体是投资方整体,而非申请人个人,故申请人并非合同解除的适格主体。综上,在增资协议解除这一点上,普遍确立了遵守合同相对性的规则。

2. 增资协议解除的法律后果。《合同法》第97条(《民法典》第566条第1款)规定,合同解除后,尚未履行的,终止履行;已经履行的,根据履行情况和合同性质,当事人可以要求恢复原状,采取其他补救措施,并有权要求赔偿损失。实践中,增资协议的投资人一般会据此主张目标公司予以返还投资款项。司法实践对于支持解除增资协议已形成较为稳定的裁判认定规则,但协议解除后的法律后果却未能延续合同法上的相关规定。在新湖集团与浙江玻璃等公司增资纠纷一案中,最高人民法院虽然支持了合同解除的主张,但却并未根据《合同法》第97条的规定支持投资人请求目标公司返还出资款的主张,而是基于《公司法》上股东不得抽回出资的资本维持原则[①]判令投资人不得要求目标公司返还出资款项。各地法院在这一问题上基本形成了较为

---

① 参见刘燕:《"对赌协议"的裁判路径及政策选择——基于PE/VC与公司对赌场景的分析》,载《法学研究》2020年第2期。

统一的裁判思路,即增资协议可以支持解除,但出资一般不得返还。此处不难看出,《合同法》与《公司法》的适用再次出现了竞合。笔者认为,对于合同解除的效果,应考虑到增资协议的商事合同属性。向投资人返还投资款项势必涉及公司资本的减少,而公司资本则会影响到公司偿债能力问题。返还投资款项的主张,所涉及的利益主体不仅仅是公司、公司其他股东、投资人,还有公司的债权人。如何对这些利益进行优先顺位的平衡,则需置于社会公众利益下来审视。① 公司法的基本原理,确立了外部债权人利益的优先顺位,因此在投资人主张返还投资款时,不得不对此予以考虑。《公司法》第177条规定:"公司需要减少注册资本时,必须编制资产负债表及财产清单。公司应当自作出减少注册资本决议之日起十日内通知债权人,并于三十日内在报纸上公告。债权人自接到通知书之日起三十日内,未接到通知书的自公告之日起四十五日内,有权要求公司清偿债务或者提供相应的担保。"《公司法》规定的前述法定减资程序,正是公司资本与债权人利益之间的一种平衡,在保证公司对外清偿能力的基础上,满足公司资本的运作需要。因此,如投资人请求解除增资协议,并由目标公司向其返还出资,目标公司必须依法履行法定减资程序②,以优先保护外部债权人的合法利益。《九民纪要》出台后,基本也确立了上述裁判思路,即投资人要求目标公司回购股权或承担金钱补偿义务的,需完成减资程序。

部分观点认为,减资程序需经代表公司 2/3 以上有表决权的股东通过,但一旦纠纷产生,公司将很难开启减资程序,届时投资人的权益将难以得到保障。笔者认为,实践中可能出现该种"僵局"情况,但《九民纪要》作出的细化规定,是为了给市场主体、给当事人提供一个明确的预期。③ 也即投资人在与目标公司签署投资协议时,就应该充分考量,在协议中提前明确约定可能涉及的问题和法定程序。

(本案例由深圳国际仲裁院赵佳慧和王铖编撰)

---

① 参见杨宇航:《对赌协议中股权回购效力认定的规范反思与方法重构》,载《合肥工业大学学报(社会科学版)》2019 年第 5 期。

② 参见贺剑:《对赌协议何以履行不能?——一个公司法与民法的交叉研究》,载《法学家》2021 年第 1 期。

③ 参见最高人民法院民事审判第二庭编著:《〈全国法院民商事审判工作会议纪要〉理解与适用》,人民法院出版社 2019 年版,第 118 页。

## 案例 26　本约/预约合同的认定对投资款支付义务的影响

**仲裁要点：** 在对赌协议中，双方对于投资款的支付条件除"本约"外另有"预约条款"的，应准确判断目标公司要求投资方支付投资款的请求权基础，在投资义务需要通过"本约合同"履行的情况下，融资方无权直接依据"预约条款"请求支付。

### 一、案情概要

本案第一申请人自然人 A 为第二申请人 B 有限公司（目标公司）的法定代表人，同时为第三申请人 C 合伙企业（有限合伙）的执行事务合伙人（第一、第二、第三申请人以下合称"申请人"），被申请人 D 合伙企业（有限合伙）为投资公司。

2017 年 8 月，被申请人在完成了对第二申请人的尽职调查之后，与申请人以及案外人 E 公司等订立了《投资协议》与《补充协议》。根据协议约定，被申请人向第二申请人投资 4000 万元，其中 2000 万元直接认购第二申请人注册资本 3065412 元（投后对应其 20%股权），剩余 2000 万元则由被申请人与第二申请人及银行另行签订委托贷款协议，并根据第二申请人承诺期业绩实现情况部分/全部转为资本公积金或者部分/全部本金加按单利为 10%/年计算的利息退回本息，具体方案另行约定。

协议订立后，被申请人于 2017 年 9 月将第一笔投资款 2000 万元汇入第二申请人的银行账户。后申请人办理完成了工商变更登记手续，被申请人成为第二申请人的股东。

之后，申请人依据《投资协议》多次要求被申请人将剩余的 2000 万元汇入第二申请人的银行账户，以避免影响第二申请人正常发展和经营计划。但被申请人在首批投资款2000万元到位之后的3~5个月内,并未支付剩余的2000万元投资款。

申请人认为被申请人迟迟未支付剩余投资款影响了第二申请人的发展利益,遂于2018年11月6日向深圳国际仲裁院申请仲裁,提出如下仲裁请求:

1. 被申请人在裁决生效后3日内向第二申请人投资2000万元。
2. 请求裁决仲裁费、保全费、担保费等由被申请人承担。

被申请人认为申请人提出的仲裁请求没有法律、合同和事实依据,造成被申请人经济损失,故提出如下仲裁反请求:

1. 请求裁决申请人向被申请人支付为提起本案仲裁而支出的律师费。
2. 请求裁决申请人承担本请求与反请求的仲裁费。

## 二、当事人主张

(一)申请人主张

《投资协议》合法有效,被申请人应根据《投资协议》的约定向第二申请人支付剩余2000万元投资款。

申请人之所以愿意与被申请人订立《投资协议》以及《补充协议》是基于被申请人承诺其有4000万元投资款项能够尽快投资给第二申请人,且能够满足投资后企业未来三年的战略规划及业绩承诺。在约定第二笔投资款项2000万元由申请人、被申请人与银行另行订立委托贷款协议进行汇款时,三方经过咨询和协商认为,签订委托贷款协议并转账2000万元是可行的,不存在任何障碍,可以快速办理。

在被申请人已经先行支付2000万元投资款,且第二申请人工商变更登记已经完成的前提下,约定的剩余投资款2000万元的投资条件已经满足和触发,被申请人应依照合同约定及时支付,以免影响第二申请人后续的正常经营。

(二)被申请人主张

1.《投资协议》中关于委托贷款约定的性质是各方就签订委托贷款协议达成的预约条款,在各方未达成委托贷款协议的前提下,《投资协议》本身并不构成申请人要求被申请人支付剩余2000万元的权利依据。

《投资协议》明确约定,另外2000万元由投资方与第二申请人、银行另行签订委托贷款协议,具体方案由本协议各方另行约定。但事后,申请人、被申请人与银行并未就另行订立委托贷款协议达成一致意见,也并未签订委托贷款协议。《投资协议》中的该条款是各方就签订委托贷款协议达成的预约条款,即约定将来订立一定契约之契约,该条款既未确定委托贷款的具体方案,也未明确签订委托贷款协议的时间、哪家银行作为受托贷款行,合同主体不明确,没有银行签署确认,对银行不产生约束力。因此,委托贷款协议并未成立,申请人无权要求被申请人直接向其支付2000万元贷款,否则有违契约自由的民法基本原则。

2.《商业银行委托贷款管理办法》(以下简称《委贷办法》)禁止商业银行接受委托人将"受托管理的他人资金"发放委托贷款,被申请人无法以委托贷款形式进行投资。

《投资协议》中就2000万元贷款约定各方另行签订委托贷款协议为预约条款,在该条款的约束下,被申请人就委托贷款事宜与申请人协商,未达成一致意见。在2018年1月5日《委贷办法》出台后,其第10条明确规定商业银行不得接受委托人将"受托管理的他人资金"发放委托贷款。故被申请人、第二申请人与银行已无法达成委托贷款协议。在没有新的协议达成之前,申请人无权请求被申请人支付2000万元投资款。

3. 申请人存在诸多违反《投资协议》及其《补充协议》的行为,致使被申请人的投资权益无法得到保障。

《投资协议》以及《补充协议》签署之后,被申请人于2017年9月19日按照约定支付了第一笔2000万元投资款。但在此之后,申请人并未及时办理工商变更登记手续,而是逾期近5个月时间才完成。除此之外,申请人还存在将投资款用于向关联方偿还债务及向其提供借款、未及时披露第二申请人财务及经营信息等一系列违约情形。

鉴于第二申请人存在诸多违约行为,且经营过程中内部管理薄弱、销售乏力,自2017年起一直处于亏损状态,与预期业绩目标相距甚远。加之《委贷办法》的颁布导致被申请人、第二申请人与银行无法按照委托贷款的方式进行投资。因此,委托贷款协议未能签署系双方未就委托贷款事宜达成一致意见,并非被申请人所致,被申请人已经严格履行了《投资协议》以及《补充协议》的义务,不存在任何违约情形。

## 三、仲裁庭认定的事实

2017年8月22日,以第一申请人、第三申请人和案外人作为甲方,被申请人作为乙方,第二申请人作为丙方,共同签订一份《投资协议》和一份《补充协议》。《投资协议》第2.1条约定,被申请人向第二申请人投资4000万元,其中2000万元直接投资第二申请人,306.5412万元计入注册资本,剩余1693.4588万元计入资本公积金;另外2000万元由投资方与第二申请人、银行另行签订委托贷款协议,并根据第二申请人承诺期业绩实现情况部分/全部转为资本公积金或者部分/全部本金加按单利为10%年计算的利息退回本息,具体方案由本协议各方另行约定。本次增资完成后,第二申请人注册资本金由1226.1647万元增加到1532.7059万元。

本案双方当事人在庭审时确认,《投资协议》第2.1条约定的"委托贷款"的含义是被申请人将款项存入受托银行,受托银行再将贷款发放给申请人,委托贷款必须通过作为独立于本案双方的第三方的商业银行进行。

《投资协议》签署后,被申请人于2017年9月19日向第二申请人指定银行账户汇入2000万元投资款作为注册资本的增资,在会计上已将前述款项计入"股本金"和"资本公积金"。被申请人支付前述款项后,在工商变更过程中,由于第二申请人公司股东涉嫌刑事案件,导致第二申请人部分股权于2017年9月26日被公安机关查封,未能按照《投资协议》第3.3条的约定,在被申请人的前述增资款全部支付完毕后30个工作日内,如期完成股权变更和工商变更登记手续,一直到2018年3月29日才完成将被申请人登记为第二申请人股东的工商变更登记手续。

2018年1月5日,中国银行业监督管理委员会以银监发〔2018〕2号文印发《委贷办法》,禁止商业银行接受委托人将"受托管理的他人资金"发放委托贷款。

另查明,被申请人属于私募基金管理企业,持有的资金属于《委贷办法》提及的"受托管理的他人资金"。

## 四、仲裁庭意见

### (一) 关于2000万元委托贷款的约定的性质

对于《投资协议》第2.1条关于"另外2000万元由投资方与第二申请人、银行另行签订委托贷款协议"这一约定的性质,申请人和被申请人存在非常大的分歧。申请人主张,前述规定是关于被申请人投资放款2000万元的直接约定;被申请人则主张,前述规定仅为双方将进一步达成并签署贷款协议的预约条款。

仲裁庭认为,这涉及合同解释的问题。按照《合同法》第125条第1款的规定,当事人对合同条款的理解有争议的,应当按照合同所使用的词句、合同的有关条款、合同的目的、交易习惯以及诚实信用原则,确定该条款的真实意思。综合《投资协议》《补充协议》和双方当事人的陈述,仲裁庭认为,被申请人的理解更接近《投资协议》第2.1条约定的原意。

首先,《投资协议》第2.1条明确约定,"另外2000万元由投资方与第二申请人、银行另行签订委托贷款协议,并根据第二申请人承诺期业绩实现情况部分/全部转为资本公积金或者部分/全部本金加按单利为10%/年计算的利息退回本息,具体方案由本协议各方另行约定"。从前述语句可以清楚看到,增资款以外的2000万元需要通过委托贷款的方式发放,委托贷款协议需要另行签订,除贷款金额2000万元和贷款利率等部分条款是明确的以外,更为详尽的委托贷款协议内容需要由协议各方进一步协商约定。

其次,《补充协议》鉴于条款进一步明确,"另外委托贷款2000万元由投资方与第二申请人、银行另行签订委托贷款协议,并根据第二申请人承诺期2017年、2018年、2019年三年业绩实现情况部分或全部转为资本公积金或者全部本金加按单利为10%/年计算的利息退回本息"。结合《投资协议》第2.1条和《补充协议》的前述陈述,可以清楚看到,合同各方明确排除了被申请人根据《投资协议》和《补充协议》直接向第二申请人发放增资款以外的2000万元贷款的意思,该增资款以外的2000万元应当且只能通过另行签订的委托贷款协议的约定进行发放。

最后,双方当事人在庭审中一致确认,增资款以外的2000万元必须通过作为双方当事人以外第三方的银行进行发放,银行并非案涉《投资协议》和

《补充协议》的当事人，前述两个合同的约定对银行没有约束力，第二申请人、被申请人和银行之间的权利义务关系也需要通过进一步协商订立的合同加以约定。

根据上面的分析，《投资协议》第 2.1 条关于增资款以外的 2000 万元发放的约定，应是就 2000 万元如何以委托贷款的方式进行发放进一步缔结委托贷款协议。第二申请人在该条款项下拥有的应该是进一步缔结委托贷款协议的请求权，而不是直接发放贷款的请求权；被申请人在该条款项下的义务应该是应第二申请人的请求缔结委托贷款协议，而非应第二申请人的请求直接发放贷款。申请人直接依据前述合同约定要求被申请人支付增资款以外的 2000 万元款项，依据不足，其请求无法支持。

(二) 关于《委贷办法》的效力问题

申请人主张，《委贷办法》是一个行业内部管理办法，不是法律，约束的对象是银行，对《投资协议》和《补充协议》的各方没有法律约束力。

仲裁庭认为，银监会 2018 年 1 月 5 日颁布的《委贷办法》属于《立法法》第 80 条规定的部门规章，是具有法律约束力的法律文件。按照《委贷办法》第 2 条的规定，中华人民共和国境内依法设立的商业银行办理委托贷款业务应遵守本办法。该办法第 10 条第 1 款规定："商业银行不得接受委托人下述资金发放委托贷款：(一) 受托管理的他人资金……"前述规定应构成《合同法》第 110 条提及的"法律上或者事实上不能履行"中的法律事由。

(三) 关于责任归属

申请人主张，造成增资款以外 2000 万元委托贷款没有在《委贷办法》颁布之前发放，主要是被申请人不配合；被申请人则主张，前述款项没有在 2018 年 1 月 5 日《委贷办法》颁布前完成发放，主要原因是申请人迟至 2018 年 3 月 29 日才完成 2000 万元增资款所涉股权的登记变更手续。

仲裁庭认为，委托贷款没有在 2018 年 1 月 5 日《委贷办法》颁布前完成发放，没发现存在可归责于被申请人的情由。

第一，合同未对委托贷款的履行期限作出具体规定。《投资协议》和《补充协议》只约定了 2000 万元增资款的到位时间，但对增资款以外 2000 万元委托贷款的委托贷款协议签署时间等并没有作出具体约定，也没有明确约定该等贷款的发放以被申请人取得 2000 万元增资款所涉股权为前提。

第二,对于履行期限约定不明的,债务人可以随时履行,债权人也可以随时要求履行。按照《合同法》第 61 条的规定,合同生效后,当事人就质量、价款或者报酬、履行地点等内容没有约定或者约定不明确的,可以协议补充;不能达成补充协议的,按照合同有关条款或者交易习惯确定。《合同法》第 62 条规定:"当事人就有关合同内容约定不明确,依照本法第六十一条的规定仍不能确定的,适用下列规定:……(四)履行期限不明确的,债务人可以随时履行,债权人也可以随时要求履行,但应当给对方必要的准备时间……"换言之,在履行期限约定不明的情况下,随时履行是债务人的一种权利,而非义务;债权人可以随时要求履行,债权人发出履行要求是债务人开始履行义务的必要前提。

第三,关于增资款以外 2000 万元,《投资协议》第 2.1 条赋予第二申请人和被申请人的是签订委托贷款协议的订立合同请求权,作为前述请求权的权利人,第二申请人或者被申请人都可以通过主张签约来行使权利。

第四,申请人在庭审中明确,从签订《投资协议》和《补充协议》的 2017 年 8 月 22 日到 2018 年 1 月 5 日之间,双方当事人没有就委托贷款协议进行过磋商。

第五,附案证据显示,直到 2018 年 4 月 16 日,申请人才向被申请人提出,启动增资款以外 2000 万元投资款的流程。尽管申请人主张,此前多次通过电话或口头进行过催告,但没有提供相应的证明材料。与此同时,按照《投资协议》第 2.1 条的约定,"具体方案由本协议各方另行约定"。从而可以合理推定,直至 2018 年 4 月 16 日,申请人才提出商定委托贷款具体方案的主张。此时,《委贷办法》已开始施行。

综合以上分析,仲裁庭认为,申请人请求被申请人按照《投资协议》和《补充协议》的约定,直接向其支付前述协议原约定拟以委托贷款形式发放的 2000 万元投资款的仲裁请求缺乏法律和合同依据,不予支持,应予驳回。

## 五、裁决结果

1. 申请人向被申请人支付为提起本案仲裁而支出的律师费。
2. 本案本请求仲裁费、反请求仲裁费由申请人承担。
3. 驳回申请人的全部仲裁本请求。

## 六、评析

本案属于与对赌协议有关的案例,涉及的主要诉求是第二申请人向投资方主张第二期投资款,而且本案的争议焦点主要包括《投资协议》第2.1条关于"委托贷款"的约定是本约还是预约条款、该条提到的银行是否包括域外银行、被申请人是否存在自有资金、《委贷办法》的颁布是否构成合同不能履行的法定事由、《投资协议》第2.1条关于"委托贷款"的约定没有履行的责任归属等多个方面的法律问题;但其中最核心、最关键的问题还是《投资协议》中有关"委托贷款"的约定是本约还是预约条款,银监会发布的《委贷办法》具有什么样的法律效力,以及投资方支付第二期投资款的条件是否已经成就、支付条件没有成就的责任在谁的问题。

### (一)《投资协议》中有关"委托贷款"的约定是本约还是预约条款

双方当事人就本案所涉"委托贷款"问题,主要约定了如下两个条款:(1)《投资协议》第2.1条约定:各方一致同意,投资方向第二申请人投资4000万元,其中2000万元直接投资第二申请人,306.5412万元计入注册资本,剩余1693.4588万元计入资本公积金;另外2000万元由投资方与第二申请人、银行另行签订委托贷款协议,并根据第二申请人承诺期业绩实现情况部分/全部转为资本公积金或者部分/全部本金加按单利为10%/年计算的利息退回本息,具体方案由本协议各方另行约定。(2)《补充协议》约定:各方一致同意,投资方向第二申请人投资4000万元,其中2000万元直接投资第二申请人,306.5412万元计入注册资本,剩余1693.4588万元计入资本公积金;另外委托贷款2000万元由投资方与第二申请人、银行另行签订委托贷款协议,并根据第二申请人承诺期2017年、2018年、2019年三年业绩实现情况部分或全部转为资本公积金或者全部本金加按单利为10%/年计算的利息退回本息。

这两条约定同时也是双方当事人在本案所涉"对赌协议"中最主要的预约"对赌"内容,即投资方通过"委托贷款"方式投入的2000万元款项,到底属于投资款,还是具有事实上的借款性质,需要视融资方承诺的目标公司2017年、2018年、2019年三年业绩实现情况而定。如果融资方兑现了目标公司2017年、2018年、2019年三年的业绩承诺,投资方通过"委托贷款"方式投入的该 2000 万元款项就属于投资款,就应该部分或全部转为目标公司的资本公积金;如果融资方不能兑现目标公司 2017 年、2018 年、2019 年三年的业绩承诺,投资方通过"委托贷款"方式投入的该 2000 万元款项就不能认定为投资款,而事实上就具有了借款的性质,融资方应该将投资方通过"委托贷款"方式投入的该 2000 万元款项,包括全部本金,并加上按照"单利 10%/年"计算的利息,退回投资方。

只是由于本案的基本事实是,投资方还没有通过《投资协议》和《补充协议》约定的"委托贷款"方式投入 2000 万元款项,所以还没有触及"对赌协议"中的"对赌"问题。之所以投资方没有通过《投资协议》和《补充协议》约定的"委托贷款"方式投入 2000 万元款项,是因为投资方认为,《投资协议》中有关"委托贷款"的约定是"预约条款",在没有签署《投资协议》和《补充协议》所约定的"委托贷款协议"前,投资方没有直接投入 2000 万元款项的义务;融资方则认为相关约定属于"本约",并据此请求仲裁庭裁决投资方在裁决生效后 3 日内向目标公司投入第二期投资款 2000 万元,即要求投资方应继续履行合同,尽快完成协议约定的本次投资 4000 万元当中尚未到位的 2000 万元投资。

从法理上说,"预约合同"是指约定将来订立一定合同的合同。将来应订立的合同称为"本约合同"。[1] "预约合同"以发生将来订立一定合同的债务为目的,属于债权合同,故应适用关于债权合同的一般原则。因预约所发生的债权,与普通债权具有同样的效力,即预约义务人如不能依约订立"本约合同",预约权利人得请求其履行或依强制执行以判决代其意思表示。债务不履行时,并得请求损害赔偿。[2]

而从法律实务来看,我国 2012 年《买卖合同司法解释》第 2 条第一次使用了预约合同的概念,并明确规定,预约合同是一种独立的合同类型,即"当事人签订认购书、订购书、预订书、意向书、备忘录等预约合同,约定在将来一定期限内订立买卖合同,一方不履行订立买卖合同的义务,对方请求其承担预约合同违约责任或者要求解除预约合同并主张损害赔偿的,人民法院应予支持"。《民法典》采纳了《买卖合同司法解释》的规定,并对预约合同的概念进行了更清晰、科学的界定,即在第 495 条规定:"当事人约定在将来一定

---

[1] 参见王泽鉴:《债法原理》,中国政法大学出版社 2001 年版,第 147 页。
[2] 参见史尚宽:《债法总论》,荣泰印书馆股份有限公司 1978 年版,第 12—13 页。

期限内订立合同的认购书、订购书、预订书等,构成预约合同。当事人一方不履行预约合同约定的订立合同义务的,对方可以请求其承担预约合同的违约责任。"与《买卖合同司法解释》的规定有所区别的是,《民法典》更强调预约合同的实质要件,即有于将来一定期限内订立合同的意思表示,同时损害赔偿不再单列,而直接将之归入违约责任。①

关于预约合同的识别及效力,根据《买卖合同司法解释》第 2 条和《民法典》第 495 条的规定,应该具备三个要素:(1)有订立"本约合同"的意思表示;(2)双方当事人具有订立"本约合同"的义务;(3)这种预约行为具有法律约束力,违反预约而不按时订立"本约合同",即构成违约,需要承担违约责任。对于预约合同的效力问题,在《民法典》颁布之前,有"必须磋商说"和"必须缔约说"两种观点。② 必须磋商说认为,"预约合同的标的是一种与相对人将来订立特定合同即本约的行为,其对双方当事人施加的是必须磋商而非必须缔约的义务"③。很显然,《民法典》没有采纳这个观点。《民法典》采用了"必须缔约说",将预约合同界定为一种法定的合同形式,赋予其一般合同的法律效力,从而规定了预约合同对双方当事人的约束力,任何一方当事人违反预约合同的约定,都必须承担违约责任。④ 具体到本案所涉及的《投资协议》和《补充协议》,其中有关"各方一致同意,投资方向第二申请人投资 4000 万元,其中 2000 万元直接投资第二申请人,306.5412 万元计入注册资本,剩余 1693.4588 万元计入资本公积金","另外 2000 万元由投资方与第二申请人、银行另行签订委托贷款协议,并根据第二申请人承诺期业绩实现情况部分/全部转为资本公积金或者部分/全部本金加按单利为 10%/年计算的利息退回本息,具体方案由本协议各方另行约定","另外委托贷款 2000 万元由投资方与第二申请人、银行另行签订委托贷款协议,并根据第二申请人承诺期 2017 年、2018 年、2019 年三年业绩实现情况部分或全部转为资本公积金或者全部本金加按单利为 10%/年计算的利息退回本息"的约定,属于"预约条款"或者"预约合同",而将来投资方与第二申请人、银行根据该"预约合同"的约定,另行签订的"委托贷款协议"才是"本约合同",即《投资协

---

① 参见睢晓鹏:《民法典预约合同的理解》,载《人民法院报》2020 年 8 月 6 日,第 007 版。
② 参见李昱:《预约合同的若干法律问题初探》,载张卫平、齐树洁主编:《司法改革论评》(第 6 辑),厦门大学出版社 2007 年版,第 311 页。
③ 孙阳:《民法典新规之预约合同》,载《法制与社会》2021 年第 2 期。
④ 参见余立力:《信赖利益新论》,武汉大学出版社 2009 年版,第 73 页。

议》和《补充协议》中有关"委托贷款"的"约定"是"预约条款",而不是"本约条款"。也就是说,虽然依据《投资协议》和《补充协议》以及各方将来签订的"委托贷款协议",投资方具有向目标公司合计投资4000万元的义务;但是,融资方直接依据《投资协议》和《补充协议》中的"预约条款",要求投资方继续支付第二期投资款2000万元的仲裁请求,没有合同依据、事实依据和法律依据。

(二)《委贷办法》具有什么样的法律效力

关于银监会于2018年1月5日印发的《委贷办法》的效力问题,应该说,虽然《委贷办法》不属于《民法典》第143条中有关"法律、行政法规"中的"强制性规定",但是,因为根据国务院办公厅2003年4月25日发布的《中国银行业监督管理委员会主要职责内设机构和人员编制规定》(国办发〔2003〕30号),中国银行业监督管理委员会是"国务院直属正部级事业单位","中国银行业监督管理委员会根据授权,统一监督管理银行、金融资产管理公司、信托投资公司及其他存款类金融机构(以下简称银行业金融机构),维护银行业的合法、稳健运行",其主要职责包括"制定有关银行业金融机构监管的规章制度和办法","对银行业金融机构实行现场和非现场监管,依法对违法违规行为进行查处"。而且,根据《立法法》第80条的规定,国务院各部、委员会、中国人民银行、审计署和具有行政管理职能的直属机构,可以根据法律和国务院的行政法规、决定、命令,在本部门的权限范围内,制定规章。部门规章规定的事项应当属于执行法律或者国务院的行政法规、决定、命令的事项。此外,《委贷办法》第1条明确规定,"为规范商业银行委托贷款业务经营,加强委托贷款业务管理,促进委托贷款业务健康发展,根据《银行业监督管理法》《商业银行法》等法律法规,制定本办法"。所以,由此可以认定,《委贷办法》属于《立法法》第71条规定的部门规章,是具有法律约束力的法律文件。

《委贷办法》第2条明确规定:"中华人民共和国境内依法设立的商业银行办理委托贷款业务应遵守本办法。"而且,《委贷办法》第10条第1款进一步明确规定:"商业银行不得接受委托人下述资金发放委托贷款:(一)受托管理的他人资金……"所以,很显然,《委贷办法》第10条第1款中的这一规定,对于在"中华人民共和国境内""依法设立的""商业银行""办理委托贷款业务",具有禁止性和强制性的法律效力。

也就是说,自银监会于 2018 年 1 月 5 日印发《委贷办法》以来,本案所涉《投资协议》和《补充协议》所约定的"委托贷款"行为,已经被《委贷办法》禁止进行,也就是说,本案所涉的"预约条款"或者"预约合同",因为《委贷办法》的实施,而构成《民法典》第 580 条第 1 款中规定的"法律上或者事实上不能履行"的法定情形。

(三)投资方支付第二期投资款的条件是否已经成就及支付条件没有成就的责任在谁

由仲裁庭所查明的本案事实可知,《投资协议》和《补充协议》所约定的投资方与目标公司及银行,并没有按照《投资协议》和《补充协议》所约定的"预约条款"或者"预约合同",另行签订"委托贷款协议",目标公司向投资方所主张的第二期投资款没有达到付款条件,投资方向目标公司另外支付 2000 万元委托贷款的条件没有成就。即在现有条件下,投资方没有向目标公司另外支付 2000 万元委托贷款的合同义务和法定义务。

至于致使"投资方向目标公司另外支付 2000 万元委托贷款的条件没有成就"的责任归属问题,更重要的是能否归责于投资方的问题,就本案而言,主要涉及两个方面:即银监会于 2018 年 1 月 5 日印发《委贷办法》之前付款条件未成就是否可以归责于投资方;银监会于 2018 年 1 月 5 日印发《委贷办法》之后付款条件无法再成就是否可以归责于投资方。

第一,对于银监会于 2018 年 1 月 5 日印发《委贷办法》之前付款条件未成就是否可以归责于投资方的问题,从仲裁庭已经查明的事实来看,《投资协议》和《补充协议》只约定了 2000 万元增资款的到位时间,对于投资方与目标公司、银行另行签订委托贷款协议及另外委托贷款 2000 万元的时间和期限都没有作出具体约定,即"预约合同"没有对"另行签订本约合同"和"委托贷款的履行期限"作出具体约定。而且,仲裁庭还查明,现有证据证明,作为"预约合同"债权人的融资方,自双方当事人于 2017 年 8 月 22 日签订包含有"预约条款"或者"预约合同"内容的《投资协议》和《补充协议》以来,一直到 2018 年 4 月 16 日,才向作为"预约合同"债务人的投资方提出启动委托贷款 2000 万元的相关流程;尽管融资方主张,此前多次通过电话或口头进行过催告,但并没有提供相应的证明材料。此外,《合同法》第 61 条规定:"合同生效后,当事人就质量、价款或者报酬、履行地点等内容没有约定或者约定不明确的,可以协议补充;不能达成补充协议的,按照合同有关条款或者交易习惯确定。"第62条规定:"当事人就有关合同内容约定不明确,依照本法第六十一条的规定仍不能确定的,适用下列规定:……(四)履行期限不明确的,债务人可以随时履行,债权人也可以随时要求履行,但应当给对方必要的准备时间……"①所以,根据本案事实和上述法律规定,在"预约合同"对履行期限约定不明的情况下,作为"预约合同"债务人的投资方,有权利而不是义务随时履行,即投资方有权利而不是义务随时与融资方签订"委托贷款协议",并按照"委托贷款协议"的约定向融资方支付2000万元委托贷款;作为"预约合同"债权人的融资方,虽然可以随时要求作为债务人的投资方履行"预约合同",即融资方随时有权利要求投资方与其签订"委托贷款协议",并按照"委托贷款协议"的约定向融资方支付2000万元委托贷款,但融资方必须向作为债务人的投资方发出"履行要求",而且,"应当给投资方必要的准备时间"。由此可以认定,在作为"预约合同"债权人的融资方于2018年4月16日向作为"预约合同"债务人的投资方发出"履行要求"之前,投资方没有义务与融资方签订"委托贷款协议",没有义务向融资方支付2000万元委托贷款,即银监会于2018年1月5日印发《委贷办法》之前付款条件未成就,不能归责于投资方。

第二,对于银监会于2018年1月5日印发《委贷办法》之后付款条件无法再成就是否可以归责于投资方的问题,鉴于有关《委贷办法》第10条第1款中"商业银行不得接受委托人下述资金发放委托贷款:(一)受托管理的他人资金"的这一规定,对于在"中华人民共和国境内""依法设立的""商业银行""办理委托贷款业务",具有禁止性和强制性法律效力的认定,很显然,本案所涉情况属于《合同法》第110条和《民法典》580条第1款规定的"法律上或者事实上不能履行"的情形。而且,因为是国家法规发生变化导致案涉"预约合同"不能实际履行,同时也应该属于《合同法》第117条和《民法典》第590条所规定的因不可抗力可以免责的情形。所以,对于银监会于2018年1月5日印发《委贷办法》之后付款条件无法再成就,同样不能归责于投资方。

综上所述,本案所涉《投资协议》和《补充协议》中有关各方当事人另行签订"委托贷款协议"以及支付相关"委托贷款"的约定,属于"预约条款"或者"预约合同";本案所涉《委贷办法》属于《立法法》第80条规定的部门规

---

① 《民法典》第510条和第511条作了完全相同的规定。

章,是具有法律约束力的法律文件,其中有关"商业银行不得接受委托人下述资金发放委托贷款:(一)受托管理的他人资金"的规定,对于在"中华人民共和国境内依法设立的商业银行办理委托贷款业务",具有禁止性和强制性的法律效力;对于2018年4月16日之前投资方没有履行"预约合同",没有向融资方支付2000万元委托贷款,以及2018年1月5日之后投资方无法履行"预约合同",无法向融资方支付2000万元委托贷款,都不存在可以归责于投资方的情形,所以,仲裁庭裁决驳回融资方有关目标公司向投资方主张第二期投资款的仲裁请求,具有合同依据、事实依据和法律依据。

(本案例由深圳国际仲裁院仲裁员谢石松和
深圳国际仲裁院姜婧姝编撰)

# 案例 27  投资人未支付剩余投资款的正当性抗辩

**仲裁要点**：在签订对赌协议后，投资人有义务支付投资款。但协议中约定将融资方披露目标公司资产、负债等信息作为支付投资款的前提条件的，未满足相关条件时，投资方按照约定不支付相应的投资款不构成违约。

## 一、案情概要

2016年1月26日，申请人A公司与自然人甲、自然人乙、自然人丙、合伙企业丁（本案第一至第四被申请人）及第五被申请人目标公司B公司（以下与第一至第四被申请人合称"被申请人"）签订《增资扩股协议》（以下简称《协议》）。甲、乙、丙为B公司的股东及核心管理层人员，丁合伙企业为B公司的员工持股平台。

《协议》约定申请人分两期向目标公司支付共计400万元的投资款，目标公司为其办理相应的股权变更登记。《协议》还对投资的前提条件、回购的适用情形、上市承诺以及竞业禁止、违约责任等条款进行了约定。

《协议》签订后，申请人于2016年1月29日向目标公司支付首批投资款200万元后，未支付剩余200万元投资款。现目标公司无法完成《协议》中约定的"上市"承诺，双方就《协议》的履行发生争议。经协商未果后，申请人依据合同中的仲裁条款于2018年10月17日向深圳国际仲裁院申请仲裁，提出如下仲裁请求：

1. 请求裁决第一、第二、第三、第四被申请人以200万元连带回购申请人持有的第五被申请人13.33%的股权，并支付利息暂计539726.03元（利息按年利率10%计算，自2016年1月29日暂计至2018年10月10日，实际数额计至被申请人实际履行之日止）。

2. 请求裁决第五被申请人支付违约金20万元。

3. 请求裁决第一、第二、第三、第四被申请人对股权回购款及利息承担连带责任。

4. 请求裁决被申请人承担本案全部仲裁费、保全费、律师费、仲裁员差旅费及其他相关费用。

第一、第二和第五被申请人提出如下反请求：

1. 裁决申请人向第一、第二、第五被申请人承担违约责任，支付违约金40万元。

2. 裁决申请人向第二被申请人赔偿各种经济损失253424元。

## 二、当事人主张

第三、第四被申请人经合法通知无正当理由未到庭，亦未提交任何书面答辩意见或证据。以下为申请人与第一、第二、第五被申请人的主要争辩点。

（一）关于违约行为

**申请人认为：**

1. 被申请人并未按照协议约定向申请人披露与协议有关的全部信息以及原股东通过支取工资、提取备用金等形式转移、挪用、滥用公司资金的行为严重违反协议约定，应当承担违约责任。

2. 在未支付全部出资时将相应的股权全部变更至申请人名下的行为，并非申请人的违约行为，实则是在被申请人的配合之下，且系由第五被申请人安排办理完成，与申请人无关。

**第一、第二、第五被申请人认为：**

1. 申请人没有全面履行合同约定的全部出资义务，构成违约，应当承担违约责任。申请人只是在2016年1月29日出资200万元，便将第五被申请人相应的股权变更登记在其名下，违反《协议》第2条第2款和第3条第1款的约定。

2. 申请人在成为第五被申请人股东后不履行股东义务，导致第五被申请人因无人经营和无心经营而歇业。

3. 申请人的行为最终造成了第五被申请人资金紧张、无法持续经营，并最终导致第五被申请人和各股东严重经济损失的局面。申请人未按照约定缴纳剩余200万元以及《协议》中限制第五被申请人对外融资的约定(《协议》第10条第1款)等,这些因素共同导致第五被申请人后续经营缺少资金、最终歇业的后果。

(二)关于被申请人是否应当回购股权

**申请人认为：**

根据《协议》的约定,若目标公司无法在2018年12月1日之前完成上市,则申请人有权要求原股东回购申请人所持有目标公司的股权。现目标公司根本不可能在约定时间之前完成挂牌上市。因此,第一、第二、第三、第四被申请人应当回购申请人持有的第五被申请人的股权,并对此承担连带责任。

**第一、第二、第五被申请人认为：**

1. 申请人不满足《协议》约定的请求行使回购股权的条件。合同中约定回购股权的前提条件是申请人缴付全部出资额,在申请人未全部履行合同义务的情况下,申请人丧失了请求回购股权的权利和资格。

2. 《协议》中的"回购股权"条款是一种保底性的非正义性条款,无论第五被申请人经营业绩如何,申请人到一定期限均可以收回投资本金和10%的利息收入,而不承担公司经营的亏损和风险。这与《公司法》中"股东共担风险和收益"的基本原则不符,属于"名为联营、实为借贷"的合同,因此应当被认定为无效。

## 三、仲裁庭认定的事实

1. 2016年1月26日,申请人(作为甲方)与第一至第四被申请人(共同作为乙方,分别为乙方1、乙方2、乙方3、乙方4)、第五被申请人(作为目标公司)签署了案涉《协议》,其中与本案有关的主要内容如下：

(1)目标公司登记注册资本为100万元,具备良好的发展前景,预期未来将在新三板挂牌或登陆其他资本市场。乙方1、乙方2、乙方3是目标公司的股东及核心管理层人员,乙方4为目标公司的员工持股平台。乙方一致同意并批准目标公司注册资本由100万元增资到115.38万元。

(2)甲方出资400万元投资目标公司,其中15.385万元作为新增注册资本,其余384.615万元作为公司的资本公积金,甲方将持有目标公司13.33%

的股权。

（3）甲方应在本协议签署后，且本协议第4条所述条件全部满足之日起7日内，向目标公司交付首批增资款项200万元；于2016年6月30日前向目标公司缴付剩余投资款200万元。

（4）目标公司在收到增资款后5个工作日内，向有关工商登记机关递交本次增资需要的全部变更登记申请文件，并促使有关工商登记机关在交割日期30日内完成本次增资扩股的变更登记手续。

（5）第4条"投资的前提条件"约定：

"各方确认，投资方在本协议项下的投资义务以下列条件全部满足为前提。"相关条件包括"目标公司及原股东已经以书面形式向投资方充分、真实、完整披露目标公司的资产、负债、权益、对外担保以及与本协议有关的全部信息"和"过渡期内，目标公司的经营或财务状况等方面没有发生重大的不利变化（由投资方根据独立判断作出决定），未进行任何形式的利润分配"等内容。

（6）第6条"股权回购及转让"约定：

①原股东一致同意自甲方向目标公司缴付出资价款后，在2018年12月1日至2018年12月31日期间，甲方有权要求目标公司原股东收购甲方所持有的全部公司股权。

②此外，当出现以下情况时，甲方任何时间均有权要求目标公司之原股东收购甲方所持有的全部公司股权，且原股东乙方1、乙方2、乙方3共同承担收购甲方所持有的全部目标公司股权的连带责任：不论任何主观或客观原因，参与目标公司经营的原股东乙方存在重大过错、经营失误等原因造成公司重大亏损或无法持续经营的；公司无法在2018年12月1日之前完成在全国性股权交易市场挂牌上市。全国性股权交易市场仅限于：深圳证券交易所、上海证券交易所、全国中小企业股份转让系统；原股东乙方或目标公司实质性违反本协议及附件的相关条款；目标公司、乙方将收到的甲方投资款用于偿还金额超过5万元且本协议未披露的债务，或滥用公司资金的。

③本协议项下的股权收购价格应按以下确定：收购价格按照本协议第3条约定的投资方的全部出资额与自实际缴纳出资日起至原股东实际支付收购价款之日且按年利率10%计算的利息（单利）两部分之和计算。但投资期间若目标公司的股东资本回报率高于10%/年，则按照投资方全部出资额和投资期间股东资本回报对应收益两部分之和计算。

④本协议项下的股权收购均应以现金形式进行,全部股权收购款应在投资方发出书面回购要求之日起30日内全额支付给投资方。投资方之前从目标公司所收到的所有股息和红利可作为回购价格的一部分予以扣除。原股东应作为收购方,应以其自有资金、从目标公司取得的分红或从其他合法渠道筹措的资金收购投资方持有的公司股权。

⑤当出现上述情形时,投资方有权转让其所持有的全部或者部分公司股权,原股东承担按本协议第3条约定的股权收购价格受让该等股权的义务。

(7)第18条"违约及其责任"约定:

本协议生效后,各方应按照本协议及全部附件、附表的规定全面、适当、及时地履行其义务及约定,若本协议的任何一方违反本协议包括全部附件、附表约定的条款,均构成违约。除本协议另有约定之外,本协议的违约金为投资方投资额的10%。一旦发生违约行为,违约方应当向守约方支付违约金,并赔偿因其违约而给守约方造成的损失。支付违约金不影响守约方要求违约方赔偿损失、继续履行协议或解除协议的权利。

2. 2016年1月29日,申请人向第五被申请人缴纳增资款200万元。

3. 2016年4月11日,第五被申请人变更工商登记信息,第五被申请人的注册资本金变更为115.3850万元,申请人登记为第五被申请人的股东,持股比例为13.33%。

4. 2016年6月,申请人的法定代表人通过微信方式向第五被申请人董事长提出要求签署《回购协议》。

5. 2017年1月8日,第五被申请人向公司全体发出通知,指出:"在过去两年经营过程中,公司的财务部的财务账册、原始凭证都不在公司归档存放,导致财务部已不具备财务功能;公司行政部行政文档都不在公司固定的地方归档存放,致使行政部门不具备行政功能。两大问题造成公司运营几乎陷入停顿……"

6. 2017年1月至7月期间,第一、第二、第三被申请人及第五被申请人的董事长等人多次召开会议,针对董事长及第三被申请人在此之前存在挪用、滥用第五被申请人公司资金的情形进行处理。

7. 2017年1月9日,第一被申请人、第二被申请人与案外人共同委托某律师事务所向第五被申请人的董事长和第三被申请人发出《律师函》,指出:第五被申请人管理极其混乱,股东无法正常查阅公司管理文件及财务账册和资金使用情况,严重侵害股东知情权,要求董事长和第三被申请人限期移交相关资料。

8. 2018年4月20日,申请人向第一被申请人和第五被申请人邮寄《关于要求实现股东知情权的公函》,要求第一被申请人和第五被申请人提供第五被申请人2016年度、2017年度的审计报告(或财务报表)及2016年度至2018年4月20日的经营情况说明。

9. 2018年5月2日,第五被申请人向申请人作出《关于股东知情权的回复函》,内容包括:

第五被申请人自2011年公司成立至2017年1月期间均由公司董事长负责公司全部经营管理,第三被申请人负责公司财务出纳等工作,第一被申请人在此期间均未参与公司管理。

2016年度、2017年度的审计报告或(财务报表)和2017年1月以前的经营情况说明,自2016年以来的所有股东会、董事会以及监事会决议等资料,第五被申请人的其他股东包括第一被申请人也不掌握。

申请人未按照《协议》的约定按时缴纳剩余200万元的投资款,违背诚实信用的基本原则,导致第五被申请人经营资金紧张,很多项目无法开展,第五被申请人保留追究的权利。

经查实,2014年至2016年期间,第三被申请人及第五被申请人的董事长存在涉嫌侵占或挪用公司资金1131128.12元,以及356428.84元去向不明等情况。

## 四、仲裁庭意见

### (一)关于申请人未支付剩余投资款200万元是否构成违约

首先,《协议》第4条明确约定了申请人支付增资款的前提条件,其中包括被申请人应当采取书面形式向申请人充分、真实、完整披露目标公司资产、负债、权益等信息,但被申请人并未提供证据证明其已经提供。

其次,根据庭审调查,第五被申请人也确认目标公司在2015年、2016年期间"管理极其混乱,股东无法正常查阅公司管理文件及财务账册和资金使用情况",甚至第五被申请人的董事长及第三被申请人还存在挪用、滥用第五被申请人公司资金的情形。前述情形均表明被申请人确实未能按照《协议》约定满足申请人要求的投资前提条件。

在此情形下,申请人作为财务投资人,基于对自身投资利益及投资安全的考虑,拒绝继续支付剩余增资款,符合《合同法》第67条之规定,其行为并不构成违约,不应当承担违约责任。

(二)关于《协议》约定的回购条款的效力

《协议》第6条是被申请人就申请人投资的目标公司的经营状况和上市等进行的承诺,被申请人保证若自身及目标公司出现重大过错、经营失误、经营亏损、实质性违约或未能在约定的时间内完成在全国性股权交易市场挂牌上市,同意按照合同约定回购申请人持有的全部股权。这些内容实质上属于目标公司的原始股东为投融资而签订的对赌协议,即投资方与融资方在达成融资协议时,对于未来不确定的情况进行的一种约定。如果约定的条件出现,投资方可以行使一种权利;如果约定的条件不出现,则融资方行使一种权利。同时,被申请人承诺的条件并未损害其他股东的权益,亦不属于保底条款,而是一种激励措施,目的是激励创业者合法经营,最终实现共赢,不存在被申请人所说的违背《公司法》股东共担风险和共享收益的原则问题。

申请人在回购条件已经触发的情况下,按照约定行使权利要求被申请人回购其股权,不属于抽逃出资,不会造成目标公司资产减少的后果,不属于《公司法》第20条规定的滥用股东权利损害公司或者其他股东的利益的行为,不影响和损害当事人以外的第三人的利益(如公司债权人利益)和社会公共利益,不违反国家法律和行政法规的效力性强制性规定,不存在《合同法》第52条规定的合同无效的情形。第一、第二、第三被申请人自愿共同承担收购股权的连带责任,意思表示真实。

据此,仲裁庭认定,《协议》第6条约定的回购条款合法有效,对于第一、第二、第三、第四被申请人具有法律约束力,可作为本案裁决的合同依据。

(三)关于申请人是否有权要求被申请人履行回购义务

根据庭审查明的事实,目标公司客观上已经无法在2018年12月31日之前完成在全国性股权交易市场挂牌上市,同时,第五被申请人的财务、行政管理混乱,原始股东之间存在矛盾,第五被申请人的董事长及第三被申请人存在挪用、滥用第五被申请人公司资金的情形,第五被申请人已经无法正常持续经营。这些情形完全符合《协议》第6条第2点约定的申请人任何时间均有权要求目标公司原股东回购股权的约定情形,因此,仲裁庭认为,申请人有权要求被申请人履行股权回购义务。

## 五、裁决结果

1. 第一、第二、第三、第四被申请人以200万元连带回购申请人持有的第五被申请人13.33%的股权,并支付利息(以回购价款200万元为基数,自2016年1月29日起按照10%年利率计算至全部回购价款实际支付之日)。
2. 第一、第二、第三、第四、第五被申请人支付违约金20万元。
3. 第一、第二、第三、第四被申请人对前述第1项仲裁裁决承担连带责任。
4. 第一、第二、第三、第四、第五被申请人向申请人支付律师费。
5. 本案本请求仲裁费由第一、第二、第三、第四、第五被申请人承担;本案反请求仲裁费由第一、第二、第五被申请人自行承担。
6. 驳回申请人的其他仲裁请求。
7. 驳回第一、第二、第五被申请人的全部仲裁反请求。

## 六、评析

本案涉及许多值得讨论的问题,但限于篇幅和主题,只针对其中申请人未支付后续投资款的行为及相关争议问题进行评析。

对赌协议的本质及其法律适用经历了从"有名"到"无名"的变化[①],其中涉及许多问题的法律适用很难僵化地套用某种具体的法律规范,或者类比某种既有的法律概念。《九民纪要》中认为"人民法院在审理'对赌协议'纠纷案件时,不仅应当适用合同法的相关规定,还应当适用公司法的相关规定"。

---

① 早年有学者将对赌协议视为"射幸合同""附条件生效合同""隐名担保机制",等等,但之后的研究成果多将其视为"非典型合同"或者说是一种"金融创新机制"。"射幸合同"的观点,参见谢海霞:《对赌协议的法律性质探析》,载《法学杂志》2010年第1期;"附条件生效合同"的观点,参见陈外华:《对赌协议及其法律问题探析》,载《中国风险投资》2009年第3期;"隐名担保机制"的观点,参见李岩:《对赌协议法律属性之探讨》,载《金融法苑》2009年第1期;新的观点,参见潘林:《金融创新与司法裁判:以我国"对赌协议"的案例、学说、实践为样本》,载《南京师大学报(社会科学版)》2013年第3期。

故下文亦从这两个角度展开,关于违约的认定以及责任承担主要依照《合同法》的有关规则,与此同时,兼顾涉及《公司法》的有关内容。

(一)申请人的行为是否"违约"

1. 申请人的行为是否违反合同义务

违约,即违反合同义务,我国法律中的表述为"当事人一方不履行合同义务或者履行合同义务不符合约定"(《民法典》第 577 条)。这里的"合同义务"应当作扩大理解,不仅仅包括合同中约定的给付义务,还包括根据诚信原则、合同的性质、目的和交易习惯发生的通知、协助、保密等附随义务(《民法典》第 509 条第 2 款)。而是否构成违约行为则仅仅从客观方面进行考察,看当事人的行为是否构成对合同义务的违反,不过问主观过错问题。① 为此首先需要判断其行为是否违反合同义务。私法贯彻法无禁止即自由的理念,关于合同当事人是否违反合同义务需要回归合同文本,对合同文本进行解释,探寻当事人于合同中约定的权利义务从而进行判断。

增资协议中,申请人作为投资方其主要的给付义务为缴纳投资款。而本案中申请人在缴纳首笔 200 万元款项后,未缴纳剩余 200 万元投资款,似乎未按照合同约定履行合同义务。然而,申请人是否违约还需进一步考察其债务是否到期以及是否存在履行抗辩权的问题。

2. 申请人的债务是否到期

凡债务必有履行期,本案中,申请人与被申请人约定了分期付款的方式,其中一笔"剩余投资款"需要在 2016 年 6 月 30 日前缴付,而另外一笔"首批增资款"则需要全部满足《协议》第 4 条约定的前提条件后 7 日内缴付。全面认缴制下,法律并不禁止当事人就出资作出分期缴付的约定。按照约定,本案中申请人应当缴付争议的 200 万元投资款尚未届期,因此其不支付行为不构成违约。

3. 申请人是否享有履行抗辩权

对赌协议作为一种双务合同,涉及履行顺序问题。关于履行顺序的确定,首先要观察的当然是当事人之间是否有约定,如有约定,则依照约定;如没有约定,则可以依照法律规定或者交易习惯确定;如果仍不能确定,则以同

---

① 参见韩世远:《合同法总论》(第四版),法律出版社 2018 年版,第 477 页。

时履行为原则。① 本案的关键之处在于,双方当事人在《协议》中明确就"投资的前提条件"进行了约定,其中包括目标公司及原股东的书面披露义务。这一约定也成为仲裁庭最终裁决申请人不构成违约的重要依据。所谓"前提条件"实际上暗藏了履行顺序这一含义。该约定将目标公司及原股东的披露义务置于部分缴资义务之前或者说前者作为后者的条件,并为当事人交付200万元的义务确定了履行顺序。在未出现影响合同效力的法定事由时,尊重当事人意思自治的理念应当得到贯彻。因此,认可当事人在交易中作出的安排,在被申请人未满足相关条件时,允许申请人拒绝履行相关的投资义务,成为仲裁庭裁决思路的核心。也正因如此,申请人没有违反合同义务。

本案裁决引用了《合同法》第67条的规定(先履行抗辩权)用以说明申请人并不构成违约。对此,笔者赞同仲裁庭的逻辑,认为存在先履行抗辩权且可以适用。履行抗辩权本质上要求两债务之间具备履行上的牵连性。一般而言,增资协议中与投资人的出资构成对价的一般是股权或者股份,二者之间存在牵连性。但案涉《协议》在申请人支付方式中明确将《协议》第4条所述"条件全部满足"作为支付200万元投资款的前置条件,一方面约定了先后顺序,另一方面也通过约定使两债务之间存在履行上的牵连性——在融资方提供充足的信息之后,投资方再行支付相应的投资款。因此,申请人确实享有履行抗辩权,而抗辩权的存在阻却履行迟延。② 故申请人未支付200万元剩余投资款的行为不构成违约。

值得一提的是,实践中,在对赌协议中对目标公司及原股东的披露义务进行约定已经成为较为常见的现象,甚至成为对赌协议中的一种"格式条款"。但是,与本案不同的是,实践中的此类约定多作为保证条款存在,合同双方均未将披露义务与投资人的出资义务相关联,二者之间也未有履行顺序先后之关系。通常,违反披露义务的法律后果也仅仅为损害赔偿责任。例如在某对赌协议纠纷案③中,《增资协议》仅约定"10.1 实际控制人确认并承诺,在投资方登记为公司股东前,公司对外并未签署任何未披露的担保性文

---

① 参见韩世远:《合同法总论》(第四版),法律出版社2018年版,第358页。
② 参见韩世远:《合同法总论》(第四版),法律出版社2018年版,第399页。
③ 参见"鼎典投资管理(北京)有限公司等与北京华拓数码科技有限公司等合同纠纷案",北京市第一中级人民法院(2019)京01民初55号民事判决书。合同的相关内容摘自法院查明的事实部分。

件,不存在任何未披露的债务和责任。10.2 实际控制人同意,对未向投资方披露的公司的债务和责任,由原股东承担",法院最终判决投资人逾期支付增资款的行为违反合同约定,要承担相应的违约责任。而在另外一则相似的案例中,投资方提出了先履行抗辩权的观点,认为"各股东披露义务与增资款支付具有先后顺序,披露义务在先,其享有顺序履行抗辩权"①。但该案法院通过对合同内容的解释,认定当事人并未约定履行的先后顺序,从而判决投资人不享有相应的抗辩权。

履行顺序的判断,本身是合同解释问题,因此尊重合同中当事人的意思自治也是法院及仲裁庭的主要裁判思路。②

4.《协议》中关于前提条件的约定是否符合公司资本制度

法无禁止是上述结论的前提,前文认为申请人不构成违约的很大理由在于合同中对其支付增资款的前提条件进行了约定。此处针对该前置性问题进行讨论,即本案《协议》为缴资义务设置的前提条件是否违反《公司法》的有关规定。《公司法》第 28 条第 1 款规定:"股东应当按期足额缴纳公司章程中规定的各自所认缴的出资额……"《公司法解释(三)》第 13 条第 1 款规定:"股东未履行或者未全面履行出资义务,公司或者其他股东请求其向公司依法全面履行出资义务的,人民法院应予支持。"可见,股东的出资义务是法定义务,该约定是否存在实质上否定股东出资义务的可能? 笔者认为,应当区分出资义务与缴资义务,前者是法定义务,后者对缴资方式的约定属于约定义务,在不涉及第三人的情况下,即便股东没有出资意愿而设定各种不合理的条件,也应当尊重公司与股东之间的意思自治,不应否定该约定的效力。③

此外,公司资本制度的初衷在于维持公司的偿债能力,保护债权人利益,但由于本案中完成登记的增资资本仅仅为 15.385 万元,因此当事人未缴纳剩余 200 万元投资款也不涉及第三人利益的保护,没有理由否定当事人对

---

① 参见"陈军与张庆平、王一勇确认合同效力纠纷案",四川省成都市武侯区人民法院(2018)川 0107 民初 6749 号民事判决书。

② 目前的裁判思路表明,如无特殊约定,披露义务似乎难以与出资义务之间存在牵连性。毕竟,在没有双方约定的情形下,出资所对应的应当是公司办理股东变更登记等义务,而该公司是否值得投资本身就属于投资人应当负担的调查成本。

③ 此处的逻辑实则可以参考 2013 年公司资本制度改革实行完全的认缴制后所带来的"不合理出资期限的效力问题"。在公司与股东之间,面对该问题,尊重意思自治仍然是最大的考量。参见袁碧华:《"认"与"缴"二分视角下公司催缴出资制度研究》,载《中国法学》2019 年第 2 期。

该缴资方式进行约定。① 当然,如果涉及第三人利益保护时(例如公司无法偿还债权人债权时),未实缴股东能否以此约定抗辩公司债权人的求偿或是其他股东的催缴则需要另行分析。②

### (二)申请人的行为是否影响其回购权

被申请人在其主张中反复强调是由于申请人的行为最终导致公司经营不善,不能完成《协议》约定的目标。但实际上,二者之间并无因果关系。一方面,根据《公司法》第168条第1款的规定,资本公积金不得用于弥补公司的亏损,而本案申请人的投资除缴纳增资部分,剩余均计入资本公积金,故申请人增资不到位与目标公司的亏损并无关联;另一方面,如果说因为缺少申请人的投资而无法扩大经营或者丧失了许多交易机会,则被申请人应当加以证明,否则无法直接认为目标公司无法营收并按约定上市与申请人未投资到位有因果关系。再者,能否回购的关键在于对当事人在对赌协议中作出的业绩承诺的性质的认定。实践中,法院通常将业绩承诺作为一种条件进行审查,而非合同义务③,投资人能否行使回购权也主要出于对其是否满足合同中约定的条件进行审查。本案中,根据仲裁庭认定的事实,被申请人已经无法完成其承诺的目标,从而触发回购条件,被申请人应当承担回购义务。因此,被申请人的主张既无法律依据,也无事实依据。

---

① 自全面认缴制实施以来,出于对债权人保护以及公司正常运营的考虑,防止股东通过约定缴资期限的方式认而不缴,许多学者主张以加速到期的方式否定当事人就缴资方式作出的约定。但这主要出于出资作为法定义务的性质以及出资信息的公示所带来的信赖的考虑,参见钱玉林:《股东出资加速到期的理论证成》,载《法学研究》2020年第6期。本案中,完成登记的注册资本仅为15.385万元,当事人已经完成缴纳,故不应当否定其就剩余部分缴资作出的"前提条件"的约定。

② 一般认为,期限利益可能基于一定的事由丧失,例如,《企业破产法》第46条第1款规定:"未到期的债权,在破产申请受理时视为到期。"但这些事由均涉及其他债权人利益的保护,本文中并未涉及公司的债权人,因此不作进一步分析。

③ 通常法院在判决书中的表述为,"对赌条款是双方对未来不确定事实作出的对赌约定,相当于是一个附生效条件的条款",参见《康芝药业股份有限公司等与北京顺鑫控股集团有限公司合同纠纷案》,北京市第三中级人民法院(2021)京03民终4310号民事判决书。其他类似的判决参见北京市高级人民法院(2020)京民终549号民事判决书;四川省成都市中级人民法院(2020)川01民终17793号民事判决书。

## (三) 投资人的行为与对赌协议

根据本案所认定的事实,仲裁庭关于相关问题的分析逻辑严谨,有理有据,值得学习。但值得进一步深思的是申请人的行为究竟会在多大程度上影响对赌协议纠纷的裁判。

对赌协议不但可以通过契约的形式实现对封闭公司股权交易价格的"价格发现",还可以从公司治理的角度实现投资方与融资方之间的"合作激励"以共促公司发展。① 对此,不仅裁判者应当在审判时关注该两项功能,投资主体也应当以此为目的出发,不可偏废。②

在公司融资过程中,无论是投资方还是融资方均需对公司的股权价值进行评估。然而,我国没有规定优先股、类别股制度,因此投融资双方面临着估值途径有限的难题。为此,面对长期合同,双方当事人不得不设计复杂的交易模式以避免因时间过长而导致交易基础的丧失。就对赌协议的价格发现功能而言,回购是弥补基于承诺业绩得出的股权预估价格与基于实际业绩得出的股权实际价格之差额的手段之一。正如本案所示,最终裁决申请人通过回购的方式收回已经投入的 200 万元投资款是比较公平的。

至于"合作激励",笔者认为主要体现在投资人参与生产经营管理的情形。此类争议在实践中并不少见,例如通过更换公司高层、约定对重大决议一票否决权等行为干预目标公司的生产经营,但如果协议中无特别约定,鲜有法院判决投资人应当承担相应的违约责任或者认为该行为会影响对赌条

---

① 参见盛学军、吴飞飞:《"中国式对赌":异化与归正——基于契约法与组织法的双重考察》,载蔡建春、卢文道主编:《证券法苑》(第二十九卷),法律出版社 2020 年版,第 216—222 页。

② 当前理论与学界就对赌协议多从"股权回购"的条件、定价是否公平着手,鲜涉及投资人行为的角度。对此有学者主张在当前的股权融资关系中,投资方与融资方的话语权不对等现象具有普遍性,应当关注此处的利益衡量的立场以审查回购条款的公平性,矫正失衡的对赌关系,参见盛学军、吴飞飞:《"中国式对赌":异化与归正——基于契约法与组织法的双重考察》,载蔡建春、卢文道主编:《证券法苑》(第二十九卷),法律出版社 2020 年版,第 239—240 页。

件的成就。① 因此,如何真正实现对赌协议"合作激励"的功能有待学界与实务界进一步给出答案。但就目前的交易模式而言,双方应当在事前协议中关注这方面的问题。

最后,本案也给实务中对赌协议双方如何作出交易安排以一定的启示意义:投资人在注资前应当尽可能地对目标公司进行完整的尽职调查,在投资时通过合同约定分期融资的方式,通过对缴资条件的安排和设计,减少信息不对称所带来的投资风险;相对的,融资方及目标公司一方面应在交易前做好相关准备,使自己成为一个"干净"、值得投资人信赖、真正有发展潜力的公司,另一方面也需要在协议中设置合理的经营模式。投融资双方携手共进,共同创造良好的投资、营商环境,实现双赢的结局。

(本案例由北京大学法学院硕士研究生潘世豪编撰)

---

① 参见最高人民法院(2014)民二终字第 111 号民事判决书;北京市第一中级人民法院(2019)京 01 民终 1905 号民事判决书;广东省广州市天河区人民法院(2019)粤 0106 民初 91 号民事判决书;上海市奉贤区人民法院(2015)奉民二(商)初字第 488 号民事判决书;广东省深圳市宝安区人民法院(2015)深宝法民二初字第 4637 号民事判决书;广东省广州市中级人民法院(2017)粤 01 民初 194 号民事判决书;北京市海淀区人民法院(2017)京 0108 民初 38994 号民事判决书;北京市第一中级人民法院(2019)京 01 民终 5625 号民事判决书;江苏省无锡市中级人民法院(2019)苏 02 民终 5342 号民事判决书;上海市第一中级人民法院(2019)沪 01 民终 10317 号民事判决书;浙江省绍兴市中级人民法院(2019)浙 06 民初 350 号民事判决书;北京市第一中级人民法院(2020)京 01 民终 6258 号民事判决书。法院通常以证据不足等理由驳回融资方的请求。

## 案例 28　情势变更的区分与认定

**仲裁要点**：对赌实践中，对于行业政策的变化是否构成不可抗力或情势变更，不宜将风险程度和可预见性标准放得过低，而是应当在商业投资的大背景下，考虑现实遭遇的客观情况变化是否远超合理范畴，从而不得不启用情势变更原则调节当事人之间明显失衡的利益格局，避免显失公平的情况出现。

### 一、案情概要

2015年6月，被申请人（自然人B）将其持有目标公司1%的股权以400万元的价格转让给申请人（自然人A），申请人于2015年6月30日付清价款，并于2015年7月8日完成股权变更登记。

2015年6月，申请人与被申请人及其他20名目标公司股东共同签订了《增资扩股协议》，约定申请人以5000万元价款认购目标公司新增注册资本1010089元，对应取得8.2499%股权。申请人于2015年6月30日、2015年7月31日分别支付增资出资款各2500万元，合计支付5000万元。

《增资扩股协议》第2条约定，若2015年末目标公司未达到估值利润4000万元或2015年、2016年两年累计净利润未能达到9000万元，申请人可以提出以所投全部本金加上10%年息按照实际投资天数要求被申请人回购股权，被申请人必须在申请人提出回购要求30日内书面答复，并在3个月内付清回购款项。

2018年6月13日，因目标公司未能实现约定的利润额度，申请人向被申请人发出《关于回购股权的通知》，被申请人签收了该通知，并承诺在2018年9月30日前向申请人支付股权回购款2000万元；2018年12月31日前向申请人支付股权回购款 3400 万元;在 2019 年 6 月 30 日前,支付股权回购款中的利息部分。但实际上,被申请人仅支付申请人股权回购款共计 200 万元。

基于被申请人拖欠支付股权回购款事实,申请人于 2019 年 4 月 10 日向深圳国际仲裁院申请仲裁,提出如下仲裁请求:

1. 被申请人向申请人支付股权回购款 5000 万元加利息(按年息 10% 计),自 2015 年 6 月 30 日起计至付清之日止,暂计至 2019 年 4 月 30 日,利息共计 19165000 元。

2. 被申请人向申请人支付股权回购款 200 万元及利息(按年息 10% 计),自 2015 年 6 月 30 日起计至付清之日止,暂计至 2019 年 4 月 30 日,利息共计 766000 元。

3. 被申请人向申请人支付已付 200 万元股权回购款的应付利息 649314 元,利息按年息 10% 计(其中 100 万元的利息自 2015 年 6 月 30 日起计至 2018 年 9 月 21 日止为 321917 元,另 100 万元利息自 2015 年 6 月 30 日起计至 2018 年 10 月 10 日止为 327397 元)。

4. 被申请人向申请人支付申请人因本案聘请律师的律师费。

5. 被申请人承担本案仲裁费。

申请人当庭明确,仲裁请求第一项股权回购款 5000 万元的利息应当分段,其中第一笔 2500 万元从 2015 年 6 月 30 日起算,另一笔 2500 万元从 2015 年 7 月 31 日起算。

## 二、当事人主张

(一)申请人主张

1. 关于股权回购,基于目标公司 2015 年、2016 年连续两年利润额度未达约定的客观事实,申请人有权依照《增资扩股协议》第 2 条的约定,请求被申请人回购股权。被申请人所主张行业客观环境发生巨大变化应属正常商业交易风险,不影响《增资扩股协议》的正常履行。

2. 关于《增资扩股协议》与《股权转让协议书》的关系,申请人认为,无论是股权转让款还是增资款,在本质上均属于股权投资款,申请人最初以受让方式取得的 1% 股权同样应属于被申请人股权回购的范围,且在申请人通知被申请人回购股权时,被申请人的书面承诺也明确包含了对于前述 1% 股权的回购。故被申请人的股权回购范围应包含申请人依据《股权转让协议书》与《增资扩股协议》所出资共计 5400 万元。

(二) 被申请人主张

1. 关于股权回购义务主体,被申请人认为《增资扩股协议》是由申请人、目标公司以及其他 20 名股东共同签署,且申请人所支付的增资款项均如数支付至目标公司账户并用于公司实际经营,故目标公司应为《增资扩股协议》的签约主体,也应作为股权回购的主体参与此次仲裁。

2. 关于回购数额,被申请人认为申请人将股权转让款与增资扩股款混为一谈。申请人支付 400 万元系依据《股权转让协议书》,而该份协议并未约定任何回购款项,且双方并未就该笔款项的回购达成任何合意。按照《增资扩股协议》的约定,被申请人仅对 5000 万元投资款负有回购义务。

3. 关于回购义务的履行,被申请人认为在《增资扩股协议》签订之后的两年时间,由于互联网金融行业政策原因导致行业发生巨大变化,对目标公司的业务发展带来重创,在此背景下,要求被申请人履行回购义务,显失公平,且让被申请人独自承担风险实属不公。

## 三、仲裁庭认定的事实

1. 2015 年 6 月 30 日,申请人与被申请人签订了《股权转让协议书》以及《股权转让补充协议书》。按合同约定,被申请人将其持有的目标公司 1% 的股权以 400 万元转让给申请人。当日,申请人即向被申请人转账支付了 400 万元。2015 年 7 月 8 日,目标公司变更登记信息,登记申请人持有目标公司 1% 的股权。

2. 2015 年 6 月 30 日,申请人与被申请人及目标公司其他 20 名股东签订了《增资扩股协议》,约定:申请人以 5000 万元认购目标公司新增注册资本;若 2015 年目标公司未达到估值利润 4000 万元或 2015 年、2016 年两年累计净利润未能达到 9000 万元,申请人可以提出按照所投全部本金加上 10% 年息按照实际投资天数要求被申请人回购股权;被申请人必须在申请人提出回购要求 30 日内书面答复,并在 3 个月内付清回购款项,办妥回购事宜;目标公司在收到申请人首期增资款后,应立即根据相关法律及公司章程的规定办理相应的工商变更登记手续;违约方除应履行本协议约定的承诺和义务外，还应赔偿对方因该违约而产生的或者遭受的所有损失、损害、费用（包括但不限于律师费、诉讼费、仲裁费、差旅费）。

3. 2015年6月30日、2015年7月31日，申请人分两笔各2500万元向目标公司共转账增资款5000万元。2015年7月9日，目标公司变更登记信息，变更后申请人持有目标公司8.2499%的股权。

4. 2018年6月13日，因被申请人未能按照《增资扩股协议》的约定，在2015年达到估值利润4000万元或2015年、2016年两年累计净利润达到9000万元，故申请人向被申请人发出了《关于回购股权的通知》。被申请人签收该通知后，在通知上手写承诺："1.在2018年9月30日之前支付股权回购款2000万元；于2018年12月31日之前支付股权回购款3400万元。2.在2019年6月30日之前支付投资款的全部利息。3.以被申请人的全部资产作为付款保证。4.上述回购款付清后即办理股权变更登记手续。"

5. 此后，被申请人分别于2018年9月21日、2018年10月10日通过微信转账向申请人支付100万元，共计200万元。

## 四、仲裁庭意见

### （一）关于本案股权回购的主体认定

申请人认为，《增资扩股协议》关于被申请人回购股权的约定合法有效，在股权回购条件满足后，被申请人应当依约履行股权回购义务，支付股权回购款及利息。被申请人认为，《增资扩股协议》由申请人、目标公司及其他20名股东共同签署，案涉增资款项均如数支付至目标公司账户，并用于公司实际经营，目标公司是实际使用申请人投资款并承担业绩责任的主体，也是《增资扩股协议》的签约主体，申请人提起仲裁时遗漏了关键主体目标公司，故导致本案事实不清。

仲裁庭认为，《增资扩股协议》已明确约定股权回购主体为被申请人，且申请人向被申请人发出《关于回购股权的通知》后，被申请人亦签字承诺履行股权回购义务，申请人依据《增资扩股协议》提起仲裁，请求被申请人履行支付股权回购款的义务，不存在遗漏必要当事人，导致事实不清、无法作出裁决的情形，故仲裁庭对于被申请人的该项抗辩不予采纳。

## (二)特定行业政策变化原因是否构成情势变更或不可抗力

被申请人辩称,2016年起互联网金融政策发生巨大变化,构成不可抗力或情势变更,目标公司因此遭受重创系被申请人无法控制的事项,如由被申请人独自承担风险,有失公平。

对此,仲裁庭认为,根据《合同法》第117条第2款之规定:"本法所称不可抗力,是指不能预见、不能避免并不能克服的客观情况。"被申请人所述行业指导政策变化,并非各方在签订本案合同时"不能预见、不能避免并不能克服的客观情况",而是国家对经济发展的宏观调控政策变化,属于从事商业交易的主体应当预见范围内的政策调整,且该政策变化并未直接导致合同约定的权利义务履行陷于不能,故不属于法律规定的不可抗力情形。

另外,参照《合同法解释(二)》第26条之规定,情势变更是指"合同成立以后客观情况发生了当事人在订立合同时无法预见的、非不可抗力造成的不属于商业风险的重大变化,继续履行合同对于一方当事人明显不公平或者不能实现合同目的"的情形。被申请人所述行业指导政策变化,亦不属于"无法预见"的"不属于商业风险的重大变化",且根据本案现有证据,无法证明继续履行《增资扩股协议》中的股权回购约定,会对一方当事人明显不公平或者不能实现合同目的,故被申请人的主张亦不属于司法解释规定的情势变更之情形。

仲裁庭认为,被申请人所述行业指导政策变化导致商业需求下降、盈利空间变窄等,属于正常商业风险。综上,被申请人以风险自担明显不公为由,拒绝履行股权回购义务,不符合双方协议约定,仲裁庭对此抗辩不予采纳,被申请人应向申请人履行5000万元及相应利息的回购义务。

## (三)股权回购款是否包含申请人依据《股权转让协议书》所支付的400万元价款及相关利息

申请人主张,被申请人应根据《增资扩股协议》关于股权回购的约定向申请人支付股权回购款200万元及利息,并就被申请人已经支付的股权回购款200万元支付相应利息。被申请人主张,《股权转让协议书》《股权转让补充协议书》并未约定股权回购条款,申请人与被申请人亦未就该两份协议达成股权回购合意,申请人将400万元股权转让款纳入《增资扩股协议》下增资扩股款并无依据,被申请人仅对投资款5000万元承担对赌回购义务。

仲裁庭认为，申请人系依据《增资扩股协议》提出本案仲裁申请。该协议第2条中明确约定："申请人向目标公司增资5000万元，其中1010089元计入目标公司新增注册资本，其余计入资本公积……若2015年目标公司未达到估值利润5000万元或2015年、2016年两年累计净利润未能达到9000万元，申请人可以提出按照所投全部本金加上10%年息按照实际投资天数要求被申请人回购股权……"从上述约定内容来看，被申请人仅就申请人的5000万元增资款承诺按照所投全部本金及10%的年息按照实际投资天数回购股权。虽然申请人在《关于回购股权的通知》中明确"增加出资5000万元，加上原来的出资"，即将400万元股权转让款和5000万元增资款均纳入被申请人的回购范围，被申请人亦在《关于回购股权的通知》上签写了承诺数额，但申请人提起本案仲裁时，并未将《股权转让协议书》《股权转让补充协议书》一并作为申请仲裁的依据，亦未提交该两份协议作为证据。尽管被申请人向仲裁庭提交了《股权转让协议书》《股权转让补充协议书》，协议双方就争议解决方式，亦约定提交深圳国际仲裁院仲裁，但仲裁庭认为，该约定并不能当然使本案仲裁庭取得对《股权转让协议书》《股权转让补充协议书》项下争议的管辖权。

《增资扩股协议》第8条第4款约定："凡因本协议引起的或与本协议有关的任何争议，各方均可将争议提交深圳国际仲裁院以仲裁方式解决。仲裁裁决是终局的，对各方均有约束力。"仲裁庭认为，对该条款中"凡因本协议引起的或与本协议有关的任何争议"的理解，应以不超出《增资扩股协议》下双方主要的权利义务为原则。申请人与被申请人在《关于回购股权的通知》和承诺中所表达的，将《股权转让协议书》《股权转让补充协议书》《增资扩股协议》项下全部投资款项均纳入股权回购范畴的意思表示，应认为构成双方之间新的交易合意。在此合意中，关于《增资扩股协议》项下所涉5000万元增资款的返还及利息支付，与《增资扩股协议》第2条约定一致，而《股权转让协议书》《股权转让补充协议书》项下400万元股权转让款的返还及利息支付，在该两协议已经实际履行完毕且并未明确约定被申请人股权回购义务的情况下，相较于增资款的返还具有独立性。

此外，申请人就其全部仲裁请求所涉争议提交本案仲裁庭管辖，需就此等争议与被申请人达成合法有效的仲裁协议。《关于回购股权的通知》和承诺未就该通知及承诺项下所涉款项支付争议约定仲裁条款。

综上，仲裁庭认为，申请人第2项、第3项仲裁请求所涉400万元股权转让款,不属于《增资扩股协议》第 2 条约定的股权回购范畴。在申请人、被申请人未就案涉争议一并提交本案仲裁庭管辖达成仲裁协议的情况下,仲裁庭不能取得对第 2 项、第 3 项仲裁请求所涉争议的管辖权,故不能将其纳入本案的审理范围。

## 五、裁决结果

1. 被申请人向申请人支付股权回购款 5000 万元并按照年利率 10%的标准支付款项利息,其中 2500 万元自 2015 年 7 月 1 日起计至实际付清之日止,另 2500 万元自 2015 年 8 月 1 日起计至实际付清之日止。
2. 被申请人向申请人支付律师费。
3. 本案仲裁费由申请人承担 10%,被申请人承担 90%。
4. 驳回申请人其他仲裁请求。

## 六、评析

本案系对赌协议中投资方请求融资方履行回购义务、支付股权回购款和利息的典型案例。案件涉及《增资扩股协议》与《股权转让协议书》的关系,以及回购条件触发后双方之间通知、承诺与前述两协议的关系问题。针对申请人依据《增资扩股协议》提出的回购款及利息支付请求,被申请人提出的主要抗辩是,政策原因导致行业发生巨大变化,构成情势变更或不可抗力。

### (一)情势变更与不可抗力

对于不可抗力与情势变更的关系,比较法上有采合一模式[①],学说上亦有观点认为,两者在逻辑上并非并列的两个概念,不可抗力可以导致给付不能,也可以导致交易基础发生重大变更,在不可抗力使得合同履行困难、显失

---

① 《联合国国际货物销售合同公约》第 79 条第(1)项规定:"当事人对不履行义务,不负责任,如果他能证明此种不履行义务,是由于某种非他所能控制的障碍,而且对于这种障碍,没有理由预期他在订立合同时能考虑到或能避免或克服它或它的后果。"

公平的情况下,应当适用情势变更原则。① 我国法曾采分离模式,《合同法》第117条第2款规定:"本法所称不可抗力,是指不能预见、不能避免并不能克服的客观情况。"而《合同法解释(二)》第26条明确将情势变更规定为不属于不可抗力的情形,使情势变更的适用受到限缩。这一点在《民法典》中得到了修正。按照《民法典》第533条的规定,应当认为包括但不限于不可抗力的情形,均可以成为适用情势变更的具体情形。② 当然,本案法律适用并不涉及《民法典》,仲裁庭依据当时生效的《合同法》并参照合同法司法解释的规定作出裁判。

本案中,被申请人提出拒绝履行回购义务的抗辩,包括不可抗力和情势变更,仲裁庭首先对本案情形是否构成不可抗力进行了分析认定,认为被申请人所述行业指导政策变化,并非各方在签订本案合同时"不能预见的客观情况",加之该政策变化并未直接导致合同约定义务履行陷于不能,故不属于法律规定的不可抗力情形。此后,再需分析,这一政策调整是否属于使合同履行困难、显失公平、目的不达等情势变更的情形。

对比不可抗力与情势变更原则要件可以看出,"不可预见性"是二者的共同要件。③ 因此,在法律适用上,只要情况的变化不具备不可预见性,即可同时否定这两项原则的适用。但其他要件在某种程度上更具有分析价值,故本案裁决书以及本评析亦对其他要件是否具备进行分析。

(二)情势变更的法律规定

情势变更是合同法领域的概念,与不可抗力均系合同履行障碍范畴。根据契约严守原则,当事人应当按照合同约定履行自己的义务,不得擅自变更或者解除合同。而在当事人订立合同时作为出发点和合同基础的情况发生变化,导致当事人给付与对待给付之间严重失衡时,从诚实信用原则出发,允

---

① 参见崔建远主编:《合同法》(第五版),法律出版社2010年版,第130页。

② 《民法典》第533条规定:"合同成立后,合同的基础条件发生了当事人在订立合同时无法预见的、不属于商业风险的重大变化,继续履行合同对于当事人一方明显不公平的,受不利影响的当事人可以与对方重新协商;在合理期限内协商不成的,当事人可以请求人民法院或者仲裁机构变更或者解除合同。人民法院或者仲裁机构应当结合案件的实际情况,根据公平原则变更或者解除合同。"

③ 《合同法》第117条第2款、《合同法解释(二)》第26条对不可抗力和情势变更规则的规定,分别包括"不能预见"及"无法预见";《民法典》第180条第2款、第533条对不可抗力和情势变更规则的规定,同样包括"不能预见"及"无法预见"。

许当事人在一定情况下调整和解除合同,在比较法和学说上均有一定共识。①

《合同法》制定时,曾在征求意见稿中就此作出规定,但正式通过的条文未予保留。10年后,《合同法解释(二)》第26条对情势变更原则作出明确规定②,同时,最高人民法院在《关于正确适用〈中华人民共和国合同法〉若干问题的解释(二)服务党和国家的工作大局的通知》(法〔2009〕165号)中要求,在个案中适用情势变更,应当由高级人民法院审核,必要时提请最高人民法院审核。③ 可以看出,我国最高审判机关一方面希望通过司法解释,避免契约严守原则绝对化,明确赋予合同当事人在国际金融危机背景下更灵活的调节手段,另一方面对其适用持十分谨慎的态度,希望通过高层级法院的审核来严格控制情势变更的实际适用,统一裁判标准和尺度。《民法典》第533条则对情势变更作出了明确规定。

(三) 情势变更的认定

本案中,被申请人承认目标公司没有实现协议约定的业绩指标,但提出目标公司主营业务在协议签订时处于较好政策环境下,协议签订后,由于国家宏观政策调整,目标公司主营业务所依托的行业环境发生巨大变化,这是被申请人无法控制的情形,由其独自承担风险不公平。

情势变更的构成要件,学说上存在不同分析视角。有观点认为,契约成立后发生的、在缔约当时不能预料的社会政治经济发生巨大变化,或者依一般观念认为,按照约定履行显然有失公平的情势剧变,构成情势变

---

① 参见梁慧星:《中国民法经济法诸问题》,中国法制出版社1999年版,第170页;韩世远:《合同法总论》(第四版),法律出版社2018年版,第489—494页。

② 《合同法解释(二)》第26条规定:"合同成立以后客观情况发生了当事人在订立合同时无法预见的、非不可抗力造成的不属于商业风险的重大变化,继续履行合同对于一方当事人明显不公平或者不能实现合同目的,当事人请求人民法院变更或者解除合同的,人民法院应当根据公平原则,并结合案件的实际情况确定是否变更或者解除。"

③ 该通知第2条"严格适用《中华人民共和国合同法》若干问题的解释(二)第二十六条中"明确,该条系"为了因应经济形势的发展变化,使审判工作达到法律效果与社会效果的统一,根据民法通则、合同法规定的原则和精神"规定,要求"对于上述解释条文,各级人民法院务必正确理解、慎重适用。如果根据案件的特殊情况,确需在个案中适用的,应当由高级人民法院审核。必要时应报请最高人民法院审核"。

更。① 有观点认为,合同订立的交易基础发生重大变更,而且这种重大变更是当事人不可预见的,并且没有依法或者依约将其分配归属于一方当事人,以至于要求当事人一方遵守合同是不可期待的,包括明显不公平或者不能实现合同目的,构成情势变更。② 有观点认为,合同基础或环境等客观情况,在合同成立后、履行完毕前发生不可归责于当事人的重大变化,该变化当事人在缔约时不能预见,并使履行原合同显失公平或者不能实现合同目的,构成情势变更。③

从前述司法解释相关条文规定看,可以认为解释制定者对情势变更原则的适用,设定了如下条件:第一,重大变化须发生于合同成立后、履行完毕前;第二,作为合同交易基础的客观情况发生重大变化;第三,该重大变化当事人在订立合同时无法预见;第四,继续履行合同对于一方当事人明显不公平或者不能实现合同目的。该司法解释还特别明确,此种重大变化并非不可抗力造成,亦不属于正常商业风险范畴。以上要件均具备,情势变更原则方得适用。

本案中,被申请人所主张的"变化"发生于合同成立后、履行完毕前,要件一满足。对于其余三项要件,分析如下:

关于要件二。应当说,本案情形应否认作为合同交易基础或环境的客观情况发生重大变化,会有不同理解。国家政策调整一般来说属于"情势"范畴。但是,这一判断本身需要结合具体合同加以判断,换言之,国家政策调整并不必然构成"情势""变更"。在对赌协议框架内,如果把是否导致合同赖以成立的基础丧失、是否导致当事人目的不能实现以及是否造成对价关系障碍作为判断标准,我们会发现,无论"情势"抑或"变更",都极有可能不符合当事人在对赌交易中的风险偏好与利益格局。

关于要件三。情势变更是否不可预见,应依当时的客观实际情况及商业习惯综合判断。互联网金融,是国家政策重点关注领域。就行业本身而言,认为交易主体通常都会对政策变动抱有一定预期,是符合该领域一般商业认识的。在当事人具备较高商业判断能力的对赌交易中,一方主张政策调整在合同订立时"无法预见"时,其要承受更重的论证负担,用以说明,这确

---

① 参见陈自强:《契约法讲义Ⅲ:契约违反与履行请求》,元照出版公司2015年版,第344—349页。
② 参见王洪亮:《债法总论》,北京大学出版社2016年版,第338—343页。
③ 参见韩世远:《合同法总论》(第四版),法律出版社2018年版,第504—507页。

实超出了当事人当时作出的商业安排。本案中,被申请人并没有做到这一点。

关于要件四。从对赌协议的交易设计来看,回购的触发通常是因目标公司经营业绩未能达到缔约时的预期标准。一般来说,仅以目标公司经营困难为由拒绝履行回购义务,可能会使对赌协议的交易设计落空。此外,从回购义务"履行"后的利益状态看,具有一定的"回复"特征,对于"显失公平"的认定,需要格外慎重。

综合以上考量,本案仲裁庭最终没有采纳被申请人提出的适用情势变更原则的抗辩。需要说明的是,被申请人主张适用情势变更原则,还涉及变更或者解除协议之内容的"反请求"问题,鉴于本案仲裁庭未采纳被申请人之抗辩理由,故不展开论述。

(四)情势变更与商业风险

实务中最难以区分的是情势变更与商业风险。最高人民法院《关于当前形势下审理民商事合同纠纷案件若干问题的指导意见》(法发〔2009〕40号)对合理区分情势变更与商业风险作出过明确指引,认为商业风险属于从事商业活动的固有风险,尚未达到异常变动程度的供求关系变化、价格涨跌等均应认为属于商业风险。情势变更则是当事人在缔约时无法预见的非市场系统固有的风险。因此,风险是否属于社会一般观念上的事先无法预见、风险程度是否远远超出正常人的合理预期、风险是否可以防范和控制、交易性质是否属于通常的"高风险、高收益"范围等因素,以及市场的具体情况,均应作为在个案中识别情势变更与商业风险应当考虑的因素。

对赌协议通常应用于具有一定风险的新兴产业、高科技领域等投融资交易中,交易双方对于目标公司所从事的生产经营的巨大潜能和盈利风险均应有一定程度的预判,这也符合风险与收益并存的基本商业逻辑。甚至还可以这样认为,较之投资方,股东往往在行业、市场、技术、管理等诸多方面,相对更具优势。具体到本案情形,识别和预判国家政策的调整,被更多地冀望在原股东一方。因此,在理解对赌协议的交易安排时,不宜将风险程度和可预见性标准放得过低,而是应当在商业投资的大背景下,考虑现实遭遇的客观情况变化是否远超合理范畴,从而不得不启用情势变更原则调节当事人之间明显失衡的利益格局,避免显失公平的情况出现。也正是基于此,本案仲裁庭认为,在《增资扩股协议》对回购条款作出精心设计的前提下,对于目标公司主要服务的客户所经营的业务领域,可能受到政策调整的影响,进而使目标公司经营业绩受到影响的风险,并未在协议中予以例外约定,从而免除被申请人回购义务或相应调整义务履行条件,就不应轻易作出相反判断。在实际发生该等风险的情况下,被申请人以风险自担明显不公为由,拒绝履行股权回购义务,并不符合双方在协议中的明确约定。

"情势""变更",都属于不确定概念,在交易实践和司法、仲裁实践中,其复杂性和不确定性远甚于不可抗力,准确把握的难度更大。鉴于情势变更是高度依赖合同和合同当事人的制度,所以在合同条款内容设计上,应当尽可能详尽明确,最大限度地事先降低其适用的"不确定性"。

（本案例由深圳国际仲裁院仲裁员辛正郁和
深圳国际仲裁院赵佳慧编撰）

## 案例29　IPO暂停审核对对赌协议上市目标的影响

**仲裁要点**：1. 股权回购条款本质上属于附条件的行权约定，条件的具体内容对于行权至关重要，不能简单判断股权回购为形成权，并适用除斥期间。

2. 政府政策行为不能被当然认定为不可抗力，认定标准取决于该政策行为是否为当事人不作为的主要原因。

3. 股权收购款的截止日期为"投资人要求回购之日"，但投资人多次要求回购的，"回购之日"不得当然认定为"首次要求回购之日"。

## 一、案情概要

2011年10月，A公司（申请人）作为投资方甲方，与B公司（第一被申请人）作为原股东乙方、C公司（第二被申请人）作为原股东丙方及D公司（第三被申请人，以下与第一、第二被申请人合称"被申请人"）作为目标公司丁方签订《增资协议书》和《协议书》，约定第三被申请人的注册资本由4000万港元增至47059000港元，申请人以现金人民币6834375元认缴第三被申请人新增注册资本，其中1411800港元进入注册资本，取得第三被申请人3%的股权，以出资当日汇率折算超出新增加注册资本部分计入资本公积。《协议书》就与申请人向第三被申请人增资相关的股东权益的交割、公司治理、股权退出、上市前股权转让及新投资者进入、用工安排等进行了明确约定。

2011年11月29日，申请人将增资款人民币6834375元汇入第三被申请人账户。2011年12月28日，第三被申请人取得工商部门换发的《企业法人营业执照》，申请人登记成为第三被申请人股东。

2015年12月23日，申请人称因第三被申请人截止到2015年12月尚未完成股份公司设立登记且尚未向中国证监会提交上市申报材料，申请人决定根据《协议书》约定的方式退出目标公司,要求目标公司在约定的时间内完成股权收购或回购程序。

2016年5月26日,第三被申请人提议申请人展期4年后行权,并提议分期向申请人支付股权对价。2017年1月10日,申请人向第三被申请人发函,称就股权退出事宜多次与第三被申请人联系,要求第三被申请人在10个工作日内给予翔实答复。截至申请仲裁之日,第三被申请人未启动回购申请人所持股权的程序,也未曾向中国证监会提交在中国境内首次公开发行A股股票(IPO)并在证券交易所挂牌上市的申报材料。

2017年11月8日,申请人向深圳国际仲裁院申请仲裁,提出如下仲裁请求:

1. 第一、第二被申请人共同向申请人支付10882572元受让申请人持有的第三被申请人3%的股权。
2. 第一、第二、第三被申请人共同向申请人补偿申请人支付的律师费。
3. 第一、第二、第三被申请人共同承担本案仲裁费。

## 二、当事人主张

(一)申请人主张

《协议书》第3条股权退出安排中约定,若出现以下情形,申请人有权要求退出目标公司(即第三被申请人):(1)如果目标公司2011年净利润低于人民币2500万元,申请人于知道或者应当知道之日起30个工作日内有权提出退出要求。(2)不论何种原因,目标公司未能在2013年12月31日前向中国证监会提交申报材料且被受理;或第一被申请人、第二被申请人或目标公司明确表示放弃本协议项下的目标公司的上市安排或工作。

协议签订后,申请人按照约定将增资款人民币6834375元通过转账方式汇入第三被申请人银行账户,增资义务履行完毕。工商变更完成后,申请人作为第三被申请人的股东,依据《公司法》及公司章程的规定,积极履行股东义务、行使股东权利。

2011年度,根据第三被申请人2012年《审计报告》中年初数据显示,第三被申请人净利润低于人民币2500万元;截止到2015年12月,目标公司尚未完成股份公司设立登记,也尚未向中国证监会提交上市申报材料。申请人遂于2015年12月23日向第三被申请人发送书面通知要求其按照《协议书》的约定回购申请人持有的目标公司全部股权,及要求第一、第二被申请人按照《协议书》的约定收购申请人持有的目标公司全部股权。但截至仲裁申请之日,被申请人仍未履行合同义务,仍未回购或收购股权。

《协议书》第3条第3款约定了赔偿额计算方式。2011年11月29日,申请人依约将增资款人民币6834375元汇入第三被申请人的账户。自2011年11月29日至2017年10月31日,共计5年零337天。据此,收购价格为人民币10882572元。

(二)被申请人主张

1. 申请人要求第一、第二被申请人回购其持有的第三被申请人3%股权的权利,是一种形成权,已超过行使的合理时间。《协议书》约定的回购权只有当投资人明确提出回购要求时,回购权所包含的两项法律关系才会发生,投资人的回购权是在其作出特定行为时才会发生具体的债权债务关系,在此之前并不具有相互的权利与义务。该法律关系因申请人的单方行为而发生,因此,申请人要求第一、第二被申请人回购其持有的第三被申请人3%股权的权利,是一种形成权,应该在条件成就后的合理时间内行使,否则,不应得到法律的支持。

本案中,虽然《协议书》只约定了申请人要求第三被申请人回购或收购其股权的期限为30个工作日,没有约定申请人要求第一、第二被申请人回购股权的期限,但是,可以参照适用《公司法》第74条异议股东请求公司收购股权的起诉期间90日的规定。申请人要求第一、第二被申请人回购股权的,应不迟于2014年3月31日前向被申请人提出(即2013年12月31日开始计算90日)。但是,申请人于2015年12月23日要求第三被申请人回购股权,显然已经超出了合理期限,参照适用《公司法》第74条、《公司法解释(一)》第3条的规定,仲裁庭应不予支持其要求回购股权的仲裁请求。

2. 2012年至2014年间IPO业务暂停长达15个月,应视为合同履行过程中的不可抗力。申请人亦不得适用协议约定,要求被申请人回购股权。

2012年12月28日,中国证监会发布《关于做好首次公开发行股票公司2012年度财务报告专项检查工作的通知》;2013年1月29日,中国证监会又发布了《关于首次公开发行股票公司2012年度财务报告专项检查工作相关问题的答复》。客观上,由政府政策行为导致2012年至2014年间IPO业务暂停长达15个月,该期间跨越了《协议书》中约定的提交IPO申请的时间,对被申请人履行协议书义务已经构成不可抗力。申请人亦不得适用协议约定,要求被申请人回购股权。

3. 即使不考虑以上情形,申请人请求对股权回购款的计算金额也是错误的。

根据《协议书》第3条第3款的约定,双方对回购款的计算中"实际投资款(人民币6834375元)""增资款到账之日(2011年11月29日)"均没有异议,只是对"甲方要求收购或回购之日"存在异议。被申请人认为"甲方要求收购或回购之日"的约定非常明确,即甲方首次明确向被申请人提出收购或回购之日,既符合双方的真实意思表示,又符合法律的规定。申请人一旦明确提出要求,即发生法律效力,申请人认为"可以随时主张、多次主张"的观点显然错误。另外,申请人在庭审过程中多次自认其于2012年8月1日在向被申请人发的函中明确向被申请人提出了回购要求。所以,即使不考虑申请人要求回购的主张已经超出合理期限,依申请人在仲裁庭上的自认,回购价格应从2011年11月29日计算至2012年8月1日,且不存在继续计算的问题,那么,收购价格为人民币7294993.20元。所以,申请人在其仲裁请求中所列回购价格计算错误。

## 三、仲裁庭认定的事实

《协议书》就与申请人向第三被申请人增资相关的股东权益的交割、公司治理、股权退出、上市前股权转让及新投资者进入、用工安排等内容进行了明确约定,相关条款如下:

三、股权退出安排

1. 各方确认,若出现以下情形,甲方(申请人)有权退出目标企业:

(1)如果目标公司(第三被申请人)2011年净利润低于人民币2500万元(须由目标公司确定的具有证券从业资格的会计师认定为准),甲方于知道或应当知道之日起30个工作日内有权提出退出要求。

(2)不论何种原因,目标公司未能在2013年12月31日前向中国证券监督管理委员会提交申报材料且被受理;或乙方(第一被申请人)、丙方(第二被申请人)或目标公司明确表示放弃本协议项下的目标公司的上市安排或工作。

（3）即使目标公司于2013年12月31日前向中国证券监督管理委员会提交了申报材料且被受理，但无论因何种原因，未能实现于2014年12月31日前完成在中国境内首次公开发行A股股票并在证券交易所挂牌上市（以下称"合格的首次公开发行上市"）；该等原因包括但不限于目标公司经营业绩方面不具备上市条件，或由于目标公司主体资格、历史沿革方面不规范未能实现上市目标，或由于参与目标公司经营的原股东、管理层存在重大过错、主观故意等原因造成目标公司无法上市，但因甲方唯一原因造成目标公司无法在约定的时间完成上市目标的除外。

（4）乙方、丙方或目标公司实质性违反本协议的相关条款，导致目标公司不能按照约定申报材料或实现合格的首次公开发行并上市。

2. 各方确认，若出现本条第1款约定的任一情形，甲方有权选择以下任一方式退出：

（1）要求乙方、丙方按照本协议约定的价格收购甲方持有的目标公司全部或部分股权；

（2）要求目标公司通过减资的方式回购甲方持有的目标公司全部或部分股权。

3. 各方确认，若甲方要求乙方、丙方收购其持有的目标公司股权或要求目标公司回购其股权，转让或回购价格按照以下方式确定执行，即甲方实际投资款加上投资款每年10%的溢价：

收购或回购价格＝实际投资款×(1+10%×N)

"N"指自甲方的增资款到账之日起至甲方要求收购或回购之日的年度，不满一年的按照一年的实际天数除以365天的比例计算。

## 四、仲裁庭意见

对于《增资协议书》及《协议书》的合法有效性，申请人与被申请人之间并无异议。本案争议焦点主要集中于以下几个方面：

（一）回购权利是否因超出合理期限而不受法律支持

仲裁庭认为，所谓"形成权"是学理上的概念，中国法律对此并无明确规定，对此仲裁庭不作判断。关于申请人要求被申请人回购申请人持有的第三被申请人3%股权的权利是否因超出合理期限而不受法律支持，结合本案

已查明的事实,仲裁庭分析如下:

申请人提交了相关证据材料,称其于2012年8月1日向第一被申请人、第二被申请人及第三被申请人发函,称由于第三被申请人2011年度未完成约定利润指标、未按约定期限完成股份公司设立登记、未于股份公司设立完成前清理完毕对关联方的应收款项等原因,申请人要求被申请人根据《协议书》约定的方式和计算标准收回或受让申请人持有的第三被申请人全部股权;该函并未排除继续合作的可能,同时要求被申请人于收到本函件之日起5个工作日内以书面函件的形式回复并附合理可行的补救措施实施方案及利润保障方案,作为后续合作开展的保障。被申请人于庭审质证时否认了该函的真实性。申请人庭审时称,2012年8月1日的函是基于2011年的利润情况没有达到《协议书》约定的利润目标而提出的,并通过包括短信、电话、当面交流等方式,最后达成一致,再等一段时间看公司的发展状况会不会有好转。2012年开始IPO暂停申报15个月,因为政策原因,各股东包括申请人在内也就没有继续提出要求公司进行上市的要求,直到2015年12月IPO的审核已经恢复了,但是被申请人仍然没有作出上市的安排,所以申请人才重新提出回购要求。但申请人对于上述陈述并未提供证据支持。同时,鉴于申请人未能提供2012年8月1日发函的送达凭证,仲裁庭认为现有证据不足以认定申请人于2012年8月1日要求第一、第二及第三被申请人回购申请人持有的第三被申请人3%的股权。

2015年12月23日,申请人向第三被申请人发函称,基于《协议书》第3条第1款第(2)、(3)项情形的发生,即目标公司未能于2013年12月31日前向中国证监会提交申报材料且被受理、未能实现于2014年12月31日前完成在中国境内首次公开发行A股股票并在证券交易所挂牌上市,申请人为此决定退出目标公司,要求第三被申请人在约定的时间内完成收购或回购程序。2016年5月26日,第三被申请人向申请人复函,提议申请人展期4年后行权,并提议分期向申请人支付股权对价。

诚如被申请人所称,对于申请人要求被申请人回购申请人持有的第三被申请人3%股权的权利的合理期限,《协议书》仅在第3条第1款第(1)项情形中约定为30个工作日,第(2)、(3)、(4)项情形中并没有约定,法律也没有明确规定,被申请人认为对此应参照《公司法》第74条及《公司法解释(一)》第3条的规定,适用异议股东要求公司回购股权90日的除斥期间。仲裁庭注意到,《公司法》第74条及《公司法解释(一)》第3条的规定均明确适用于以下三种特定情形:"(一)公司连续五年不向股东分配利润,而公司该五年连续盈利,并且符合本法规定的分配利润条件的;(二)公司合并、分立、转让主要财产的;(三)公司章程规定的营业期限届满或者章程规定的其他解散事由出现,股东会会议通过决议修改章程使公司存续的。"在上述三种特定情形下异议股东享有股权回购请求权。《公司法解释(一)》第2条之规定特指"因公司法实施前有关民事行为或者事件发生纠纷起诉到人民法院"的情形,不同于上述"异议股东回购权"。本案所涉申请人的回购权基于《协议书》而产生,"股权回购"条款本质上属于附条件的行权约定,在约定的条件成就时,申请人有权要求被申请人回购目标股权;《协议书》中约定的行权条件主要为公司利润水平是否达标或是否如期上市,不涉及公司利润分配、不涉及公司解散,亦与公司合并、分立、转让主要财产无关,同时《协议书》签署亦并非发生于"公司法实施前"。可见,《公司法》第74条及《公司法解释(一)》第3条之规定并不适用于本案所涉情形,不能简单依据《公司法解释(一)》第2条之规定进行参照。

仲裁庭注意到,申请人于2015年12月23日仅向第三被申请人发函要求回购股权,该函并未涉及第一和第二被申请人,申请人其后于2016年1月19日、2016年2月15日、2016年3月7日、2016年6月6日、2016年7月4日及2017年1月10日就股权回购事宜发出的函件亦均是发给第三被申请人,而非发给第一和第二被申请人,直到2017年11月8日申请人向仲裁院提起仲裁,但未请求裁决第三被申请人回购股权,转而请求裁决第一、第二被申请人收购股权。申请人于2015年12月23日因目标公司未能于约定期限申报并完成上市向第三被申请人发出回购股权的通知函,第三被申请人于2016年5月26日向申请人的复函实际上拒绝了回购要求,申请人本应在此时穷尽《协议书》约定的法律救济权利要求第一和第二被申请人收购股权,但其此后仍发函仅要求第三被申请人回购股权,直至提出本案仲裁申请(2017年11月8日)才选择要求第一和第二被申请人收购股权。申请人未提交充分证据证明在仲裁前曾要求第一和第二被申请人收购股权,尽管无合同或法律依据可因此否定申请人在此情形下要求第一和第二被申请人收购股权的权利,但申请人对于本案争议的引发应负有一定的责任。

综上所述,在2015年12月23日已认定《协议书》约定的股权回购条件已成就且2016年5月26日第三被申请人已拒绝回购要求的情形下,申请人于2017年11月8日才通过提起仲裁方式要求第一、第二被申请人收购申请人持有的第三被申请人3%的股权,申请人主张权利的期限有其不合理之处,但申请人要求第一、第二被申请人收购股权的权利并不因此而丧失。

(二)由于政府政策行为导致2012年至2014年间IPO业务暂停是否影响被申请人履行《协议书》义务

仲裁庭注意到,中国证监会于2012年12月28日发布《关于做好首次公开发行股票公司2012年度财务报告专项检查工作的通知》,于2013年1月29日发布《关于首次公开发行股票公司2012年度财务报告专项检查工作相关问题的答复》,自2012年年底至2013年年底中国证监会事实上暂停了IPO审核,直至2014年1月IPO重新启动,但中国证监会在此期间并未停止IPO申报材料的受理。一方面,被申请人的组织形式至今仍为"有限责任公司",其在IPO暂停审核期间既未进行IPO申报,亦未进行IPO申报前必备的"变更为股份有限公司"的工作;另一方面,2014年年初中国证监会重启IPO后被申请人亦未进行IPO申报,被申请人在庭审中回应未申报的原因是"在经营上遇到了比较大的困难"。

根据已查明的事实,仲裁庭认为,2012年年底至2013年年底中国证监会暂停IPO审核并非被申请人未申报IPO的主要原因,被申请人以政府政策行为导致2012年至2014年间IPO业务暂停构成不可抗力为由主张不予支持申请人的仲裁请求,并无充分的事实与法律依据,仲裁庭对此不予采纳。

(三)关于股权收购款计算截止日期

《协议书》第3条第3款约定:"各方确认,若甲方要求乙方、丙方收购其持有的目标公司股权或要求目标公司回购其股权,转让或回购价格按照以下方式确定执行,即甲方实际投资款加上投资款每年10%的溢价:收购或回购价格=实际投资款×(1+10%×N),'N'指自甲方的增资款到账之日起至甲方要求收购或回购之日的年度,不满一年的按照一年的实际天数除以365天的比例计算。"

仲裁庭注意到,《协议书》明确约定了回购款计算截止日期为申请人要求收购或回购之日,但并未明确约定该等日期为申请人"首次"要求收购或回购之日,被申请人的主张并无合同依据。如前所述,申请人于2015年12月23日向第三被申请人发出股权回购函,第三被申请人于2016年5月26日向申请人复函实际上拒绝了回购要求,申请人本应在此时穷尽《协议书》约定的法律救济权利要求第一和第二被申请人收购股权,但其此后仍仅向第三被申请人发函要求回购股权,直到 2017 年 11 月 8 日申请人向深圳国际仲裁院提起仲裁。综合考虑上述申请人主张权利的事实经过,依据《合同法》第 5 条所确立的公平原则,仲裁庭酌情认定股权回购款计算截止日期为 2016 年 5 月 26 日。

## 五、裁决结果

1. 第一和第二被申请人向申请人共同支付 9903290 元受让申请人持有的第三被申请人 3%的股权。
2. 第三被申请人向申请人补偿申请人支付的律师费。
3. 本案仲裁费用 229826 元,由第三被申请人承担 206843.40 元,申请人承担 22982.60 元。
4. 驳回申请人其他仲裁请求。

## 六、评析

本案系对赌协议中因目标公司未能依约上市,投资方请求融资方履行回购义务并支付相应款项的典型案例。案件涉及回购权是否应被视为形成权在合理期限内行使、目标公司未能上市的原因是否可被认定为不可抗力,以及回购价款的计算问题。因篇幅有限,下文仅对政府政策是否构成不可抗力这一争点进行相关评析。

(一)不可抗力的法律规定

通常而言,"不可抗力"用来描述一些人力不可控制的事情,与不可抗力联系最紧密的是一些自然灾害,如地震、台风、海啸等。同时,社会异常行动如战争、暴乱、紧急状态及国家(政府)行为等[1]也属于不可抗力的范畴。《民法总则》第 180 条第 2 款、《合同法》第 117 条第 2 款对不可抗力的定义是"不能预见、不能避免且不能克服的客观情况"。不可抗力的构成要件分为并列

---

[1] 参见韩世远:《合同法总论》,法律出版社 2004 年版,第 429—432 页。

存在的三项,"不能预见""不能避免"和"不能克服"。

(二)不可抗力的合同条款

合同中,当事人达成不可抗力条款多为免责条款,即为避免特殊情况的发生,提前就意外事件进行定义,对事件发生后的权利义务分配、责任归属提前作出安排,一般可分为约定免责条款和法定免责条款。

1. 约定免责条款。合同体现的是当事人的意思自治,条款是当事人合意的结果。在不违反强制性法律的前提下,解决纠纷时,合同有约定的通常会根据约定处理。在某"非典"影响的宾馆营业案①中,承租人刚经营酒店不久,遭遇 2003 年 4 月抗击"非典"关门歇业 5 个月;2004 年 4 月又逢门前市政路拓宽改造,歇业 5 个月。合同中简单规定了不可抗力可适当免租的条款。法院认定"非典"、市政路拓宽改造均是订立合同时不可预见、不可避免、不可克服的客观情况,属不可抗力,依法应免除承租人部分租金。

2. 法定免责条款。就不可抗力与合同履行之间的关系,《民法典》第 180 条、第 563 条、第 590 条均作出相关规定。结合上述法条可以看出,若以不可抗力为免责抗辩事由,则需要满足以下条件:(1)发生了不可抗力事件;(2)该不可抗力导致当事人一方无法履行合同;(3)无法履行合同的一方"及时通知对方";(4)无法履行合同的一方"采取适当措施"防止损失扩大。

在美国东江旅游集团公司与长江轮船海外旅游总公司租赁合同纠纷案②中,案涉合同仅对不可抗力作了简单约定,即发生不可抗力时承租人有权暂停租用或要求减免租金,但未对其他内容作出约定,如发生不可抗力时的单方解除权。当原告要求解除合同时,法院认为合同中没有明确约定,且不能履约情形未达到法定合同解除的程度,最终没有支持解除合同的请求。

(三)不可抗力的免责适用

笔者认为,若想把不可抗力作为免责条款,在上述四个条件中,司法实践的着眼点往往在于证明该不可抗力导致当事人一方无法履行合同,即认为不可抗力与合同履行之间的因果关系最为重要。

---

① 参见山西省长治市中级人民法院(2018)晋 04 民终 2272 号民事判决书。
② 参见湖北省高级人民法院(2007)鄂民四终字第 47 号民事判决书。

本案中，被申请人承认目标公司没有按照约定时间完成对申请人的承诺，即在证券交易所挂牌上市，完成 IPO 申报。但被申请人主张此项工作的停滞是因为政府政策行为导致 2012 年至 2014 年间 IPO 业务暂停长达 15 个月，该期间跨越了《协议书》中约定的提交 IPO 申请的时间，对被申请人履行《协议书》义务已经构成不可抗力。

如上文所述，不可抗力的构成要件包括"不能预见""不能避免"和"不能克服"。"政府政策行为"对于市场主体而言，的确属于不能预见、不能避免且不能克服的。但不能克服是否就等于不可抗力并成为合同履约条件的阻碍，则取决于该政府政策行为对于合同履行的影响程度。

本案仲裁庭没有明显反对"政策行为"可被视为"不可抗力"的观点。但不可抗力要作为免责条款，除证明其为不可抗力事件之外，还需证明上文提到的该不可抗力导致当事人一方无法履行合同，无法履行合同的一方"及时通知对方"，以及无法履行合同的一方"采取适当措施"防止损失扩大。具体分析如下：

1. 是否导致被申请人无法履行合同。本案中，在证券交易所挂牌上市，完成 IPO 申报是被申请人在合同项下的义务。但 IPO 申报义务不只是一个行为，其中包括改制与设立股份公司、尽职调查与辅导、申请文件的申报、申请文件的审核、路演、询价与定价、发行与上市。[①] 而被申请人所强调的政府政策行为主要指自 2012 年年底至 2013 年年底，中国证监会事实上暂停了 IPO 审核，直至 2014 年 1 月 IPO 重新启动的行为。如本案仲裁庭注意到的，暂停 IPO 材料的审核不代表暂停对 IPO 申报材料的受理。就本案证据材料所体现的，被申请人没有梳理、准备 IPO 申报材料，没有提交 IPO 申报材料，换言之被申请人的 IPO 流程还没有走到被审核的环节。因此难以证明中国证监会暂停 IPO 文件审核的政策对被申请人履行 IPO 义务造成了根本性的障碍。

2. 无法履行合同的一方是否"及时通知对方"。就本案审理过程看，在中国证监会分别于 2012 年 12 月 28 日、2013 年 1 月 29 日发布相关通知后，被申请人没有举证其将该等通知告知申请人，也没有相关证据材料证明其完成了这个行为。因此可以推定被申请人未完成通知义务。

---

① 以深圳证券交易所发行上市流程为例，详见 http://www.szse.cn/ipo/guide/progress/index.html。

3. 无法履行合同的一方是否"采取适当措施"防止损失扩大。就本案审理过程看，对于中国证监会暂停 IPO 的审核后，没有任何证据表明被申请人采取了相应措施，被申请人自己也未提出相应的主张，因此可以推定被申请人未采取应该采取的措施。

综合以上考量，本案仲裁庭最终没有采纳被申请人提出的不可抗力抗辩。虽然仲裁庭没有明确反对中国证监会的政策可能构成不可抗力，但是被申请人在证明不可抗力作为免责事由的过程中，明显无法证明因果关系，证明其尽到了通知义务、采取了相应措施。依据上文提到的相关法律规定，被申请人无法主张不可抗力作为本案的免责事由。

不可抗力是合同中常见的免责条款，但在实际运用过程中往往容易产生纠纷。尤其是受"新冠肺炎疫情"的影响，近两年关于不可抗力的案例数量增多，合同条款的约定内容直接影响了案件的进展。如本案情形，不能单纯以某个政策的调整或者事项的出现作为不可抗力的情形，即使不可抗力情形出现，也不能当然认为不可抗力情形可以作为免责事由，而是要评估不可抗力与损害之间的因果关系。

（本案例由深圳国际仲裁院彭岩冰编撰）

# 案例30 产业政策调整是否构成不可抗力

**仲裁要点**：政府对特定产业补贴政策进行调整，属于当事人应当预见并且能够预见的客观情况，而市场主体因政策变化对经营活动进行调整也属于应当面对和承担的市场风险。一方当事人以产业政策和经营活动调整构成不可抗力为由主张免责的，仲裁庭不予支持。

## 一、案情概要

自然人甲（被申请人）系目标公司的控股股东，A公司（申请人）系目标公司的外部投资人之一。2011年1月12日，申请人和其他五家外部投资人与目标公司及被申请人签订《增资扩股协议》，约定申请人等六家投资方认购目标公司注册资本。同日，各方还签订了《增资扩股补充协议》，约定了业绩对赌条件和目标公司上市对赌条件。上述协议签订后，申请人向目标公司支付了增资款，目标公司亦完成了修改公司章程、变更工商登记等事宜。2011年3月18日，目标公司出具了投资款收款收据。

后因对赌条件成就，申请人曾四次向被申请人发出《股权回购通知书》，要求其履行回购义务并依约支付收益。申请人认为被申请人迟迟未履行义务已构成违约，依法应当承担违约责任并赔偿损失，故依据《增资扩股协议》中的仲裁条款于2018年12月6日向深圳国际仲裁院申请仲裁，提出如下仲裁请求：

1. 被申请人向申请人支付股权回购款本金100万元以及该款自2011年3月18日至实际付清之日止按年收益率12%计算的收益。
2. 被申请人向申请人支付5万元以补偿申请人花费的律师费。
3. 被申请人承担本案仲裁费。

## 二、当事人主张

(一) 申请人主张

1. 申请人作为六家投资方之一,于 2011 年 1 月 12 日与目标公司及被申请人签订了《增资扩股协议》及《增资扩股补充协议》。约定申请人等六家投资方认购目标公司注册资本以进行增资扩股,以及业绩对赌条件和目标公司上市对赌条件等。协议签订后,申请人向目标公司支付了增资款,目标公司出具了投资款收款收据。上述协议均系双方当事人真实意思表示,合法有效。

2. 《增资扩股补充协议》第 1 条约定了业绩对赌条件,第 2 条约定了目标公司上市对赌条件。目标公司未能在协议约定期限前上报中国证监会 IPO 材料,亦未能在约定期限前实现在国内 A 股市场上市或通过重组并购实现间接上市,不满足目标公司上市的对赌要求。同时,申请人多次向目标公司要求提供近几年的财务报表未果,亦不满足对业绩的对赌要求。根据协议约定,申请人曾四次向被申请人发出《股权回购通知书》,要求其履行回购申请人持有的目标公司股权并支付收益的义务,被申请人均置之不理。因此,申请人认为,被申请人的行为构成违约,应依法承担违约责任并赔偿损失。

(二) 被申请人主张

1. 申请人作为投资方享受了股东权利并应该承担股东义务。双方在签署《增资扩股协议》及《增资扩股补充协议》后,被申请人及目标公司严格按照约定及实际出资情况,对目标公司进行了股权变更、工商登记及发放股权证书等。申请人作为目标公司合法股东享受了股东权利,故也应该承担相应的股东义务。

2. 申请人请求的业绩承诺条款与股权回购并支付相关收益条款系不合理并不合法条款,应认定无效。

(1) 业绩承诺条款与股权回购并支付相关收益条款为保底条款,应认定无效。包括申请人在内的投资方与被申请人及目标公司签订的《增资扩股协议》第 7 条定义了双方的股份合作关系为联合经营目标公司,并在《增资扩股补充协议》中约定了业绩承诺条款和股权回购并支付相关收益条款,该约定违反了共负盈亏、共担风险的原则,属于《联营合同纠纷解答》第 4 条第 1 款中的"保底条款",应认定无效。

(2)股权回购并支付相关收益不符合商业惯例及契约精神,并有违《合同法》的规定,应认定无效。投资人对目标公司的溢价估值依赖于其详尽的尽职调查与评估,并不依赖于被申请人对预期经营状况的承诺;被申请人系以失去公司控股权为代价让目标公司获得投资人的溢价投资。一般而言,"投资对赌协议"包含融资方可行使权利与投资方可行使权利两种情形,本案中仅定义了后一种情形,无法形成业界商业惯例所述的"投资对赌协议",并且违反《合同法》第 5 条规定的公平原则,应认定无效。

(3)股权回购并支付相关收益条款将会损害第三人利益,违反《公司法》第 20 条,并违反《合同法》第 52 条第(二)项的规定,应认定无效。假设被申请人依约回购投资方股权,将导致被申请人在目标公司的股权超过 2/3 而成为绝对控股股东,使其他股东失去重大事项表决权。同时,被申请人认为,投资方蓄意不让其他股东参与并知晓《增资扩股补充协议》,从而在条件成就时让被申请人回购原第三方股东被稀释的股权,使其彻底失去应有的股东权利,构成恶意串通侵害第三人利益。依据《公司法》第 20 条及《合同法》第 52 条第(二)、(五)项的规定,该股权回购并支付相关收益条款应认定无效。

3. 申请人申请的股权回购并支付相关收益条款部分,在遭遇不可抗力情况下,理应解除。目标公司主营业务为棉花水浮育苗技术的应用与推广。国家自 2014 年开始棉花补贴政策调整,目标公司主营业务受到该政策调整的影响,销售区域的棉花种植面积急剧减少,无法实现本案协议中涉及股权回购并支付相关收益条款部分的经营业绩。被申请人认为,该国家产业政策调整属于不可抗力,故依据《增资扩股协议》第 12 条第 4 款的约定,涉及股权回购并支付相关收益条款部分理应解除。

## 三、仲裁庭认定的事实

1. 2011 年 1 月 12 日,申请人连同其他五家外部投资人 B 公司、C 公司、D 公司、E 公司、F 公司和被申请人及目标公司签署了《增资扩股协议》,约定外部投资人联合出资 875 万元,认购目标公司新增注册资金 161.5385 万元,其中申请人出资 100 万元,认购新增出资额 18.4616 万元,持股比例为 4%。

2. 同日,各方还签署了《增资扩股补充协议》,约定了目标公司的经营目标,并约定在 2015 年 12 月 31 日前,目标公司未能上市或发行股票文件未被中国证监会受理,外部投资人有权要求被申请人以投资者认购新增股权对价,加上每年 12%收益回购股权。被申请人应在投资者正式要求后 6 个月内完成价款支付和工商变更登记。

3. 2018 年 4 月,申请人先后几次发函要求被申请人回购其持有的目标公司股权。根据申请人发函所述回购价款及其计算方式,目标公司在申请人持股期间未进行过分红派息,被申请人没有提出异议。

## 四、仲裁庭意见

### (一) 业绩承诺与股权回购条款是否无效

仲裁庭认为:

首先,外部投资人以溢价增资目标公司,约定目标公司未来需完成一定业绩或实现一定目标,并在业绩未达标或未实现一定目标时由目标公司控股股东承担回购的义务,是目前外部私募投资或财务投资行业通行做法。《增资扩股补充协议》约定申请人溢价投资,被申请人作为目标公司的控股股东承担一定条件下的回购义务,不属于《联营合同纠纷解答》规定的合营一方联营后收取固定回报的情形,因此,仲裁庭认定《增资扩股补充协议》没有因违反《联营合同纠纷解答》而无效。

其次,在本案中,目标公司在外部投资人入股前,注册资本和实收资本均为 300 万元,六家外部投资人以 875 万元的价格认购了目标公司新增出资资金 161.5385 万元,其余 713.4615 万元将进入目标公司的资本公积金,由包括被申请人及原股东在内的全体股东按照持股比例享有,外部投资人溢价进入的基础是目标公司及其控股股东承诺的业绩或一定经营目标的实现,被申请人按比例享受外部投资人高溢价入股带来的目标公司高额资本公积金,是其承担回购义务的对价。因此,《增资扩股补充协议》关于回购的约定不存在违反《合同法》第 5 条规定之情形。

最后,被申请人履行回购义务不会损害目标公司原有其他股东的利益。尽管被申请人履行回购义务后,其持有目标公司的股权比例将从外部投资人入股前的 60% 提升至 74%,但同时应当看到的是,外部投资人增资入股公司是经过目标公司原股东同意的,外部投资人入股后,目标公司的注册资金及实收资本已从 300 万元增至 461.5385 万元,资本公积金则增加了 713.4615 万元,目标公司原有其他股东持有目标公司的出资额始终没有发生变化,而按照持股比例对应享有目标公司的资本公积金已大幅提升。因此,被申请人回购外部投资人股权事宜不存在损害他们利益的问题。

综上所述,仲裁庭认为,《增资扩股补充协议》约定内容不存在违反《合同法》第 52 条之情形,依法应当认定为有效。

(二)被申请人可否因不可抗力免除回购义务

被申请人认为,2014 年国家调整棉花补贴政策,补贴标准为 2000 元/吨,2014 年度后补贴则为补贴额的 60%,上限为不超过 2000 元/吨。同时,被申请人还列举了有关棉花种植面积变化的网络文章及相关政府部门公告,证明发生了不可抗力事件。申请人则援引 2014 年 9 月 22 日中国证券网报道的国家发改委的政策发布会,证明补贴政策未变。

仲裁庭认为,被申请人一方面主张合同无效,另一方面又主张遭受不可抗力要求解除回购义务,这本身就是矛盾的观点。《合同法》第 117 条第 2 款规定:"本法所称不可抗力,是指不能预见、不能避免并不能克服的客观情况。"仲裁庭同时认为,棉花种植面积变化,是市场正常调节的过程或结果,也是各市场主体参与经营活动所应面对和承担的市场风险。同时,政府补贴政策发生变化,也不属于不能预见的情况,因此棉花种植面积和政府补贴政策变化不属于《合同法》所称的不可抗力的范畴。被申请人以此抗辩,仲裁庭不予认可。

## 五、裁决结果

1. 被申请人向申请人支付股权回购款本金 100 万元及收益,收益以 100 万元为基数,按照年收益率 12% 计算,从 2011 年 3 月 18 日起计至实际偿付之日止。
2. 被申请人向申请人支付律师费用。
3. 本案仲裁费由被申请人承担。

## 六、评析

本案中,投资方与目标公司签订了《增资扩股协议》及《增资扩股补充协议》,约定了增资扩股与投资对赌条件,后因条件成就,申请人作为投资方之一要求被申请人履行回购义务,被申请人不履行义务并提出相应抗辩。本案股权回购部分并无特殊之处,仲裁庭亦认为,"外部投资人以溢价增资目标公司,约定目标公司未来需完成一定业绩或实现一定目标,并在业绩未达标或未实现一定目标时由目标公司控股股东承担回购的义务,是目前外部私募投资或财务投资行业通行做法",因此裁决被申请人按照协议约定履行回购义务。

实际上,从被申请人同时主张股权回购条款无效以及该条款因不可抗力而解除的矛盾行为来看,本案中所涉及的棉花补贴政策是否构成不可抗力从而影响商业投资对赌中回购义务的履行,实为争议焦点。故下文对棉花补贴政策是否构成不可抗力这一争点进行评析。

### (一)不可抗力的概念及认定标准

《合同法》第117条第2款规定:"本法所称不可抗力,是指不能预见、不能避免并不能克服的客观情况。"《民法典》第180条第2款规定:"不可抗力是不能预见、不能避免且不能克服的客观情况。"总的来看,前后两部法律对于不可抗力之概念的描述仅有关系副词"并"和"且"的不同,而"并""且"都有并列关系的含义。因此,笔者认为,立法对于不可抗力的概念实际上是保持一致的,即不可抗力,是指不能预见、不能避免且不能克服的客观情况。不可抗力是一种法定的民事责任免责事由。[1]

关于不可抗力的概念,学界存在客观说、主观说及折中说三种不同的学说见解。[2] 客观说认为,不可抗力的实质要素须为外部的,量的要素须为重大且显著的。[3] 其发生及损害基于事件的性质,或其出现的压力或其不可预见而为不可避免。该说主张,不可抗力应以事件的性质及外部特征为标

---

[1] 参见韩世远:《合同法总论》(第四版),法律出版社2018年版,第478页。
[2] 参见韩世远:《合同法总论》(第四版),法律出版社2018年版,第480页。
[3] 参见史尚宽:《债法总论》,1954年自版,第354页。

准,通常应为一般人无法抵御的重大外来力量①,强调不可抗力的客观性。主观说认为,一般人即使尽了最大的注意义务仍不能防止其发生的事件为不可抗力,强调当事人的主观预见能力和预防能力。折中说则认为,"可认知而不可预见其发生的非该事业内在的事件,其损害效果,虽以周到的注意措施,尚不可避免的为不可抗力"②。换言之,折中说中和了客观说和主观说的观点,认为不可抗力应为外来事件导致的、一般理性人以最大程度的注意仍无法防止其发生的事件。依照我国《合同法》第117条第2款以及现行《民法典》第180条第2款的规定,通说认为我国在理论渊源上属于折中说。③

从概念中可以拆解出不可抗力的构成要件,法律对此所作的一般要求有以下四点:第一,客观情况;第二,不能预见;第三,不能避免;第四,不能克服。此即不可抗力的认定标准。尤其值得注意的是,与众多域外立法不同,在我国法上,对于不可抗力"三不"要件的要求是并存的(法律用语表现为"并""且"),而非择一满足即可。此种相当严格的构成要件立法亦为多数学者所诟病。④ 然而,虽有判决已然不再强求三个"不能"同时具备⑤,亦有学者在文章中呼吁《民法典》编纂时"不宜再强求同时具备不能预见、不能避免和不能克服三项因素,宜视个案变通处理"⑥,但最终颁布的《民法典》仍然沿用了对不可抗力"三不"属性并存的立法要求。

笔者以为,立法如此安排自然有其特殊考量,此种立法论上的问题亦非本文的评析重点。实际上,上述分析的不可抗力构成要件仅仅是站在我国法律规定的立场上,从不可抗力的特性上进行限定的。而不可抗力需要基于"应否发生损害赔偿义务"等法政策的见地予以具体判断,而无法抽象地进行揭示。⑦ 因此,下文将结合本案具体案情,作具体分析。

---

① 参见王家福主编:《中国民法学·民法债权》,法律出版社1991年版,第499页。
② 参见韩世远:《合同法总论》(第四版),法律出版社2018年版,第480页。
③ 参见佟柔主编:《中国民法》,法律出版社1994年版,第575页;崔建远主编:《合同法》(第四版),法律出版社2007年版,第290页。
④ 参见崔建远:《不可抗力条款及其解释》,载《环球法律评论》2019年第1期;韩世远:《合同法总论》(第四版),法律出版社2018年版,第483页。
⑤ 参见沪东造船厂诉上海东方疏浚工程公司船舶碰撞纠纷案,上海市高级人民法院(1999)沪高经终字第423号民事判决书。
⑥ 参见崔建远:《民法总则应如何设计民事责任制度》,载《法学杂志》2016年第11期。
⑦ 参见韩世远:《合同法总论》(第四版),法律出版社2018年版,第483页。

### (二) 国家政策变化是否构成不可抗力

如上所述，构成不可抗力需要满足四项要件，分别为客观情况、不能预见、不能避免、不能克服。具体到本案中，案件的争议焦点之一为国家棉花补贴政策调整是否构成不可抗力从而免除被申请人回购义务的承担。因此，需要结合本案具体案情，分别分析棉花补贴政策是否满足四项构成要件，构成不可抗力。

首先，不可抗力必须是一种"客观情况"。所谓客观，是相对于主观而言的，指代那些独立于人的行为之外，既不为当事人的行为所派生，亦与其主观意志无关、不受其意志左右的情形。本案中，棉花补贴政策的调整，明显非本案当事人之行为所派生，亦不受其意志左右，符合"客观情况"之构成要件。

其次，不可抗力应为"不能预见"的客观情况。此处的不能预见，在韩世远老师看来，应指"债务人在订立合同时不能够合理地预见到该客观情况的发生"①。笔者亦认为，可以参照适用《民法典》第533条关于情势变更的规定，将不能预见的时点限定为订立合同时。因为，当事人能否预见是一个需要有明确判断时间点的要件，倘若在合同订立之后、合同目的实现之前的漫长过程中，都需要满足"不能预见"要件，这样的要求显然是过于苛刻，同时也会因为构成要件的不稳定从而影响对不可抗力的认定。具体而言，应当以一般正常理性人能否预见为标准，换言之，应采取客观标准对能否预见进行判断。而在一些债务人可能具有特别的预见能力的场合，则应当具体进行判断。例如，债务人是具有某专业资质的服务提供者，那么其在订立合同时自然就较一般人更容易预见到某些属于其专业领域内的情形的发生。

本案中，申请人系外部投资人，被申请人系目标公司的控股股东，而目标公司是一家以棉花水浮育苗技术的应用与推广为主营业务的有限责任公司，应当认为，被申请人作为其控股股东亦具备相关业务背景知识，那么其应该对棉花补贴政策有一定了解。退一步而言，作为一项国家产业政策，其具体内容和补贴指标等不可能是一成不变的，相反，根据市场供求关系的不断变化随之调整才是其本质所在，而这也是一个不具备相关业务背景知识的人

---

① 从《合同法》第117条第2款虽不能看出"不能预见"的判断时间点，作为比较法，《联合国国际货物销售合同公约》第79条第(1)项明确提到了"订立合同时"。参见韩世远：《合同法总论》(第四版)，法律出版社2018年版，第482页。

应该知晓的"常识"。因此,棉花补贴政策发生变化,不属于当事人在订立合同时不能够合理预见到的客观情况,不符合"不能预见"之构成要件。

此时,同理,由于该政策变化系双方当事人在订立合同时即能预见到的客观情况,故亦不属于情势变更。

再次,不可抗力属于"不能避免"的客观情况。不能避免,是指客观情况的发生具有必然性、无法回避。就本案棉花补贴政策而言,在短期内其是否发生变化或许具有或然性,但从长期来看,政策调整是必然的、无法回避的,符合"不能避免"之构成要件。

最后,不可抗力还应当是"不能克服"的客观情况。所谓的不能克服,是指无法抗拒,特别是在债务人履行债务的过程中,因该客观情况的出现而无法正常地履行债务。① 本案中,所谓的债务人债务即是指被申请人及目标公司应该努力达成与投资方约定的业绩及公司上市要求,以避免对赌条件成就而需履行回购义务,从这个意义上说,回购义务并非本案合同中的债务,甚至可以认为是双方当事人约定的一种违约责任。而在被申请人的抗辩中,其声称系因为主营的棉水浮育苗技术的应用与推广业务受到棉花补贴政策调整的影响,导致销售区域的棉花种植面积急剧减少,因而无法实现本案协议中涉及股权回购并支付相关收益条款部分的经营业绩。笔者认同仲裁庭对此的观点,"棉花种植面积变化,是市场正常调节的过程或结果,也是各市场主体参与经营活动所应面对和承担的市场风险"。因此,棉花补贴政策调整所带来的一系列影响,并不会影响债务的正常履行,或者说,即使有所影响,亦是被申请人作为市场主体所应面对和承担的市场风险,而不能将经营结果归咎于风险本身,故不符合"不能克服"之构成要件。

退一步而言,即使认为政策变化可以构成不可抗力,现行《民法典》第590条亦规定了当事人因不可抗力不能履行合同时的及时通知义务,以尽可能地减少可能给对方当事人造成的损失。因此,在《民法典》颁布的背景下,较《合同法》而言,即使仲裁庭认可被申请人以不可抗力进行抗辩的主张,被申请人欲通过不可抗力实现的免责效果亦会因为其实际上并未履行该法定的及时通知义务而大打折扣。《合同法》与《民法典》对于不可抗力的相关规定大体延续了相同的立法逻辑,并无实质性改变,而仅作了法律体系上

---

① 参见韩世远:《合同法总论》(第四版),法律出版社2018年版,第483页。

的完善①,因此,不会对本案认定棉花补贴政策是否构成不可抗力造成影响。

综上所述,在我国法语境下,构成不可抗力需要同时满足上述四项构成要件,因此,本案中棉花补贴政策变化因不能同时满足四项构成要件而不构成法律上的不可抗力。

### (三) 国家政策变化在对赌协议中是否构成不可抗力

如前所述,韩世远教授赞同日本学者铃木禄弥的观点,认为不可抗力应当结合具体的场合、具体的事故类型,在"应否发生损害赔偿义务"这种法政策的立场上予以判断。不可抗力的范围只能是大致的,不可抗力的判断只能是具体的,不可能盖棺定论、一成不变、一劳永逸。② 某一事件可能在某一情形下并不构成不可抗力,但在另一情形下却未必如此,因此,韩世远教授认为,一般性地认定某种事件为不可抗力或者不为不可抗力,并不可取。具体到本案中,棉花补贴政策变化究竟属不属于不可抗力,除分析其是否同时符合不可抗力的四项构成要件外,或许还应当结合棉花补贴政策自身的性质以及本案的合同背景进行个案分析。

一方面,棉花补贴政策作为一种国家产业政策,是一种国家制定的,引导国家产业发展方向、引导推动产业结构升级、协调国家产业结构、使国民经济健康可持续发展的政策,是政府为了实现一定的经济和社会目标而对产业的形成和发展进行干预的方式和手段。其中,干预包含规划、引导、促进、调整、保护、扶持、限制等方面的含义。棉花补贴政策作为下位概念,理应具有上述国家产业政策的定位和功能。那么,棉花补贴政策的调整和变化正是其作为国家产业政策的应有之义。在这个意义上,笔者认为,政策变化并不具有特殊性与不可预见性,不足以例外地将其认定为不可抗力。

"由于国家行使立法、行政、司法等职能而致债务不履行及损害的发生或扩大,学说上认为,在某些特别的条件下,此类国家原因也属于不可抗力的范围。"③作为本案合同背景的商业投资对赌协议是否属于此处所说的特别条

---

① 体现为在总则部分规定不可抗力的概念,而将与合同履行有关的法律效果部分在合同编予以详尽说明,改变了原《合同法》将二者规定在一个法律条文中的体系安排。
② 参见韩世远:《合同法总论》(第四版),法律出版社2018年版,第483页。
③ 此外,法律的颁布实施、政策的出台与贯彻落实、司法机关对标的物采取的强制措施、国家征收征用、禁运、货币管制等,只要符合不可预见性、不可避免性及不可克服性,均可以成为不可抗力。参见韩世远:《合同法总论》(第四版),法律出版社2018年版,第485页。

件,将在下文进行分析。需要首先予以明确的是,本案中被申请人及目标公司无法实现协议约定的经营业绩是否系由棉花补贴政策变化所导致,或者说,能否完全归咎于该政策变化。

笔者认为,所谓的棉花补贴政策变化只是目标公司未能实现约定经营业绩的众多影响因素之一,既不是唯一性因素,也不是决定性因素。目标公司作为市场主体参与经营活动,本应承担和面对一切可能发生的市场风险,如上所述,这种政策变化作为市场风险亦不是不可预见的,相反,是十分常见且应当在从事经营活动时便纳入风险考量的客观情况。倘若市场主体都将未能实现业绩归咎于国家政策变化,以此主张不可抗力从而免除其责任①,亦不利于维护市场交易安全和交易相对人的合法权益。因此,棉花补贴政策变化是目标公司未能实现约定业绩的因素之一,但并非决定性因素,不能以此认定该政策变化构成不可抗力。

另一方面,本案双方当事人系投资关系,合同背景为商业投资对赌协议。综合本案案情来看,申请人作为外部投资人之一系与目标公司的控股股东即本案被申请人签订《增资扩股协议》及《增资扩股补充协议》,根据《九民纪要》的观点,对于投资方与目标公司的股东或者实际控制人订立的"对赌协议",如无其他无效事由,认定有效并支持实际履行。因此,本案协议在效力上并不存在任何问题。那么,此类对赌协议在认定不可抗力时是否有一定特殊性?笔者认为其实不然。首先,法律对此并未进行特殊规定②;其次,本案中的对赌行为实际上是目前商业投资领域中的投资方式,被申请人亦未举证证明存在某些足以影响对赌协议背景下不可抗力认定的特殊情形。因此,就本案合同背景层面而言,亦不能够认定棉花补贴政策变化构成不可抗力。

综上,在我国法的语境下,棉花补贴政策变化因不能同时满足不可抗力的四项构成要件而不构成法律层面上的不可抗力。同时,因其在订立合同之

---

① 有观点认为,在法律采取过错责任原则时,发生不可抗力致使合同不能履行,债务人因对此无过错而不负违约责任,而非本有责任但被免除,此时,将不可抗力称作不负责任条件或不负责任事由较为贴切。在法律采取无过错责任原则时,任何情况导致合同不能履行的,债务人都应承担违约责任,故此时将不可抗力称作免责事由,是周延的。参见崔建远:《不可抗力条款及其解释》,载《环球法律评论》2019 年第 1 期。

② 如《海商法》第 51 条中规定,"政府或者主管部门的行为、检疫限制或者司法扣押"可归入构成不可抗力的国家(政府)行为。

时即具有可预见性,故也不属于情势变更。进一步而言,即使在"应否发生损害赔偿义务"这种法政策的见地上对个案进行具体判断,本案中亦不存在足以影响一般性不可抗力认定的特殊事由。因此,棉花补贴政策变化不构成不可抗力,被申请人不得以此为抗辩主张免除其回购义务。

(本案例由北京大学法学院硕士研究生张嘉琦编撰)

# 案例31 不可抗力的通知和证明义务如何认定

**仲裁要点**：自被申请人所称的泥石流灾害发生后，在系列交往与文件中双方均未提及泥石流对合同履行造成困难，被申请人亦未提交过构成不可抗力的证明，应认定被申请人未履行通知与证明义务，有关泥石流灾害构成该合同项下不可抗力、可以减轻或免除责任的主张无法获得支持。即便申请人委派了高管，也不能由此免除被申请人在发生不可抗力时向另一方通知和证明的义务。

## 一、案情概要

申请人A公司与第一被申请人B公司（目标公司）、第二被申请人自然人甲、第三被申请人自然人乙（第一、第二、第三被申请人以下合称"被申请人"）及案外人分别于2015年9月6日、2015年12月16日签订两份《投资协议书》，约定通过X、Y两只基金对第一被申请人增资并取得其股权。《投资协议书》约定，如在2016年12月31日前，第一被申请人未能在境内外资本市场上市或在新三板挂牌，则申请人有权要求第二、第三被申请人回购其所持有的第一被申请人的全部股权。

2016年7月26日，申请人与被申请人、案外人签订了《可转债协议》，由申请人管理的Z基金向第一被申请人出借500万元，第二、第三被申请人对该笔借款提供连带责任保证。

2017年12月11日，申请人与被申请人签署了《回购款协议》及《股权质押协议》，申请人同意各被申请人分期偿还借款本息及履行回购义务，所有债务在2019年12月31日前清偿完毕，并以第二、第三被申请人所持有的第一被申请人的股权质押予申请人。鉴于第二被申请人持有的第一被申请人股权中有15%已被质押予第三方,申请人同意第二被申请人应在2018年4月30日前完成第三方解质押,并在解质押完成后的10个工作日内质押予申请人。截至申请人提出仲裁申请之日,第二被申请人仍未将该15%股权质押予申请人。《股权质押协议》第7条违约责任条款约定若被申请人有违约行为,则申请人有权宣布主债权提前到期。2018年7月27日,申请人向第二、第三被申请人分别寄送了《关于宣布主债权提前到期的函》,向第二、第三被申请人主张主债权提前到期,第二、第三被申请人应当在收到该函后的3日内清偿全部债务。第二、第三被申请人于2018年7月30日收到该函,但未采取任何措施清偿债务。

2018年8月6日,申请人向深圳国际仲裁院申请仲裁,提出如下仲裁请求:

1. 第二被申请人向申请人支付股权回购款共计3955.935万元,用以购回申请人所持有的第一被申请人的全部股权。

2. 第一被申请人向申请人偿还借款本金500万元,并支付占用借款期间的利息共计30万元。

3. 第一被申请人向申请人支付逾期还款违约金共计259.912万元。

4. 第三被申请人对第1项仲裁请求承担连带责任,第二、第三被申请人对第2、3项仲裁请求承担连带责任。

5. 裁决本案的仲裁费等费用由被申请人承担。

申请人在庭后提交书面说明函,澄清其第1、2、3项仲裁请求中相关金额应计算至被申请人实际支付之日。

## 二、当事人主张

(一)关于合同效力

1. 被申请人主张

(1)所有合同的起草都是申请人方主导和确定的,是典型的格式合同。

(2)合同的本质是借款合同,申请人收取固定的收益和回报,即通过业绩补偿来确定和体现,在法律上属于以合法的形式掩盖非法的目的。在民间融资投资活动中融资方和投资方设置估值调整机制应当遵守《公司法》与《合同法》的约定,如果条款使投资者可以取得相对的固定收益,则该收益会脱离目标公司的经营业绩,直接或间接损害公司利益和公司债权人的利益,应被认定为无效。

(3)申请人要求第一被申请人回购股权的约定违反法律强制性规定,理应被认定为无效,故担保不能成立。

2. 申请人主张

(1)争议合同并非格式合同,《合同法》对格式合同有明文的规定,且《回购款协议》是各方面对面协商的结果,条款的修改、表述、签字都征求过被申请人的意见。

(2)业绩补偿与回购的条款是投资人对实际经营团队的约束,并不损害目标公司、公司债权人和股东的利益。

(二)关于合同履行过程中是否存在不可抗力因素

1. 被申请人认为,2016年泥石流灾害和2017年响应政府退城入园的要求搬迁工厂都是始料未及的,属于不可抗力事件,且申请人在第一被申请人处委派有高管,对此事知情。这些不可抗力因素是导致企业未达标、未按时挂牌的原因,仲裁庭应当考虑这些因素。

2. 申请人对被申请人的说法不予认可。申请人并不清楚上述情况,同时认为与被申请人工厂搬迁、工厂受灾等情况相关的文件、事项、合同、票据指向的时间点大多为2018年,系在发生纠纷之后,与本案无关联性,不能视为不可抗力。

(三)被申请人是否已经违约

1. 申请人认为,根据《回购款协议》及《股权质押协议》,被申请人未能按照约定时间将股权质押给申请人,违反了约定,构成违约,申请人有权依约宣布主债权提前到期。被申请人三番五次不按合同约定履行相关义务,已丧失信任基础,被申请人构成根本违约,理应按合同相关约定履行偿付义务。

2. 被申请人认为,根据《回购款协议》,回购价款支付时间都有明确的约定,约定分两期支付,分别为2018年12月31日和2019年12月31日,申请人提请仲裁的时间是2018年8月,显然没有到期。同时,《回购款协议》约定的股权质押,大部分已经办妥手续,仅有少部分未办手续,因此不应当被视为根本违约。

## 三、仲裁庭认定的事实

2015年9月6日,申请人代表其管理的X基金与被申请人及案外人签订了第一份《投资协议书》,约定由X基金对第一被申请人增资1500万元,取得第一被申请人12.5%的股权,同时约定了业绩对赌、回购等条款。第一份《投资协议书》第8.1条约定,如在2016年12月31日前,第一被申请人未能在境内外资本市场上市或在新三板挂牌,则申请人有权要求第二、第三被申请人回购申请人所持有的第一被申请人的全部股权,回购价款=申请人全部投资本金×(1+18%)^n("^"表示幂次方,"n"为申请人年投资期)。X基金于2015年9月8日、9月16日、9月30日、10月14日分别向第一被申请人划转投资款500万元、500万元、350万元、150万元。

2015年12月16日,申请人代表其管理的Y基金与被申请人及案外人签订了第二份《投资协议书》,约定由Y基金对第一被申请人增资1000万元,取得其8.3%的股权,同时约定了业绩对赌、回购等条款。第二份《投资协议书》第8.1条约定,如在2016年12月31日前,第一被申请人未能在境内外资本市场上市或在新三板挂牌,则申请人有权要求第二、第三被申请人回购申请人所持有的第一被申请人的全部股权。Y基金已于2015年12月23日向第一被申请人划转投资款1000万元。

2016年2月26日,X基金、Y基金与被申请人及案外人签署了《协议书》,约定X基金将所持有的第一被申请人的全部股权作价1755万元转让给Y基金,同时第一份《投资协议书》所约定的全部权利义务由Y基金承继,协议各方均无异议。2016年8月19日,Y基金依约向X基金支付了股权转让款1755万元。

2016年7月26日,申请人与被申请人及案外人签订了《可转债协议》,由申请人管理的Z基金出借500万元给第一被申请人,借款期限为2016年7月27日至11月27日,利率为18%/年(一年按360日计)。第二、第三被申请人对该笔借款提供连带责任保证。2016年7月26日,Z基金依照协议约定向第一被申请人支付了借款本金500万元。

2017年2月24日,申请人向被申请人发出《告知函》,要求被申请人履行还款及股权回购义务,但被申请人未采取任何措施。

2017年3月24日,第一被申请人向Z基金付款30万元,载明用途为"还借款"。

2017年7月1日,申请人代表Y基金与被申请人签署《补充协议》,各方确认,第一被申请人2015年、2016年连续两个年度未能达到业绩承诺,由第二被申请人以现金补偿方式于2017年10月30日和2018年3月30日分两期向申请人支付800万元,进而调整第一被申请人2017—2019年度的业绩目标。但各方确认,第二被申请人未支付上述现金补偿款。

2017年12月11日,申请人与被申请人签署了《回购款协议》,约定为保障各被申请人按时清偿债务,第二被申请人应当将所持有的第一被申请人共计28.7%的股权质押予申请人,第三被申请人应当将所持有的第一被申请人共计6.25%的股权质押予申请人,申请人同意第二被申请人应在2018年4月30日前完成第三方解除质押手续,并在解质押完成后的10个工作日内质押予申请人。为履行《回购款协议》,申请人与被申请人于2017年12月11日另行签署了《股权质押协议》,《股权质押协议》第7条违约责任条款约定被申请人"有其他违反本协议的足以妨碍本协议正常履行的行为",申请人有权宣布主债权提前到期。

2018年7月27日,申请人向第二、第三被申请人分别寄送了《关于宣布主债权提前到期的函》,向第二、第三被申请人主张主债权提前到期,第二、第三被申请人应当在收到该函后的3日内清偿全部债务。第二、第三被申请人于2018年7月30日收到该函。

## 四、仲裁庭意见

(一)关于合同效力

被申请人既未向仲裁庭举证证明争议合同系申请人为重复使用而预先拟定并在合同订立时未与被申请人协商的合同,也未向仲裁庭说明哪些条款因免除申请人责任、加重被申请人责任或排除被申请人主要权利而违反《合同法》第52条和第53条的规定,因此被申请人关于争议合同系格式合同并无效的说法不能成立。

在私募投资领域,私募投资基金要求目标公司控股股东或实际控制人对目标公司的业绩作出承诺并承担相应的补偿责任,即所谓业绩对赌,是通行的做法,不违反法律法规的禁止性规定,合法有效。

申请人在本次仲裁请求中,仅要求第二、第三被申请人对股权回购承担责任,没有请求第一被申请人承担回购责任,不违反法律的强制性规定。

(二)关于合同履行过程中是否存在不可抗力因素

根据第三被申请人的陈述,2017年的搬迁是响应中央环保政策的要求,且当地政府给予了早搬迁奖励的优惠,第一被申请人是最早搬进指定园区的;且企业合规经营是每一个经营者应当承担的法定义务,依据政府环保政策要求搬迁异地经营,不应当被视为不可抗力事项。

被申请人所述的2016年泥石流灾害,根据被申请人提交的材料,发生于2016年8月23—24日期间。《合同法》第118条规定:"当事人一方因不可抗力不能履行合同的,应当及时通知对方,以减轻可能给对方造成的损失,并应当在合理期限内提供证明。"第一份《投资协议书》和第二份《投资协议书》分别在第15.2条和第20.1条约定,受不可抗力影响的一方应当自不可抗力发生之日起7日和10个工作日内通知另一方。但自被申请人所称的泥石流灾害发生后,申请人与被申请人之间有过一系列交往,包括但不限于2017年2月24日申请人发出《告知函》,要求被申请人履行还款及股权回购义务;2017年3月24日,第一被申请人向Z基金付款30万元;2017年7月1日,申请人与被申请人签署《补充协议》;2017年12月11日签署《回购款协议》和《股权质押协议》;2018年7月27日,申请人发出《关于宣布主债权提前到期的函》。在上述交往和文件中,仲裁庭均未发现双方有任何提及泥石流对合同履行造成困难的言辞,也未见被申请人提交过相关泥石流构成不可抗力的证明。同时仲裁庭也认为,即便申请人在第一被申请人处委派了高管,其实质也是由申请人推荐人选、第一被申请人以法定程序予以聘用,不能由此免除被申请人在发生不可抗力时向另一方通知和证明的义务。因此,被申请人关于泥石流灾害构成不可抗力、可以减轻或免除责任的说法,不符合《合同法》的规定和合同的约定,仲裁庭依法不予采纳。

(三)关于被申请人是否已经违约

从申请人代表基金向第一被申请人投资和贷款,到申请人提起仲裁的整个过程来看,在被申请人未能履行回购或还款义务时,申请人曾经多次与被申请人协商,给予被申请人一定的履行义务宽限期,但被申请人依然没有按照协商后的期限履行其相关义务。《回购款协议》签订后,被申请人未能按照约定的时间将股权质押给申请人,使得申请人在增加保障前提下再次给予被申请人履行宽限期的期望落空,被申请人构成违约是显而易见的。据此,申请人有权要求被申请人按照第一份《投资协议书》、第二份《投资协议书》和《可转债协议》约定的时间履行回购和还款义务。

## 五、裁决结果

1. 第二被申请人向申请人支付股权回购价款,价款分成两部分,一部分为申请人原投资本金2500万元,第二部分为投资时至第二被申请人实际支付日期间按照年化收益率18%计算的孳息。孳息计算期间如下:以500万元为基数,自2015年9月9日计至实际支付之日;以500万元为基数,自2015年9月17日计至实际支付之日;以350万元为基数,自2015年10月1日计至实际支付之日;以150万元为基数,自2015年10月15日计至实际支付之日;以1000万元为基数,自2015年12月24日计至实际支付之日。

2. 第一被申请人向申请人偿还借款本金500万元。

3. 第一被申请人向申请人支付逾期还款违约金,违约金计算基数为500万元,按照年利率24%计算,自2016年11月28日计至实际偿还之日。

4. 第三被申请人对第1项裁项承担连带责任,第二、第三被申请人对第2、3项裁项承担连带责任。

5. 本案仲裁费390030元,由申请人承担39003元,第一、第二、第三被申请人承担351027元。

6. 驳回申请人的其他仲裁请求。

## 六、评析

本案涉及多个法律争点,因篇幅有限,下文仅对合同履行的不可抗力这一争点进行相关评析。本案被申请人主张发生于2016年8月的泥石流构成合同履行的不可抗力,对于该不可抗力的认定,仲裁庭的论述主要围绕通知与证明义务的履行展开,故结合本案,笔者试对不可抗力的通知与证明义务的性质以及该义务的免除进行讨论。

## (一) 不可抗力的法律效果

理论上通常认为不可抗力事件应包括由自然界原因引起的不可抗力事件和由社会原因引起的不可抗力事件,泥石流一般被认为属于前者的典型情形①,但轻微的、并未给当事人的义务履行造成重大影响的自然灾害不构成不可抗力。②

《合同法》第117条规定了不可抗力的定义及其法律后果:"因不可抗力不能履行合同的,根据不可抗力的影响,部分或者全部免除责任,但法律另有规定的除外。当事人迟延履行后发生不可抗力的,不能免除责任。本法所称不可抗力,是指不能预见、不能避免并不能克服的客观情况。"第94条规定:"有下列情形之一的,当事人可以解除合同:(一)因不可抗力致使不能实现合同目的……"第118条则规定了免责方的义务:"当事人一方因不可抗力不能履行合同的,应当及时通知对方,以减轻可能给对方造成的损失,并应当在合理期限内提供证明。"免责方的义务包括通知义务与证明义务。《民法典》第180条、第563条和第590条也延续了《合同法》的上述规定。《合同法》与《民法典》界定的不可抗力由不能预见、不能避免且不能克服三要素构成。不可抗力既可以导致免除责任的法律效果,也可以作为合同解除权的产生条件。

## (二) 不可抗力的通知与证明义务

不可抗力的法律效果在于,因不可抗力而不能履行合同的一方当事人,可以依法免除全部或部分责任。但由于其未履行或未完全履行义务也为合同相对方造成了一定的损失,所以为了双方的利益平衡,法律特别赋予免责方及时通知对方以减轻可能给对方所造成损失的义务,以及在合理期限内提供证明的义务。但若免责方未尽不可抗力的通知与证明义务,法律并未明确规定其法律效果如何。该义务属于附随义务还是不真正义务,在学理上不无争议。

若认为不可抗力的通知与证明义务为不真正义务,债务人若未及时作出不可抗力的通知和证明,则视具体情况遭受援用不可抗力条款主张免责的权

---

① 参见李昊、刘磊:《〈民法典〉中不可抗力的体系构造》,载《财经法学》2020年第5期。
② 参见刘凯湘、张海峡:《论不可抗力》,载《法学研究》2000年第6期。

利的减损或丧失的不利益,但不增加其新的负担。① 主张该观点的学者认为,一方面,债务人向债权人作出不可抗力致使系争合同不能履行的通知,旨在方便债权人采取救济措施,债权人的这些救济措施与债务人履行系争合同项下的债务相比,成本更低;另一方面,若令怠于通知的债务人承担债权人未及时采取救济措施导致的损害赔偿责任,就必须由债权人举证该损失的数额及其与怠于通知不可抗力之间的因果关系,债务人不接受该举证的,还要自己举证推翻债权人的举证,耗时费力,成本高昂。

若认为不可抗力的通知与证明义务为附随义务,债务人若未及时作出不可抗力的通知与证明,给债权人造成损失的,则对于此类损失不能以不可抗力为由要求免责。"质言之,受不可抗力影响不能履行合同的一方应采取措施防止损失的扩大,而不能认为有了不可抗力作为法定免责事由就可以听任损失的扩大。"②其理由在于,从规范目的来看,通知是为了减轻可能给对方造成的损失,如果一方未尽及时通知义务,而对方因此遭受损失的,则未尽及时通知义务的一方应对对方的损失负责。

也有学者认为,该两种观点本质上并无冲突,只是针对不同的情形。③ 具体而言,若债务人怠于履行通知义务,但并未给债权人造成损失的,宜视具体情况而使债务人全部或部分失去就不可抗力条款所享有的权益;若怠于履行通知义务给债权人造成了损失,对于此类损失不得以不可抗力为由免责,债务人应承担损害赔偿责任。但笔者认为,在前一种情形,前述两种观点在回答债务人是否能够援用不可抗力条款而免责的问题时,答案是不同的;在后一种情形,二者在面对债务人是否应当赔偿损失的情形时也会作出不同的回答。

本案中,仲裁庭认为,由于债务人在其主张的泥石流灾害发生后,并未在《投资协议书》约定的期限内作出通知,在后续文件中并未作出泥石流对合同履行造成困难的通知,亦未提交相关泥石流构成不可抗力的证明,债务人并未履行其通知与证明义务,故无权援用不可抗力条款主张免责。与此同时,该义务的不履行并未给债权人造成进一步损失,故无须承担损害赔偿责任。该论证一方面从实质上判断泥石流对合同履行并未造成不能预见、不能

---

① 参见崔建远:《不可抗力条款及其解释》,载《环球法律评论》2019 年第 1 期。
② 刘凯湘、张海峡:《论不可抗力》,载《法学研究》2000 年第 6 期。
③ 参见李昊、刘磊:《〈民法典〉中不可抗力的体系构造》,载《财经法学》2020 年第 5 期。

避免且不能克服的影响,另一方面亦说明债务人怠于履行通知与证明义务的法律后果,会导致其无权援用不可抗力条款主张免责。

(三)通知与证明义务的免除

在本案中,被申请人亦主张申请人在第一被申请人处委派有高管,对此事知情,故应当免除其通知义务。仲裁庭则认为,即便申请人在第一被申请人处委派了高管,其实质也是由申请人推荐人选、第一被申请人以法定程序予以聘用,不能由此免除被申请人在发生不可抗力时向另一方通知和证明的义务。

不可抗力中的通知义务,在性质上属于观念通知①,其内容不仅应当包含不可抗力发生的因素,还应当包含该不可抗力致使合同不能履行的要素。② 不可抗力中的证明,可以由公证机关出具,也可以由相关组织出具。本案仲裁庭认为,不能因委派高管而推定债权人知情,进而免除债务人对于不可抗力的通知与证明义务。

笔者认为,一般来说,在不可抗力发生的情形下,即便由于媒体的报道,不可抗力事件可能已成为一定范围内众所周知的事件,债务人依然应当向债权人作出不可抗力发生的事实及其致使合同不能履行的通知。③ 理由在于,一方面,债权人是否得知该事实是不确定的,而仅有债务人向其发出通知,才能确保债权人明确该事实的发生;另一方面,不可抗力事件的发生并不绝对影响系争合同的履行,其是否影响合同的履行、影响的程度大小,只有经过债务人的通知,债权人才得以清晰了解并作出对应的救济措施。这也是不可抗力通知的必要性所在。与之相同,本案中,被申请人主张高管的委派能够免除其不可抗力的通知义务,理由在于委派高管的事实能够推定债权人了解不可抗力事实的发生及其对系争合同履行所造成的影响程度,而这一推定与前文所论证的媒体报道一样,并不符合逻辑。故委派高管这一事实,并不能免除债务人的不可抗力的通知与证明义务。

综上,因不可抗力而不能履行合同的一方当事人,可以依法免除全部或

---

① 参见朱庆育:《民法总论》,北京大学出版社2016年版,第86页。
② 参见崔建远:《不可抗力条款及其解释》,载《环球法律评论》2019年第1期。
③ 司法实践中的相反观点,参见广东省广州市中级人民法院(2017)粤01民终14456号民事判决书,转引自丁宇翔:《疫情不可抗力的司法认定及与情势变更的衔接》,载《人民司法》2020年第10期。作者认为实践中媒体对不可抗力事件的报道,也可以被认为是通知。

部分责任,但法律特别赋予免责方及时通知对方以减轻可能给对方所造成损失的义务,以及在合理期限内提供证明的义务。该通知与证明义务的不履行,将会导致援用不可抗力条款主张免责的权利的减损或丧失。不可抗力的通知与证明义务,亦无法通过委派高管等事实进行推定而予以免除。本案仲裁庭关于不可抗力的通知与证明义务的分析逻辑清晰、有理有据,值得学习借鉴。

(本案例由北京大学法学院硕士研究生魏青编撰)

# 附 录

## 全国法院民商事审判工作会议纪要(节选)

……

### 二、关于公司纠纷案件的审理

会议认为,审理好公司纠纷案件,对于保护交易安全和投资安全,激发经济活力,增强投资创业信心,具有重要意义。要依法协调好公司债权人、股东、公司等各种利益主体之间的关系,处理好公司外部与内部的关系,解决好公司自治与司法介入的关系。

(一)关于"对赌协议"的效力及履行

实践中俗称的"对赌协议",又称估值调整协议,是指投资方与融资方在达成股权性融资协议时,为解决交易双方对目标公司未来发展的不确定性、信息不对称以及代理成本而设计的包含了股权回购、金钱补偿等对未来目标公司的估值进行调整的协议。从订立"对赌协议"的主体来看,有投资方与目标公司的股东或者实际控制人"对赌"、投资方与目标公司"对赌"、投资方与目标公司的股东、目标公司"对赌"等形式。人民法院在审理"对赌协议"纠纷案件时,不仅应当适用合同法的相关规定,还应当适用公司法的相关规定;既要坚持鼓励投资方对实体企业特别是科技创新企业投资原则,从而在一定程度上缓解企业融资难问题,又要贯彻资本维持原则和保护债权人合法权益原则,依法平衡投资方、公司债权人、公司之间的利益。对于投资方与目标公司的股东或者实际控制人订立的"对赌协议",如无其他无效事由,认定有效并支持实际履行,实践中并无争议。但投资方与目标公司订立的"对赌

协议"是否有效以及能否实际履行,存在争议。对此,应当把握如下处理规则:

5.【与目标公司"对赌"】投资方与目标公司订立的"对赌协议"在不存在法定无效事由的情况下,目标公司仅以存在股权回购或者金钱补偿约定为由,主张"对赌协议"无效的,人民法院不予支持,但投资方主张实际履行的,人民法院应当审查是否符合公司法关于"股东不得抽逃出资"及股份回购的强制性规定,判决是否支持其诉讼请求。

投资方请求目标公司回购股权的,人民法院应当依据《公司法》第35条关于"股东不得抽逃出资"或者第142条关于股份回购的强制性规定进行审查。经审查,目标公司未完成减资程序的,人民法院应当驳回其诉讼请求。

投资方请求目标公司承担金钱补偿义务的,人民法院应当依据《公司法》第35条关于"股东不得抽逃出资"和第166条关于利润分配的强制性规定进行审查。经审查,目标公司没有利润或者虽有利润但不足以补偿投资方的,人民法院应当驳回或者部分支持其诉讼请求。今后目标公司有利润时,投资方还可以依据该事实另行提起诉讼。

……

# 甘肃世恒有色资源再利用有限公司、
# 香港迪亚有限公司与苏州工业园区海富投资有限公司、
# 陆波增资纠纷民事判决书

**审理法院**：最高人民法院
**案　　号**：（2012）民提字第 11 号
**裁判日期**：2012.11.07
**案　　由**：民事〉与公司、证券、保险、票据等有关的民事纠纷〉与公司有关的纠纷〉公司增资纠纷

申请再审人（一审被告、二审被上诉人）：甘肃世恒有色资源再利用有限公司。
法定代表人：陆波，该公司总经理。
委托代理人：孙赓，甘肃德合律师事务所律师。
申请再审人（一审被告、二审被上诉人）：香港迪亚有限公司。
法定代表人：陆波，该公司总经理。
委托代理人：孙赓，甘肃德合律师事务所律师。
被申请人（一审原告、二审上诉人）：苏州工业园区海富投资有限公司。
法定代表人：张亦斌，该公司执行董事。
委托代理人：计静怡，北京市法大律师事务所律师。
委托代理人：涂海涛，北京市法大律师事务所律师。
一审被告、二审被上诉人：陆波。
委托代理人：孙赓，甘肃德合律师事务所律师。

申请再审人甘肃世恒有色资源再利用有限公司（以下简称世恒公司）、香港迪亚有限公司（以下简称迪亚公司）为与被申请人苏州工业园区海富投资有限公司（以下简称海富公司）、陆波增资纠纷一案，不服甘肃省高级人民

法院(2011)甘民二终字第96号民事判决,向本院申请再审。本院以(2011)民申字第1522号民事裁定书决定提审本案,并依法组成合议庭于2012年4月10日公开开庭进行了审理。世恒公司、迪亚公司、陆波的委托代理人孙赓,海富公司的委托代理人计静怡到庭参加了诉讼,本案现已审理终结。

2009年12月30日,海富公司诉至兰州市中级人民法院,请求判令世恒公司、迪亚公司和陆波向其支付协议补偿款1998.2095万元并承担本案诉讼费及其它费用。

甘肃省兰州市中级人民法院一审查明:2007年11月1日前,甘肃众星锌业有限公司(以下简称众星公司)、海富公司、迪亚公司、陆波共同签订一份《甘肃众星锌业有限公司增资协议书》(以下简称《增资协议书》),约定:众星公司注册资本为384万美元,迪亚公司占投资的100%。各方同意海富公司以现金2000万元人民币对众星公司进行增资,占众星公司增资后注册资本的3.85%,迪亚公司占96.15%。依据协议内容,迪亚公司与海富公司签订合营企业合同及修订公司章程,并于合营企业合同及修订后的章程批准之日起10日内一次性将认缴的增资款汇入众星公司指定的账户。合营企业合同及修订后的章程,在报经政府主管部门批准后生效。海富公司在履行出资义务时,陆波承诺于2007年12月31日之前将四川省峨边县五渡牛岗铅锌矿过户至众星公司名下。募集的资金主要用于以下项目:1.收购甘肃省境内的一个年产能大于1.5万吨的锌冶炼厂;2.开发四川省峨边县牛岗矿山;3.投入500万元用于循环冶炼技术研究。第七条特别约定第一项:本协议签订后,众星公司应尽快成立"公司改制上市工作小组",着手筹备安排公司改制上市的前期准备工作,工作小组成员由股东代表和主要经营管理人员组成。协议各方应在条件具备时将公司改组成规范的股份有限公司,并争取在境内证券交易所发行上市。第二项业绩目标约定:众星公司2008年净利润不低于3000万元人民币。如果众星公司2008年实际净利润完不成3000万元,海富公司有权要求众星公司予以补偿,如果众星公司未能履行补偿义务,海富公司有权要求迪亚公司履行补偿义务。补偿金额=(1-2008年实际净利润/3000万元)×本次投资金额。第四项股权回购约定:如果至2010年10月20日,由于众星公司的原因造成无法完成上市,则海富公司有权在任一时刻要求迪亚公司回购届时海富公司持有之众星公司的全部股权,迪亚公司应自收到海富公司书面通知之日起180日内按以下约定回购金额向海富公司一次性支付全部价款。若自 2008 年 1 月 1 日起,众星公司的净资产年化收益率超过 10%,则迪亚公司回购金额为海富公司所持众星公司股份对应的所有者权益账面价值;若自 2008 年 1 月 1 日起,众星公司的净资产年化收益率低于 10%,则迪亚公司回购金额为(海富公司的原始投资金额-补偿金额)×(1+10%×投资天数/360)。此外,还规定了信息披露约定、违约责任等,还约定该协议自各方授权代表签字并加盖了公章,与协议文首注明之签署日期生效。协议未作规定或约定不详之事宜,应参照经修改后的众星公司章程及股东间的投资合同(若有)办理。

2007 年 11 月 1 日,海富公司、迪亚公司签订《中外合资经营甘肃众星锌业有限公司合同》(以下简称《合资经营合同》),有关约定为:众星公司增资扩股将注册资本增加至 399.38 万美元,海富公司决定受让部分股权,将众星公司由外资企业变更为中外合资经营企业。在合资公司的设立部分约定,合资各方以其各自认缴的合资公司注册资本出资额或者提供的合资条件为限对合资公司承担责任。海富公司出资 15.38 万美元,占注册资本的 3.85%;迪亚公司出资 384 万美元,占注册资本的 96.15%。海富公司应于本合同生效后十日内一次性向合资公司缴付人民币 2000 万元,超过其认缴的合资公司注册资本的部分,计入合资公司资本公积金。在第六十八条、第六十九条关于合资公司利润分配部分约定:合资公司依法缴纳所得税和提取各项基金后的利润,按合资方各持股比例进行分配。合资公司上一个会计年度亏损未弥补前不得分配利润。上一个会计年度未分配的利润,可并入本会计年度利润分配。还规定了合资公司合资期限、解散和清算事宜。还特别约定:合资公司完成变更后,应尽快成立"公司改制上市工作小组",着手筹备安排公司改制上市的前期准备工作,工作小组成员由股东代表和主要经营管理人员组成。合资公司应在条件具备时改组成立为股份有限公司,并争取在境内证券交易所发行上市。如果至 2010 年 10 月 20 日,由于合资公司自身的原因造成无法完成上市,则海富公司有权在任一时刻要求迪亚公司回购届时海富公司持有的合资公司的全部股权。合同于审批机关批准之日起生效。《中外合资经营甘肃众星锌业有限公司章程》(以下简称《公司章程》)第六十二条、六十三条与《合资经营合同》第六十八条、六十九条内容相同。之后,海富公司依约于 2007 年 11 月 2 日缴存众星公司银行账户人民币 2000 万元,其中新增注册资本 114.7717 万元,资本公积金 1885.2283 万元。2008 年 2 月 29 日,甘肃省商务厅甘商外资字[2008]79 号文件《关于甘肃众星锌业有限公司增资及股权变更的批复》同意增资及股权变更,并批准"投资双方于2007年11月1日签订的增资协议、合资企业合营合同和章程从即日起生效"。随后,众星公司依据该批复办理了相应的工商变更登记。2009年6月,众星公司依据该批复办理了相应的工商变更登记。2009年6月,众星公司经甘肃省商务厅批准,到工商部门办理了名称及经营范围变更登记手续,名称变更为甘肃世恒有色资源再利用有限公司。另据工商年检报告登记记载,众星公司2008年度生产经营利润总额26858.13元,净利润26858.13元。

一审法院认为,根据双方的诉辩意见,案件的争议焦点为:1.《增资协议书》第七条第(二)项内容是否具有法律效力;2.如果有效,世恒公司、迪亚公司、陆波应否承担补偿责任。

经审查,《增资协议书》系双方真实意思表示,但第七条第(二)项内容即世恒公司2008年实际净利润完不成3000万元,海富公司有权要求世恒公司补偿的约定,不符合《中华人民共和国中外合资经营企业法》第八条关于企业利润根据合营各方注册资本的比例进行分配的规定,同时,该条规定与《公司章程》的有关条款不一致,也损害公司利益及公司债权人的利益,不符合《中华人民共和国公司法》第二十条第一款的规定。因此,根据《中华人民共和国合同法》第五十二条(五)项的规定,该条由世恒公司对海富公司承担补偿责任的约定违反了法律、行政法规的强制性规定,该约定无效,故海富公司依据该条款要求世恒公司承担补偿责任的诉请,依法不能支持。由于海富公司要求世恒公司承担补偿责任的约定无效,因此,海富公司要求世恒公司承担补偿责任失去了前提依据。同时,《增资协议书》第七条第(二)项内容与《合资经营合同》中相关约定内容不一致,依据《中华人民共和国中外合资经营企业法实施条例》第十条第二款的规定,应以《合资经营合同》内容为准,故海富公司要求迪亚公司承担补偿责任的依据不足,依法不予支持。陆波虽是世恒公司的法定代表人,但其在世恒公司的行为代表的是公司行为利益,并且《增资协议书》第七条第(二)项内容中,并没有关于由陆波个人承担补偿义务的约定,故海富公司要求陆波个人承担补偿责任的诉请无合同及法律依据,依法应予驳回。至于陆波未按照承诺在2007年12月31日之前将四川省峨边县五渡牛岗铅锌矿过户至世恒公司名下,涉及对世恒公司及其股东的违约问题,不能成为本案陆波承担补偿责任的理由。

综上,一审法院认为海富公司的诉请依法不能支持,世恒公司、迪亚公司、陆波不承担补偿责任的抗辩理由成立。依照《中华人民共和国合同法》

第五十二条(五)项、《中华人民共和国公司法》第六条第二款、第二十条第一款、《中华人民共和国中外合资经营企业法》第二条第一款、第二款、第三条、《中华人民共和国中外合资经营企业法实施条例》第十条第二款之规定,该院于 2010 年 12 月 31 日作出(2010)兰法民三初字第 71 号民事判决,驳回海富公司的全部诉讼请求。

海富公司不服一审判决,向甘肃省高级人民法院提起上诉。

二审查明的事实与一审一致。

二审法院认为:当事人争议的焦点为《增资协议书》第七条第(二)项是否具有法律效力。本案中,海富公司与世恒公司、迪亚公司、陆波四方签订的协议书虽名为《增资协议书》,但纵观该协议书全部内容,海富公司支付 2000 万元的目的并非仅享有世恒公司 3.85% 的股权(计 15.38 万美元,折合人民币 114.771 万元),期望世恒公司经股份制改造并成功上市后,获取增值的股权价值才是其缔结协议书并出资的核心目的。基于上述投资目的,海富公司等四方当事人在《增资协议书》第七条第(二)项就业绩目标进行了约定,即"世恒公司 2008 年净利润不低于 3000 万元,海富公司有权要求世恒公司予以补偿,如果世恒公司未能履行补偿义务,海富公司有权要求迪亚公司履行补偿义务。补偿金额=(1-2008 年实际净利润/3000 万元)×本次投资金额"。四方当事人就世恒公司 2008 年净利润不低于 3000 万元人民币的约定,仅是对目标企业盈利能力提出要求,并未涉及具体分配事宜;且约定利润如实现,世恒公司及其股东均能依据《中华人民共和国公司法》、《合资经营合同》、《公司章程》等相关规定获得各自相应的收益,也有助于债权人利益的实现,故并不违反法律规定。而四方当事人就世恒公司 2008 年实际净利润完不成 3000 万元,海富公司有权要求世恒公司及迪亚公司以一定方式予以补偿的约定,则违反了投资领域风险共担的原则,使得海富公司作为投资者不论世恒公司经营业绩如何,均能取得约定收益而不承担任何风险。参照《最高人民法院〈关于审理联营合同纠纷案件若干问题的解答〉》第四条第二项关于"企业法人、事业法人作为联营一方向联营体投资,但不参加共同经营,也不承担联营的风险责任,不论盈亏均按期收回本息,或者按期收取固定利润,是明为联营,实为借贷,违反了有关金融法规,应当确认合同无效"之规定,《增资协议书》第七条第(二)项部分该约定内容,因违反《中华人民共和国合同法》第五十二条第(五)项之规定应认定无效。海富公司除已计入世恒公司注册资本的 114.771 万元外,其余 1885.2283 万元资金性质应属名为投资，实为借贷。虽然世恒公司与迪亚公司的补偿承诺亦归于无效，但海富公司基于对其承诺的合理依赖而缔约，故世恒公司、迪亚公司对无效的法律后果应负主要过错责任。根据《中华人民共和国合同法》第五十八条之规定，世恒公司与迪亚公司应共同返还海富公司 1885.2283 万元及占用期间的利息，因海富公司对于无效的法律后果亦有一定过错，如按同期银行贷款利率支付利息不能体现其应承担的过错责任，故世恒公司与迪亚公司应按同期银行定期存款利率计付利息。

因陆波个人并未就《增资协议书》第七条第（二）项所涉补偿问题向海富公司作出过承诺，且其是否于 2007 年 12 月 31 日之前将四川省峨边县五渡牛岗铅锌矿过户至世恒公司名下与本案不属同一法律关系，故海富公司要求陆波承担补偿责任的诉请无事实及法律依据，依法不予支持。

关于世恒公司、迪亚公司、陆波在答辩中称《增资协议书》已被之后由海富公司与迪亚公司签订的《合资经营合同》取代，《增资协议书》第七条第（二）项对各方已不具有法律约束力的主张。因《增资协议书》与《合资经营合同》缔约主体不同，各自约定的权利义务也不一致，且 2008 年 2 月 29 日，在甘肃省商务厅甘商外资字〔2008〕79 号《关于甘肃众星锌业有限公司增资及股权变更的批复》中第二条中明确载明"投资双方 2001 年 11 月 1 日签订的增资协议、合资企业合营合同和章程从即日起生效"。故其抗辩主张不予支持。该院认为一审判决认定部分事实不清，导致部分适用法律不当，应予纠正。依照《中华人民共和国民事诉讼法》第一百五十三条第（二）项、第（三）项、第一百五十八条之规定，该院判决：一、撤销兰州市中级人民法院（2010）兰法民三初字第 71 号民事判决；二、世恒公司、迪亚公司于判决生效后 30 日内共同返还海富公司 1885.2283 万元及利息（自 2007 年 11 月 3 日起至付清之日止按照中国人民银行同期银行定期存款利率计算）。

世恒公司、迪亚公司不服甘肃省高级人民法院（2011）甘民二终字第 96 号民事判决，向本院申请再审，请求裁定再审，撤销二审判决，维持一审判决。理由是：一、海富公司的诉讼请求是要求世恒公司、迪亚公司和陆波支付利润补偿款 19982095 元，没有请求将计入合资公司资本金的 18852283 元及利息返还。因此二审判决判令世恒公司、迪亚公司共同返还 18852283 元及利息超出了海富公司诉讼请求和上诉请求，程序违法。同时，18852283 元及利息已超过 2200 万元，明显超出诉讼标的。二、二审判决将海富公司缴付并计入合资公司资本公积金的 18852283 元认定为"名为投资实为借贷"，没有证据证明，也违反法律规定。三、二审判决参照最高人民法院《关于审理联营合同纠纷案件若干问题的解答》，适用法律错误。海富公司与迪亚公司、世恒公司之间不存在联营关系。四、《合资经营合同》第九十七条约定：该合同取代双方就上述交易事宜做出的任何口头或书面的协议、合同、陈述和谅解。所以《增资协议书》对各方已不具有约束力。迪亚公司并未依照《增资协议书》第7.2条或《合资经营合同》取得任何款项，判令迪亚公司承担共同返还本息的责任没有事实根据。

海富公司答辩称：一、《增资协议书》是四方当事人为达到上市目的而签订的融资及股份制改造一揽子协议书，不是《合资经营合同》所能容纳得了的。二、二审法院判令世恒公司和迪亚公司返还的是股本金之外的有特别用途的溢价款，不涉及抽逃出资问题。三、陆波在《增资协议书》中只代表其个人，是合同当事人的个人行为，因其违反《增资协议书》的约定应承担补偿责任。四、陆波的行为涉嫌刑事犯罪，其采取虚报注册资本的手段诱使海富公司误信其公司的经济实力，骗取海富公司资金。请求调取证据查证事实或将此案移交公安机关侦查。

本院审查查明的事实与一、二审查明的事实一致。

本院认为：2009年12月，海富公司向一审法院提起诉讼时的诉讼请求是请求判令世恒公司、迪亚公司、陆波向其支付协议补偿款19982095元并承担本案诉讼费用及其它费用，没有请求返还投资款。因此二审判决判令世恒公司、迪亚公司共同返还投资款及利息超出了海富公司的诉讼请求，是错误的。

海富公司作为企业法人，向世恒公司投资后与迪亚公司合资经营，故世恒公司为合资企业。世恒公司、海富公司、迪亚公司、陆波在《增资协议书》中约定，如果世恒公司实际净利润低于3000万元，则海富公司有权从世恒公司处获得补偿，并约定了计算公式。这一约定使得海富公司的投资可以取得相对固定的收益，该收益脱离了世恒公司的经营业绩，损害了公司利益和公司债权人利益，一审法院、二审法院根据《中华人民共和国公司法》第二十条和《中华人民共和国中外合资经营企业法》第八条的规定认定《增资协议书》中的这部分条款无效是正确的。但二审法院认定海富公司18852283元的投资名为联营实为借贷，并判决世恒公司和迪亚公司向海富公司返还该笔投资款，没有法律依据，本院予以纠正。

《增资协议书》中并无由陆波对海富公司进行补偿的约定，海富公司请求陆波进行补偿，没有合同依据。此外，海富公司称陆波涉嫌犯罪，没有证据证明，本院对该主张亦不予支持。

但是，在《增资协议书》中，迪亚公司对于海富公司的补偿承诺并不损害公司及公司债权人的利益，不违反法律法规的禁止性规定，是当事人的真实意思表示，是有效的。迪亚公司对海富公司承诺了众星公司 2008 年的净利润目标并约定了补偿金额的计算方法。在众星公司 2008 年的利润未达到约定目标的情况下，迪亚公司应当依约应海富公司的请求对其进行补偿。迪亚公司对海富公司请求的补偿金额及计算方法没有提出异议，本院予以确认。

根据海富公司的诉讼请求及本案《增资协议书》中部分条款无效的事实，本院依照《中华人民共和国合同法》第六十条、《中华人民共和国民事诉讼法》第一百五十三条第一款第二项、第一百八十六条的规定，判决如下：

一、撤销甘肃省高级人民法院（2011）甘民二终字第 96 号民事判决；

二、本判决生效后三十日内，迪亚公司向海富公司支付协议补偿款 19982095 元。如未按本判决指定的期间履行给付义务，则按《中华人民共和国民事诉讼法》第二百二十九条的规定，加倍支付延迟履行期间的债务利息；

三、驳回海富公司的其他诉讼请求。

一审案件受理费 155612.3 元、财产保全费 5000 元、法院邮寄费 700 元、二审案件受理费 155612.3 元，合计 316924.6 元，均由迪亚公司负担。

本判决为终审判决。

审　判　长　陆效龙
审　判　员　杨兴业
代理审判员　杨弘磊
二〇一二年十一月七日
书　记　员　许英林

# 张瑞芳、深圳一电实业有限公司与旺达纸品集团有限公司、林秉师民间借贷纠纷二审民事判决书

**审理法院**：广东省高级人民法院
**案　　号**：（2014）粤高法民四终字第12号
**裁判日期**：2014.09.18
**案　　由**：民事〉与公司、证券、保险、票据等有关的民事纠纷〉与公司有关的纠纷〉股权转让纠纷

上诉人（原审原告）：张瑞芳，女，汉族，××年××月××日出生，住址：福建省惠安县。
　　委托代理人：沈玉华，广东广和律师事务所律师。
　　委托代理人：赖警予，广东君言律师事务所律师。
　　上诉人（原审被告）：深圳一电实业有限公司。住所地：广东省深圳市宝安区。
　　法定代表人：张木新，该公司执行董事。
　　委托代理人：肖辉，广东盛唐律师事务所律师。
　　委托代理人：霍建东，广东盛唐律师事务所实习律师。
　　被上诉人（原审被告）：旺达纸品集团有限公司。住所地：香港特别行政区。
　　授权代表：林秉师，该公司董事。
　　委托代理人：王成冈，广东国晖律师事务所律师。
　　被上诉人（原审被告）：林秉师，男，汉族，××年××月××出生，住广东省深圳市南山区。
　　委托代理人：王成冈，广东国晖律师事务所律师。

**委托代理人**：李良国，贵州三一律师事务所律师。

上诉人张瑞芳、深圳一电实业有限公司(原名深圳市旺达实业有限公司,以下简称旺达实业公司)因与被上诉人旺达纸品集团有限公司(以下简称旺达集团公司)、林秉师涉港股权转让合同纠纷一案,不服广东省深圳市中级人民法院(2012)深中法涉外初字第51号民事判决,向本院提起上诉。本院受理后依法组成合议庭进行了审理,本案现已审理终结。

张瑞芳于2012年7月2日向原审法院起诉称：张瑞芳与旺达集团公司于2009年10月8日在深圳签订《股权转让协议书》,约定旺达集团公司将持有的江苏旺达纸业股份有限公司(简称旺达股份公司)的14134275股股份转让给张瑞芳,股权转让价为4000万元,双方对投资前提、转让标的、转让价款及支付、保证和承担、承诺和保函、不可抗力、违约责任、适用的法律及争议解决等进行了约定。张瑞芳与旺达集团公司、旺达实业公司、林秉师于2009年10月9日在深圳签订《股权转让补充协议书》,四方对股权转让进行了补充约定,对投资前提、投资回报、回购条款、董事会、财务及其他信息披露、担保和保证、违约赔偿、争议解决等进行了详细约定,其中特别约定旺达股份公司未能在2012年6月30日前通过上市审批以及任何年度净利润低于上年度时,回购条款触发,张瑞芳有权要求旺达集团公司按约定的价格进行回购；而且在张瑞芳投资旺达股份公司期间,在获批上市前,获得稳定的投资回报,如果旺达股份公司在2012年6月30日前未能获批上市,则旺达集团公司将补足25%的投资回报给张瑞芳；另外四方对迟延支付回购款、投资回报款的违约责任约定为支付银行借款利率四倍的利息,及每日万分之二点一的迟延履行滞纳金；最后四方约定,旺达实业公司、林秉师对旺达集团公司在补充协议中约定义务的履行,承担连带担保责任,包括但不限于投资回报的支付,上市原始股的认购,回购义务,回购价款的支付等。

《股权转让协议书》及《股权转让补充协议书》签订后,张瑞芳按约共支付旺达集团公司股权转让款3800万元,旺达集团公司应当在2009年12月将该协议获得股东会同意,并在2010年3月底办妥股权变更登记,但由于旺达集团公司拖欠其他股东的款项导致其他股东不配合,旺达集团公司一直未能取得股东会同意,更未能办妥股权变更登记,张瑞芳按约在股权变更登记后支付的200万元,由于旺达集团公司未能履行股权变更登记义务而未能支付最后一笔款项。《股权转让协议书》及《股权转让补充协议书》签订后,张瑞芳按约支付了股权转让款,旺达集团公司在2009年12月31日前按时支付1372500元给张瑞芳,全部及时地支付了2009年度的投资回报,但自2010年1月1日后的投资回报,旺达集团公司拖延未能及时支付。2011年8月8日至2012年5月23日张瑞芳收到汇款235万元,合计支付1140万元,共支付2010年、2011年度的15%投资回报,其他未再支付。旺达股份公司2011年度净利润低于2010年,而且直至2012年6月30日,旺达股份公司未能获批上市,回购条款触发,张瑞芳有权要求旺达股份公司按补充协议约定回购张瑞芳受让的股份并支付回购款,按年25%的复合收益率计为5937.5万元,以及支付剩余的投资回报款。张瑞芳与旺达集团公司签订的《股权转让协议书》及《股权转让补充协议书》实际上是风险投资中的对赌协议,是双方的真实意思表示,合法有效,对双方均具有法律约束力。根据《中华人民共和国合同法》的规定,本协议应当得到全面的、严格的履行。现旺达股份公司在2012年6月30日前未能获批上市,双方约定的回购条款触发,张瑞芳有权要求旺达集团公司回购股份,并按约定支付投资回报,同时承担迟延付款的违约责任。旺达实业公司、林秉师应按补充协议约定承担连带担保法律责任,林秉师又是旺达集团公司、旺达股份公司的法定代表人,旺达集团公司、旺达实业公司和林秉师应连带偿还张瑞芳的回购款、投资回报以及利息和滞纳金。根据法律规定,请求判令:1.《股权转让协议》及《股权转让补充协议》合法有效;2.旺达集团公司回购张瑞芳持有旺达股份公司的14134275股,支付回购款5937.5万元(按投资额3800万元×(1+25%)2计)及利息(利息从2012年10月1日起算,按银行同期贷款利率计算至付清之日);3.旺达集团公司支付张瑞芳投资回报1235万元(按每年25%计,从2010年1月1日开始计算,计至回购款付清之日,暂计至2012年8月1日,扣除已付投资回报1140万元后为1235万元);4.旺达集团公司支付张瑞芳逾期支付投资回报的利息2242869元(按同期银行贷款利息的4倍计,自2010年8月1日起算,计至投资回报付清之日,暂计至2012年7月31日为2242869元);5.旺达集团公司支付张瑞芳逾期履行滞纳金671987元(按每日万分之二点一计,从2010年8月1日起算,计至付清之日,暂计至2012年7月31日为671987元);6.旺达实业公司、林秉师对上述旺达集团公司的付款义务承担连带担保责任;7.旺达集团公司、旺达实业公司、林秉师承担本案诉讼费用及律师费。经原审法院释明,张瑞芳庭后以补充代理词方式明确如果《股权转让协议书》及《股权转让补充协议书》被认定为无效或未生效,其诉讼请求为:判令解除《股权转让协议书》及《股权转让补充协议书》,要求旺达集团公司返还

3800万元投资款以及损失,损失范围具体包括按照双方约定的年25%的投资回报、迟延支付投资回报而产生的银行贷款利率4倍的利息和滞纳金以及张瑞芳为本次诉讼而支出的诉讼费、保全费和律师费,同时要求旺达实业公司和林秉师对旺达集团公司的上述债务承担连带赔偿责任。

旺达集团公司在原审口头答辩称:(一)张瑞芳与旺达集团公司签订的《股权转让协议书》以及《股权转让补充协议书》未生效。应当驳回张瑞芳的诉讼请求。(二)关于《股权转让协议书》未办理批准手续的原因不在于旺达集团公司。(三)关于张瑞芳与旺达集团公司签订的协议未生效后的法律后果。1.根据合同法,合同成立未生效的,不产生合同的效力,合同约定的条款不发生法律约束力,所以张瑞芳依据协议主张的股权回购款、投资回报、利息、滞纳金等均无合同依据。2.根据法律规定,导致合同未审批而不生效的,受让方只能要求转让方及外商投资企业在合理的期间内履行报批手续,或者请求解除合同,并要求对方返还投资款以及赔偿缔约过失损失。这里所指的缔约过失损失,最高人民法院规定限于股权的差价损失,而张瑞芳第二项至第五项的诉讼请求于法无据,理应全部驳回。3.退一步讲,即使没有办理合同审批手续的责任在于旺达集团公司,按照司法解释的规定,旺达集团公司也只能向张瑞芳返还投资款的本金以及赔偿其实际损失。但是张瑞芳至今并没有向法庭提交其损失的任何证据。4.本案合同生效的条件是法律强制性规定的生效条件,所以涉案合同未经审批不生效,不能认定是旺达集团公司为了自己的利益不正当地阻止条件成就。(四)《股权转让协议书》以及《股权转让补充协议书》无效。1.本案《股权转让协议书》以及《股权转让补充协议书》属于对赌协议。无论盈亏,张瑞芳均能保本收益,其既能分享到远高于贷款利息的投资收益,又能完全规避投资失败的风险,对于这种保底条款显然违背了共负盈亏,风险共担的原则,明显协议是无效的。2.双方在《股权转让补充协议书》约定的投资回报由目标公司支付,如果目标公司不支付,则由旺达集团公司支付,这属于未经他人同意,为他人设立合同义务的行为,违反法律规定,应属无效。3.《股权转让补充协议书》还约定,无论盈亏,张瑞芳均可要求目标公司支付不低于15%的固定投资回报,该约定违反民事行为的公平等价有偿原则,应为无效。4.张瑞芳所谓的股权回购款以及投资回报虽名为股权投资款或投资回报款,但实际上是属于变相的高利贷,双方签订的协议是名为联营,实为借贷的合同。张瑞芳为了规避高利贷的嫌疑和风险,将预期的高利贷利息以股权回购款以及投资回报。(五)关于张瑞芳要求旺达集团公司回购其持有的目标公司14134275股的股份,以及要求旺达集团公司支付股权回购款的诉讼请求没有事实和法律依据。(六)关于张瑞芳诉请的投资回报利息、滞纳金的诉讼请求也不能成立。如上陈述,投资回报约定无效。其次张瑞芳未能成为目标公司的股东,其无权要求目标公司支付其投资回报。再有,张瑞芳的投资回报与股权回购款的溢价部分存在重复,属于双重收益或者属于双重利息。(七)关于旺达集团公司已经偿还的1277.25万元,属于旺达集团公司偿还的本金部分,而不是张瑞芳主张的投资回报。综上所述,请求驳回张瑞芳的全部诉讼请求。

旺达实业公司以及林秉师在原审口头答辩称:(一)张瑞芳与旺达集团公司、旺达实业公司和林秉师签订的《股权转让协议书》和《股权转让补充协议书》未生效,所以张瑞芳诉请的主合同不成立,担保合同同样不能成立,不生效。(二)《股权转让协议书》和《股权转让补充协议书》,名为联营,实为借贷,且有各种保底条款,故主合同无效,担保合同则无效。旺达实业公司和林秉师无需承担任何担保责任。(三)旺达集团公司属于境外企业,旺达实业公司和林秉师为境外的企业向境内的债权人提供担保,违反了最高人民法院关于担保法的司法解释,属于无效担保。涉案旺达集团公司属于香港企业,旺达实业公司和林秉师为旺达集团公司提供一年以上的对外担保,按照国务院的规定应该必须报当地的外汇管理局初审,再报国家外汇局审批,由国家外汇局审批同意后,方能提供对外担保,张瑞芳在旺达实业公司和林秉师未取得国家外汇局审批同意的情况下,私自准许旺达实业公司和林秉师向其提供担保,其应该自行承担由此产生的责任。(四)林秉师系自然人,不属于对外担保的主体资格,其担保行为依法不成立。理由是根据境内机构对外担保管理办法的规定,对外担保的主体必须是境内的机构,林秉师作为内地居民,不可能成为对外担保的担保人。林秉师作为自然人,其不是对外担保的适格主体。(五)本案的担保合同未约定保证期限,按照司法解释的规定,未约定保证期限的,保证期限为主债务履行期届满的6个月,而张瑞芳诉请的投资回报、利息、滞纳金等均已超过保证期限,旺达实业公司和林秉师依法可以免除保证责任。综上所述,请求驳回张瑞芳的全部诉讼请求。

原审审理查明:2009年10月8日张瑞芳与旺达集团公司签订了《股权转让协议书》,对投资前提、转让标的、转让价款、保证和承担、承诺和保函、不可抗力、违约责任、协议的变更和解除、适用的法律及争议解决、协议的生效及其他、特别约定等内容进行了约定,共12条,"1.2条鉴于"约定:1.2.1、旺达股份公司是一家在中国合法设立并有效存续的中外合资经营股份有限责任公司,注册地是江苏常州市新北区,注册资金为22200万元。1.2.2、旺达集团公司是一家在香港注册成立的公司,持有旺达股份公司77.14%共171251238股,是旺达股份公司的绝对控股股东。1.2.3、张瑞芳是中国国籍自然人,拟收购旺达集团公司持有的旺达股份公司的部分股权。1.2.4、通达纸品投资(中国)有限公司于2008年12月10日变更登记为"旺达纸品集团有限公司"(即旺达集团公司)。"2.投资前提"约定:2.1、旺达集团公司计划旺达股份公司将于2012年6月30日前获批在深圳市中小板上市。2.2、旺达集团公司保证在收到股权转让款的半月内归还旺达集团公司及林秉师个人所欠旺达股份公司的欠款,以理顺关联方旺达实业彩印包装有限公司及大股东和旺达股份公司的关系,完善旺达股份公司的公司法人治理结构。"3.转让标的"约定:3.1、旺达集团公司将其持有旺达股份公司77.14%股权中的14,134,275股股份转让给张瑞芳,张瑞芳同意接受。3.2、股权转让成立日后,旺达集团公司实际持有旺达股份公司的157,116,963股,占旺达股份公司的70.773%,张瑞芳实际持有旺达股份公司的14,134,275股,占旺达股份公司的6.367%。"4.转让价款"约定:4.1、张瑞芳同意支付旺达集团公司股权转让价款4,000万元。4.2、该转让款分期支付;……。4.3、股权转让款的支付是分期支付的,但分期支付都是附条件的,厂房搬迁、股东会批准、工商变更登记等都是张瑞芳支付股权转让款的条件。"8.违约责任"约定:8.1、本协议书正式签订后,任何一方违反其在本协议或其补充协议项下的任何陈述、保证或承诺,或者未能按照约定履行其在本协议或其补充协议项下的任何义务时,即构成违约。违约方应当负责赔偿其违约行为给守约方造成的一切经济损失。8.2、任何一方违约时,守约方有权要求违约方继续履行本协议。"10.适用的法律及争议解决"约定:10.1、本协议书及补充协议书的订立、效力、解释、履行、争议解决均适用中华人民共和国法律。10.9、凡因履行本协议所发生的或与本协议有关的一切争议,各方均应友好协商解决;若协商不成,任何一方均可向合同签订地人民法院起诉解决争议。"11.协议的生效及其他"约定:11.1、本协议书经旺达集团公司和张瑞芳双方签字盖章后即行生效,本协议书一式陆份,旺达集团公司和张瑞芳各执贰份,公证一份,报工商局备案一份。11.2、旺达集团公司应督促和保证旺达股份公司的股东会决议同意该股权变更,其他股东放弃优先购买权。11.3、旺达集团公司应在2010年3月后立即着手办理该协议的公证以及股权变更登记手续。

2009年10月9日旺达集团公司、张瑞芳、旺达实业公司和林秉师签订了《股权转让补充协议书》,对投资前提、投资回报、回购条款、董事会、财务及其他信息披露、担保和保证、违约赔偿、争议解决、费用分担等进行了约定,共10条。相关条款如下:"2.投资前提"约定:2.1、旺达集团公司保证旺达股份公司在2009年经审计的净利润达到3000万元左右;2.2、旺达集团公司保证旺达股份公司在2010年上半年经审计净利润达到4000万元,下半年净利润达到4000万元以上;2.3、旺达集团公司保证旺达股份公司在2011年经审计净利润不少于1亿元;2.4、旺达集团公司保证在2009年10月底深圳包装的机械设备开始搬迁至东莞市弘安纸品包装有限公司(以下简称东莞包装公司),并在2009年12月30日前搬迁完毕;2.5、旺达集团公司保证旺达股份公司及东莞包装公司在2010年1月份投产后,3个月内向银行融资1亿元左右,作为生产流动资金;2.6、旺达集团公司及林秉师保证从签署本协议之日起,不得再向旺达股份公司及其子公司借款,占用旺达股份公司及其子公司资金,关联方如旺达实业公司也一样。同时,在张瑞芳成交日半月内,旺达集团公司、林秉师及关联方承诺还清所欠旺达股份公司的款项;2.7、旺达集团公司及林秉师同意竞业禁止,保证不再设立与旺达股份公司同样或类似的经营范围的公司、工厂;2.8、旺达集团公司计划旺达股份公司在2012年6月30日前获批在深圳中小板上市。"3.投资回报"约定:3.1、在张瑞芳投资旺达股份公司期间,在获得审批上市前,旺达集团公司保证旺达股份公司每年不低于15%的投资回报,并且按月1.25%比率在每6个月期限届满后的下一个月内支付给张瑞芳,如旺达股份公司不能支付,则旺达集团公司保证代为支付。如果旺达股份公司在2012年6月30日前未能获批上市,则旺达集团公司及林秉师同意再补充全部投资额每年10%的投资回报给张瑞芳,即张瑞芳合计应获得每年25%的投资回报;如果旺达股份公司在2012年6月30日前获批上市,则张瑞芳同意将已收的每年15%的投资回报退还给旺达集团公司。3.2、如果旺达股份公司获批上市,旺达集团公司同意将持有旺达股份公司的原始股(法人股)按1元/股让张瑞芳认购100万股。3.3、如果旺达股份公司获批上市,并且张瑞芳按《股权转让协议书》第12条特别约定受让苏州元风创业投资有限公司及常熟市高新创业投资有限公司的股权,旺达集团公司同意将持有旺达股份公司的原始股(法人股)按1元/股让张瑞芳认购50万股,同时张瑞芳应另行支付旺达集团公司300万元。"4.回购条款"约定:4.1、回购条款触发:发生如下任一情形,股权受让方即张瑞芳均有权要求股权转让方即旺达集团公司回购张瑞芳所持有的旺达股份公司的部分或全部股权;4.1.1、旺达股份公司未能在2012年6月30日前通过上市审批;4.1.2、旺达股份公司未能满足前述第2.1-2.7各项投资前提;4.1.3、旺达股份公司在股权成交日后发生重大环保处罚(人民币三万元以上)情况,或未能通过相关环保部门上市环保核查而对上市构成实质性障碍;4.1.4、旺达股份公司在股权成交日后发生重大税务处罚(人民币三万元以上)情况,或未能通过相关税务部门上市税务核查而对上市构成实质性障碍;4.1.5、董事会和股东会未按公司法及公司章程相关规定召开及表决相关事项;4.1.6、公司任何年度经审计后净利润低于上年度时;4.1.7、主营业务、实际控制人、公司主要经营管理层发生重大变化;4.1.8、旺达股份公司出现其他不适宜上市或对上市构成实质性障碍的情形。4.2、受让方张瑞芳有权在本协议第4.1条所述情形发生后,要求转让方即旺达集团公司或张瑞芳共同认可的第三方以现金方式回购张瑞芳持有的旺达股份公司的全部或部分股权,旺达集团公司及张瑞芳共同认可的第三方应当在收到张瑞芳书面提出的回购请求之日起三个月内履行回购义务,按本补充协议第4.3条规定的价格购买张瑞芳持有并要求回购的全部或部分股权,对回购股权数量及回购事件,张瑞芳具有最终决定权。4.3、张瑞芳有权要求旺达集团公司或共同确定的第三方按4.3.1或4.3.2中两个价格中的较高者确定:4.3.1旺达股份公司如期将每年不低于15%的投资回报支付给张瑞芳,张瑞芳要求回购时,在扣除已收投资回报情况下,张瑞芳可主张以年收益率15%为基准,按投资额的年复合收益率确定回购价格,即投资额×(1+15%)n,n为出资日起至回购请求日的年数;4.3.2、旺达股份公司并没有如期将每月不低于15%的投资回报支付给张瑞芳,旺达集团公司也没有代为支付,张瑞芳要求回购时,可主张以年收益率25%为基准,按投资额的年复合收益率确定回购价格,即投资额×(1+25%)n,n为出资日起至回购请求日的年数。"7.担保和保证"约定:7.1、旺达集团公司保证履行本补充协议中所约定的全部义务,不得拖延或迟缓,亦不得拒绝履行应尽义务。7.2、张瑞芳保证按股权转让协议和本补充协议的约定,履行自己应尽的全部义务,包括但不限于投资款的按期支付,积极配合办理股权变更登记手续等。7.3、旺达实业公司和林秉师对旺达集团公司在本补充协议中约定义务的类型,承担连带担保责任,包括但不限于投资回报的支付、上市原始股(法人股)的认购、回购义务、回购价款的支付等。"8.违约赔偿"约定:8.1、股权转让协议和本补充协议签署后,任何一方不得无故终止合同履行,否则除按定金罚则处理外,违约方仍须支付守约方投资总额的20%违约金;8.2、任何一方不得迟延履行义务,尤其是支付款项方面,如迟延履行,则守约方可要求违约方支付应付金额按银行借款利率四倍的利息,及每日万分之二点一的迟延履行滞纳金。8.3、任何一方违约,除支付守约方违约金、赔偿损失外,仍承担守约方实现债权的费用,包括但不限于诉讼费、律师费、差旅费等。"9.争议解决"约定:9.1、本协议的履行过程中,如有争议,双方应友好协商,协商不成则可向合同签订地法院提起诉讼。9.2、本协议的争议,适用中华人民共和国法律,双方同意以中华人民共和国法律来解决争议。

上述合同签订后,张瑞芳分别于2009年10月22日、11月2日、11月9日、11月17日、12月14日、2010年1月8日共支付旺达集团公司3800万元,旺达集团公司出具了收款收据。经双方确认,旺达集团公司已支付张瑞芳1277.25万元。

2012年6月6日张瑞芳向旺达集团公司发出《回购申请书》,提出"旺达股份公司2011年度的净利润低于2010年度,而且旺达股份公司也不能通过上市审批,本人特向贵公司提出回购申请,贵公司应当按《股权转让补充协议书》的约定履行回购义务,支付本人回购款及投资回报。"林秉师在空白处写道"收到张瑞芳投资人的回购申请书,回购款经双方商量同意还款计划"。

另查:根据旺达股份公司财务报表,即《2011年度外商投资企业财务会计决算报表》,旺达股份公司2011年净利润"合并数"和"公司数"均低于2010年度。

又查:张瑞芳委托广东广和律师事务所的沈玉华律师作为本案代理人,因此支付了50万元律师费。

原审法院认为:旺达集团公司为香港特别行政区注册成立的公司,故案件为涉港商事纠纷。

关于案件的案由。张瑞芳以股权转让纠纷起诉,但其又称张瑞芳与旺达集团公司之间签订的股权转让协议实质是风险投资协议,而旺达集团公司、旺达实业公司和林秉师则称张瑞芳与旺达集团公司之间签订的股权转让协议实质是借贷合同。对于案由,原审法院作如下分析:1.股权转让合同应能体现一方支付股权转让款以另一方转让股权为对价的内容,但涉案合同并不具有该内容。从《股权转让协议书》以及《股权转让补充协议》的约定来看,张瑞芳的主要义务是支付股权转让价款,旺达集团公司的主要义务则是旺达股份公司获批上市前,保证给予张瑞芳15%的投资回报,旺达股份公司未能获批上市,则应补充给予张瑞芳 10% 的投资回报,并根据张瑞芳的要求回购张瑞芳所持有的股份,回购价款具体约定如下:如果旺达股份公司如期将每年不低于 15% 的投资回报支付给张瑞芳,则在扣除张瑞芳已收投资回报情况下,以年收益率 15% 为基准,按投资额的年复合收益率确定回购价格,即投资额×(1+15%)n;如果旺达股份公司没有如期将每月不低于 15% 的投资回报支付给张瑞芳,则以年收益率 25% 为基准,按投资额的年复合收益率确定回购价格。从上述约定来看,张瑞芳给付"股权转让款"义务的对价就是旺达集团公司支付投资回报,并非旺达集团公司转让旺达股份公司的股份。2. 张瑞芳根据《股权转让协议书》和《股权转让补充协议》所享有的权利是无风险的。虽然张瑞芳所获得的收益多少是以旺达股份公司 2012 年 6 月 30 日获批上市为条件,但无论该条件是否成就,张瑞芳都能获得远远超过其给付的 3,800 万元的资金收益,其"投资"是无风险的。3. 从合同履行情况来看,在张瑞芳给付了 3,800 万元"股权转让款"之后,旺达集团公司按约定已支付了张瑞芳 1277.25 万元的"投资回报",双方发生纠纷的原因是旺达股份公司未能获批上市,由此可见,股权转让手续是否变更和张瑞芳是否成为股东并不影响张瑞芳获得合同中约定的"投资回报"。根据上述三点,原审法院认为,双方都不以股权转让为目的,张瑞芳通过给付金钱获得较高且无风险的收益,旺达集团公司则通过承诺给付张瑞芳未来的收益占有了该笔资金,双方之间形成的是借贷法律关系,而非股权转让法律关系,故应定性为民间借贷纠纷。

关于案件应适用的法律。《股权转让协议书》以及《股权转让补充协议》签订于 2009 年,且约定适用中华人民共和国法律,故根据《中华人民共和国民法通则》第一百四十五条第一款的规定,应适用中华人民共和国法律作为处理本案的准据法。

关于《股权转让协议书》和《股权转让补充协议》是否合法有效的问题。根据最高人民法院《关于人民法院审理借贷案件的若干意见》第六条,"民间借贷的利率可以适当高于银行的利率,各地人民法院可根据本地区的实际情况具体掌握,但最高不得超过银行同类贷款利率的 4 倍(包含利率本数)。超出此限度的,超出部分的利息不予保护。"因此涉案合同虽然属于双方的真实意思表示,但双方对于投资回报以及回购股权等约定已超过了法律对借贷合同的保护范围,故《股权转让协议书》和《股权转让补充协议》中投资回报等超过法律保护范围的约定无效,张瑞芳要求确认《股权转让协议书》和《股权转让补充协议》合法有效的诉讼请求不予支持。

关于张瑞芳主张的旺达集团公司支付回购款、投资回报以及逾期支付的投资回报的利息和逾期履行滞纳金的请求，由于双方之间实际形成的是民间借贷法律关系，故张瑞芳的该请求应视为是要求旺达集团公司返还借款本金及借款利息。根据最高人民法院《关于人民法院审理借贷案件的若干意见》第六条，民间借贷的利率最高不得超过银行同类贷款利率的4倍（包含利率本数）。由于双方在合同中约定的收益已远远高于"银行同类贷款利率的4倍"，故张瑞芳应获得的资金收益以"银行同类贷款利率的4倍"为限，超出部分不予支持。张瑞芳支付旺达集团公司3800万元是分次支付的，最后一次支付时间为2010年1月8日，故原审法院酌定利息起算日为2010年1月9日。考虑到旺达集团公司已支付张瑞芳1277.25万元，该笔款项应作为旺达集团公司已支付的投资回报，在旺达集团公司应给付张瑞芳的资金收益中予以扣除。

关于律师费的问题。虽然张瑞芳为案件支付了律师费50万元，但涉案纠纷的产生双方均存在过错，故张瑞芳要求旺达集团公司支付律师费的请求不予支持。

关于旺达实业公司和林秉师的法律责任。旺达实业公司和林秉师为旺达集团公司提供担保，而旺达集团公司为香港特别行政区注册成立的公司，故旺达实业公司和林秉师提供的担保属于对外担保。参照最高人民法院《关于适用〈中华人民共和国担保法〉若干问题的解释》第六条，未经国家有关主管部门批准或者登记，为境外机构向境内债权人提供担保的，对外担保合同无效，故旺达实业公司和林秉师为旺达集团公司对外提供担保应为无效，旺达实业公司和林秉师应承担相应的法律责任。涉案中旺达实业公司和林秉师所担保的主债权系民间借贷法律关系，虽然关于主债权的约定部分超过了法律允许的范围，但双方的借贷法律关系是成立的，故原审法院参照主合同有效而担保合同无效情形的法律规定来处理旺达实业公司和林秉师的法律责任。考虑到债权人张瑞芳和担保人旺达实业公司、林秉师对于担保合同的无效均有过错，故原审法院参照最高人民法院《关于适用〈中华人民共和国担保法〉若干问题的解释》第七条，"主合同有效而担保合同无效，债权人、担保人有过错的，担保人承担民事责任的部分，不应超过债务人不能清偿部分的二分之一"，因此旺达实业公司和林秉师应就旺达集团公司不能清偿部分的债务，承担二分之一的法律责任。

综上,原审法院对于张瑞芳诉讼请求中有法律依据的部分予以支持,其余部分予以驳回。根据《中华人民共和国合同法》第二百一十一条、最高人民法院《关于人民法院审理借贷案件的若干意见》第六条,参照《最高人民法院关于适用〈中华人民共和国担保法〉若干问题的解释》第六条、第七条之规定,于2013年9月27日作出(2012)深中法涉外初字第51号民事判决:(一)旺达纸品集团有限公司应于判决生效之日起十日内支付张瑞芳人民币3800万元;(二)旺达纸品集团有限公司应于判决生效之日起十日内支付张瑞芳占用人民币3800万元而产生的利息,按照中国人民银行同期同类贷款利率的4倍计算,从2010年1月9日开始计算至判决确定的付款之日,但应扣除旺达纸品集团有限公司已支付给张瑞芳的1277.25万元;(三)如果旺达纸品集团有限公司不能清偿上述第一项、第二项下的债务,则深圳市旺达实业有限公司、林秉师应对不能清偿的债务部分承担二分之一的责任;(四)驳回张瑞芳的其他诉讼请求。如果未在判决指定的期限内履行上述金钱给付义务,应当依照《中华人民共和国民事诉讼法》第二百五十三条之规定,加倍支付迟延履行期间的债务利息。案件一审案件受理费人民币414999.28元,保全费人民币5000元,合计人民币419999.28元,由张瑞芳承担110384.28元,由旺达纸品集团有限公司、深圳市旺达实业有限公司、林秉师承担309615元。

宣判后,张瑞芳不服,向本院提起上诉称:1.双方签订的名为《股权转让协议书》及《股权转让补充协议书》,实质是风险投资协议,是对赌协议,张瑞芳承担了相应投资风险,并非享有权利无风险。(1)双方签订的协议,股权价值与转让价严重不对等,转让价大大高于股权价值。张瑞芳用4000万元购买了旺达集团公司价值只有1413万多元钱的股权,溢价率达到283%,这与普通的股权转让显然不一样。(2)双方对股权转让的前提有明确约定,既约定了目标公司旺达股份公司计划在2012年6月30日前上市,也约定了旺达集团公司收到股权转让款的用途,这一切都是风险投资的前提,与正常的股权转让无关。(3)股权转让协议及补充协议中,约定了明确的投资回报和回购条款,则更进一步证明该协议的实质内容为风险投资协议。(4)股权转让协议及补充协议中,明确约定了对赌条款双方对赌的内容就是旺达股份公司能否在2012年6月30日前获批上市,上市与否对双方的权利、义务大为不同,这就是风险投资的实质内容所在,也是风险投资的精髓所在。综上,张瑞芳与旺达集团公司签订的名为股权转让协议及补充协议,实为风险投资协议,风险投资协议并不因旺达股份公司是中外合资企业,也不因旺达集团公司是港资企业需要审批,风险投资协议自签订之日起生效,对双方均具法律约束力,应遵照执行。2.双方签订的风险投资协议,特别是作为投资者的张瑞芳与作为目标公司旺达股份公司的大股东旺达集团公司之间的对赌条款是合法有效的,双方应当遵守执行。最高人民法院相关案例已确认股东与股东之间对赌条款的合法有效性,维护了作为投资者的合法权益。同样的,在本案中,张瑞芳作为投资者,旺达集团公司作为旺达股份的大股东作出的补偿承诺和回购承诺,是双方的真实意思表示,并没有损害旺达股份及公司债权人的利益,不违反法律禁止性规定,应认定为合法有效。3.张瑞芳对担保合同无效不存在任何过错,不应承担相关责任,担保人旺达实业、林秉师应承担全部的连带赔偿责任。张瑞芳与旺达集团公司等签订的名为股权转让实为风险投资的协议,符合最高人民法院判例精神,是合法有效的。在债权人对担保合同无效没有过错的情况下,旺达实业公司及林秉师应对旺达集团公司给张瑞芳造成的损失,承担全额连带赔偿责任,赔偿给张瑞芳造成的全部损失。综上所述,原审判决认定事实错误,适用法律不当,依法应当改判。请求支持原审诉请。

旺达实业公司亦不服原审判决,向本院提起上诉称:1.原审认定旺达集团公司与张瑞芳之间形成的是借贷法律关系,而非股权转让法律关系,没有任何事实和法律依据。首先,《股权转让协议书》以及《股权转让补充协议书》已经约定清楚股权转让的主要条款及内容,完全具备股权转让法律关系的相关构成要件。其次,借贷法律关系的本质特征为到期还本付息(即获取固定收益),并非以享有的权益是否为"无风险的"作为认定标准。就本案而言,如果旺达股份公司在2012年6月30日前实现上市的,则张瑞芳应当对受让的股份享有权益并承担风险。可见,张瑞芳取得的并非固定收益,也并非无任何风险。因此,《股权转让协议书》以及《股权转让补充协议书》的相关约定不具备借贷关系的本质特征,张瑞芳与旺达集团公司之间并非形成借贷法律关系,而为股权转让法律关系。再次,《股权转让协议书》以及《股权转让补充协议书》未经外商投资批准机关批准,也未取得其他股东的同意,导致协议书均未生效。为此,旺达集团公司支付给张瑞芳的人民币1277.25万元应当为旺达集团公司退还给张瑞芳的股权转让款,而非"投资回报"。另外,即使该人民币1277.25万元为旺达集团公司支付给张瑞芳的"投资回报",也不能据此认定双方构成借贷法律关系。最后,张瑞芳受让旺达集团公司持有的旺达股份公司股份,目的是在旺达股份上市后获取超额收益,并非为取得固定收益(或利息)。协议书中设置的股权回购条款,只是作为旺达股份公司无法实现上市情形下的一种退出机制,为股权转让过程中的附加条款之一,而非合同目的。由此可见,双方的真实意图为股权转让,并非借贷。2.《股权转让协议书》以及《股权转让补充协议书》未生效。《股权转让协议书》以及《股权转让补充协议书》签署后,张瑞芳与旺达集团公司未就本次股权转让取得合营其他股东的同意,也未将本次股权转让报外商投资审批机关批准,更未办理本次股权转让的变更登记手续。依据法律规定,协议书应认定未生效。3.原审法院认为旺达实业公司应当对旺达集团公司不能清偿部分的债务承担二分之一的法律责任,没有任何事实和法律依据。首先,依据《股权转让补充协议书》的约定,旺达实业公司只是对旺达集团公司在《股权转让补充协议书》中的约定义务的类型承担连带担保责任。据此,旺达实业公司无需对旺达集团公司在《股权转让协议书》中的义务承担连带担保责任。因此,如果《股权转让协议书》未生效,导致旺达集团公司依据《股权转让协议书》需对张瑞芳承担缔约过失责任或者其他民事责任的。由于旺达实业公司并未对该等债务提供担保,旺达实业公司依法无需承担民事责任。其次,即使《股权转让补充协议书》未生效导致旺达集团公司依据《股权转让补充协议书》的约定需对张瑞芳承担缔约过失责任或者其他民事责任的,由于旺达实业公司对合同未生效并无过错,依法无需承担民事责任。请求:1.撤销原审判决;2.确认《股权转让协议书》及《股权转让补充协议书》未生效。3.旺达实业公司不承担担保责任或民事责任;4.张瑞芳承担案件一、二审的全部诉讼费用。

张瑞芳针对旺达实业公司上诉答辩称:1.双方签订的《股权转让协议书》及《股权转让补充协议书》,名义上、形式上是股权转让协议,实质上是风险投资协议,是对赌协议。张瑞芳作为风险投资人既然承担了投资风险,就有权利根据对赌条款要求对赌方履行回购及回报约定。2.双方签订的风险投资协议,特别是作为投资者的张瑞芳与作为目标公司旺达股份的大股东旺达集团公司之间的对赌条款是合法有效的,双方应当遵守执行。3.退一步讲,即使由于双方之间存在投资回报的保底约定,双方之间签订的协议也不能简单的从名称上或形式上判断为股权转让法律关系,而应认定为借贷法律关系。4.张瑞芳对担保合同无效不存在任何过错,不应承担相关责任,旺达实业公司、林秉师应承担全部的连带赔偿法律责任。综上所述,旺达实业公司的上诉不成立,依法应当驳回。

旺达实业公司针对张瑞芳上诉答辩称:1.张瑞芳认为"各方签订的名为《股权转让协议书》以及《股权转让补充协议书》,实质是风险投资协议,是对赌协议"没有任何事实和法律依据。张瑞芳取得旺达股份公司股权、未能上市时要求旺达集团公司回购退出、实现上市后持有或者转让上市公司股权,均是建立在股权转让这一法律关系的基础上。涉案所述的"风险投资"或"对赌"也是建立在张瑞芳受让旺达集团公司持有的旺达股份公司股权这一股权转让法律关系的基础上,没有股权转让这一基础法律关系,就没有投资或对赌的标的,不可能凭空进行"风险投资"或"对赌"。2.张瑞芳认为"双方签订的风险投资协议,特别是作为投资人的张瑞芳与作为标的公司旺达股份的大股东旺达集团之间的对赌条款合法有效"没有任何事实和法律依据。如上所述,涉案的法律关系应当定性为股权转让法律关系,因《股权转让协议书》及《股权转让补充协议书》未生效,其中约定的"对赌条款"自然也未生效。3.张瑞芳认为"张瑞芳对担保合同无效不存在任何过错,不应承担相关责任,担保人旺达实业、林秉师应承担全部的连带赔偿责任"没有任何事实和法律依据。请求依法驳回张瑞芳的全部上诉请求,维护旺达实业公司的合法权益。

旺达集团公司答辩称:1.张瑞芳二审增加诉讼请求违反了民事诉讼法审理程序的规定,二审法院对于增加诉请应不予受理并予驳回。2.涉案案由应当为中外合资企业经营合同纠纷,而非原审法院认定的民间借贷纠纷。3.涉案合同中关于"股权回购和回购款支付"、"投资回报"等约定均属于保底条款,且损害被转让公司及其他债权人和股东利益,应属于无效约定。4.涉案合同为中外合资合作经营合同,属于报政府审批后才生效的合同。但事实上,该合同未办理政府审批手续。依据法律规定,涉案合同属于成立未生效的合同。合同中除了审批条款,其他条款均不发生法律效力。双方应依据未生效合同的法律规定确定各自的权利和义务。旺达集团公司除承担可能存在的缔约过失责任外,而不应当对张瑞芳承担任何其他法律责任。5.涉案合同并未解除,旺达集团公司有权依据合同约定继续占有合同款项,原审判决返还3800万元的合同款项没有依据。即便合同可以解除,但张瑞芳在未事先催告旺达集团公司办理报批手续的情况下,无权享有涉案合同解除权。6.依上述所述理由,涉案合同并未生效,不发生法律效力,因此张瑞芳依据协议书向旺达集团公司主张合同权利是没有法律依据的。旺达集团公司除承担缔约过失责任外,是不需要承担除审批义务以外的其他合同责任。7.原审判决的利息金额超过了张瑞芳的诉请范围。

林秉师答辩称:1.担保合同无效。涉案担保合同无效系合同违反法律规定而无效,无效发生在合同签订时,张瑞芳作为合同的签订方,其必然对合同签订无效存在过错。2.依据合同约定,张瑞芳对合同履行实际承担零风险。无论被转让公司是否达到要求以及其无论是否上市成功,张瑞芳均能取得保本收益。保底条款显然无效。

本院查明:原审查明事实属实,本院依法予以确认。

本院认为:本案被告旺达集团公司是在香港特别行政区注册成立的有限责任公司,张瑞芳因与旺达集团公司签订《股权转让协议书》和《股权转让补充协议书》而产生纠纷,故本案属涉港股权转让合同纠纷。当事人各方对原审法院行使管辖权和以中华人民共和国法律作为处理双方实体争议的准据法均没有提出异议,本院依法对此予以确认。

根据张瑞芳和旺达实业公司的上诉以及旺达集团公司、林秉师的答辩意见,归纳本案双方的争议焦点为:(一)《股权转让协议书》和《股权转让补充协议书》的性质、效力以及《股权转让协议》和《股权转让补充协议》是否应予解除;(二)旺达实业公司是否应承担担保责任。

(一)关于《股权转让协议》和《股权转让补充协议书》的性质、效力及如何处理以及是否应予解除的问题。

张瑞芳分别在2009年10月8日与10月9日与旺达集团公司以及旺达实业公司、林秉师签订《股权转让协议书》和《股权转让补充协议书》,两份协议书均是关于张瑞芳以支付投资款形式受让旺达集团公司在旺达股份公司所占部分股份的问题。《股权转让补充协议书》还约定股权转让协议如与补充协议有冲突,应以补充协议为准,赋予补充协议优于协议书的效力。因此,《股权转让协议》与《股权转让补充协议书》共同构成确定双方权利义务的基础,且都是围绕张瑞芳是否可取得旺达股份公司股权设定权利、义务内容,因此本案定性为股权转让纠纷。原审将其定性为民间借贷纠纷,忽略了案件本身的特质,属认定不当,本院予以纠正。张瑞芳上诉所称的风险投资协议,不是法律术语,法律对此概念并无界定,且其所称的风险投资行为也需建立在股权转让关系基础之上,不是单独而存在,故本院对其上诉要求按风险投资协议来认定的理由不予采纳。旺达实业公司上诉认为本案应认定为股权转让纠纷,本院予以支持。

在《股权转让协议》和《股权转让补充协议书》中双方除约定了转让中外

合资公司股权所应具备的权利义务内容条款外,还约定当"回购条款"触发时,不论股权是否已变更至张瑞芳名下,旺达集团公司都应回购张瑞芳所持有旺达股份公司的股权。上述约定说明双方在股权转让关系条款之外又对取得股权设定条件,该条件均为不确定的事实,条件的不成就将导致股权转让无法完成。因此,双方签订的股权转让协议也为附条件的股权转让协议。旺达股份公司登记性质为中外合资经营股份有限公司,依据法律规定,中外合资经营企业合营一方转让股权应报审批机关批准。未经批准,根据最高人民法院《关于审理外商投资企业纠纷案件若干问题的规定(一)》第一条的规定,双方签订的合同应认定为未生效。因此,旺达集团公司为转让旺达股份公司股权与张瑞芳所签订的《股权转让协议书》和《股权转让补充协议书》中涉及股权转让部分的权利、义务内容因未经审批而应认定合同未生效。但《股权转让协议书》和《股权转让补充协议书》中双方当事人为实现股权转让、张瑞芳合理规避投资股权风险自行约定的股权价值估值调整条款,约定设置该条款的目的是张瑞芳通过签订股权转让协议溢价收购旺达股份公司的股权,在股权转让履行过程中,以控制和锁定投资风险,并约束和激励融入资金的公司、改善经营管理,该条款是双方为股权转让合同履行设定的前提条件。因此,该条款效力不应受股权转让合同是否审批影响。该股权价值估值调整条款的约定没有违反法律、行政法规的强制性规定,依法应认定有效。

《股权转让协议书》、《股权转让补充协议》中有关股权转让法律关系的权利义务内容不产生法律效力,依据最高人民法院《关于审理外商投资企业纠纷案件若干问题的规定(一)》第五条的规定,本应产生解除合同、返还款项、赔偿损失的责任后果。但由于双方设定的股权转让成就条款有效,且对股权转让不能成就的后果作出约定。因此,对合同解除的后果应照此履行。合同约定在2012年6月30日旺达股份公司未能获批上市的情况下,旺达集团公司应依合同约定向张瑞芳支付回购款、回购股权,并按约支付投资回报,同时承担迟延付款责任。张瑞芳在原审诉讼过程中,变更诉请为解除合同、返还3800万元款项、支付投资回报及其利息和滞纳金。该变更属当事人在诉讼过程中自行处分自己的权利,应予支持。双方已实际终止合同履行,且在诉讼中无意向再履行合同,故本案讼争的《股权转让协议书》和《股权转让补充协议书》应予解除。依合同中有效条款的约定,如果旺达股份公司在2012年6月30日不能获批上市,旺达集团公司应按每年25%的投资回报支付给张瑞芳,同时扣除旺达集团公司已支付款项1277.25万元。旺达集团公司没有按期支付投资回报给张瑞芳,依约应按应付金额按银行借款利率四倍利息支付给张瑞芳。由于张瑞芳已向旺达集团公司请求迟延付款利息,因此张瑞芳再向旺达集团公司主张日万分之二点一计算迟延履行滞纳金属重复计算损失,本院不予支持。各方对张瑞芳计算损失的方法没有异议,本院对此予以确认。张瑞芳上诉认为应返还3800万元投资款、支付25%投资回报以及按银行借款利率四倍支付迟延履行利息的请求本院予以支持,支付滞纳金的诉请缺乏事实和法律依据,本院不予支持。

(二)关于旺达实业公司是否应承担担保责任。

旺达实业公司与林秉师作为担保人,在《股权转让补充协议书》中承诺对旺达集团公司应承担的义务承担连带担保责任,包括但不限于投资回报的支付、上市原始股的认购、回购义务、回购价款的支付等。旺达实业公司承担连带保证责任的意思表示真实,被保证债务内容确定,应承担连带保证责任。但由于旺达实业公司所担保的债务人旺达集团公司是在香港登记注册成立的有限责任公司,依据最高人民法院《关于适用〈中华人民共和国担保法〉若干问题的解释》第六条第一款第(二)项的规定,该担保行为因未经国家有关主管部门批准而无效。旺达实业公司提供担保的主债权有效,旺达实业公司的担保合同无效,作为债权人的张瑞芳和担保人的旺达实业公司均应知道或者应当知道涉外担保应经有关部门批准方为有效的法律规定,而不能以个人认知有限为由对国家颁布的法律、法规置若罔闻。在债权人张瑞芳、担保人旺达实业公司对造成担保合同无效均有过错的情况下,原审根据上述规定判决旺达实业公司在旺达集团公司不能清偿主债务范围内承担二分之一责任并无不当,本院予以维持。旺达实业公司上诉关于主合同未生效,其不应承担担保责任的理由不成立,本院不予采纳。张瑞芳上诉称其在担保合同中并无过错,旺达实业公司应承担连带保证责任的理由亦不成立,本院不予支持。

综上,原审认定事实清楚,但适用法律错误,处理不当。张瑞芳上诉理由和请求中除滞纳金和林秉师、旺达实业公司承担全部连带担保责任缺乏事实和法律依据外,其余上诉理由及请求依据充分本院予以支持。旺达实业公司的上诉理由和请求均不成立,本院予以驳回。依照《中华人民共和国民事诉讼法》第一百七十条第一款第(二)项、《中华人民共和国合同法》第八条、最高人民法院《关于审理外商投资企业纠纷案件若干问题的规定(一)》第一条的规定,判决如下:

一、撤销广东省深圳市中级人民法院（2012）深中法涉外初字第 51 号民事判决第二、三、四项；

二、变更广东省深圳市中级人民法院（2012）深中法涉外初字第 51 号民事判决第一项为：旺达纸品集团有限公司应于本判决生效之日起十日内返还张瑞芳人民币 3800 万元；

三、解除 2009 年 10 月 8 日张瑞芳与旺达纸品集团有限公司签订的《股权转让协议书》和 2009 年 10 月 9 日张瑞芳与旺达纸品集团有限公司、深圳一电实业有限公司、林秉师签订的《股权转让补充协议书》；

四、旺达纸品集团公司应于本判决生效之日起十日内支付张瑞芳投资回报款以 3800 万作为基数从 2010 年 1 月 1 日开始按每年 25% 计至判决解除合同之日止（旺达集团公司已支付款项 1277.25 万元从上述应付款项中予以扣减）；

五、旺达纸品集团公司应于本判决生效之日起十日内支付张瑞芳上述投资回报款利息（其中 2010 年 8 月 1 日应付 285 万元，2011 年 2 月 1 日应付 285 万元，2011 年 8 月 1 日应付 285 万元，2012 年 2 月 1 日应付 285 万元，2012 年 8 月 1 日应付 285 万元，从 2013 年 2 月 1 日起每年应付款为 950 万元，从应付款之日起至付清款之日止按中国人民银行同期贷款利率四倍计算。对于 2011 年 7 月 30 日已付 100 万元，9 月 30 日已付 1 万元，12 月 1 日已付 100 万元，12 月 20 日已付 100 万元，12 月 22 日已付 100 万元，2012 年 1 月 18 日已付 50 万元，1 月 19 日已付 10 万元，1 月 21 日已付 40 万元，2 月 9 日已付 60 万元，3 月 30 日已付 250 万元，4 月 10 日已付 35 万元，5 月 14 日已付 50 万元，5 月 23 日已付 235 万元的这些款项在应支付款项中的本金中予以扣减之后再起算利息）；

六、如果旺达纸品集团有限公司不能清偿上述第二、四、五、项下的债务，则深圳一电实业有限公司、林秉师应对不能清偿的债务部分承担二分之一的责任；

七、驳回张瑞芳的其他诉讼请求；

八、驳回深圳一电实业有限公司的上诉请求。

如果义务人未能在本判决确定的期限内履行上述金钱给付义务，应当依照《中华人民共和国民事诉讼法》第二百五十三条的规定，加倍支付迟延履行期间的债务利息。

本案一审案件受理费 414999.28 元，保全费 5000 元，由张瑞芳承担

41999.93元,旺达纸品集团有限公司、深圳一电实业有限公司、林秉师承担377999.35元。二审案件受理费共544200元,其中张瑞芳上诉部分受理费由张瑞芳负担36280元,旺达纸品集团有限公司、深圳一电实业有限公司、林秉师负担326520元;深圳一电实业有限公司上诉部分受理费181400元由深圳一电实业有限公司负担。张瑞芳已预交二审案件受理费362800元,本院应予清退326520元;深圳一电实业有限公司已预交362800元,本院应予清退181400元。旺达纸品集团有限公司、深圳一电实业有限公司、林秉师在本判决生效之日起十日内还应向本院交纳326520元。

本判决为终审判决。

审　判　长　刘涵平
代理审判员　焦小丁
代理审判员　王　芳
二〇一四年九月十八日
书　记　员　李俊松

## 江苏华工创业投资有限公司与扬州锻压机床股份有限公司、潘云虎等请求公司收购股份纠纷再审民事判决书

**审理法院**：江苏省高级人民法院
**案　　号**：（2019）苏民再62号
**裁判日期**：2019.04.03
**案　　由**：民事〉与公司、证券、保险、票据等有关的民事纠纷〉与公司有关的纠纷〉请求公司收购股份纠纷

再审申请人（一审原告、二审上诉人）：江苏华工创业投资有限公司，住所地在江苏省扬州市邗江经济开发区开发西路×××号。
法定代表人：刘建龙，该公司董事长。
委托诉讼代理人：朱安山，江苏长威律师事务所律师。
被申请人（一审被告、二审被上诉人）：扬州锻压机床股份有限公司，住所地在江苏省扬州市邗江经济开发区华钢路×号。
法定代表人：OEMERAKYAZICI，该公司董事长。
委托诉讼代理人：金春卿，上海方本律师事务所律师。
委托诉讼代理人：盛嗣杰，上海方本律师事务所实习律师。
被申请人（一审被告、二审被上诉人）：潘云虎，男，××××年××月××日出生，汉族，住江苏省扬州市邗江区。
被申请人（一审被告、二审被上诉人）：董宏斌，男，××××年××月××日出生，汉族，住江苏省扬州市邗江区。
被申请人（一审被告、二审被上诉人）：耿长明，男，××××年××月××日出生，汉族，住江苏省扬州市邗江区。
被申请人（一审被告、二审被上诉人）：赵宏卫，男，××××年××月××

日出生,汉族,住江苏省扬州市邗江区。

被申请人(一审被告、二审被上诉人):张惠生,男,××××年××月××日出生,汉族,住江苏省扬州市邗江区。

被申请人(一审被告、二审被上诉人):何灿焜,男,××××年××月××日出生,汉族,住江苏省扬州市邗江区。

被申请人(一审被告、二审被上诉人):钟捃,男,××××年××月××日出生,汉族,住江苏省扬州市广陵区。

上列七被申请人的共同委托诉讼代理人:韩超,上海方本律师事务所律师。

上列七被申请人的共同委托诉讼代理人:白杨,上海方本律师事务所律师。

被申请人(一审被告、二审被上诉人):扬州淮左投资中心(有限合伙),住所地在江苏省扬州市邗江区瓜洲镇迎江路×号×××室。

法定代表人:潘云虎,该单位执行事务合伙人。

被申请人(一审被告、二审被上诉人):扬州亚东投资中心(有限合伙),住所地在江苏省扬州市邗江区瓜洲镇迎江路×号×××室。

法定代表人:胡应化,该单位执行事务合伙人。

被申请人(一审被告、二审被上诉人):扬州吉安投资中心(有限合伙),住所地在江苏省扬州市邗江区瓜洲镇迎江路×号×××室。

法定代表人:孟静,该单位执行事务合伙人。

被申请人(一审被告、二审被上诉人):扬州金锻投资中心(有限合伙),住所地在江苏省扬州市邗江区瓜洲镇迎江路×号×××室。

法定代表人:丁宏庆,该单位执行事务合伙人。

上列四被申请人的共同委托诉讼代理人:陆洋,上海方本律师事务所律师。

上列四被申请人的共同委托诉讼代理人:窦步宇,上海方本律师事务所律师。

再审申请人江苏华工创业投资有限公司(以下简称华工公司)因与被申请人扬州锻压机床股份有限公司(以下简称扬锻公司)、潘云虎、董宏斌、耿长明、赵宏卫、张惠生、何灿焜、钟捃、扬州淮左投资中心(有限合伙)(以下简称淮左投资中心)、扬州亚东投资中心(有限合伙)(以下简称亚东投资中心)、扬州吉安投资中心(有限合伙)(以下简称吉安投资中心)、扬州金锻投资中心(有限合伙)(以下简称金锻投资中心)请求公司收购股份纠纷一案,不服江苏省扬州市中级人民法院(2017)苏10民终2380号民事判决,向本院申请再审。本院于2018年12月22日作出(2018)苏民申1998号民事裁定,提审本案。本院依法组成合议庭,开庭审理了本案。再审申请人华工公司的委托诉讼代理人朱安山,被申请人扬锻公司的委托诉讼代理人金春卿、盛嗣杰,被申请人潘云虎、董宏斌、耿长明、赵宏卫、张惠生、何灿焜、钟捃的共同委托诉讼代理人韩超、白杨,被申请人淮左投资中心、亚东投资中心、吉安投资中心、金锻投资中心的共同委托诉讼代理人陆洋、窦步宇到庭参加诉讼。本案现已审理终结。

华工公司申请再审称:二审判决适用法律错误。1.二审判决认定华工公司与扬锻公司之间的股权回购约定无效,适用的法律与案件性质不符。华工公司投资目的并非是长期持有扬锻公司股份。从交易习惯看,扬锻公司及其原股东是股权回购的共同责任主体,补充协议约定扬锻公司原股东应承担连带支付股权回购款的义务。案涉对赌协议签订于扬锻公司改制前,当时该公司为有限责任公司。增资扩股协议及补充协议是各方当事人真实意思表示,各方均应遵循诚实信用的原则履行义务。2.二审判决未对合同整体效力作出评判。二审判决认定股权回购约定无效,但未对合同无效后果作出处理。3.案涉股份回购约定不违反《中华人民共和国公司法》(以下简称《公司法》)禁止性规定,合法有效。扬锻公司有条件和义务依法定程序通过减少注册资本的方式回购股份。最高人民法院司法解释及判例亦认可公司回购股份有效。扬锻公司及原股东均是补充协议当事人,履行补充协议不构成对公司股东和债权人利益的损害。扬锻公司的新章程与补充协议的缔约主体不同,补充协议与新章程的目的及约定的权利义务不一致,其内容也不冲突,不构成对补充协议的否定。华工公司要求扬锻公司及原股东以回购股份的方式收回所投入的资本公积金不违反资本维持原则。请求撤销一、二审判决,改判支持华工公司一审全部诉讼请求。

扬锻公司辩称,二审判决适用法律正确。合同目的不允许当事人期待法律禁止的行为和利益,交易习惯或诚信原则也不得违反法律强制性规定。二审判决驳回了华工公司的全部诉讼请求,没有遗漏和回避。股权回购条款无效的后果已在判决中得到体现,华工公司应继续担任股东。华工公司所引用的司法解释不适用于本案。华工公司作为股东在不具备法定回购情形及法定程序的情形下,要求扬锻公司回购股份,损害了公司、公司其他股东及债权人的利益。无效的股权回购条款已被公司章程取代,构成对补充协议的否定,对华工公司有约束力。股东缴纳资本公积金后不得抽回,变相抽逃。最高人民法院的判例明确与公司对赌无效。请求驳回华工公司的再审请求。

潘云虎、董宏斌、耿长明、赵宏卫、张惠生、何灿焜、钟捃辩称,华工公司作为公司股东应遵守公司法及公司章程的规定。扬锻公司与华工公司之间不存在交易习惯。增资扩股补充协议明确约定扬锻公司为股权回购主体,该约定无效,故相应的担保条款亦无效。合同条款没有歧义,本案没有诚信原则适用空间。其他意见同意扬锻公司意见。请求驳回华工公司的再审请求。

淮左投资中心、亚东投资中心、吉安投资中心、金锻投资中心辩称,无效的回购条款已被公司新章程取代,公司新章程否定了补充协议,且符合法律关于股份有限公司不得收购本公司股份的规定。华工公司要求回购,违反法律强制性规定,属变相抽逃出资。法律对资本公积金的用途有明确规定,股东和公司均不得随意变更,该观点有最高人民法院裁判支持。其他意见同意七位自然人股东意见。请求驳回华工公司的再审请求。

华工公司向一审法院起诉请求判令:1.扬锻公司、潘云虎、董宏斌、耿长明、赵宏卫、张惠生、何灿焜、钟捃、淮左投资中心、亚东投资中心、吉安投资中心、金锻投资中心共同回购华工公司持有的扬锻公司股份,并共同支付股权回购款本金2200万元及利息(以本金2200万元为基数,自2011年7月20日起至实际给付之日止,按年利率8%计算,同时扣除分红款104万元);2.扬锻公司、潘云虎、董宏斌、耿长明、赵宏卫、张惠生、何灿焜、钟捃、淮左投资中心、亚东投资中心、吉安投资中心、金锻投资中心连带向华工公司支付股权回购款罚息(以本金2200万元为基数,自2015年1月1日起至判决生效之日止,按每日0.5‰计算)。

一审法院认定事实:2011年7月6日,华工公司与扬州锻压机床集团有限公司(以下简称扬锻集团公司)、招商湘江产业投资有限公司、苏州盛泉万泽股权投资合伙企业(有限合伙)、江苏高投鑫海创业投资有限公司、深圳市盛桥创鑫投资合伙企业(有限合伙)、华夏君悦(天津)股权投资基金合伙企业(有限合伙)、扬州英飞尼迪创业投资中心(有限合伙)、上海锐合创业投资中心(有限合伙)及潘云虎、董宏斌、耿长明、赵宏卫、张惠生、何灿焜、钟捃、淮左投资中心、亚东投资中心、吉安投资中心、金锻投资中心共同签订《增资扩股协议》一份,约定以公司2011年预测净利润9350万元为基础,按10.12

倍PE估值,以增资后注册资本8600万元计算,确定本次增资的价格为人民币11元/元注册资本,华工公司以现金2200万元人民币对公司增资,其中200万元作为注册资本,2000万元列为公司资本公积金。

同日,潘云虎、董宏斌、耿长明、赵宏卫、张惠生、何灿焜、钟捃、淮左投资中心、亚东投资中心、吉安投资中心、金锻投资中心作为甲方,扬锻集团公司作为乙方,华工公司作为丙方,三方就增资的有关事宜达成《补充协议》一份。《补充协议》第一条股权回购第1款约定:若乙方在2014年12月31日前未能在境内资本市场上市或乙方主营业务、实际控制人、董事会成员发生重大变化,丙方有权要求乙方回购丙方所持有的全部乙方的股份,乙方应以现金形式收购;第2款约定:乙方回购丙方所持乙方股权的价款按以下公式计算:回购股权价款=丙方投资额+(丙方投资额×8%×投资到公司实际月份数/12)-乙方累计对丙方进行的分红;第3款约定:甲方、乙方应在丙方书面提出回购要求之日起30日内完成回购股权等有关事项,包括完成股东大会决议,签署股权转让合同以及其他相关法律文件,支付有关股权收购的全部款项,完成工商变更登记;第4款约定:若甲方、乙方在约定的期间内未予配合并收购丙方所持有公司股份,则乙方应按丙方应得回购股权价款每日的0.5‰比率支付罚息,支付给丙方;第三条违约责任约定:本协议生效后,乙方的违约行为导致丙方发生任何损失,甲方、乙方承担连带责任。

2011年7月20日,华工公司向扬锻集团公司实际缴纳新增出资2200万元,其中注册资本200万元,资本溢价2000万元。扬锻集团公司出具收据,载明收款事由为投资款。

2011年11月20日,扬锻集团公司召开创立大会,所有股东参加,股东一致表决同意通过新的公司章程,章程第一条规定:扬锻公司为股份有限公司;第二条规定:本公司章程自生效之日起,即成为规范公司的组织与行为、公司与股东、股东与股东之间权利义务关系的具有法律约束力的文件,对公司、股东、董事、监事、高级管理人员具有法律约束力;第十六条记载华工公司为公司股东;第二十一条规定:公司在下列情况下可以依照法律、行政法规、部门规章和本章程的规定回购本公司的股份:(一)减少公司注册资本;(二)与持有本公司股份的其他公司合并;(三)将股份奖励给本公司职工;(四)股东因对股东会作出的公司分立、合并决议持异议,要求公司回购其股份。除上述情形外,公司不进行买卖本公司股份的活动。

2012年11月至2014年4月，因证监会暂停18个月IPO申报，扬锻公司于2014年10月16日召开临时股东大会通过申报新三板的议案，并于2014年10月22日致函华工公司要求其明确是否支持公司申报新三板。

2014年11月25日，华工公司致函扬锻公司，述称华工公司除口头提出请求外，亦以书面提出回购请求如下：根据《补充协议》，鉴于扬锻公司在2014年12月31日前不能在境内资本市场上市，现要求扬锻公司以现金形式回购华工公司持有的全部公司股份，回购股权价格同《补充协议》的约定。

2012年7月27日、2013年7月3日、2014年8月18日、2016年6月8日，华工公司分别从扬锻公司领取分红款各26万元，合计104万元。根据《补充协议》约定，在案涉股权回购有效且回购条件成就的情况下，截至2015年7月19日，华工公司应获得的股权回购价款为：本金2200万元、利息626万元。

2016年3月29日，扬锻公司向股东发送2016年第二次临时股东大会会议通知，拟审议与舒勒贸易(上海)有限公司合资及股权转让、修改公司章程、确定合资公司中方董事、监事人选等事项。

一审法院另查明，2011年12月29日，扬锻集团公司经扬州工商行政管理局核准变更为扬锻公司，即本案被告。

一审法院认为：1.《补充协议》约定的股权回购主体除扬锻公司外是否还包括原扬锻公司股东；2.案涉股权回购约定的效力应如何认定。

对于争议焦点1，一审法院认为，《补充协议》关于股权回购的主体仅限于扬锻公司，对赌双方为华工公司与目标公司扬锻公司。首先，《补充协议》第一条股权回购第1款、第2款、第4款对于扬锻公司作为股权回购主体、回购价款及罚金给付主体的约定清晰明确；而第3款、第4款则系对于扬锻公司及原股东可能发生的约定义务事项(包含配合义务事项)的不完全概括性罗列，在股权回购主体已得到协议其他条款明确的情形下，不能作出协议各方已就原股东亦作为股权回购主体形成了一致意思表示的推定及解释；其次，其他私募股权投资方在投资后以与原股东签订股权转让协议的方式退出系双方在投资后另就股权转让形成的一致意思表示，华工公司未能提供证据证明该股权转让就是对作为格式合同的《补充协议》项下股权回购义务的履行，故该事实亦不能作为判断原股东系股权回购主体的依据；再次，华工公司在本案起诉前并未向原股东提出过股权回购主张，其要求履行回购义务的对象一直为扬锻公司。综上,案涉股权回购主体为扬锻公司,不包含扬锻公司原股东。

对于争议焦点2,一审法院认为,案涉股权回购约定因违反《公司法》禁止性规定且违背公司资本维持和法人独立财产原则而无效。在公司有效存续期间,股东基于其投资可以从公司获得财产的途径只能是依法从公司分配利润或者通过减资程序退出公司,而公司回购股东股权必须基于法定情形并经法定程序。首先,《公司法》第一百四十二条对于四种法定情形外公司不得收购本公司股份作出了明确规定。案涉《补充协议》关于约定情形下公司应以现金形式按约定计算方法回购股权的约定不符合上述法定情形、违反了上述禁止性规定;其次,该约定实际是让华工公司作为股东在不具备法定回购股权的情形以及不需要经过法定程序的情况下,直接由公司支付对价而抛出股权,使股东可以脱离公司经营业绩、不承担公司经营风险而即当然获得约定收益,损害了公司、公司其他股东和公司债权人的权益,与《公司法》第二十条资本维持、法人独立财产原则相悖。故该股权回购约定当属无效。同时,扬锻公司2011年新公司章程对公司回购股份情形的重新约定系各股东真实意思表示,构成对《补充协议》约定的否定,对华工公司具有约束力。2011年11月20日,扬锻公司所有股东参加股东会并一致表决通过并经工商部门变更登记备案的新公司章程第二十一条对公司回购股份的情形作了重新约定,并规定除上述情形外,公司不进行买卖本公司股份的活动。该规定符合《公司法》第一百四十二条股份有限公司不得收购本公司股份的规定,系各股东对股权回购等内容的真实意思表示,亦是对《补充协议》中股权回购约定的否定,对作为股东的华工公司具有约束力。

一审判决:驳回华工公司的诉讼请求。

华工公司不服一审判决,提起上诉。上诉请求:撤销原判,改判支持华工公司的全部一审诉讼请求。

二审中华工公司表示扬锻公司在2017年9月20日以分红款名义向其汇款663000元,其已收到该款。

二审对一审查明的事实予以确认。

二审法院审理后认为:1.《补充协议》约定的股权回购的主体如何认定,是否包括11位扬锻公司原股东;2.如股权回购条款认定无效,华工公司所称权益的保障。

一、关于股权回购的主体如何认定：

11位扬锻集团公司原股东不是《补充协议》约定的股权回购的主体。理由如下：

1.《补充协议》并非扬锻公司提供的格式合同，根据《中华人民共和国合同法》第三十九条第二款的规定："格式条款是当事人为了重复使用而预先拟定，并在订立合同时未与对方协商的条款。"本案中，扬锻公司与华工公司是平等主体，在投资过程中存在未协商的可能性极低，且华工公司未能提供证据证明该协议是扬锻公司提供并重复使用。因此，对《补充协议》的理解不能适用格式合同的理解规则。

2. 民事义务的设定需经明确意思表示，本案所涉股东回购义务的标的额巨大，为确保各方当事人的合法权益，更应以明确意思表示为准，不能轻易以推理、解释的方式认定巨额义务的负担。本案中《补充协议》第一条第一款中明确约定丙方（华工公司）有权要求乙方（扬锻公司）回购丙方所持有的全部乙方的股份，乙方应以现金形式收购；该条第二款明确约定乙方回购股份的条件和价款标准。该条第三款、第四款约定扬锻公司和11名扬锻公司原股东在回购时的相关义务。综观《补充协议》，未有明确的由11名扬锻公司原股东作为回购主体的表述。同时，在对合同进行整体解释时，含义明晰的条款原则上应优于不明晰的条款，在该条第一款、第二款语义明确，而第三款、第四款语焉不详的情况下，宜以第一款、第二款为准。

3. 如将回购主体理解为扬锻公司和11名扬锻公司原股东，则前述第一条四个条款之间存在明显矛盾，解释难以自圆其说，无法解释第一款、第二款为何未将11名扬锻公司原股东列为回购主体的疑问，客观上也使得第一条第一款、第二款成为赘文。而如将回购主体理解为扬锻公司，则不存在矛盾。客观上，11名扬锻公司原股东所做系对回购事宜履行如参加股东大会等义务的解释更有合理性。即如将回购主体限于扬锻公司，在逻辑上通顺完整，在内容上也使得各条款相互衔接有序，不存在矛盾，也不会造成任何一个条款无意义。

4.《补充协议》第三条违约责任约定："本协议生效后，乙方（扬锻公司）的违约行为导致丙方（华工公司）发生任何损失，甲方、乙方承担连带责任。"验证扬锻公司才是约定的回购股权的主体，若11位扬锻公司原股东亦承担回购的义务，则违约行为的主体就不仅限制于扬锻公司。

5. 2014年11月25日，华工公司向扬锻公司致函要求该公司根据《补充协议》回购股权，而未向其他各方发函，亦验证《补充协议》约定的回购股权的主体仅为扬锻公司。

二、回购约定无效情形下,扬锻公司所称权益的保障。

华工公司诉讼请求要求判令扬锻公司及11位扬锻公司原股东共同回购华工公司持有的扬锻公司股份,现一审法院认定约定的回购主体仅为扬锻公司,需确定该情形下回购约定的效力。对此相关法律和扬锻公司章程均明确公司不能从事该回购事宜,否则明显有悖公司资本维持这一基本原则和法律有关规定,故一审认定回购约定无效依据充分。一审判决驳回华工公司诉讼请求,未涉及华工公司所称赔偿和返还投资款的问题。鉴于华工公司在一审诉请中未提及该问题,且一审法院的处理也未实质影响华工公司可能的权益,华工公司如认为有关条款或合同存在效力问题致影响其相关权益,可另行主张。

二审判决:驳回上诉,维持原判决。

本院再审审理查明的事实与二审判决查明的事实一致。

再审另查明,华工公司目前共取得分红款计3019530.86元。

本院再审认为,(一)案涉协议约定的股权回购主体应认定为扬锻集团公司。华工公司(合同丙方)与扬锻集团公司(合同乙方)及潘云虎等扬锻集团公司全体股东(合同甲方)于2011年7月6日签订的《补充协议》俗称"对赌协议",该协议第一条第1款约定,如扬锻集团公司发生在2014年12月31日前未能在境内资本市场上市或主营业务、实际控制人、董事会成员发生重大变化等情形,华工公司有权要求扬锻集团公司回购华工公司所持有的全部股份,扬锻集团公司应以现金形式收购;第2款约定,回购股权价款计算公式为:回购股权价款=华工公司投资额+(华工公司投资额×8‰×投资到公司实际月份数/12)-扬锻集团公司累计对华工公司进行的分红;第3款约定:扬锻集团公司、扬锻集团公司原全体股东应在华工公司书面提出回购要求之日起30日内完成回购股权等有关事项,包括完成股东大会决议,签署股权转让合同以及其他相关法律文件,支付有关股权收购的全部款项,完成工商变更登记;第4款约定:若扬锻集团公司、扬锻集团公司原全体股东在约定的期间内未予配合并收购华工公司所持有公司股份,则扬锻集团公司应按华工公司应得回购股权价款每日的0.5‰比率支付罚息,支付给华工公司。该补充协议第一条第1款中明确约定"丙方(华工公司)有权要求乙方(扬锻集团公司)回购丙方所持有的全部乙方的股份,乙方应以现金形式收购",该款明确股权回购义务的承担主体为扬锻集团公司,未包括该公司股东;第3款、第4

款对扬锻集团公司及其11名股东在回购时的相关义务作出了约定。因《补充协议》并未明确约定扬锻公司原股东是回购主体,亦未对扬锻公司原股东是否应当承担支付回购款的义务作出明确。该《补充协议》第三条关于违约责任的约定,即"本协议生效后,乙方的违约行为导致华工公司发生任何损失,甲方(扬锻集团公司全体股东)、乙方承担连带责任",亦可印证合同约定的股权回购主体为扬锻集团公司,扬锻集团公司股东是对该公司的违约行为承担连带责任。进而,扬锻公司原股东不是回购主体。另,华工公司在合同约定的股权回购条件成就后,仅向扬锻公司致函要求该公司回购股权,而未向原扬锻集团股东提出回购要求,进一步证明该补充协议约定的回购股权的主体仅为扬锻集团公司。根据上述约定及事实,以合同条款文义及合同条款体系的合理性为依据,原扬锻集团公司股东所应承担的义务应为对回购事宜的履行辅助如参加股东大会、保证回购决议通过等义务,以及在扬锻集团公司发生违约时承担连带责任的担保义务。二审判决认定合同约定的回购主体限于扬锻集团公司,在逻辑上通顺完整,在内容上也使得各条款相互衔接有序,不存在矛盾,也不会造成任何一个条款无意义,并无不当。华工公司认为扬锻集团公司股东系股权回购共同责任主体,不能成立。

(二)扬锻公司新章程未对对赌协议作出变更。2011年11月20日,扬锻集团公司召开创立大会,所有股东参加,股东一致表决同意通过新的公司章程。新章程第一条规定:扬锻公司为股份有限公司;第二条规定:本公司章程自生效之日起,即成为规范公司的组织与行为、公司与股东、股东与股东之间权利义务关系的具有法律约束力的文件,对公司、股东、董事、监事、高级管理人员具有法律约束力;第十六条记载华工公司为扬锻公司股东;第二十一条第一款规定,公司在下列情况下可以依照法律、行政法规、部门规章和本章程的规定回购本公司的股份:(一)减少公司注册资本;(二)与持有本公司股份的其他公司合并;(三)将股份奖励给本公司职工;(四)股东因对股东会作出的公司分立、合并决议持异议,要求公司回购其股份。第二款规定,除上述情形外,公司不进行买卖本公司股份的活动。该章程虽对公司回购股份作出原则性限制,但同时亦载明因符合该章程规定的事由,扬锻公司可以回购本公司股份。该章程第二十一条第一款第一项规定公司可回购本公司股份的事由为"减少公司注册资本"。该规定与《补充协议》约定的股份回购并不存在冲突,即扬锻公司可在不违反《公司法》及公司章程关于股份回购强制性规定的情形下,通过履行法定手续和法定程序的方式合法回购华工公司持有的股份。故扬锻公司等关于公司章程对原对赌协议作出变更的辩解理由,不能成立。

（三）案涉对赌协议效力应认定有效。案涉对赌协议签订时扬锻集团公司系有限责任公司,且该公司全体股东均在对赌协议中签字并承诺确保对赌协议内容的履行。该协议约定扬锻集团公司及其原全体股东应在华工公司书面提出回购要求之日起30日内完成回购股权等有关事项,包括完成股东大会决议,签署股权转让合同以及其他相关法律文件,支付有关股权收购的全部款项,完成工商变更登记;扬锻集团公司的违约行为导致华工公司发生任何损失,扬锻集团公司及其全体股东承担连带责任。上述约定表明,扬锻集团公司及全部股东对股权回购应当履行的法律程序及法律后果是清楚的,即扬锻集团公司及全部股东在约定的股权回购条款激活后,该公司应当履行法定程序办理工商变更登记,该公司全体股东负有履行过程中的协助义务及履行结果上的保证责任。

我国《公司法》并不禁止有限责任公司回购本公司股份,有限责任公司回购本公司股份不当然违反我国《公司法》的强制性规定。有限责任公司在履行法定程序后回购本公司股份,亦不会损害公司股东及债权人利益,亦不会构成对公司资本维持原则的违反。在有限责任公司作为对赌协议约定的股份回购主体的情形下,投资者作为对赌协议相对方所负担的义务不仅限于投入资金成本,还包括激励完善公司治理结构以及以公司上市为目标的资本运作等。投资人在进入目标公司后,亦应依《公司法》的规定,对目标公司经营亏损等问题按照合同约定或者持股比例承担相应责任。案涉对赌协议中关于股份回购的条款内容,是当事人特别设立的保护投资人利益的条款,属于缔约过程中当事人对投资合作商业风险的安排,系各方当事人的真实意思表示。股份回购条款中关于股份回购价款约定为:华工公司投资额+(华工公司投资额×8%×投资到公司实际月份数/12)-扬锻集团公司累计对华工公司进行的分红。该约定虽为相对固定收益,但约定的年回报率为8%,与同期企业融资成本相比并不明显过高,不存在脱离目标公司正常经营下所应负担的经营成本及所能获得的经营业绩的企业正常经营规律。华工公司、扬锻集团公司及扬锻集团公司全体股东关于华工公司上述投资收益的约定,不违反国家法律、行政法规的禁止性规定,不存在《中华人民共和国合同法》第五十二条规定的合同无效的情形,亦不属于合同法所规定的格式合同或者格式条款,不存在显失公平的问题。扬锻公司及潘云虎等关于案涉对赌协议无效的辩解意见,本院不予采信。扬锻集团公司变更为扬锻公司后,案涉对赌协议的权利义务应由扬锻公司承继,在案涉对赌条款激活后,扬锻公司应按照协议约定履行股份回购义务,潘云虎等原扬锻集团公司股东应承担连带责任。

(四)案涉对赌协议具备履行可能性。2011年11月20日,扬锻集团公司股东一致表决通过新的公司章程,明确扬锻公司为股份有限公司。同年12月29日,扬锻集团公司经工商部门核准变更为扬锻公司。故案涉对赌协议约定的股份回购义务应由扬锻公司履行。扬锻公司作为股份有限公司,不同于原扬锻集团,故华工公司诉请扬锻公司履行股份回购义务,尚需具备法律上及事实上的履行可能。

关于股份有限公司股份回购,《公司法》第一百四十二条第一款规定,公司不得收购本公司股份。但是,有下列情形之一的除外:(一)减少公司注册资本;(二)与持有本公司股份的其他公司合并;……。第二款规定,公司因前款第(一)项至第(三)项的原因收购本公司股份的,应当经股东大会决议;……。第三款规定,公司依照前款规定收购本公司股份后,属于第(一)项情形的,应当自收购之日起十日内注销;……。根据上述规定可知,《公司法》原则上禁止股份有限公司回购本公司股份,但同时亦规定了例外情形,即符合上述例外情形的,《公司法》允许股份有限公司回购本公司股份。本案中,扬锻公司章程亦对回购本公司股份的例外情形作出了类似的规定,并经股东一致表决同意,该规定对扬锻公司及全体股东均有法律上的约束力。《公司法》第三十七条、第四十六条、第一百七十七条、第一百七十九条,已明确规定了股份有限公司可减少注册资本回购本公司股份的合法途径。如股份有限公司应由公司董事会制定减资方案;股东会作出减资决议;公司编制资产负债表及财产清单;通知债权人并公告,债权人有权要求公司清偿债务或提供担保;办理工商变更登记。扬锻公司履行法定程序,支付股份回购款项,并不违反公司法的强制性规定,亦不会损害公司股东及债权人的利益。关于华工公司缴纳的冲入扬锻公司资本公积金部分的本金2000万元及相关利息损失。《公司法》第三条第一款规定,公司是企业法人,有独立的法人财产,享有法人财产权。公司以其全部财产对公司的债务承担责任。第二款规定,有限责任公司的股东以其认缴的出资额为限对公司承担责任;股份有限公司的股东以其认购的股份为限对公司承担责任。公司的全部财产中包括股东以股份形式的投资、以及其他由公司合法控制的能带来经济利益的资源,例如借款等。

公司对外承担债务的责任财产为其全部财产,也即上述资产均应作为对外承担债务的范围。对赌协议投资方在对赌协议中是目标公司的债权人,在对赌协议约定的股权回购情形出现时,当然有权要求公司及原股东承担相应的合同责任。在投资方投入资金后,成为目标公司的股东,但并不能因此否认其仍是公司债权人的地位。投资方基于公司股东的身份,应当遵守公司法的强制性规定,非依法定程序履行减资手续后退出,不能违法抽逃出资。而其基于公司债权人的身份,当然有权依据对赌协议的约定主张权利。《公司法》亦未禁止公司回购股东对资本公积享有的份额。案涉对赌协议无论是针对列入注册资本的注资部分还是列入资本公积金的注资部分的回购约定,均具备法律上的履行可能。

扬锻集团公司在投资方注资后,其资产得以增长,而且在事实上持续对股东分红,其债务承担能力相较于投资方注资之前得到明显提高。扬锻公司在持续正常经营,参考华工公司在扬锻公司所占股权比例及扬锻公司历年分红情况,案涉对赌协议约定的股份回购款项的支付不会导致扬锻公司资产的减损,亦不会损害扬锻公司对其他债权人的清偿能力,不会因该义务的履行构成对其他债权人债权实现的障碍。相反,华工公司在向扬锻集团公司注资后,同时具备该公司股东及该公司债权人的双重身份,如允许扬锻公司及原扬锻集团公司股东违反对赌协议的约定拒绝履行股份回购义务,则不仅损害华工公司作为债权人应享有的合法权益,亦会对华工公司股东及该公司债权人的利益造成侵害,有违商事活动的诚实信用原则及公平原则。案涉对赌协议约定的股份回购条款具备事实上的履行可能。

(五)扬锻公司应承担责任的范围。华工公司实际于2011年7月20日缴纳列入注册资本的200万元及列入资本公积金的2000万元。2014年11月25日,华工公司书面要求扬锻公司回购股份。结合对赌协议关于股份回购条款激活时限为2014年12月31日,股份回购履行期限为30日的约定,扬锻公司应自2015年1月30日前履行回购义务。回购价款依协议约定应为:华工公司投资额2200万元+(华工公司投资额2200万元×8%×投资到公司实际月份数42.4个月/12)-扬锻集团累计对华工公司进行的分红3019530.86元,计25199135.81元。因扬锻公司未在约定期限内履行股份回购义务,还应按照《补充协议》的约定按华工公司应得回购股权价款每日的0.5‰比率支付罚息,结合华工公司一审诉讼请求范围,该逾期付款利息应以2200万元为本金按每日0.5‰自2015年1月31日起计算。根据公司法关于股份有限公司股份回购所涉召开董事会、股东大会、通知公司债权人及办理回购股份的注销事宜、办理工商登记变更等事项的规定，扬锻公司确需一定的期限完成法定程序，以确保该公司在履行义务过程中不发生违反法律规定进而损害公司股东及其他债权人利益的事项发生。但案涉对赌协议约定的股份回购条款已于2014年12月31日激活，扬锻公司及潘云虎等有充分时间按约完成与股份回购有关的作出股东会决议、制定回购方案、完成工商登记变更等事项，但时逾数年仍未履行。基于扬锻公司的违约情形，本院确定上述款项支付时间为判决生效后十日内。扬锻公司还应依《公司法》的规定履行完成工商登记变更等相应法定程序。

《补充协议》第三条约定：扬锻集团公司的违约行为导致华工公司发生任何损失，扬锻集团公司及其股东承担连带责任。该协议经扬锻集团公司原全体股东签字。故扬锻集团公司原全体股东，即潘云虎、董宏斌、耿长明、赵宏卫、张惠生、何灿焜、钟捃、淮左投资中心、亚东投资中心、吉安投资中心、金锻投资中心应对上述扬锻公司应承担的义务承担连带清偿责任。

综上，依照《中华人民共和国公司法》第十一条、第三十七条、第四十六条、第一百四十二条、第一百七十七条、第一百七十九条、《中华人民共和国合同法》第六十条、第一百零七条、第一百一十四条、《中华人民共和国民事诉讼法》第二百零七条第一款、第一百七十条第一款第二项规定，判决如下：

一、撤销江苏省扬州市中级人民法院（2017）苏10民终2380号民事判决及扬州市邗江区人民法院（2016）苏1003民初9455号民事判决；

二、扬州锻压机床股份有限公司于本判决生效之日起十日内支付江苏华工创业投资有限公司股份回购款25199135.81元及以2200万元为本金按每日0.5‰计算的逾期付款利息自2015年1月31日起计算至本判决生效之日止；

三、潘云虎、董宏斌、耿长明、赵宏卫、张惠生、何灿焜、钟捃、扬州淮左投资中心、扬州亚东投资中心、扬州吉安投资中心、扬州金锻投资中心对本判决第二项确定的义务承担连带清偿责任；

四、驳回江苏华工创业投资有限公司的其他诉讼请求。

如果未按本判决指定的期限履行上述金钱给付义务，应当依照《中华人民共和国民事诉讼法》第二百五十三条之规定，加倍支付延迟履行期间的债务利息。

一审案件受理费 187000 元,二审案件受理费 187000 元,均由扬州锻压机床股份有限公司及潘云虎、董宏斌、耿长明、赵宏卫、张惠生、何灿焜、钟捃、扬州淮左投资中心、扬州亚东投资中心、扬州吉安投资中心、扬州金锻投资中心共同负担。

本判决为终审判决。

审判长　薛山中
审判员　赵　俊
审判员　陆轶群
二〇一九年四月三日
书记员　崔齐旗

# 国华实业有限公司与西安向阳航天工业总公司股权转让纠纷二审民事判决书

**审理法院：** 江苏省高级人民法院
**案　　号：** (2013)苏商外终字第0034号
**裁判日期：** 2013.10.21
**案　　由：** 民事〉与公司、证券、保险、票据等有关的民事纠纷〉与公司有关的纠纷〉股权转让纠纷

上诉人(原审原告)国华实业有限公司(KEY WORLD INDUSTRIAL LIMITED)，住所地香港特别行政区九龙旺角上海街638号旺角海景中心×××室。

诉讼代表人闻国良，该公司执行董事。

委托代理人何黎明，浙江五联律师事务所律师。

委托代理人周庆艺，浙江五联律师事务所律师。

被上诉人(原审被告)西安向阳航天工业总公司，住所地陕西省西安市东郊田王街特字×号。

法定代表人田维平，该公司总经理。

委托代理人沈彦炜，北京盈科(上海)律师事务所律师。

上诉人国华实业有限公司(以下简称国华公司)因与被上诉人西安向阳航天工业总公司(以下简称向阳公司)股权转让纠纷一案，不服江苏省常州市中级人民法院(2012)常商外初字第13号民事判决，向本院提出上诉。本院于2013年7月29日受理后，依法组成合议庭，于2013年9月18日公开开庭审理了本案。国华公司的委托代理人周庆艺，向阳公司的委托代理人沈彦炜到庭参加诉讼。本案现已审理终结。

国华公司一审诉称：常州山由帝杉防护材料制造有限公司(以下简称山由帝杉公司)原系由向阳公司、杭州金富春丝绸化纤有限公司(后更名为金

富春集团有限公司,以下简称金富春公司)、林根永、韩国 CNC 科技有限公司和江苏星源航天材料股份有限公司(以下简称星源航天公司)设立的中外合资企业,注册资本为 2402 万美元。其中向阳公司出资 1238.23 万美元,占注册资本的 51.55%,林根永出资 336.28 万美元,占注册资本的 14%,韩国 CNC 科技有限公司出资 264.22 万美元,占注册资本的 11%,星源航天公司出资 72.06 万美元,占注册资本的 3%,金富春公司出资 491.21 万美元,占注册资本的 20.45%。

2008 年 10 月 23 日,林根永(时任山由帝杉公司总经理)在征得山由帝杉公司其他股东同意,股东向阳公司、金富春公司、韩国 CNC 科技有限公司和星源航天公司自愿放弃原优先受让权后,国华公司、向阳公司及山由帝杉公司的其他四位股东共同签署股权转让协议一份。协议约定了股权转让的份额、价格、支付期限及方式。另外约定了在完成本次股权转让后,林根永承诺:在确保盈利的前提下,确保 2009 年销售额不低于 4 亿元人民币;2010 年销售额不低于 8 亿元人民币。协议第三条第三款约定:在山由帝杉公司不能达到预期的销售总额时,国华公司有权要求撤回对山由帝杉公司的投资。山由帝杉公司各方股东一致同意由林根永、向阳公司分别按出资比例对国华公司的股权进行回购,回购价格按国华公司出资时的兑价(1 美元注册资本转让价格为 9.159 元人民币),向阳公司的股权回购款项须在国华公司书面撤资后的一个月内一次性付清。协议第六条第一款约定:如果本协议任何一方未适当全面地履行其义务的,应当承担违约责任。未违约一方由此产生的任何责任和损害,应由违约一方赔偿未违约一方人民币 1000 万元。

上述股权转让协议签订后,国华公司依约足额支付了林根永股权转让款,并办理了股权转让的工商变更登记手续。在股权转让完成后,国华公司按照修订后的山由帝杉公司的章程,承担和履行山由帝杉公司股东的权利和义务。

但是,山由帝杉公司 2009 年销售额仅达到人民币 156505604.57 元,净利润仅为人民币 1606545.04 元,该状况造成国华公司当初股权转让协议的初衷无法达成,无法获得预期的投资回报。国华公司在 2010 年 3 月 16 日发函要求向阳公司按照人民币 1500.39 万元的价格回购国华公司持有的山由帝杉公司 6.82% 股份。经多次协商,向阳公司于 2011 年 11 月 1 日书面回复,同意由向阳公司回购国华公司持有的上述股份,后向阳公司又于 2011 年 12 月 15 日再次发函称正在办理收购上述股权的报批程序。但此事至今并无实质性进展。国华公司认为向阳公司的行为已经构成违约，遂向一审法院提起诉讼。请求判令：1. 向阳公司按照人民币1500.39万元回购国华公司持有的山由帝杉公司6.82%股份；2. 向阳公司向国华公司支付违约金人民币1000万元；3. 向阳公司承担本案的诉讼费用。

向阳公司一审辩称：第一，本案《股权转让协议》的回购条款尚未生效。根据法律法规的有关规定，本案涉及的股权回购协议需要经过向阳公司的国有资产监督管理机构，即中国航天科技集团公司和外商投资主管机构，即江苏省对外贸易经济合作厅审批。而本案的股权回购协议在订立时未经中国航天科技集团公司审批，2011年11月28日中国航天科技集团公司更以书面形式拒绝同意向阳公司购买国华公司的股份，故本案的股权回购协议未经国有资产管理监督机构和外商投资主管机构的批准，在本案所设的股权回购条款处于未生效的状态，该条款对于合同各方均无约束力，向阳公司无需履行该条款所规定的股权购买事项，更无需为没有履行股权购买事项承担违约责任。

第二，即便本案股权回购条款已经生效，该条款的内容依旧属于无效条款。本案的回购条款损害了社会公共利益，违反了法律和行政法规的强制性规定，具备了两重合同无效的理由。首先，本案所涉的股权回购条款在订立时未经国有资产监督管理部门审批，2011年11月28日，中国航天科技集团公司更以书面形式拒绝同意向阳公司购买国华公司的股份，故该项股权购买属于未经国有资产监督管理职能部门审批擅自处置国有资产的行为。根据江苏省高级人民法院和最高人民法院生效裁判中确认的内容，未经国有资产监督管理职能部门审批擅自处置国有资产的，属于损害社会公共利益的行为，相应的股权回购条款无效。其次，依照我国现行法律法规的规定，向阳公司要购买国华公司的股份，必须经过资产评估，并且在国有资产行政主管部门对评估结果确认后，向阳公司方可对国华公司的股份进行购买，此为强制性规定，而本案股权转让协议中约定向阳公司需要按事先约定的价格，在指定时间内向国华公司购买股份并支付价款，该约定明显违反了行政法规的强制性规定，股权转让条款应为无效。

第三，即便股权回购条款为有效，国华公司要求向阳公司购买其持有的山由帝杉公司6.82%的股份不符合回购条款的规定。

第四，即便回购条款是有效的，向阳公司履行合同的行为并未构成违约，不应承担违约责任。2011年11月25日，国华公司向向阳公司致函表示希望能在2011年12月15日前收到股权回购款,因此2011年12月15日应当被视为国华公司最终书面确定的要求收到股权价款的日期。向阳公司对国华公司的此项要求的履行并无迟延。事实上,早在2011年11月15日向阳公司即向中国航天科技集团公司提交了《常州山由防护材料制造有限公司股权处置的请示》,2011年11月28日,中国航天科技集团公司对该申请不予同意。向阳公司无法在2011年12月15日前向国华公司支付股价款的原因,并非是向阳公司迟延履行合同义务造成,而是国华公司提出的股权购买请求缺乏合法性而被国有资产管理监督机构拒绝,故国华公司无权要求向阳公司承担违约责任。

第五,即使法院认为向阳公司应当承担责任,协议约定的违约金金额因国华公司并无实际损失而应当由法院予以调整或不予支持。

综上,向阳公司认为国华公司的诉讼请求缺乏事实和法律依据,请求法院依法对国华公司的全部诉讼请求予以驳回。

一审法院查明:

山由帝杉公司成立于2005年9月30日,2008年3月21日,该公司注册资本变更为2402万美元,公司类型为有限责任公司(中外合资)。

2008年10月23日,林根永作为转让方、国华公司作为受让方,与山由帝杉公司的其他合营四方(韩国CNC科技有限公司、星源航天公司、向阳公司、金富春公司)在山由帝杉公司共同签署《中外合资经营常州山由帝杉防护材料制造有限公司股权转让协议》(以下简称涉案股权转让协议)一份,涉案股权转让协议的前序部分第1条载明:山由帝杉公司注册资本2402万美元,林根永出资336.28万美元,占14%;金富春公司出资491.21万美元,占20.45%;向阳公司出资1238.23万美元,占51.55%;韩国CNC科技有限公司出资264.22万美元,占11%;星源航天公司出资72.06万美元,占3%。第3条载明:山由帝杉公司其他合营股东自愿放弃公司股权转让中所享有的优先受让权,同意林根永、国华公司根据本协议的条款进行股权转让;涉案股权转让协议正文部分第一项"股权转让的份额及价格"第1条载明"林根永自愿将其在山由帝杉公司中注册资本的出资163.82万美元,该等出资占公司注册资本6.82%的股权转让给国华公司,国华公司在此向林根永购买并受让林根永6.82%的股权",第2条载明"林根永、国华公司同意本股权转让的对价为原出资价格(即:每1美元注册资本转让价格为9.1590元人民币)";涉案股权转让协议正文部分第三项"承诺和保证"第2条载明"完成股权转让后,林根永承诺:

(1)全身心投入合营公司销售工作和研发资源配置,在合营各方共同努力下确保2009年3月31日以前新产品(IT膜、FCCL)开发成功并开始批量生产。在确保盈利的前提下,确保2009年销售额不低于4亿元人民币;2010年销售额不低于8亿元人民币",第3条载明"在合营公司不能达到预期的销售总额时,国华公司有权要求撤回对合营公司的投资。合营公司各方股东一致同意林根永、西安向阳航天工业总公司分别按出资比例对国华公司的股权进行回购";涉案股权转让协议正文部分第六项"违约责任"第1条载明"如果本协议任何一方未按本协议的规定,适当地、全面地履行其义务,应该承担违约责任。未违约一方由此产生的任何责任和损害,应由违约一方赔偿未违约一方人民币1000万元",第3条载明"任何一方违约时,守约方有权要求违约方继续履行本协议";涉案股权转让协议正文部分第七项"适用法律和争议解决"载明"因对本协议的解释和履行产生争议时,……如果双方在开始协商后的三十日内未能解决争议,则任何一方均可将该争议提交中国境内的人民法院进行裁决"。

2009年1月12日,江苏省对外贸易经济合作厅作出《关于同意常州山由帝杉防护材料制造有限公司股权转让的批复》,同意向阳公司林根永将其在公司的出资额163.82万美元,占注册资本的6.82%的股权转让给国华公司。2009年1月22日,江苏省常州工商行政管理局发出外商投资公司准予变更登记通知书,表明国华公司作为山由帝杉公司股东这一变更事项已经该局登记。

2009年4月17日,林根永出具收据一份,载明:本人于2009年4月17日前后分两次收到国华公司股权转让款218.827714万美元,按当时汇率合计折合人民币1500.39万元。截至2009年4月17日,国华公司应支付本人的股权转让款已全部付清,本人与国华公司的股权转让事宜已全部办妥。

2010年1月21日,中天运会计师事务所有限公司作出2009年度山由帝杉公司审计报告一份,该审计报告第3页利润表显示山由帝杉公司2009年度营业收入为人民币156505604.57元,2008年度公司营业收入人民币140007159.47元、净利润人民币20072741.92元。2011年1月15日,中天运会计师事务所有限公司出具2010年度山由帝杉公司审计报告一份,该审计报告利润表显示山由帝杉公司2010年度主营业务收入为人民币126895689.29元。2013年3月14日,中天运会计师事务所有限公司出具2012年度山由帝杉公司审计报告一份,该报告显示,截至2012年12月31日,山由帝杉公司所有者权益合计为人民币219084469.55元，利润为人民币6010925.29元。另根据山由帝杉公司财务资料反映，该公司2011年1月所有者权益合计为人民币203061595.26元。

2010年3月16日国华公司向向阳公司发出《关于要求回购常州山由帝杉防护材料制造有限公司股份的函》一份，主要内容为：……为了切实维护我公司的合法权益，我公司根据《中外合资经营常州山由帝杉防护材料制造有限公司股权转让协议》，现正式发函于贵公司，要求贵公司回购本公司在合营公司4.088%的股份，回购价款合计为人民币899.3617万元，并请贵公司在2010年4月16日前一次性付清前述回购款。

2011年7月，向阳公司、国华公司、金富春公司等协商，由向阳公司收购金富春公司持有的山由帝杉公司6.82%股权，代替向阳公司回购国华公司持有的山由帝杉公司6.82%股权，股权转让款由向阳公司直接支付给金富春公司，由金富春公司与国华公司再行结算。

2011年11月，向阳公司向金富春公司发出《关于常州山由帝杉防护材料制造有限公司相关事宜的回函》，主要内容为：一、按照2011年7月下旬与贵公司达成的共识，我公司开展了收购贵公司持有的山由帝杉公司6.82%股份的相关工作。本次收购名义上收购贵公司股权，实际上是收购国华公司6.82%股权，收购完成后，国华公司名义上仍然持有股权，请贵公司与国华公司做好协调工作。目前，股权收购事项已完成了内部决策程序，收购股权事宜已正式上报待审批。二、从操作层面上讲，此次收购股权涉及股东对外收购中外合资企业的股权，按照相关规定，尚需签署新的股权转让协议，履行公司董事会决策，开展资产评估，报地方商务部门审批备案等程序，希望贵公司配合完成有关事宜。2011年12月15日，向阳公司向国华公司发出《关于常州山由帝杉防护材料制造有限公司相关事宜的回函》，主要内容为：三、目前，公司股权问题处理已经进行到了实质性推进阶段，按照国家国有产权管理的有关法律规定，我公司现正在履行有关报批程序，同时航天科技集团公司要求我们各方股东团结起来一致对外，解决处理好韩方股东的债务和股权问题，希望贵公司能理解并予以支持。

另查明，1999年6月23日，国务院下发《关于组建中国航天科技集团公司有关问题的批复》，主要内容为：中国航天科技集团公司是在原中国航天工业总公司所属部分事业单位基础上组建的特大型国有企业，航天科技集团公司由中央管理；同意航天科技集团公司作为国家授权投资机构，对其全资企业、控股企业、参股企业的有关国有资产行使出资人权利,对所投资企业中国家投资形成的国有资产依法经营管理和监督,并相应承担保值增值责任。中国航天科技集团公司主要成员单位名单包括四院等。四院对外经营名称即为西安向阳航天工业总公司。2007年4月13日,中国航天科技集团公司下发《关于印发〈中国航天科技集团经营性投资管理办法〉的通知》,该《投资管理办法》第十六条规定:集团公司对投资项目实行限额审批管理:对主业投资项目实行限额审批,院、公司对同一项目累计投资1000万元人民币以上(含1000万元人民币),须报集团公司审批。

2011年11月11日,向阳公司向航天科技集团公司提交《关于常州山由帝杉防护材料制造有限公司股权处置的请示》,主要内容为:经与金富春公司协商,由向阳公司收购金富春公司股权比例6.82%,收购价格预计人民币1500万元,收购股权后,向阳公司股权比例由51.55%增至58.37%,金富春公司仍保留13.63%。以上事项,请批示。2011年11月28日,航天科技集团公司作出《关于常州山由帝杉防护材料制造有限公司股权处置的反馈意见》,认为向阳公司上报的文件不符合集团公司有关管理办法的规定,要求向阳公司按照集团公司经营性投资资产管理办法的要求报文。

2012年3月28日,国华公司向一审法院提起本案诉讼,要求向阳公司回购其在山由帝杉公司6.82%的股份并承担违约责任。2012年10月31日,金富春公司向向阳公司致函一份,函件主要内容为:因林根永违反《股权转让协议》的约定,国华公司于2010年3月16日向你公司发出了《关于要求回购常州山由帝杉防护材料制造有限公司股份》的函……你公司于2011年7月24日提出收购我公司持有的山由帝杉公司6.82%的股权,来代替回购国华公司的股权,转让款直接支付给我公司,由我公司和国华公司结算,国华公司亦同意该方案。我公司为了山由帝杉公司的稳定发展和股东的共同利益,同意接受委托,出让自己持有的山由帝杉公司6.82%股权给你公司,但是股权转让工作一直没有实质性的进展。鉴于你公司超出了履行回购股权义务的最后期限,现国华公司的起诉行为,说明国华公司已经否决了我公司代为转让股权的行为,并且收回了我公司代为转让股权的权利,你公司应当按照2008年10月23日签订的《股权转让协议》之约定,直接回购国华公司的股权并向其承担违约责任。

一审审理过程中,2012年11月30日,向阳公司向航天科技集团公司提交《关于收购香港国华实业有限公司持有常州山由帝杉防护材料有限公司股权的请示》一份,主要内容为向阳公司拟按照涉案股权转让协议约定,按国华公司入股时的出资价格回购其持有的山由帝杉公司6.82%的股份。2012年12月3日,航天科技集团公司对此作出书面答复,内容为:根据《企业国有资产法》《企业国有资产评估管理暂行办法》(国务院国资委第12号令)关于国有企业收购非国有单位的规定,向阳公司属于国有全资企业,国华公司属于港资非国有企业,向阳公司收购国华公司持有山由帝杉公司的股权,必须履行资产评估及备案程序,收购股权的价格应根据资产评估及备案的结果确定。

2013年1月10日,向阳公司以向阳公司名义向一审法院出具的《关于办理外商投资企业股权变更审批经过的说明》载明:2013年1月7日,山由帝杉公司工作人员向武进区商务局递交股权变更审批事项(初审)申请资料,申请资料包括外商投资企业股权变更申请报告、涉案股权转让协议、向阳公司提交航天科技集团公司的请示、航天科技集团公司书面答复等。武进区商务局外国投资管理科工作人员审查了有关资料并听取了山由帝杉公司有关情况说明后表示:涉案股权转让协议明显不符合国有资产评估管理的有关规定,应属无效协议,同时航天科技集团公司作为向阳公司的上级主管部门,在批复中明确要求对转让股权进行资产评估,其意见即是不同意向阳公司按照协议约定的价格回购国华公司股权,因此根据国家对外商投资企业投资者股权变更的若干规定,外经贸主管机关对山由帝杉公司提出的股权变更申请不能同意。

还查明,2012年3月28日(即国华公司提起本案诉讼同时),国华公司因与林根永涉案股权转让合同纠纷一案,向一审法院提起诉讼。国华公司认为林根永违反在涉案股权转让协议中的承诺——在确保盈利的前提下,确保山由帝杉公司2009年销售额不低于4亿元人民币;2010年销售额不低于8亿元人民币,故林根永存在违约行为。国华公司据此提起诉讼并要求判令林根永支付违约金人民币1000万元。一审法院经审理后认为,林根永违反其承诺的"在确保盈利的前提下,确保2009年销售额不低于4亿元人民币,2010年销售额不低于8亿元人民币",应当按照涉案股权转让协议约定的违约金条款向国华公司承担责任。一审法院于2012年8月判决林根永向国华公司支付违约金人民币1000万元,案件受理费人民币81800元,由林根永负担。林根永不服该判决,向江苏省高级人民法院提出上诉,现该案在二审过程中。

一审法院认为：

### 一、本案应当适用中华人民共和国内地法律

山由帝杉公司为中外合资经营企业，本案为山由帝杉公司股权转让纠纷，国华公司系在香港特别行政区注册的法人，本案属在我国境内履行的中外合资经营企业股权转让纠纷。依据《最高人民法院关于审理涉外民事或商事合同纠纷案件法律适用若干问题的规定》第八条第（四）项之规定，本案应适用中华人民共和国内地法律。

### 二、涉案股权转让协议中涉及向阳公司回购国华公司股权部分合同的效力

向阳公司系国有单位，其持有的山由帝杉公司的股权为国有资产，处置国有资产应当严格履行审批手续。中国航天科技集团公司是向阳公司国有资产管理的主管部门，未经航天科技集团公司审批擅自处置国有资产，属于损害社会公共利益的行为。依照《中华人民共和国合同法》第五十二条第（四）项之规定，该股权回购条款应为无效。《中华人民共和国合同法》第五十六条规定，合同部分无效，不影响其它部分效力的，其他部分仍然有效，故股权回购涉及的条款无效，不影响涉案股权转让协议其他条款的效力。

### 三、关于国华公司的诉讼请求

因涉案股权转让协议中涉及向阳公司回购国华公司股份的内容无效，故国华公司第一项诉讼请求：请求判令向阳公司按照国华公司的出资额人民币1500.39万元回购国华公司持有的山由帝杉公司6.82%股份并无事实依据和法律依据，不予支持。

关于国华公司第二项诉讼请求：请求判令向阳公司支付违约金人民币1000万元。

对该项诉讼请求，向阳公司认为股权回购协议不发生法律效力，但并未令国华公司遭受损失，请求法院驳回国华公司该项诉讼请求或减少违约金金额。

对此，国华公司陈述：首先双方当事人已经在涉案股权转让协议中约定违约金为人民币1000万元，应当严格适用约定违约金，法院应当判令向阳公司向国华公司支付违约金人民币1000万元；其次，股权回购协议不发生法律

效力,令国华公司遭受经济损失,其中一项为股权回购款的利息损失,自向阳公司应当回购之日(2009年4月16日)起至2013年5月的同期银行贷款利息约计人民币212万元,该项损失应当由向阳公司予以赔偿。

对国华公司的第二项诉讼请求,一审法院认为:本案中,国华公司要求向阳公司支付违约金人民币1000万元的诉讼请求证据不足,不予支持。《中华人民共和国合同法》第五十八条规定,合同无效后,因该合同取得的财产,应当予以返还;不能返还或者没有必要返还的,应当折价补偿。有过错的一方应当赔偿对方因此所受到的损失,双方都有过错的,应当各自承担相应的责任。一审法院认为:①股权回购条款无效,国华公司要求向阳公司按照合同约定支付违约金缺乏事实依据和法律依据。②根据山由帝杉公司提交的财务资料反映,山由帝杉公司2011年1月所有者权益合计为人民币203061595.26元,2012年12月,所有者权益合计为人民币219084469.55元,故该公司所有者权益处于动态变化中且有所增长。山由帝杉公司2012年12月31日,企业未分配利润为人民币6010925.29元。故根据财务资料反映,山由帝杉公司所有者权益增加并且持续盈利。股权回购协议无效,则国华公司仍为山由帝杉公司的股东,亦能据此享有相应的股东权益,获得公司所有者权益增加并且持续盈利的利益。故股权回购协议虽然无效,但国华公司认为因股权回购协议不发生法律效力令其遭受损失的意见并无充分依据,对国华公司的该项诉讼请求不予支持。日后国华公司另有证据能够证明其因股权回购协议无效遭受损失的,可以另案再行主张。

综上,国华公司的诉讼请求缺乏事实依据和法律依据,不予支持。依照《中华人民共和国合同法》第五十二条第(四)项、第五十八条,《中华人民共和国民事诉讼法》第六十四条、第一百四十二条之规定,判决:驳回国华实业有限公司诉讼请求。一审案件受理费人民币166820元,由国华实业有限公司负担。

国华公司上诉称:涉案股权转让协议中的回购条款已经生效,应当得到全面履行,一审法院认定该条款因损害社会公共利益而无效,系适用法律错误。请求撤销一审判决,改判支持其诉讼请求,并判令向阳公司承担一、二审诉讼费用。

向阳公司辩称:一审判决认定事实清楚,适用法律正确,请求驳回上诉,维持原判决。

本案争议焦点:1.涉案股权转让协议中的股权回购条款是否有效;2.向

阳公司的民事责任如何确定。

双方当事人对一审法院查明的事实均无异议，本院对此予以确认。

二审中双方当事人均未提交新证据。

本院认为：

涉案股权转让协议中涉及向阳公司回购国华公司股权部分未生效。《中外合资经营企业法实施条例》第二十条规定："合营一方向第三者转让其全部或者部分股权的，须经合营他方同意，并报审批机构批准，向登记管理机构办理变更登记手续。……违反上述规定的，其转让无效。"我国《合同法》第四十四条第二款规定："法律、行政法规规定应当办理批准、登记等手续生效的，依照其规定。"《最高人民法院关于适用〈中华人民共和国合同法〉若干问题的解释（一）》第九条规定："依照合同法第四十四条第二款的规定，法律、行政法规规定合同应当办理批准手续，或者办理批准、登记等手续才生效，在一审法庭辩论终结前当事人仍未办理批准手续的，或者仍未办理批准、登记等手续的，人民法院应当认定该合同未生效。"本案中，涉案股权转让协议包含两个股权转让协议，一个是林根永将其持有的山由帝杉公司的股权转让给国华公司，另一个是国华公司将其受让的股权附条件地转让给林根永和向阳公司。由于山由帝杉公司属于中外合资经营企业，涉案的两个股权转让协议均应履行相应的报批手续。2009年1月12日，江苏省对外贸易经济合作厅作出《关于同意常州山由帝杉防护材料制造有限公司股权转让的批复》，仅同意林根永将其在公司的出资额163.82万美元，占注册资本的6.82%的股权转让给国华公司，并未涉及向阳公司回购国华公司股权的部分。关于涉案股权转让协议中的回购条款是否履行报批手续的问题，向阳公司一审中提供了一份《关于办理外商投资企业股权变更审批经过的说明》。本院认为，该文件的内容仅为向阳公司关于办理外商投资企业股权变更审批经过的说明，属于向阳公司的单方陈述，不能证明涉案股权转让协议中的股权回购条款履行了相应的报批手续，审批机关不予批准，故应认定向阳公司回购国华公司股权的部分未履行相应的报批手续。因此，涉案股权转让协议中的股权回购条款未生效，国华公司据此请求法院判令向阳公司回购股权并承担违约责任，本院不予支持。一审法院以向阳公司持有的山由帝杉公司的股权为国有资产，其处置国有资产未经国有资产管理主管部门中国航天科技集团公司审批而损害社会公共利益为由，认定该股权回购涉及的条款无效不当，应予纠正。

综上,国华公司的上诉理由不能成立,其上诉请求应予驳回;一审判决适用法律虽有不当,但处理结果正确。本院对其适用法律不当予以纠正,对其处理结果予以维持。依照《中华人民共和国中外合资经营企业法实施条例》第二十条、《中华人民共和国合同法》第四十四条第二款、《最高人民法院关于适用〈中华人民共和国合同法〉若干问题的解释(一)》第九条、《中华人民共和国民事诉讼法》第一百七十条第一款第(一)项的规定,判决如下:

驳回上诉,维持原判决。

二审案件受理费人民币166820元,由国华公司负担。

本判决为终审判决。

审　判　长　王天红
审　判　员　徐美芬
代理审判员　张长琦
二〇一三年十月二十一日
书　记　员　顾正义

# 通联资本管理有限公司、成都新方向科技发展有限公司与公司有关的纠纷再审民事判决书

**审理法院:** 最高人民法院
**案　　号:** (2017)最高法民再258号
**裁判日期:** 2017.09.29
**案　　由:** 民事〉与公司、证券、保险、票据等有关的民事纠纷〉与公司有关的纠纷

再审申请人(一审原告、二审被上诉人):通联资本管理有限公司。
法定代表人:赵琦,该公司执行董事。
委托诉讼代理人:徐伟民,国浩律师(杭州)律师事务所律师。
委托诉讼代理人:吴正绵,国浩律师(杭州)律师事务所律师。
被申请人(一审被告、二审上诉人):成都新方向科技发展有限公司。
法定代表人:向生建,该公司总经理。
被申请人:(一审被告、二审上诉人):四川久远新方向智能科技有限公司。
法定代表人:向生建,该公司总经理。

再审申请人通联资本管理有限公司(以下简称通联公司)因与被申请人成都新方向科技发展有限公司(以下简称新方向公司)、四川久远新方向智能科技有限公司(以下简称久远公司)与公司有关的纠纷一案,不服四川省高级人民法院(2016)川民终671号民事判决,向本院申请再审。本院于2017年3月27日作出(2017)民申字1号民事裁定再审本案。本院依法组成合议庭,开庭进行了审理。再审申请人通联公司的委托诉讼代理人吴正绵到庭参加诉讼。被申请人新方向公司、久远公司经本院合法传唤未到庭参加诉讼,本院依法缺席审理。本案现已审理终结。

通联公司申请再审称:一、新方向公司和久远公司在二审提交的2010年6月9日《四川久远新方向智能科技有限公司股东会决议》(以下简称《股东会决议》)不属于新证据。一审时,新方向公司和久远公司有能力提交该证据而没有提交,该证据不属于《最高人民法院关于民事诉讼证据的若干规定》第四十一条规定的二审"新证据"的范围,不能证明《关于四川久远新方向智能科技有限公司之增资扩股协议》(以下简称《增资扩股协议》)签订时通联公司知晓久远公司章程中有关担保的特殊规定,而且《股东会决议》之前久远公司章程中并没有关于公司对外担保议事规则的相关规定。因此,二审判决认定通联公司不属于善意相对人,属于事实认定错误。二、《中华人民共和国公司法》(以下简称公司法)第十六条第二款属于管理性规定,违反该规定不必然导致担保合同无效。二审法院要求通联公司签订协议前必须审查久远公司关于担保的决策程序,于法无据。三、依照《最高人民法院关于适用〈中华人民共和国担保法〉若干问题的解释》第七条的规定,即使久远公司的担保无效,仍不能免除久远公司的赔偿责任。本案中,二审法院认定《增资扩股协议》有效,担保无效,却未依照上述解释就久远公司的责任分摊问题作出判决,明显属于适用法律错误,应予纠正。四、通联公司主观上属于善意第三人,其在签订协议时尚不是久远公司的股东,无从知晓久远公司的股东会或者董事会议事规则,更无法判断久远公司为新方向公司提供的担保是否经过股东会内部决议程序,其基于合同有效的合理信赖利益应该予以保护。综上,二审判决认定的基本事实缺乏证据支持且适用法律错误,为此依据《中华人民共和国民事诉讼法》第二百条第二项、第六项的规定,请求:一、撤销四川省高级人民法院(2016)川民终671号民事判决第二项、第三项;二、改判久远公司对新方向公司承担的付款义务承担连带清偿责任或过错赔偿责任;三、一、二审和再审的全部诉讼费用由久远公司、新方向公司承担。

新方向公司提交书面答辩意见称:一、《增资扩股协议》中要求久远公司承担连带责任的担保条款无效。(一)通联公司作为久远公司股东明知对外重大担保未经久远公司股东会讨论通过无效。(二)要求久远公司承担连带责任的行为系通联公司非法滥用股东权利,久远公司不应为股权回购承担连带责任。二、无效条款自始无效,虽然久远公司不应承担连带责任,但新方向公司仍然承担支付责任,通联公司的权益并未受到损害。三、久远公司、新方向公司在二审中提交的新证据符合法律规定。久远公司于2010年6月9日形成的《股东会决议》未违反法律规定,为有效行为,对各股东均有约束力,通联公司系久远公司股东且参会,知晓公司章程和法律规定,并非善意第三人。总之,二审判决认定事实清楚,适用法律正确,应予维持。

新方向公司提交书面答辩意见称:一、《增资扩股协议》中涉及股权回购条款无效。(一)股权回购条款违反了公司法第三十五条、第三十六条和第三十七条第一款(七)项、第七十四条之规定,有限责任公司注册资本确定后,未经法定程序,不得随意减少和抽回;(二)股权回购约定违反了《最高人民法院关于审理联营合同若干问题的解答》第四条第二项的规定;(三)股权回购约定实质上是保证无风险绝对收益的保底条款,违反了公司法第二十条的规定。二、协议约定的回购条件不成就。《增资扩股协议》中约定的股权回购条件是特定的,在2014年4月30日前,通联公司自愿放弃回购权,已无权再行主张回购。三、久远公司在《增资扩股协议》中承诺对新方向公司进行股权回购承担连带责任,虽然有法定代表人签章,但未经过股东会议通过,损害了其他股东的利益。而通联公司作为一家专业投资机构,未尽到基本的形式审查义务,其不应属于善意的相对人。根据公司法第十六条第二款的规定,未经股东会议决议,公司为控股股东提供的连带担保违反了法律的强制性规定,应属于无效。综上,通联公司的主张无事实和法律依据,请求驳回通联公司的全部诉讼请求。

通联公司向四川省成都市中级人民法院起诉请求:一、新方向公司向通联公司支付股权转让款3000万元,并从2010年6月9日起按照年利率15%计算利息至实际支付回购价款之日止(暂计算至2015年6月9日为2250万元);二、本次股份回购涉及的税款由新方向公司承担(起诉之日暂无该项费用);三、久远公司在诉讼请求第一项和第二项范围之内与新方向公司承担连带责任;四、判令新方向公司和久远公司承担本案所有诉讼费用。

一审法院经审理查明:2010年6月8日,通联公司(甲方)、久远公司(乙方)、新方向公司(丙方)签订了《增资扩股协议》,约定:"1.1 本次增资方案为:乙方同意向甲方增发1500万股,每股认购价格2元,甲方共需出资人民币3000万元。1.2 各方同意,投资协议签署后,甲方在5个工作日内,将投资款项汇入乙方书面指定的账户。2.2 乙方应依照法定程序在甲方缴足出资款后30个工作日内向乙方登记管理机关办理注册资本、股东、出资等事项的工商变更登记手续。……3.1 本次增资完成后,甲方即成为乙方新股东,按照其持股比例享有公司的权益及承担相应的风险。……4.7 乙方及丙方承诺并保证,除已向甲方披露的资料外,乙方并未签署任何对外担保性文件,亦不存在任何其他未披露的债务。如乙方还存在未披露的或有负债或者其他债务,全部由丙方承担。若乙方现行承担并清偿上述债务,因此给甲方造成损失,丙方应当在甲方实际发生损失后五个工作日内,向甲方全额赔偿。4.8 乙方及丙方承诺并保证,若由于乙方及丙方的保证和承诺未全面履行而对甲方造成损失,乙方及丙方一并承诺履行赔偿义务。如乙方不能保证赔偿或无赔偿之履行能力,则由丙方对乙方一并承担连带责任,赔偿资金按以下途径执行:①新方向公司在乙方取得的分红或从其他合法渠道筹措资金的权益(现金);②新方向公司资产;③新方向和乙方实际控制人向生建个人资产……6.1 当出现以下情况之一时,甲方有权要求乙方或丙方回购甲方所持有的全部乙方股份:6.1.1 甲方在 2012 年 6 月 30 日对乙方能否 IPO 上市进行独立判断,并在 2012 年 7 月 30 日前决定是否要求乙方回购甲方所持有的全部乙方股0份;6.1.2 如果乙方不能在 2013 年 12 月 31 日前获得中国证监会关于乙方首次公开发行股票并上市的核准文件,该等原因包括乙方经营业绩方面不具备上市条件,或由于乙方历史沿革方面的不规范未能实现上市目标,或由于参与乙方经营的丙方存在重大过错、经营失误原因造成乙方无法上市;6.1.3 在 2013 年 12 月 31 日之前的任何时间,丙方或乙方发生股权变更而导致乙方的实际控制人发生变化;6.1.4 在 2013 年 12 月 31 日之间的任何时间,丙方或乙方明示放弃本协议项下的乙方上市安排或工作;6.1.5 甲方在 2014 年 3 月 30 日对乙方能否 IPO 上市再次进行独立判断,并在 2014 年 4 月 30 日前决定是否要求乙方或丙方回购甲方所持有的全部乙方股份。6.2 本协议项下股份回购价格应按以下两者较高者确定:6.2.1 按照本协议第一条规定的甲方的全部投资价款 3000 万元及自从实际付款支付日起至丙方实际支付回购价款之日按年利率 15% 计算的利息,乙方及丙方承担履约连带责任;6.2.2 回购时甲方所持有公司股权(如公司以净资产转增股本时,包括该等股份对应的转增股本部分)所对应的公司经审计的净资产。6.3 本协议项下的股份回购均应以现金形式进行,全部股份回购款应在甲方发出书面回购要求之日起 60 日内全额支付给甲方,所涉及税收由乙方或丙方另行承担。甲方在股份回购之前从公司所收到所有股息和红利可作为购买价格的一部分予以扣除。股份回购计算公式为:回购金额=甲方本次支付的实际出资额×(1+15%×投资月数/12)-累计分红(含税)……"。《增资扩股协议》还对收益归属、目标补偿、公司治理、违约责任、争议解决等事项进行了约定。

2010 年 6 月 1 日,久远公司向通联公司发出《关于提请支付投资款的函》,提请通联公司将投资款人民币3000万元汇至久远公司以下账户:开户名称:久远公司;开户银行:中国光大银行成都天府支行;开户账号:39×××84。2010年6月9日,通联公司将3000万元打入久远公司的上述指定账户,同日,久远公司出具收据,载明收到通联公司通过银行电汇的投资款3000万元。上述协议签订后,久远公司完成了工商变更登记手续,通联公司成为久远公司的股东。

2014年12月12日,国浩律师(杭州)事务所接受通联公司委托,就要求新方向公司及久远公司回购通联公司持有的久远公司股权事宜发出《律师函》,认为依据《增资扩股协议》第六条约定,目前有关回购事项已经出现,通联公司有权要求久远公司、新方向公司回购通联公司持有的久远公司的股份;要求两公司在接函三十天内依法履行《增资扩股协议》约定的回购义务,如有逾期,通联公司将委托该所律师通过司法途径予以解决。该《律师函》于2014年12月15日送达给新方向公司和久远公司。

一审法院判决:一、新方向公司在判决生效之日起十日内向通联公司支付股权回购款3000万元,并支付相应的利息,计算方法为:以3000万元为基数,按照年利率15%计算,从2010年6月9日始计算至实际支付回购款之日止;二、久远公司对新方向公司上述第一项付款义务承担连带支付责任;三、驳回通联公司的其他诉讼请求。

新方向公司、久远公司不服一审判决,提起上诉请求:撤销一审判决,依法改判驳回通联公司的全部诉讼请求,本案一、二审诉讼费用由通联公司负担。

在二审法院限定的举证期间内,新方向公司与久远公司提交了一份落款时间为2010年6月9日,有包括通联公司在内的4名股东签章的久远公司《股东会决议》,拟以该决议所通过的公司章程相关内容,证明久远公司为新方向公司提供担保,未履行我国公司法及公司章程规定的股东会决议程序,应属无效;通联公司作为久远公司股东,应当知道公司章程的相关规定。二审法院对该《股东会决议》的真实性予以采信,对其关联性与证明力在二审法院认为部分依法据实判定。

通联公司向二审法院提交一份《承诺函》,表示其收到新方向公司或久远公司交付的股权回购款后,即同意向新方向公司交付其所持有的久远公司全部股权。

二审法院对一审法院查明事实予以确认。

二审法院认为,本案二审争议的主要问题是:案涉《增资扩股协议》中的股权回购条款是否有效;通联公司要求新方向公司支付股权回购款的条件是否成就及股权回购价格如何确定;久远公司是否应对此承担连带责任。

一、关于案涉《增资扩股协议》中的股权回购条款的效力问题。案涉《增资扩股协议》为通联公司作为投资方与作为融资方的目标公司久远公司及其原股东新方向公司之间签订的投资协议,该协议中关于"股权回购"的条款,是当事人之间根据企业未来不确定的目标是否实现对各自权利与义务所进行的一种约定,目前在我国资本市场上俗称"对赌协议"。关于由目标公司的股东新方向公司在约定条件出现时按约定价格回购股权的约定,具有与股东之间就特定条件下的股权转让达成的合意相同的法律效果,该约定系当事人的真实、自愿的意思表示,不违反公司法的规定,不涉及公司资产的减少,不构成抽逃公司资本,不影响公司债权人的利益,应属合法有效。一审法院仅对涉及新方向公司的股权回购条款作出有效认定,并无不当。

二、关于通联公司要求新方向公司回购股权的条件是否成就及股权回购价格的确定问题。《增资扩股协议》第6.1条明确约定"当出现以下情况之一时",通联公司均享有相应的回购权利,其中第6.1.1、6.1.5条对通联公司主张回购的时间作出了约定,但第6.1.2、6.1.3、6.1.4条,并未对其权利的行使期限作出限制;且根据现已查明的事实,久远公司至今尚未完成上市公司的股份制改造,无法实现IPO上市,通联公司的预期投资目的未能实现,应有权要求新方向公司依约进行股权回购。一审法院关于通联公司向新方向公司主张股权回购的条件已成就的认定,并无不当。

关于股权回购价格的问题。《增资扩股协议》第6.2条是当事人之间关于股权回购价格的约定,该约定是当事人的真实意思表示,不违反我国法律、行政法规的禁止性规定,系合法有效。通联公司选择依照《增资扩股协议》第6.2.1条关于"以其全部投资价款3000万元及自从实际付款支付日起至新方向公司实际支付回购价款之日按年利率15%计算的利息"的价款标准主张股权回购款,符合协议约定,新方向公司应依约予以支付。久远公司与新方向公司上诉主张该15%的利息实为违约金,并请求法院予以调减,是对当事人之间协议所确定的股权回购价款性质的不当理解,不应予以支持。通联公司在接收新方向公司支付的股权回购款的同时,应依法向新方向公司交付其所持有的久远公司全部股权。

三、关于久远公司是否应对新方向公司回购股权承担连带责任的问题。

本案中,久远公司在《增资扩股协议》中承诺对新方向公司进行股权回购承担连带责任,虽然有其法定代表人签章,但并未向通联公司提供相关的股东会决议,事后久远公司亦否认该事项经过其股东会的同意或是就此事召开过股东会;基于通联公司未对久远公司法定代表人作出的该项意思表示是否经过股东会决议尽到基本的形式审查义务,其不应属于善意的相对人,久远公司法定代表人的该代表行为,对通联公司不发生法律效力。通联公司关于其当时尚不是久远公司的股东、不知道公司的内部决议程序的抗辩理由,不能对抗《公司法》第十六条第二款的明文规定,不能成立;其依据案涉《增资扩股协议》第4.8条与第6.2.1条的约定,要求久远公司对新方向公司的股权回购义务承担连带责任的主张,不予支持。新方向公司与久远公司关于久远公司不应对新方向公司所承担的股权回购责任承担连带责任的上诉请求成立,二审法院依法予以支持。

综上,新方向公司与久远公司的上诉请求部分成立。二审法院判决:(一)变更四川省成都市中级人民法院(2015)成民初字第2084号民事判决第一项为:新方向公司于判决生效之日起十日内向通联公司支付股权回购款3000万元及利息(利息计算方法为:以本金3000万元为基数,按照年利率15%的标准,从2010年6月9日始计算至实际支付回购款之日止),用于受让通联公司持有的久远公司1650.01万元股权;(二)撤销四川省成都市中级人民法院(2015)成民初字第2084号民事判决第二项、第三项,即:久远公司对新方向公司上述第一项付款义务承担连带支付责任;驳回原告通联公司的其他诉讼请求;(三)驳回通联公司的其他诉讼请求。如新方向公司未按本判决指定的期限履行付款义务,应当按照《中华人民共和国民事诉讼法》第二百五十三条之规定,加倍支付延迟履行期间的债务利息。

本院再审查明,《久远公司章程修正案》(2010年6月修订)中关于"公司章程规定的其他职权"第(二)项规定"股东会审计前述第13、14项事项应当经代表三分之二以上表决权的股东同意通过,且关联股东应当回避表决。"第13事项是关于公司担保的相关规定。

另查明,《久远公司章程》(2008年11月修订)及2009年4月、2009年6月、2009年9月、2009年10月、2010年3月的《久远公司章程修正案》中均没有关于公司对外担保的相关规定。

再查明,《增资扩股协议》签订时,久远公司三位股东的持股比例如下:新方向公司占81.76%,四川久远投资控股集团有限公司占1.5%,成都高新创新投资有限公司占 16.74%。

本院查明的其他事实与二审法院查明一致。

本院认为,本案再审审理主要涉及以下问题:一、2010 年 6 月 9 日的《股东会决议》能否证明通联公司明知久远公司内部决议程序;二、久远公司应否对新方向公司的股权回购义务承担履约连带责任;三、久远公司应否承担"连带责任条款"无效后的过错赔偿责任。

一、关于 2010 年 6 月 9 日的《股东会决议》能否证明通联公司明知久远公司内部决议程序问题

根据再审查明的事实情况,《增资扩股协议》签订于 2010 年 6 月 8 日,在此之前通联公司与久远公司、新方向公司就增资扩股等事宜进行磋商,而此时《久远公司章程》中并没有关于公司对外担保议事程序的相关规定,至 2010 年 6 月 9 日才召开股东会决议对公司章程进行修订,增加了公司担保,包括对股东、实际控制人及其关联方提供担保的内部决议程序。可见,通联公司在签订《增资扩股协议》时,即使其查阅《久远公司章程》,但因章程中并无公司对外担保议事程序的相关规定。因此,2010 年 6 月 9 日的《股东会决议》不能证明《增资扩股协议》签订时通联公司已经知道久远公司章程有关公司对股东提供担保需经过股东会决议。因此,二审法院将 2010 年 6 月 9 日的《股东会决议》作为新证据采信,以后来发生的事实,来判断此前行为人的审查注意义务,认定通联公司在签订《增资扩股协议》时非为善意相对人,违背了新证据须对待证事实存在关联性的客观要求,属于证据采信不当。

二、关于久远公司应否对新方向公司的股权回购义务承担履约连带责任问题

《增资扩股协议》中约定新方向公司在约定触发条件成就时按照约定价格回购通联公司持有的久远公司股权,该约定实质上是投资人与目标公司原股东达成的特定条件成就时的股权转让合意,该合意系当事人真实意思表示,亦不存在违反公司法规定的情形,二审判决认定新方向公司与通联公司达成的"股权回购"条款有效,且触发回购条件成就,遂依协议约定判决新方向公司承担支付股权回购款本金及利息,适用法律正确,本院予以维持。新方向公司辩称《增资扩股协议》约定的股权回购条款无效、回购条件不成就,没有事实和法律依据,应不予支持。

至于《增资扩股协议》中约定久远公司对新方向公司的股权回购义务承担履约连带责任的条款效力问题。本院认为，首先，久远公司不是股权回购的义务主体，并不产生久远公司回购本公司股份的法律后果，即不存在新方向公司答辩中称《增资扩股协议》约定久远公司对新方向公司的股权回购义务承担履约连带责任的条款违反公司法第三十五条、第三十六条、第三十七条第一款第(七)项及第七十四条规定的情形。其次，《增资扩资股协议》第6.2.1条约定久远公司对新方向公司负有的股权回购义务承担履约连带责任，并未明确为连带担保责任。通联公司在一审也是诉请久远公司对新方向公司承担的股份回购价款及涉及的税款承担连带责任。但是，久远公司、新方向公司二审上诉中称"通联公司明知未经股东会批准，而约定由久远公司对新方向公司提供担保，有违我国公司法第十六条第二款的规定，其请求亦不应得到支持"。通联公司亦抗辩称"我国公司法第十六条第二款属于管理性强制性规定，即使久远公司所提供的该担保未经股东会议决议，也不影响担保的有效性"。二审法院在双方当事人将《增资扩资股协议》第6.2.1条约定的"连带责任"条款解释为"连带担保责任"基础上，并适用公司法第十六条第二款的规定裁判本案。本院认为，连带担保责任属于连带责任的情形之一，但连带担保责任有主从债务之分，担保责任系从债务。双方当事人将"连带责任"理解为"连带担保责任"，并未加重久远公司的责任负担，且从通联公司诉请久远公司的责任后果看，是对新方向公司承担的股权回购价款本息承担连带责任，仍然属于金钱债务范畴，也与久远公司实际承担的法律责任后果一致，本院予以确认。因此，二审判决依据公司法第十六条第二款关于公司对控股股东、实际控制人提供担保的相关规定来裁判久远公司对新方向公司的股权回购义务承担履约连带责任的条款效力，并无不当。再次，通联公司申请再审称公司法第十六条第二款的规定系管理性规范，久远公司承诺为新方向公司的股权回购义务承担履约连带责任，虽然未经久远公司股东会决议通过，亦不影响公司承诺担保条款的效力，并提交最高人民法院相关案例佐证。本院认为，公司法第十六条第二款明确规定"公司为公司股东或者实际控制人提供担保的，必须经股东会或者股东大会决议"，该条规定的目的是防止公司股东或实际控制人利用控股地位，损害公司、其他股东或公司债权人的利益。对于合同相对人在接受公司为其股东或实际控制人提供担保时，是否对担保事宜经过公司股东会决议负有审查义务及未尽该审查义务是否影响担保合同效力，公司法及其司法解释未作明确规定。二审法院认为,虽然久远公司在《增资扩股协议》中承诺对新方向公司进行股权回购义务承担连带责任,但并未向通联公司提供相关的股东会决议,亦未得到股东会决议追认,而通联公司未能尽到基本的形式审查义务,从而认定久远公司法定代表人向生建代表公司在《增资扩股协议》上签字、盖章行为,对通联公司不发生法律效力,适用法律并无不当。

### 三、久远公司应否承担"连带责任条款"无效后的过错赔偿责任

通联公司在签订《增资扩股协议》时,因《久远公司章程》中并无公司对外担保议事程序规定,通联公司有合理理由相信向生建有权代表公司对外签订有担保意思表示内容的《增资扩股协议》,但其未能尽到要求目标公司提交股东会决议的合理注意义务,导致担保条款无效,对协议中约定的担保条款无效自身存在过错。而久远公司在公司章程(2009年6月9日之前)中未规定公司对外担保及对公司股东、实际控制人提供担保议事规则,导致公司法定代表人使用公章的权限不明,法定代表人向生建,未经股东会决议授权,越权代表公司承认对新方向公司的股权回购义务承担履约连带责任,其对该担保条款无效也应承担相应的过错责任。《最高人民法院关于适用〈中华人民共和国担保法〉若干问题的解释》第七条规定:"主合同有效而担保合同无效,担保人无过错的,担保人不承担民事责任;担保人有过错的,担保人承担民事责任的部分,不应超过债务人不能清偿部分的二分之一。"根据该条规定,通联公司、久远公司对《增资扩股协议》中约定的"连带责任"条款无效,双方均存在过错,久远公司对新方向公司承担的股权回购款及利息,就不能清偿部分承担二分之一的赔偿责任。

综上,二审判决将久远公司对新方向公司股权回购义务承担连带责任条款无效的过错责任全部由通联公司承担,属于责任分配不当。本院依照《中华人民共和国民事诉讼法》第二百零七条第一款、第一百七十条第一款第二项、《最高人民法院关于适用〈中华人民共和国民事诉讼法〉的解释》第四百零七条第二项、《最高人民法院关于适用〈中华人民共和国担保法〉若干问题的解释》第七条之规定判决如下:

一、撤销四川省高级人民法院(2016)川民终671号民事判决、四川省成都市中级人民法院(2015)成民初字第2084号民事判决;

二、成都新方向科技发展有限公司于本判决生效之日起十日内向通联资本管理有限公司支付股权回购款3000万元及利息(利息计算方法为:以本金

3000万元为基数,按照年利率15%的标准,自2010年6月9日始计算至实际支付回购款之日止),用于受让通联资本管理有限公司持有的四川久远新方向智能科技有限公司1650.01万元股权;

三、四川久远新方向智能科技有限公司对成都新方向科技发展有限公司承担上述第二项付款本息不能清偿部分二分之一的赔偿责任;

四、驳回通联资本管理有限公司的其他诉讼请求。

如成都新方向科技发展有限公司、四川久远新方向智能科技有限公司未按本判决指定的期间履行给付金钱义务,应当按照《中华人民共和国民事诉讼法》第二百五十三条规定,加倍支付迟延履行期间的债务利息。

本案一审案件受理费304300元,由通联资本管理有限公司负担45645元,由成都新方向科技发展有限公司负担213010元,四川久远新方向智能科技有限公司负担45645元。二审案件受理费193321元,由通联资本管理有限公司负担28998.15元,由成都新方向科技发展有限公司负担135324.7元,四川久远新方向智能科技有限公司负担28998.15元。

本判决为终审判决。

审 判 长　李玉林
审 判 员　郭载宇
审 判 员　王　丹
二〇一七年九月二十九日
法官助理　吴学文
书 记 员　方晓玲

# 强静延、曹务波股权转让纠纷再审民事判决书

审理法院：最高人民法院
案　　　号：（2016）最高法民再128号
裁判日期：2018.09.07
案　　　由：民事〉与公司、证券、保险、票据等有关的民事纠纷〉与公司有关的纠纷〉股权转让纠纷

再审申请人（一审原告、二审上诉人）：强静延，女，汉族，××××年××月××日出生，住四川省成都市金牛区。

委托诉讼代理人：刘尹，四川天与律师事务所律师。

委托诉讼代理人：王小刚，四川天与律师事务所律师。

被申请人（一审被告、二审被上诉人）：曹务波，男，汉族，××××年××月××日出生，住山东省莱阳市。

被申请人（一审被告、二审被上诉人）：山东瀚霖生物技术有限公司。住所地：山东省莱阳市（开发区）峨嵋路×号。

法定代表人：曹务波，该公司董事长。

以上两被申请人共同委托诉讼代理人：潘春雷，山东鹤鸣律师事务所律师。

再审申请人强静延因与被申请人曹务波、山东瀚霖生物技术有限公司（以下简称瀚霖公司）股权转让纠纷一案，不服四川省高级人民法院（2015）川民终字第445号民事判决，向本院申请再审。本院于2015年12月9日作出（2015）民申字第3227号民事裁定提审本案，依法组成合议庭对本案进行审理，调阅了本案一审、二审卷宗，并于2016年10月20日进行了公开开庭审理，再审申请人强静延的委托诉讼代理人刘尹、王小刚以及被申请人曹务波、瀚霖公司的共同委托诉讼代理人潘春雷到庭参加了诉讼。本案现

已审理终结。

强静延向本院申请再审,请求改判瀚霖公司对曹务波支付股权转让款及违约金承担连带责任。主要事实与理由为:1.强静延以7.5:1的高溢价而非1:1对价增资入股瀚霖公司附有条件,即《补充协议书》"业绩保障条款"以及"出资回购条款"。瀚霖公司在强静延增资入股时并非对价给予强静延3000万元股权,仅给了400万元股权,先期额外收取了附条件的高额利益。强静延以高溢价增资入股方式进入瀚霖公司,公司是最大的受益方,2600万元资本公积金让公司额外地增强了经济实力。强静延退出公司,公司加付每年8%的内部收益率(或称资金占用利率),符合社会平均利润率,并不损害瀚霖公司及其他股东和债权人的合法权益。2.公司为他人、为股东、为实际控制人提供了经济担保,对公司和债权人有其积极的一面。强静延高溢价增资入股瀚霖公司,瀚霖公司是最大的获益方,由瀚霖公司提供回购担保也合情合理。3.《增资协议书》以及《补充协议书》多个条款披露瀚霖公司在增资前已通过股东会决议,各方代表已获得授权签署增资协议及相关交易文件。强静延有理由相信瀚霖公司为曹务波回购股权提供担保的事宜经过了公司股东会决议同意。4.曹务波、瀚霖公司一审、二审中未到庭参加诉讼,亦未答辩,视为放弃抗辩权,二审法院应当依法作出对曹务波、瀚霖公司不利的认定,推定瀚霖公司已作出股东会决议,担保行为有效。

曹务波、瀚霖公司共同答辩称:1.《增资协议书》、《补充协议书》及《股权转让协议》约定的公司担保事项,具有"对赌条款"性质,违反了公司法股东投资风险共担原则,协议内容实际是无风险的固定收益保底条款,严重损害公司其他股东权益和债权人利益,故担保无效。2.公司法第十六条第二款属强制性规范,而非管理性规范,如违反该规定则应当确认担保无效。案涉《补充协议书》担保条款未经瀚霖公司股东会决议,应当依法确认担保条款无效,判决瀚霖公司不承担连带清偿责任。

强静延向一审四川省成都市中级人民法院起诉请求:1.曹务波支付强静延股权转让款37791360元,并从强静延起诉之日起按银行逾期付款违约金的计算标准承担违约金;2.瀚霖公司对曹务波的付款承担连带清偿责任;3.案件诉讼费由曹务波、瀚霖公司承担。

曹务波、瀚霖公司一审中均未到庭参加诉讼,亦未提交书面答辩意见。

一审法院审理查明,2011年4月26日,瀚霖公司作为甲方,北京冷杉投资中心(有限合伙)、福建国耀投资有限公司、强静延、孙博、许欣欣作为乙方,曹务波作为丙方,三方共同签订了《增资协议书》及《补充协议书》。主要约定乙方向甲方增资扩股及其他事宜。其中,关于强静延向瀚霖公司增资以及其他事宜部分,《增资协议书》主要约定:强静延向瀚霖公司增资3000万元,其中400万元作为瀚霖公司的新增注册资本,其余2600万元作为瀚霖公司的资本公积金,强静延持有瀚霖公司0.86%的股权。《补充协议书》第二条第1款约定:曹务波承诺争取目标公司于2013年6月30日前获准首次公开发行股票并在国内主板或创业板证券交易所上市(以下简称合格IPO);第2款约定:如果目标公司未能在2013年6月30日前完成合格IPO,强静延有权要求曹务波以现金方式购回强静延所持的目标公司股权,回购价格为强静延实际投资额再加上每年8%的内部收益率溢价,计算公式为$P=M\times(1+8\%)T$,其中:P为购回价格,M为实际投资额,T为自本次投资完成日至强静延执行选择回购权之日的自然天数除以365;第6款约定:瀚霖公司为曹务波的回购提供连带责任担保。《增资协议书》及《补充协议书》落款处有甲方瀚霖公司加盖印章及法定代表人签名,乙方北京冷杉投资中心(有限合伙)、福建国耀投资有限公司、强静延、孙博、许欣欣签章,丙方曹务波签名。上述协议签订后,强静延于2011年4月29日将3000万元转入瀚霖公司账上,瀚霖公司将强静延登记在其股东名单中。

2012年5月31日,强静延与曹务波签订了《股权转让协议》,约定:强静延将持有的瀚霖公司股权转让给曹务波,按《补充协议书》约定的价格计算方式回购,曹务波应在协议签订后30个工作日内全额付清转让款,逾期未付清应按欠款额每日千分之五支付违约金;逾期超过30日仍未付清,则强静延有权要求曹务波付清转让款和违约金后,退出股权。《股权转让协议》签订后,曹务波未履行支付义务。2014年4月2日,强静延书面通知曹务波、瀚霖公司支付股权转让款并承担违约责任,但曹务波、瀚霖公司未履行付款义务。

一审法院认为,案涉《增资协议书》系股权投资合同,是对强静延出资入股的相关约定;《补充协议书》中第二条第6款关于瀚霖公司为回购提供连带责任担保外的其他条款,系各方就回购条件、价格等作出的约定;《股权转让协议》系对股权转让价款、支付方式等的约定。《增资协议书》、《股权转让协议》未违反法律、行政法规的强制性规定,应属合法有效。

关于《补充协议书》中瀚霖公司为回购提供连带担保的约定,因强静延与曹务波均系瀚霖公司股东,且曹务波为公司法定代表人,基于此情形,强静延应当提交瀚霖公司为股东曹务波提供担保已经股东会决议通过的相关证据;结合强静延与曹务波的股东身份以及瀚霖公司并非为经营发展向公司以外的第三人提供担保的事实,该约定损害了公司、公司其他股东以及公司债权人的利益,应认定为无效。

《补充协议书》的其余条款系强静延与曹务波的真实意思表示,不损害公司及公司债权人的利益,不违反法律、行政法规的强制性规定,合法有效,协议各方均应按约履行义务。强静延按约出资后,瀚霖公司未在约定预期获准首次公开发行股票并在国内主板或创业板证券交易所上市的情况下,强静延要求曹务波回购的条件已经成就,曹务波应在收到回购通知函后按约定价格回购股权。根据《补充协议书》和《股权转让协议》的约定,回购价格是实际投资额加上每年8%的内部收益率溢价,强静延出资时间为2011年4月29日,起诉时间为2014年5月14日,强静延主张按3年计算,放弃超出的16天,故回购款计算方式为:3000万元(实际投资额)×$(1+8\%)^3$=37791360元,对强静延要求曹务波支付股权转让款37791360元的请求予以支持。强静延主张自其起诉之日起曹务波应按银行逾期付款违约金的计算标准承担违约金,符合《股权转让协议》的相关约定,考虑违约金的主要功能系补偿损失,强静延的损失也主要体现为资金占用利息的损失,故一审法院酌情认定以中国人民银行同期贷款基准利率计算违约金。关于强静延要求瀚霖公司对股权转让款的支付承担连带清偿责任的主张,如上所述,《补充协议书》关于瀚霖公司提供担保的约定无效,一审法院对强静延的该项请求不予支持。曹务波未到庭参加诉讼,视为对强静延诉讼请求及所举证据放弃抗辩权。

综上,一审法院判决:一、曹务波于判决生效之日起十日内向强静延支付股权转让款37791360元;二、曹务波于判决生效之日起十日内向强静延支付逾期付款的违约金(计算方式:以股权转让款37791360元为基数,自2014年5月14日起按中国人民银行同期贷款基准利率计至付完股权转让款之日止);三、驳回强静延的其他诉讼请求。一审案件受理费230756.80元,由曹务波负担。

强静延不服一审判决,上诉请求依法改判瀚霖公司对曹务波应当承担的37791360元及其违约金的债务承担连带责任或发回重审。

曹务波、瀚霖公司二审中经依法传唤未到庭参与诉讼,也未提交书面答辩意见。

二审法院经审查对一审查明事实依法予以确认。二审法院补充查明:各方2011年4月26日所签《补充协议书》约定,关于业绩保障条款,曹务波承诺目标公司分别于2011年、2012年经具有证券从业资格的会计师事务所审计后的年度合并财务报表归属于母公司所有者的税后利润,不低于25000万元、35000万元,否则曹务波按比例退还强静延出资款。二审审理中,强静延委托诉讼代理人称:瀚霖公司2011年的利润未达到约定的业绩目标,且公司涉及大量诉讼,经营情况严重下滑,最终未能上市。

二审法院认为,从公司法法理来看,公司作为法人主体,其从事经营活动的主要目的是营利、取得利润。股东向公司投资的主要目的是通过参与公司经营管理、获取公司从可分配利润中分配给股东的利润即股东红利,因此,股东与公司是利益共同体,利益共享、风险共担。具体来说,股东能否从公司获取经济利益取决于公司经营业绩如何及法律和公司章程规定可分配给股东的利润情况,"无利润不得分配",无论公司经营业绩如何,股东均可从公司获取经济利益,可能有损于公司的长远发展,且损害公司债权人的利益。纵观本案《增资协议书》、《补充协议书》及《股权转让协议》的约定,强静延向瀚霖公司增资目的在于实现瀚霖公司上市并获取瀚霖公司上市后的溢价收益,且瀚霖公司的实际控制人曹务波保证瀚霖公司2011年、2012年的最低利润达到一定条件,如未达条件,则由曹务波退还部分投资款,而曹务波回购强静延的股权并支付股权转让款是曹务波补偿强静延的具体履行方式,并由瀚霖公司承担担保责任。强静延、曹务波关于股权回购的约定是其真实意思表示,亦不违反法律、行政法规的禁止性规定,属合法有效。

对于瀚霖公司提供担保行为的效力问题,瀚霖公司为曹务波回购强静延股权的股权转让款支付提供担保,其实质是不管瀚霖公司经营业绩如何,股东强静延均可以从瀚霖公司获取收益,该约定使得股东获益脱离了公司的经营业绩,悖离了公司法法理精神,最终使得股东强静延规避了交易风险,将瀚霖公司可能存在的经营不善及业绩不佳的风险转嫁给瀚霖公司及其债权人,严重损害了瀚霖公司其他股东和债权人的合法利益,应当认定《增资协议书》、《补充协议书》约定的瀚霖公司为曹务波回购强静延股权产生的责任承担担保责任无效。强静延签订《增资协议书》时是否具备瀚霖公司股东身份以及瀚霖公司提供担保是否经股东会决议,均不影响瀚霖公司提供担保行为的效力认定。上诉人强静延关于要求瀚霖公司应就曹务波应承担的责任承担连带责任的上诉理由缺乏事实依据和法律依据,二审法院不予支持。

本案一审法院认定瀚霖公司的担保行为无效与强静延主张瀚霖公司的

担保行为有效不一致,根据《最高人民法院关于民事诉讼证据的若干规定》第三十五条"诉讼过程中,当事人主张的法律关系的性质或者民事行为的效力与人民法院根据案件事实作出的认定不一致的,不受本规定第三十四条规定的限制,人民法院应当告知当事人可以变更诉讼请求"之规定,一审法院应当向强静延释明是否变更诉讼请求。鉴于一审法院关于瀚霖公司提供担保行为无效的认定处理,不会超出强静延原诉请要求瀚霖公司承担责任的范围,前述已认定强静延要求瀚霖公司承担连带责任缺乏事实和法律依据,一审法院未履行释明程序不损害强静延的实体权利,对强静延关于本案因一审审理程序违法应当发回重审的上诉理由,不予支持。

综上,二审法院判决:驳回上诉,维持原判。二审案件受理费230756.80元,由强静延负担。

本案再审审理中,双方当事人对一审、二审法院所查明事实均无异议,本院依法予以确认。本院再审审理中补充查明:案涉《增资协议书》载明"甲方(瀚霖公司)已通过股东会决议,原股东同意接受新股东本次增资,并放弃优先购买权;各方已采取一切必要行动、履行一切必要的内部程序确保其具有签订本协议并履行其在本协议下义务的全部权力、权利、授权以及必要的政府批准和第三方同意;各方授权代表已获得本方正式授权,有权代表各方签署本协议及其他相关交易文件。"案涉《补充协议书》载明"甲方(瀚霖公司)通过股东会决议同意本次增资扩股事项。"

本院再审认为,《最高人民法院关于适用〈中华人民共和国民事诉讼法〉的解释》(以下简称《民事诉讼法解释》)第四百零五条规定,人民法院审理再审案件应当围绕再审请求进行。强静延于一审、二审中的两项诉讼请求为曹务波支付股权转让款、违约金和瀚霖公司承担连带清偿责任,一审、二审判决仅支持其关于曹务波支付股权转让款、违约金的诉讼请求。二审判决生效后,曹务波、瀚霖公司并未申请再审。根据《民事诉讼法解释》第四百零五条的规定,因强静延请求本院再审增判瀚霖公司承担连带清偿责任,本院仅对瀚霖公司是否承担连带清偿责任问题进行审查,对曹务波是否应当支付股权转让款、违约金问题不予审查。

围绕强静延的再审请求以及曹务波、瀚霖公司的答辩理由,本院归纳本案焦点问题为:案涉《补充协议书》所约定瀚霖公司担保条款的效力问题。

本案二审判决认定瀚霖公司担保条款无效的主要裁判理由系担保条款使股东获益脱离公司经营业绩,悖离公司法法理精神,使强静延规避了交易风险,严重损害瀚霖公司其他股东和债权人的合法利益。本院认为,合同无效的判定严格遵循法定主义,本案二审判决否定担保条款效力的裁判理由不符合合同法关于合同无效的各类法定情形,该项认定已违反合同法基本规则,构成适用法律错误。

本院再审认为,案涉《补充协议书》所约定担保条款合法有效,瀚霖公司应当依法承担担保责任,理由如下:

其一,强静延已对瀚霖公司提供担保经过股东会决议尽到审慎注意和形式审查义务。案涉《增资协议书》载明"瀚霖公司已通过股东会决议,原股东同意本次增资;各方已履行内部程序确保其具有签订本协议的全部权利;各方授权代表已获得本方正式授权"。《补充协议书》载明"甲方(瀚霖公司)通过股东会决议同意本次增资扩股事项。"因两份协议书约定内容包括增资数额、增资用途、回购条件、回购价格以及瀚霖公司提供担保等一揽子事项,两份协议书均由瀚霖公司盖章及其法定代表人签名。对于债权人强静延而言,增资扩股、股权回购、公司担保本身属于链条型的整体投资模式,基于《增资协议书》及《补充协议书》的上述表述,强静延有理由相信瀚霖公司已对包括提供担保在内的增资扩股一揽子事项通过股东会决议,曹务波已取得瀚霖公司授权代表公司对外签订担保条款,且瀚霖公司在本案审理中亦没有提交其它相反证据证明该公司未对担保事项通过股东会决议,故应当认定强静延对担保事项经过股东会决议已尽到审慎注意和形式审查义务,因而案涉《补充协议书》所约定担保条款对瀚霖公司已发生法律效力。

其二,强静延投资全部用于公司经营发展,瀚霖公司全体股东因而受益,故应当承担担保责任。公司法十六条之立法目的,系防止公司大股东滥用控制地位,出于个人需要、为其个人债务而由公司提供担保,从而损害公司及公司中小股东权益。本案中,案涉担保条款虽系曹务波代表瀚霖公司与强静延签订,但是3000万元款项并未供曹务波个人投资或消费使用,亦并非完全出于曹务波个人需要,而是全部投入瀚霖公司资金账户,供瀚霖公司经营发展使用,有利于瀚霖公司提升持续盈利能力。这不仅符合公司新股东强静延的个人利益,也符合公司全体股东的利益,瀚霖公司本身是最终的受益者。即使确如瀚霖公司所述并未对担保事项进行股东会决议,但是该担保行为有利于瀚霖公司的自身经营发展需要,并未损害公司及公司中小股东权益,不违反公司法十六条之立法目的。因此,认定瀚霖公司承担担保责任,符合一般公平原则。

综上，强静延已对瀚霖公司提供担保经过股东会决议尽到审慎注意和形式审查义务，瀚霖公司提供担保有利于自身经营发展需要，并不损害公司及公司中小股东权益，应当认定案涉担保条款合法有效，瀚霖公司应当对曹务波支付股权转让款及违约金承担连带清偿责任。一审、二审法院关于瀚霖公司担保无效的认定，应予纠正。依照《中华人民共和国民事诉讼法》第二百零七条第一款、第一百七十条第一款第二项规定，判决如下：

一、撤销四川省高级人民法院（2015）川民终字第445号民事判决；

二、维持四川省成都市中级人民法院（2014）成民初字第1180号民事判决第一项、第二项，即：（一）曹务波向强静延支付股权转让款37791360元；（二）曹务波向强静延支付逾期付款的违约金（计算方式：以股权转让款37791360元为基数，自2014年5月14日起按中国人民银行同期贷款基准利率计至付完股权转让款之日止）；

三、撤销四川省成都市中级人民法院（2014）成民初字第1180号民事判决第三项，改判为：山东瀚霖生物技术有限公司对曹务波所承担股权转让款及逾期付款违约金债务承担连带清偿责任。

如未按本判决确定的期限履行金钱给付义务，应当按照《中华人民共和国民事诉讼法》第二百五十三条之规定，加倍支付迟延履行期间的债务利息。

一审案件受理费230756.80元及二审案件受理费230756.80元，由曹务波、山东瀚霖生物技术有限公司共同负担。

本判决为终审判决。

审判长　刘雅玲
审判员　张　元
审判员　薛贵忠
二〇一八年九月七日
书记员　陈晓宇